读客®文化

# 牛津世界史

## 牛津古希腊史

（英）约翰·博德曼等 编　　郭小凌 李永斌 魏凤莲 译

人民日报出版社

北京

# 目　录

# 译 序

　　牛津大学与剑桥大学是英国文化的骄傲，在他们本国却是一对互不相让的竞争对手。一年一度的泰晤士河上的划艇比赛，是两校明里暗里"掰腕子"的集中体现。这种全面的竞赛并非是有你无我、此消彼长的零和游戏，而是你强我更强的双赢活动。牛津大学出版社的本套史书也自然含有与剑桥出版社较劲的背景。

　　国际学术界或知识界周知，牛津大学出版社以出版高质量的辞书享誉读书界。皇皇巨作《牛津英语辞典》自19世纪中叶出版以来，业已修订三版。以广受好评的第二版为例，整个辞典分20册，收录616,500个单词词形，137,000个发音标注，249,300条辞源解释，2,412,400种用法例句，篇幅长达21,730页，总计用词59,000,000个。最长的词条set，编者用60,000个词来释解了它的430种用法。辞典编者准备工作之细、所下功夫之巨，由此可见一斑。牛津的辞书是一个庞大的矩阵。例如笔者所学专业古典历史领域，所有古希腊罗马史研究者都知道一个基本常识，就是遇到难词、生词应去查阅《牛津古典辞书》（*Oxford Classical Dictionary*）；而《牛津古典文书》（*Oxford Classical Texts*）则是堪与"洛布古典丛书"比美的古希腊文与拉丁文本的最好集录与评注本；里德尔（Henry George Liddell）

与斯科特（Robert Scott）主编的《希英词典》（*Greek English Lexicon*）更是所有古典学研究者必备的工具书。这些不过是牛津大学出版社出版的大批专业性词典和学科指南的一个缩影，更无须说牛津版的《简明英语词典》及英中、英法、英德、英俄、英意、英西等多语种双向词典了。

剑桥大学出版社则以出高质量的史书而负盛名，剑桥"三史"（《剑桥古代史》《剑桥中世纪史》《剑桥近现代史》）是剑桥书品的典型代表。以新版《剑桥古代史》为例，全书共计14卷19分册，各卷册均由国际公认的学术带头人执笔，集中了半个多世纪的最新研究成果，是国际学界的权威性参考读物。在"三史"之外，剑桥大学出版社还组织编写了众多诸如《剑桥中国史》《剑桥印度史》《剑桥伊朗史》等其他国别史、地区史、专史著作，包括最近十多年来的普及本剑桥插图史系列。20世纪以来，尽管各国史学界也仿照剑桥大学出版社的做法，动员自身的学术力量编写类似史书，包括通史、断代史、国别史、专史之类，但就权威性、科学性、前沿性、综合性而言，至今无出剑桥"三史"其右者。归纳剑桥史书编写质量高的原因，不能不提到该系列图书中最早编纂的《剑桥近现代史》的主编阿克敦勋爵（John Emerich Edward Dalberg-Acton）。他在19世纪末为编者拟定了著史原则，如他所提出的政治学铁律（Power tends to corrupt, and absolute power corrupts absolutely，权力趋于腐败，绝对权力绝对趋于腐败）一样，是客观主义或科学主义史学原则的经典表述之一。从实证角度出发，坚持客观中立的治史原则，这是剑桥史书能够保持高品质的基本原因。

作为世界上规模最大的大学出版社，牛津大学出版社当然不想让出史书编纂的空间。但要在学术性史著的编写方面超越剑桥却不容易，毕竟起步稍晚，做同类工作难免东施效颦，费力不讨好。牛津大学出版社为自己选择了另一条路径，即依托大学历史学与史学关联学科古典学、印度学、埃及学等学科的雄厚师资，陆续编写大学教科书性质的各种史书与辅助教材；几十年间已经蔚为大观，选题涵盖国别史、专史、地区史、断代史，

其中包括本套牛津史书中译本中的第一批作品：《牛津古希腊史》《牛津
古罗马史》《牛津拜占庭史》《牛津中世纪欧洲史》《牛津法国大革命
史》。

由于牛津史书的读者主要是大学本科生以及对历史感兴趣的一般读
者，所以它们与学术性的剑桥史书不同，并不要求不厌其烦的考证说明、
详尽注释，而把注意力集中于史书的可读性与工具性能上；在内容整体的
连贯性、史实陈述的准确与生动性、价值陈述的简洁明了方面，这套书也
具有自己的特点。同时，牛津史书还附有教科书的各种要件，如年表、索
引、进一步阅读的详细书目。

在大学教书的人都知道，虽然中外文教科书版本繁多，但出色的教
科书在各个学科中都是凤毛麟角。好教科书需要好作者，好作者需要比好
专著的作者具备更多一点的条件，即：除了须是处在学科前列的研究专才
之外，还应是熟谙学科知识构成、善于融会贯通学科内容并用适当语言加
以描述的好教书匠。我们常在大学讲堂里看到，有些颇具学科造诣的学者
专深有余，广博欠缺，文字平平，因而在课堂教学上较为尴尬，难以深入
浅出、举重若轻地向学生讲授学科知识。这套牛津史书之所以值得译介，
主因在于编写者都是欧美名校的资深教授，多数出自牛津大学，少数是外
聘的学科带头人，在教学与科研领域都是国外学界的佼佼者。这就保证了
本套书的编写质量。仅以《牛津古希腊史》的作者群体为例，三位主编与
作者都是牛津大学古典学名师、世界著名古典学家，可谓著作等身。其
中，约翰·博德曼（John Boardman）教授85岁（至2012年，以下同），
长于希腊艺术史与希腊考古；英国科学院院士贾斯珀·格里芬（Jasper
Griffin）75岁，精于古典文学；奥斯温·穆瑞（Oswyn Murray）亦75岁，
在希腊政治史研究方面成果卓著，并与中国世界古代史学界有着长期联
系，两次到南开大学出席中国世界古代史年会并发表演讲。受他们邀请的
其他作者也不是等闲之辈，都是古典学界耳熟能详的大腕。有这样一些深
沉老到、卓有建树的学者执笔，牛津史书内涵的广度与深度、史实陈述与

价值陈述的圆熟与合理当毋庸置疑。

英文本的优质编写队伍与编写质量为中文本的翻译提出了挑战。平心而论，这套书的翻译难度并不亚于学术专著。没有比较深厚的学科知识准备，没有较长期的英文翻译经验以及对不同风格的英语表述的深刻理解，要想做到译文的"信"与"达"是不可能的，"雅"就更无从谈起了。所幸本套书请到了我国世界史教研领域学养深厚的部分学者为主译，如北京大学的高毅、彭小瑜教授，南开大学的陈志强教授。他们或亲自动手，或指导自己的弟子，为本书的翻译质量提供了较为可靠的保障。

当然，金无足赤，人无完人。对于翻译这样的细活，要做到处理几百万字而纰漏不出丝毫，那只能借用美国史家比尔德的话来明喻：乃是一个可望不可即的"高贵的梦"（Noble dream）。这不仅因为人的理解与表达能力始终是有局限的，而且因为我们的语言工具在客观上也有难以捉摸之处，譬如中英文有两三万个字词不能对应，选字的伸缩性很大。这些主客观局限，总会造成译者一些误读、误判、误译的可能。所以，任何一部（篇）抱着认真求实态度的译作或论著或论文（粗制滥造者除外）有错是正常的，不出错倒是反常的。如同视窗软件的编写，每个版本都存在众多缺漏（bug）；每升级一个版本，修正了旧的缺漏，同时也会产生新的甚至更多的缺漏。现当代史学在思想上的一个巨大进步就是，从业者们普遍意识到了自身的类似局限，即史学工作者不只是记录、复原与诠释历史，而且一定程度上在自觉不自觉地创造或编造着历史。换句话说，我们始终处于自觉不自觉地犯错与纠错的进程当中。不断认识前人或今人（包括自己）的错误，不断改正错误，又不断犯错误，这种反复的否定之否定，恐怕是人类认识史的永恒特征。诚恳地希望读者对译本提出改进意见。

郭小凌

2012年8月14日于北京市京师园

# 前　言

贾斯珀·格里芬（Jasper Griffin）

我们可以从两个不同的方面看待古希腊罗马史：可以把它们看作是单一的整体，自公元前8世纪希腊城邦（the *polis*）出现时起，至罗马帝国大扩张与最终解体时止，这是一个依赖于罗马军事与政治实力的社会，但它的文化、文学和艺术实际上却是希腊-罗马的。我们也可以把它们分作两段不同的历史。首先是希腊城邦从贫困与晦暗状态中脱颖而出，发展为"古典时期"的那种充满自信的辉煌，时间是公元前5世纪。随着亚历山大的征服战争，他把疆域扩至亚洲的广大地区，但最终被罗马军团所并吞。随后是另一段历史：罗马由蕞尔小邦一路奋争到至高无上的地位，起先在意大利，之后在整个地中海区域。此间它失去了自身的共和政体，转变成一个帝制国家，征服与压榨希腊的各个城市与诸王国，统治着世界；直到"蛮族"人逐渐变得异常强大，把帝国分解为许多基于不同实践和信仰的国家。这两段历史中的每一段，都包含着某些重要的真实信息。

古希腊罗马在这一漫长的历史沿革当中，真正具有创造力的时期颇为短暂。决定性的进步是在希腊古风与古典时代（公元前8—前4世纪初期）取得的。正是在这一短暂时间里，在东地中海的一处不大的地域上，出现了一些对我们至关重要的社会。民主制就是在这里被发明出来，并引起争论，不断完善与受到抨击的。罗马人反对民主制。在马其顿国王征服希腊之后，接踵而来的是罗马共和国的征服，民主被镇压下去，以便上层阶级的统治。经历多个世纪幸存下来的文献作品中，还讨论了其他问题，包括奴隶制是错误的（反自然的）吗？法律、人类或神灵的本原是什么？是否应该为了国家利益废除家庭（柏拉图在理论上认为应废除家庭，斯巴达人长期以来在实践中朝着废除家庭的方向前进）？公民抗命是否在有些时候是正义行为（如索福克勒斯的悲剧《安提戈涅》中对此有经典的讨论）？正确的性关系是什么（柏拉图设想过，阿里斯多芬嘲弄过有关妇女拥有政治权力的思想）？如何超越血缘族系之间的仇恨与对家族的忠诚从而确立法治？怎样看待一个国家对其他国家统治的正当性，或者说是否根本就没有这样一种正当的东西，而只有无情的强权逻辑（修昔底德曾对此作过很多论述）？一个共同体的理想规模有多大？血统具有怎样的作用？教育对人品的形成有什么作用？显而易见，希腊创造力的衰减，与政治独立的丧失密切联系在一起。

也正是在这一时期，独具特色的文学和艺术形式被创造出来。首先是史诗，以高尚的诗句讲述英勇的行为。荷马（Homer）最终成为维吉尔（Virgil）、但丁（Dante）、塔索（Tasso）与弥尔顿（Milton）的榜样。之后是抒情诗、悲剧与喜剧——莎士比亚运用了这些形式。再后来出现了散文，以及历史、哲学、修辞术和小说的鼻祖（色诺芬的《居鲁士的教育》）。如同这些形式支配着欧洲后来的高水平文学一样，由青铜与大理石雕像、建筑物的石柱与柱廊、城市的科学规划构成的视觉艺术，也给后来欧洲的视觉艺术留下了深刻的印记。米利都的希波达摩斯（Hippodamus of Miletus）在公元前5世纪中叶设定了一种矩形网格式的城市布局。每个现代银行与国会建筑物的入口都有一个石柱门廊，召示着古希腊建筑艺术的恒久影响，这就如同大圆屋顶与凯旋门验证了罗马的持久影响一样。欧洲的文学和艺术，从米开朗琪罗（Michelangelo）与鲁本斯

（Rubens）的艺术作品，到弥尔顿与济慈（Keats）的诗歌，都显示出希腊神话的影子。特洛伊的海伦（Helen）、俄狄浦斯（Oedipus）、那喀索斯（Narcissus）、迷宫中央的米诺陶洛斯（Minotaur），诸如此类的艺术形象仍然是创作的原型。

希腊的哲学遗产也相当丰厚。柏拉图（Plato）与亚里士多德（Aristotle）无论在学术界还是在基督教思想界，都是西方历史中最具影响力的哲学家。人们可能会提到柏拉图对圣奥古斯丁（St Augustine）、亚里士多德对圣托马斯·阿奎那（St Thomas Aquinas）的影响。"最初的词"只有依据希腊人的逻辑理论才能加以理解。大学的理念可以追溯到柏拉图在雅典开办的学校，该学校存在了几近1000年之久。希腊的学校通过阿拉伯人传播到欧洲，亚里士多德的作品也经阿拉伯人之手传入欧洲。大学从萨莱诺[1]向北方扩散，在那里与已经播下学校种子的东部伊斯兰文明相遇了。随着对破损的古典作家文本的研究，文本考据方法开始出现。诸如"博物馆"（museum）、"灵感"（inspiration）、"桂冠诗人"（poet laureate）的之类词汇，显示出与古代的关联。Museum一词出自缪斯（Muses）[2]的神庙，inspiration意味着诗人的那些绝妙诗句来自某种超自然的力量，poet laureate则表示为取得成功的诗人戴上桂冠。现代人对体育运动的崇拜和奥林匹克运动会的复兴，当然也与古希腊人有密切关联。

本书涵盖的时期，始自环爱琴海的许多小型社会中出现了可以辨识的希腊文化，这一文化当时与古埃及和古代两河流域的文化相比未免微不足道。它发展的高峰是在希腊城邦击败波斯国王的庞大军队之时，终结于若干巨大的王国所支配的自信而成熟的文化，即马其顿人统治幼发拉底河与尼罗河流域时的文化，在西西里岛（Sicily）、意大利（Italy）与昔兰尼加（Cyrenaica），以及在马赛（Marseilles）、亚历山大里亚（Alexandria）和那不勒斯（Naples）繁衍兴盛的希腊文化。这是最大限

[1] Salerno，意大利南部城市。——译注
[2] 古希腊神话中主管人文艺术的九位女神，历史女神克丽奥是大姐。——译注

度的扩展范围。希腊人无论走到哪里，都随身带着他们的荷马史诗文本、教育体制、建筑与艺术风格。有些希腊城邦建立了民主政治，有些城邦实行贵族制，几乎所有的城邦在某个时期受到自命的独裁者——"僭主"的统治。有些城邦想方设法统治其他城市，有些则组成平等的联盟。存在着隐含的统一性，用来明确区分一个希腊人（希腊人仍旧称自己为Hellene，就如我们称他们是"Hellene"一样），或"蛮族人"（Barbarian，起初这个词是指说着令人难以理解的语言的人，他们只会说"*Bar, bar*"）的身份。同时也存在巨大的多样性。

谁是希腊人呢？他们的祖先就像罗马人的祖先一样，属于庞大的印欧语系的人群。他们用了数个世纪，从靠近高加索山脉的某个祖居地散布到了印度次大陆、伊朗高原和欧洲。大约在公元前1900年，他们开始从北部进入希腊。从大草原来到一个新世界，海洋对于这个世界的交通具有头等重要的意义。希腊的陆地山脉纵横，由众多互不相邻的小平原、河谷地带与岛屿所组成。古典希腊的突出特点是每个城邦理所当然地拥有自己的货币制度甚至历法，相邻城邦之间的妒恨与时断时续的战争成了常态，这些特点显然与地理条件相关。尽管爱琴海因突然袭来的风暴而为人所知，但希腊的气候还是温和宜人的。若按照潮湿寒冷的北方标准来衡量，人们所需甚少就可达到一般舒适的程度。在这样的环境中，人们生活的大部分时间很自然地都在户外，包括露天集会。无论卫城上的公共建筑多么辉煌壮丽，古典时代的雅典人的生活方式颇为简单。希腊人自己说：他们与东方温柔富足的人们不同，贫困是他们之所以坚毅与自持的导师。

迈锡尼时代的希腊，仰赖米诺斯人精致的文化。米诺斯人是非印欧人，曾经在克里特岛与一些爱琴海岛屿上繁衍生息，十分兴旺。它与古代近东的其他文化——赫梯、埃及、叙利亚文化——也有接触。海洋很自然地使希腊人面向相邻的航海民族，而不是居住在欧洲大陆的山地居民。希腊人对埃及与小亚细亚更感兴趣，而非马其顿尼亚（Macedonia）或伊利里亚（Illyria）。早期希腊人从这些古代文化身上学到了许多：域外的男神与女神（例如赫拉与雅典娜，后者被彻底移植过来，成为古典时代的帕特农神庙的组成部分）、奢华的艺术、音乐与诗歌。约公元前1150年，迈锡尼时代的据点纷纷陷落。当其他所有的艺术在随后的黑暗时代暂时消失的时候，诗歌却幸存下来，保存着有关伟大国王与英雄们的时代的生动记忆。迈锡尼并非被遗弃的废墟，而是富有黄金与万众之王阿伽门农（Agamemnon）的国度。青铜时代的迈锡尼文化是神话的温床，神话对于古典希腊的重要意义可谓不言而喻。在迈锡尼陷落之后的黑暗时代，源自较早时期的复杂的文化遗产得到梳理，被融会贯通。在黑暗时代末叶，实际上完成了众神体系的构建，希腊宗教的最终形式得以形成；与东方的接触得到恢复，独立的波利斯（polis，中译名为城邦[1]）已具有了古典时代的形态。

就希腊周边文化的重要性而言，有一个具有启示意义的证据，这就是：在希腊语中，大部分乐器的名称，甚至许多诗歌形式的名称，如挽歌（elegy）、赞歌（hymn）、抑扬格（iambus），都是出自非印欧语言的外来词。无论就社会声望还是就影响力来说，诗歌与文学在希腊始终是最高的艺术。它们的一些形式如同它们的神话内容一样，最终可以回溯到这样一个时期，即：希腊人的祖先为自己找到了一处拥有居所、宫殿、壁画和音乐的世界。早期的这种与周边文化的接触，必定可以在很大程度上用来解释希腊人取得的成就。他们的那些遥远的同族人侵入印度河流域，[2]在那里发现了城市和神庙，迅速开启了印度的雅利安文化。最初的希腊人同样受益于接触到一些高度复杂的社会，从而依循与徜徉在北方森林里的日耳曼人（Germans）和凯尔特人（Celts）颇为不同的路线发展，而后两

---

[1] 本书希腊文处理为斜体，以与英文相区分。古希腊词polis有"城寨""城市""人民""国家""公民大会"等多种含义。英译名作"city-state"，中译名城邦从英译名，与polis的原意并不相符，因为希腊有一些没有城市的国家亦被古希腊人称作polis。由于城邦译名沿用已久，故在这里说明其本义后仍采传统译法。——译注
[2] 指同为印欧人的雅利安人，可能自伊朗高原南下，进入印度次大陆。——译注

者在许多个世纪里更多处在原初的部落社会状态。

希腊人本身意识到他们的字母文字源自腓尼基（Phoenicia），早期建筑形式源自埃及，数学源自巴比伦（Babylon）。所有这些东西，在希腊都以一种特殊的方式得到发展，例如雕塑艺术达到了写实主义，其范围也与埃及艺术大相径庭。在数学方面，出现了对证明问题的一种异常强烈的兴趣，整个体系建立在公理基础之上。字母符号系统被完善为一种书写体，迄今一直以罗马书体的形式满足着西方世界的需求。最重要的是在艺术与社会中人的尺度与标准，这一点塑造了希腊的特征。独立的城邦是希腊的主要成就，单个人作为公民，在城邦中可以得到充分发展。这一点之所以成为可能，是因为东方的近邻——庞大的诸王国近到可以经常给希腊人以灵感与指点，却又无力征服希腊。波斯国王薛西斯（Xerexes）曾经对此进行过最后一次尝试，但未免太晚了。

希腊文化是竞争文化。每个承前启后的历史学家和哲学家都要显示出他对前人的成果有所改进。柏拉图的《对话录》是关于拼尽全力的专家与思想家们力求在论辩中占取上风的写照。在奥林匹亚和德尔斐举行的泛希腊的宏大仪典，集中于体育竞赛。当悲剧或喜剧在雅典面世之后，它们应该由专门的裁判小组来分出高下。每个城邦都力图比邻邦更卓越。

希腊文化在各方面都以其形式所具有的极其强烈的感觉为标志，这正是希腊艺术与文学对那些接触到它们的其他社会施以巨大冲击的东西。希腊建筑与城市规划在形式上的完美无缺，准确塑造雕像的自我意识，能够感受到的对每个文学类型都适用的严格确切的要求——所有这一切都在观众中培养出了一种近似苛刻的要求与颇具见识的品位。那些获得了这种品位的人——埃特鲁里亚人（Etruscans）、吕底亚人（Lydians）、利西亚人（Lycians）和西西里与叙利亚的土著居民——会发现相形之下，他们自身的本土作品未免粗俗不堪，充斥着乡巴佬气。他们能做的只是创作希腊风格的作品，用希腊文写作。其他语言失去了文学写作的功能，显然消亡了（希伯来文是个例外）。只是在罗马，人们作出了大胆决定，避开选用希腊文写作的捷径，担负起创造拉丁文学的重大任务，其成果经得起最严格的希腊标准的评判。

这种精细的审美，在很大程度上也一定可以用来解释希腊人为何未能取得更多的技术进步。甚至希腊时代晚期，像风车和螺旋桨这样的简单装置都被聪明人发明出来了，他们却未能开发出蒸汽推动的机器装置。奴隶制的存在并不能解释这一点。奴隶在希腊劳动力中只占很小一部分。希腊存在着普遍的偏好，就是追求审美的极致而非创新上的。这是一种与我们这个时代截然不同的思想。我们可以把帕特农神庙中楣上的骑手作为象征。他们在没有马镫的情况下驾驭着坐骑，具有妙不可言的美感，马具的缺乏反而增强了这种美感。但在中世纪早期发明的马镫却改变了骑兵的战斗力。

早期希腊世界已离我们而去，在时间和空间上都距我们甚为遥远。其他至今依然存在的社会在许多地方同样十分有趣，譬如早期中华文明、印度文明和秘鲁文明。不过，希腊与我们有着千丝万缕的联系，而其他社会却因历史的偶然性与我们无缘。约翰·斯图亚特·密尔（John Stuart Mill）说过，国王薛西斯在萨拉米斯的海战失败，作为英国历史中的事实，甚至比诺曼人的征服更为重要[1]。这一事件使希腊社会及其特有的艺术与思想的独立发展成为可能，并通过罗马的文化传承，成为欧洲思想与艺术的先导。罗马强权及其机构征服了希腊，并压迫希腊。但战无不胜的罗马军团也把这一非凡的民族文化带到四面八方。用罗马诗人贺拉斯（Horace）的话说："被征服的希腊把凶猛的征服者变成俘虏，把艺术带给了野蛮的拉丁人。"自那以后，希腊和罗马便一直吸引着人们的目光。欧洲始终意识到在其自身文化之前有过另外一种高级的文化，这种意识一直为欧洲思想提供着清晰而长远的视域。

希腊与罗马文化在许多个世纪里曾是欧洲文化的代名词。"古典的"

---

[1] 约翰·斯图亚特·密尔（1806—1873，又作穆勒），英国哲学家与经济学家。薛西斯为波斯帝国国王，在公元前480年率大军入侵希腊半岛，其海军被希腊联军的舰队击败。——译注

一词，曾是判断其他所有事物的标准；学校和大学一门心思致力于研究古代，这在我们看来似乎颇为古怪或不合常理。我们现在几乎不可能理解这种过往的社会竟会成为判断标准的思想。但由于我们与希腊诗歌和科学仍旧存在着一脉相承的联系，因此研究希腊也是在了解我们自己。古典世界胜过其他地区的根本优势在于：只有它既与我们有亲缘关系，又与我们形同陌路。说它与我们有亲缘关系是因为，我们认识到希腊的故事与希腊人的思索与我们息息相关（安提戈涅的道德两难，原子理论，有关在山区发现的海洋生物化石表明那里曾一度处于水面之下的思想等）；说它与我们形同陌路是因为，希腊人的为人处世在许多方面与我们迥然有别。他们崇拜众多神祇，他们拥有奴隶，他们对性有不同的想法。我们注意到这是一些真人真事，我们发现这些人在某些方面是可以被理解、被认识的。认识到这一点，会有助于我们摆脱现实中的暴政；有助于我们摆脱一种假设，即我们自身的行为与思维习惯是完全不可避免的；有助于我们摆脱我们没有其他选择的思想。这正是历史所具有的解放的力量。

| 第一章 |

# 希腊古风时代的历史

乔治·福瑞斯特（George Forrest）

## 城邦的出现

对大多数历史学家来说，希腊政治生活中最为典型、最独特的成分就是城邦（*polis*, the city-state）。很难用一个精确的定义表述城邦这种体制在规模、形态或社会和政治组织方面的多样性。粗略地说，城邦是一种由公民（成年男性）、没有政治权利的公民（妇女和儿童）以及非公民（客籍外邦人和奴隶）组成的共同体。这是一种确定的团体，占据着特定的区域，人们在特定或确定的政治体制下生活，不受外部威权的摆布，足以使其成员感到他们是独立自主的。城邦的大部分土地有可能无人居住，间或有农舍、村庄甚至小镇。但它必须有一个中心地点——宗教、政治、行政管理中心，围绕这个中心点逐渐发展成一座城市（斯巴达是个显著例外）。一般城邦通常筑有防御工事，总有一个市场（*agora*），一处召开公民大会的场所（通常就是市场本身），一处司法与政府机关、行政和协商之地；早期政府的类型是君主制或贵族制，后期通常是寡头制或民主制。

自然条件几乎是城邦的根本基础。但还有更为重要的基础，这就是共同体的意识。"只要舰队还在，我们雅典人就拥有自己的城市。"狄米斯托克利（Themistocles）在萨拉米斯如是说。独立观念也是重要的基础。有些城邦可能非自愿地同意向更强大的势力缴纳贡金，或自愿加入某个联盟甚至联邦，如特萨利联盟（Thessalian federation）和波奥提亚联盟（Boeotian federation），但在联盟之中仍存在着"自治"。古代理论家认为，这种制度的最佳状态是既不要太大，也不要太小；既不要太自给自足，也不要过于依赖外部；既不要太过寡头，也不要太过民主。毫无疑问，在古风时代和古典时代，大多数历史学家都能正确地将城邦看作是政治组织的特定形式。也毋庸置疑，不少城邦在某种程度上接近了理想状态。但最近的研究注意到另外两种因素，它们在较早时期以某种方式影响到城邦的起源，在有些时候还对城邦的发展持续产生了影响。

第一种因素是迈锡尼社会（Mycenaean societies）倾覆以后，在广阔的希腊乡间人口重新增长。其直接后果是长时间的无序状态，部落纷起。约公元前1000年，希腊城邦已经形成了后来的分布模式：从北方新来的多利安人（Dorians）居住在伯罗奔尼撒（Peloponnese）大部、克里特（Crete）、小亚细亚西南部及其沿岸岛屿；爱奥尼人（Ionians）居住在阿提卡（Attica）、优卑亚（Euboea）、爱琴海（Aegean）的大部分岛屿和小亚细亚中部沿岸地区；居住在北方、莱斯博斯（Lesbos）和小亚细亚西北部的混合居民，我们可以大致称其为爱奥利人（Aeolian）。但是最开始的居民区只有极小的规模，其周边有大量土地可以去占领。

第二个因素是各共同体之间的联合开始出现，这种联合与人口的重新增长有着明显关联，但是并不是所有方面的联系都必然与之相关。希腊传统给这种联系提供了诸多实例，有些仅仅是模糊的记忆，有些只是或多或少地以宗教组织的象征性形式存在，浮现于后来的政治生活中。小亚细亚西南部的六个多利安人城市，北部十二个爱奥尼人的国家，可能曾经在米卡列战争（'Meliac' war）中有过联合行动，但是其时间太过遥远，很难有确切的记忆。温泉关（Thermopylae）的安铁拉（Anthela）近邻同盟（一种邻邦间的同盟）得以存续下来，并且因其与德尔斐的阿波罗圣所的联系而繁荣起来。然而，除了最后一个例子，这些模糊的信息使得人们的注意力转移到更实在的事物上，转移到了雅典、斯巴达、科林斯等真正的城邦。

但是上个十年的考古发掘或许会唤起和推动一种新的理解。在中部希腊存在着一个考古学意义上的共同文化区域，包括特萨利南部、波奥提亚、优卑亚及其东部沿海岛屿。在优卑亚西部沿岸地区勒夫坎狄（Lefkandi）发现了一个重要定居点，使得这一区域成为新的关注焦点。直到今天，我们还认为勒夫坎狄位于这个岛屿的两个主要城市卡尔西斯（Chalcis）和埃列特里亚（Eretria）之间。用现在的标准来看，勒夫坎狄在黑暗时代（即公元前1100—前750年）显现出惊人的繁荣，其财富积累似乎在公元前9世纪后期达到了顶峰。不过在这之前一个多世纪就已经出现了一座英雄的墓冢，陪葬的是墓主的配偶和战马，显示其地位和财富达到了无可比拟的程度。从可资利用的考古证据来看，勒夫坎狄是这片比较广大的社区的中心。它是否也是宗教中心呢？我们倾向于否定之说，而认为此地的宗教中心多半是温泉关，该地距北部近邻同盟盟址所在地约60英里（穿过狭窄的水域）。据说这个近邻同盟最初仅包括同族人，即特萨利人、波奥提亚人以及他们与爱奥尼人之间的较小部落，无疑还有优卑亚岛上的爱奥尼人。到底是近邻同盟还是温泉关起到了某种政治核心的作用？谁知道呢。但是关于这一地区各部分之间存在早期商业和军事合作的传说或线索，与严格的考古背景并不吻合，可能暗含着某些宗教联系，说明存在着某种更为强劲的内聚力，是超出我们先前的认知的。

这种更为强劲的内聚力使我们相信，在其他地方也有类似的内聚力，并引出我们的疑问，如雅典领导下的阿提卡政治统一问题，斯巴达和拉科尼亚（Laconia）其他共同体在头两个世纪或者说在公元前9世纪后期多利安人奠定基业之后的关系问题，公元前6世纪忒拜在波奥提亚的扩张问题，等等。虽然答案不一定成熟，但这些问题已被提了出来。

更直接的关联是公元前8世纪后期优卑亚人"组织"的解体。我们推测，大概公元前800年，一些希腊人开始外出去寻找金属。一些人甚至移民到他们发现金属矿藏的地方，公元前800年之前就到了北叙利亚海岸，稍后到了意大利，可能还到了黑海南岸。殖民的主要参与者是优卑亚人，他们仍然保持一致行动。殖民的主要获益者之一是勒夫坎狄。但是公元前730年卡尔西斯和埃列特里亚反目并发动了所谓的勒兰丁战争（Lelantine War），修昔底德说，"所有其他希腊世界都与战争的某一方结盟了"。历史学家也疑惑不解，老盟友因何而反目？为什么"其他城邦"也加入纷争？如此早的"联盟"究竟意味着什么？这些疑惑至今犹存。但是相对广泛的联合使得交往更为容易，盟友或敌对的关系超出了诸如城市这样的小单位的范围，邦际间的利益会更容易巩固或打破这种盟友或敌对关系。在上面所勾勒的范围内，有一种假说认为，一些较远距离的争端，如约公元前720—前710年弗里吉亚（Phrygia）与亚述（Assyria）之间的战争，会引起与之有利害关系的希腊人之间的紧张关系，这些希腊人主要是优卑亚人。一个城市打破了现存的盟友关系，但还会和其他城市保持或发展盟友关系，因此"所有其他希腊世界都卷入了纷争"——这样一来，这种假说就有可能成立。战争可能以埃列特里亚的失败而告终，勒夫坎狄（早先可能就是埃列特里亚城的旧址）先被放弃，该共同体已经崩溃。战争的张力引起其他方面的调整，开始出现类似于后来的城邦结构。

用这种张力来解释公元前8世纪后期另一现象并不算荒谬，这就是：从希腊大陆和爱奥尼及其岛屿掀起的更大规模的第二波移民浪潮。早期冒险家从海外带回了关于各种机会的消息，这些消息或许会鼓励那些更大胆或更绝望的人从事贸易，为外国势力提供军事服务，特别是经营农业。如果说战争不能消除胆怯，那么至少已经加深了那些战败和分裂的共同体的绝望情绪。

战争开始之际，科林斯（Corinth）就已在位于西部富裕之地航路上的科西拉（Corcyra）建立了殖民地，并于公元前733年在那些富饶的土地上建立了西西里的叙拉古（Sicilian Syracuse）。而此前，优卑亚人在爱琴海西北岸建立了据点。因此，在整个战争中以及战争结束后的一个世纪中，我们所误称的殖民运动扩展到了最东边。之所以说"殖民"系误称，是因为一个"殖民地"的建立尽管是一项国家组织的事业，其目的往往是为了扩大城邦的利益，但它却变成了一个独立的实体，与母邦的联系通常仅限于情感和宗教方面。殖民地居民所津津乐道和感怀铭记的，更多是其建立者，是带领他们出来闯荡的那个人，而非他们的母邦。人口过剩，偶然的饥荒，政治上的麻烦——任何一种原因都可能导致政府想要推卸他们所不愿意承担的责任，将一些人遣去已知或未知的海外——当然，同时会送上宗教上的祝福。促使他们这样做的动机往往是混合的：冲动、绝望、野心，去垦荒、去贸易、去改变。

将这些因素看得太过泾渭分明是不合适的，比如贸易和农业。贸易一般在希腊政治生活中扮演何种角色？除了某些极少数的例外，希腊商人并非显贵。有名望的希腊人种植作物却不销售它们。组成政府的希腊人来自土地而非市场。但是经营种植的普通希腊人却不得不卖掉他们的农产品，或者说服商人们帮他们卖掉自己的产品。这一因素确实不可忽视，但是我们无须开展关于"一个强有力的商人阶层"的讨论。例如，叙拉古的创立者就是来自科林斯附近一个内陆山村的农民，几乎没有任何创业之物。但他们的领导人却是一个科林斯统治家族的成员——他是被派出去完成一项官方授意的任务呢？还是他仅仅是一个不受同族人欢迎的人呢？他们定居在土地丰饶的叙拉古，而且拥有西西里东部最好的海港。他们居住在这里是为了生存还是为了做生意？无论如何，没有证据显示他们和故乡的亲属有任何密切的联系。这一点与同一时期的科西拉完全不同。科西拉的建立有着确定无疑的战略意图，当人们发现科西拉连接着亚得里亚海的银矿和西部的谷物商路之时，建立殖民地就具有了更重要的战略意义。在那里，故事成了科林斯的"母"邦利益与已经意识到自己"成年"的科西拉之间的反复冲突。叙拉古也不同于昔兰尼（Cyrene）。昔兰尼是一群遭受严重旱灾的铁拉人（Thera）在没有母邦的引导下于大约公元前630年建立的。移民们都是征召而来的，并且被明确告知不欢迎他们回去。

上述实例说明，想要对殖民进行一般的概括是多么不明智。我们认为，当时出现了混乱状况，造成希腊人于公元前600年左右在法国南部、非洲北部、埃及、黑海及其入海口、爱琴海北岸，当然最重要的还有在前述的西西里和意大利南部的混乱。同样，这一混乱也打乱了母邦的既定秩序，导致了政治革命，这也是我们接下来即将讨论的问题。


## 政治的发明


公元前8世纪的希腊人，在整个地中海世界专注于全新的实验。埃及有他们从来无法想象的财富和文明水平；近东有武力和组织，西方有蛮荒和潜在的财富，北方则是这些因素的混合体。作为希腊人，他们竭力开发所有这一切为自己谋利，使自己进步。艺术家为东方情调的主题着迷，武器制造者倾慕东方的装备，商人运送金属、木材和谷物，贫穷的农民借机移民，富裕的农夫则抓住机遇种植能够酿造葡萄酒和压榨橄榄油等销往海外的作物，智者注意的是各种不同的政治生活，诗人、思想家和商人则为字母文字所吸引——所有这一切，使每个人都经历了观念的启蒙，知道还有另外的地方存在；这些地方也有某种吸引人的事物，不管物质上的还是精神上的。公元前8世纪后期，赫西俄德这位倔强的诗人和农夫，对他生活其中的褊狭的贵族社会发出不满的声音。在他之前没有多少年，荷马（见下文，第二章）在我们所知的第一部最伟大的史诗中描绘了这个社会，尽管史诗宣称描述的是历史上的某个特殊时刻，但事实并非如此。史诗内容随着它描绘的社会的变化而增加，现在我们已经不能分辨清楚每个增加的段落了。但是荷马的《伊利亚特》中那些围攻特洛伊的英雄，骄傲、勇敢、荣誉感强烈、暴躁、报复心极重，却能为那些贵族听众所理解；他们的价值观不可能完全相异，说他们完全漠视像赫西俄德这样的凡夫俗子也并非是虚妄。但到了公元前7世纪早期，赫西俄德的同胞们已开始要求得到尊重。

希腊人思想的开放，要比因这种开放所产生的各种特定政体形式重要得多，强调这一点至为关键。各地都有"僭主政治""寡头政治""宪政"或"无政府"状态。所有这些可塑性颇强的社会的一个共同点就是混乱，所有的共性就是最终形成了我们现今称之为城邦的某种宪制政体。

但具体的道路却真是千差万别。据说在公元前7世纪早期，一位伟大的立法者来库古（Lycurgus）在斯巴达制定了一整套军事训练（很难称之为教育）的制度，这使得斯巴达成为希腊最有效的军事强权国家，帮助它残酷地掌控了伯罗奔尼撒南半部，并且逐渐获得了对半岛其余部分颇为微妙的控制权。与此同时，来库古使斯巴达社会结构成形，因而改革了它原本的结构，产生了一种能够保证所有斯巴达人都享有某种政治平等的政治体制。这样的体制赫西俄德从未想过，其他地方的人也长久以来不曾认识过。

斯巴达作为一个征服了辽阔土地、统治着众多依附居民的主人，相对来说，它自己的人口却十分稀少（理论上有9000成年男性，与非公民的比例是1:7）。这种情形颇为罕见，但并非独一无二。它的解决方法是开发大量国家控制的土地，由私人经营，剥削与奴役——当然不是完全奴役——这些土地上的人民。同时，国家"拥有"奴隶，这些被称为"黑劳士"（helots），而斯巴达公民个人获得一半的产品。随着黑劳士人口的增长以及现实或想象的族群的凝聚，这个群体的不满情绪日益高涨。黑劳士起义的威胁，成为解释几个世纪以来斯巴达人诸多行动的关键所在。同时，给予被征服地区一些重要的共同体特殊待遇，承认他们在内部事务中有一定的自主权。这些人就是"庇里阿西人"（perioikoi），即边民。他们比黑劳士的怨气要少一些，但也不会总是如斯巴达人所愿的那样温顺。

在这样的背景下，我们必须看到斯巴达的社会进步和自来库古以来制度的僵化。如果说斯巴达的这种状况颇为少见，那么它的解决方法则使其成为独特的现象。大多数希腊人都保留着国家强制军事训练的痕迹，比如在克里特就能看到许多与斯巴达相似的风俗。但就我们所知，只有在斯巴达，一个孩子在5岁到30岁之间甚至更长的时间里，完全被剥夺了家庭生活，白天进行强制的军事训练，夜里则和同伴们在一起。大部分希腊人以贵族的姿态进入古风时代，这种姿态的某些模糊成分在他们身上长期存在。但是在这些国家当中，只有斯巴达如此早地被这种姿态所俘获，只有它才如此看重，以至于很少有机会去改变这种贵族政治的成分和人们对贵族政治的兴趣。斯巴达始终保留着世袭王权的混合因素，并且这种王权仅仅是有名无实的，而这一时期的其他地方已经丧失或者正在丧失王权。更奇特的是，斯巴达有两个国王，从两个贵族家族中选出，不管他们之间是友谊或竞争关系，强调的仅仅是贵族政治的基本原则只能依靠少数大家族。

在政治体制方面，斯巴达同样是独特的，但又是另一种独特的形式。国王是军事统帅，辅以贵族议事会"格劳西亚"（Gerousia），他们提出大部分政治议题，负责大多数司法判决。不过也有全体斯巴达公民组成的公民大会。公民大会定期召开，在大部分有关全体公民的事务中拥有最终决定权。按照伟大的来库古的定义，全体公民是指所有在军训中幸存下来、分配到城邦征服得来的土地、由黑劳士为其劳作并一贯遵守法律的人。他们自称为"平等者"（homoioi）。通过这种称呼，他们不但消除了对早期地位的不满——不管这种不满曾经如何——而且用极简练的语句证明了"公民"这一词的用法是如此贴切。较任何绝对的标准而言，平等都只是最基本的一种陈述，但平等不是要解决某些人是富裕的（与城邦分配土地相对的私人土地一直存在）而另外一些人相对贫穷的问题，不是要解决一些人生来就是贵族而另外一些人是平民的问题，也不是要解决在以军事为基础的社会中不鼓励甚至不能容忍政治上的独立的问题。这种平等所要解决的问题是，通过对最基本原则的强调，斯巴达人开始探索作为一个社会成员的公民的定义，这就是他们自动拥有某些权利（无论多么少），拥有一种共同体的感觉——尽管这种感觉只是对黑劳士共同恐惧的产物，或者是对共同奴役黑劳士从而为自己谋利的产物。

下面我们倒过来叙述斯巴达革命的运作机制。斯巴达的贵族并未放弃优雅的"平等"，但是他们很少使用暴力。这也与其他地方大不相同。比如在科林斯，城邦和财富的控制权一直掌握在一个贵族家族巴克齐亚迪（Bacchiadae）家族手中。公元前657年，这个家族的半个成员塞普瑟鲁斯（Cypselus）纠集了足够的支持者，将其家族成员或杀死或流放，成为后来希腊人所称的"僭主"（tyrant）。关于塞普瑟鲁斯政府的实质，我们知之甚少，只知道他的支持者中治国经验丰富、执政能力突出者众多，足以使这个城邦的发展不致陷入停滞，而是逐渐繁荣起来。我们不知道塞普瑟鲁斯除了分享政权以外还向他们承诺过什么，或者向他的外围追随者承诺过什么，只知道他的宣传中用了这样一个词：*dikaiōsei*。这个词的意思可能是"赋予（科林斯）权利"，通过"给（科林斯）一套法则"而"赋予（科林斯）正义"。无论其精确含义是什么，它在这里都要超出曾经激起斯巴达人对"平等"的同样渴求的那种提示，即使这种平等仅仅限于法律面前的平等。并且颇为矛盾的是，这种平等是在最不平等的"僭主政治"体制下赢得的。

显然，科林斯人支持塞普瑟鲁斯还有其他原因，最根本的原因就是希望借此削弱巴克齐亚迪家族。在那些我们了解较少的其他城邦，出现僭主或有出现僭主的趋势之时，其支持者恐怕都有各自的理由。但是一个普遍存在的现象可以引出某种一般性的解释。公元前7世纪，正义的主题已经以各种形式得到充分阐发，这也许说明，希腊人关于什么是一个公民（*polītes*）——即一个充分的城邦成员——的观念在缓慢曲折地形成，对正义主题的阐发才是第一要素。困扰赫西俄德的正是人们对什么是正义的任意解释。公元前7世纪的诗人、莱斯博斯（Lesbos）的特尔潘德（Terpander）就极力赞美说，"正义（在斯巴达）已经实现，看来已经实现"。

然而，是什么原因致使绝望变成了自信，在贵族政治的藩篱中撕开了第一道裂缝？人们究竟使用了什么手段才造成了这一后果？第二个问题的答案一直被认为在于或的确在于军事史上的模糊地带。早期希腊军队的基本单位是贵族及其随从，合成为一个"胞族"，包括其家族成员、附庸的较低等贵族、富裕农民，一直向下延伸到各社会等级。从理论上说，这支部队的前锋是那位装备精良、训练有素的贵族，他站在其他人的前面；其他人则根据各自的富裕程度装备护甲；贫穷者没有装备，不过会以自己的方式或者手头现有的武器给予贵族以精神或物质上的支持。另一方面，成熟的军队尽管可能仍然包括某些骑兵或者更多的轻装步兵成分，但主要还是依靠数以千计、装备精良、或多或少有些整齐划一的步兵——这些人被称为重装步兵。重装步兵往往也由胞族集团组成，虽然在某些地方开始转向更为明确的地域单位。战场上的胜利要求集中全部力量，一条阵线的纵深有八人，每人装备头盔、身披胸甲、胫甲，手持前面加固的圆盾，用于突刺而非投掷的长矛，凭借合作的力量取胜。就像公元前7世纪中叶的斯巴达诗人提尔泰乌斯（Tytaeus）所描述的那样，"手舞长矛直逼敌兵，或者用剑杀敌，和敌人脚碰脚，盾撞盾，羽饰蹭羽饰，头盔擦头盔……"

这是想象中重装步兵的战斗场景，那么实战中的情形如何呢？我们在这里明显面临着一个矛盾。重装步兵装备的某些内容早在公元前8世纪就开始流行，但是瓶画中所展现的最早的方阵组织不会早于公元前7世纪中期。在贵族的战斗中，单个重装步兵的出现是难以想象的，因此创造在实战中具有凝聚力的方阵，无疑需要一个决定性的时间点。然而问题是这也许不太现实。从有关单个"战士"的想法向后来出现大批步兵的转化太过容易，以致人们没有认识到，更容易的金属供应和更多可利用的财富或许会逐渐导致"战士"数量的成倍增加，只需少部分战斗人员之间的协作，而人们不必知道组成一个有效的重装步兵方阵单元可能需要的最低人数（当然是几百人而不是几千人）。这种转变可能早已准备就绪，甚至远早于公元前7世纪前半期。可能在画师们表示欣赏它，或者在画师们掌握了在一个陶罐上描绘重装步兵军队的技艺之前若干年就已完成。

如果以上推测属实，那么更重要的问题就不难回答了，即：如果军事创新影响了政治革命，这种影响是如何实现的？公元前657年，科林斯的塞普瑟鲁斯有了自己的军队，他用武力驱逐了巴克齐亚迪家族，并且他自己不需要贴身护卫。更早时期，斯巴达的来库古改革中，军队及其建制是其核心内容。粗略来讲，如果巴克齐亚迪家族有300个重装步兵装备，那么只需要301个有类似装备的其他科林斯人，将革命的热情作为更多的武器，就足以推翻他们。斯巴达的人数更多，他们甚至根本不需要提尔泰乌斯所用的激励方法，因为他们已经有足够的情感纽带将自己联合成一个整体。

但是军事上的变化只是革命构成中的一个因素，它影响的是革命的方针而非其实质。它是行动的指南，不是发动机。当然也有例外，就是新的形势也许有助于创造一种处境相同的感觉，撑起人们的信心；形势越新，效果越大。反对贵族专权运动的起源有着更深层次的背景，那就是公元前8世纪的冒险和扩张。经济上的扩张，即使只是像斯巴达那样在农业上缓解了人口压力，并有不同地方的经验（"僭主"一词就起源于东方），却都没有创造出一个由富裕农民组成的新的"中产阶级"；也缺少一个富商集团；但它们的确在贵族与贵族之间、小贵族与大贵族之间营造了紧张关系。同时，还有某些成功的商人和海盗使得原本就错综的事态更为复杂。旧有的制度缺少足够的灵活性，或者后来不再有足够清晰的界定，来应对这些变化。

一些城邦试图通过第三条途径走向新的世界，像斯巴达人那样走宪政道路。这样的道路虽然没什么特色，却人道得多。一个殖民地的建立会引起——并非要求——人们对这个新定居地的特点进行某些有意识的思考。这种自我意识的某些成分，也许仅仅是渴望复制家乡的东西（这不可能是一种深刻的渴望，大部分殖民者离开家园是因为他们不喜欢自己在家乡的经历）。于是，一种新的需求附加到了这种新的变革本能之上，或者至少是对现存秩序的不满附加到了新的变革本能之上。这是一种需要阐明的需求。而且东方的经验再一次表明，明确阐释是有可能的。所以，与东方有着天然联系的克里特成为希腊人立法的故乡就不奇怪了。（根据传说）克里特人启发了斯巴达人，一个克里特人曾经指教过有姓氏可考的最早的殖民地立法者——意大利洛克里的扎鲁库斯（Zaleucus of Italian Locri），于是，其他意大利和西西里的殖民地也成了立法者的天堂。

但这一切都未有定论。只有在阿提卡的陆地上，从渴求和理想到成为事实的转变才有迹可寻。相对于大多数地方，阿提卡算是在后迈锡尼时代的混乱中幸存下来的，然而这里也出现了经济崩溃，只有缓慢的恢复。当形势稳定以后，雅典城便处于阿提卡各种联系的领头羊地位，这种联系不像斯巴达那样是一个围绕着庇里阿西人或黑劳士的"平等"城市，而是一个到处充满不平等的阿提卡的中心。贵族、自由民和依附者居住在城里或周边地区，就像是在厄琉西斯、马拉松或者苏尼昂（Sunium）一样。雅典设法减少或消除了各地的差别，同时建起了这座被公认为首都的城市，保留了地方自豪感、国家认同与个人尊严，这是雅典取得的非同小可的成就。

约公元前630年，雅典有人企图建立僭主政治。约公元前620年，有一项法令对这一企图给以回应，即《德拉古法典》（Draco）。关于这项法令，除了严酷之外，我们其实对它一无所知。但一味强调严酷会忽略这样一个事实：仅仅因为一个定义便引起批评和改变，而雅典人继续接受了这种结果。据说扎鲁库斯的法令也很严酷，但洛克里人最终还是实行了改革。对斯巴达人而言，不幸之处在于："对我祖父来说是好东西"，则"对我来说也是好东西"。

雅典的首次改革发生在大约25年之后。当决定任命一位仲裁者负责制定内容截然不同的第二项法令时，危急时刻或者说濒临革命的时刻来临了。在对《德拉古法典》和贵族内斗不满的背景下，人们选择了一位革命领袖——梭伦。对我们来说，幸运的是梭伦不仅是一位政治家，还是一位诗人，尽管他稍许有些以自我为中心、自以为是，还有点华而不实。

在公元前594年当选为首席执政官的梭伦有个弱点，就是不喜欢杀人。他本可以使自己成为僭主，但却没有这么做，如他自己所写："僭主是一个好位置，可麻烦的是做了僭主就没法回头。"即便他如此谨小慎微，也不得不说服两派势力——"平民"和"那些掌权者"，让他们不要理睬"那些玩抢劫游戏的人"，并且同意以一种斯巴达式的平等模式来安抚双方。这可不是一件容易的工作。"那些掌权者"已经付诸实践，在整个雅典实行了一种广泛的分成制——在这种制度下，不少雅典人要将收成的六分之一交给某个地位较高者而非国家，以换取耕种自己土地的自由。这一制度逐渐改变或超越了上文提到的氏族集团依附体制，其后果自然是他们在政治上的实践，即对执政官和议事会——战神山议事会（Areopagus）的专权；后者的成员从卸任执政官中补充，这是该国唯一承担议政职能的实体。雅典也有公民大会，但似乎并不起多大作用，除非是在那些不得不调查民意的关键时刻，或者是在每年执政官的选举之时。这时有可能偶尔被允许展现一下人们偏爱某个贵族集团的候选人而反对另一个贵族集团的候选人的场景。战神山议事会和执政官在阶级和利益方面密不可分，他们共同掌控雅典。

梭伦的大部分措施和德拉古所做的一样，仅仅是将现行法令变为成文法。但是在寻求某种能让自己以公正持中的姿态出现的内容时，他采取了较为明智的措施。"那些当权者"保住了他们的财产、大部分地位以及生活方式，甚至过得更加舒适。作为交换，"平民"则被赋予"他们应得的尊严"。

他的措施是如何实行的呢？所有的债务都会保障债权人，因此默认的分成制也就成为默认的债务。现在，现存的债务都被取消，债务奴役被禁止，分成制也不复存在（"我让曾经被奴役的阿提卡的土地得以自由"），雅典人再也不会因为债务而被奴役、失去尊严。这位政治宣传家为此加上了一段著名的说辞："我让那些无辜被卖到异国他乡的人回到家园，他们甚至都不会说自己家乡的方言了。"不过有一个疑问是，他能寻回多少这样的人。

政治上的一些平等也能看出端倪。公民大会恐怕以某种方式获得了新的职权，我们对此知之甚少（是否有可能定期举行会议？界定适当的选举方式方法？），但可以确定的是，人们获得了一个指导性的新机构，一个与战神山议事会分庭抗礼的议事会，即"稳定这座城市的第二个锚"。这个议事会如何组成、究竟能够拥有多大的管理权限并不重要。它准备公民大会的议程，监督更广泛意义上的公职人员的选举，是对付战神山议事会干预的缓冲器。这些都使局势发生改变。梭伦还主张公民大会应是审理案件的最高法院。雅典人可以诉求公民大会或者公民大会的一个委员会来反对战神山议事会的法院作出的裁决。在最初的几十年中，没有多少人有勇气提出诉求，但是这项权利已经在这里了，就一定会得到利用。

每个人都从他那里得到了应得的赏罚。所有雅典人都应摆脱奴役的威胁，保证不会受到司法压迫，并能对城邦发展的方向发表意见。但有些雅典人，主要是梭伦的支持者，想得到更多的实质政治权利。梭伦与塞普瑟鲁斯并无二致，他的背后也有一些大人物的支持，他们想要得到回报。解决的方法很简单，但也非常激进。执政官是政府的主要行政和军事职官，按照传统，先前仅限于很少的家庭集团——世袭贵族（Eupatridae，血统优良者）的成员担任，现在则由拥有土地财富的多少所决定。所有雅典人被分为四个等级。最高等级占据最高的官职。最低等级——thētes，仅仅只是公民大会的成员，只能对司法判决有些微影响。可以说，"当权者"的潜在数量翻了一倍，这可是不小的变化。

如果说对梭伦的这些措施有一点讽刺意味的话，那这也只是提醒我们：梭伦是一个务实的政治家，他并不是一个祈求奥林匹斯神灵来解除雅典痼疾的中庸贤者，而是一个精明的操作者和激进的思想家，一个非常善良而勇敢的男人。他给了雅典人和平变革的机会。就像我们将会看到的，这种变革并没有一蹴而就、立竿见影。

革命本身很难成为一件令人愉悦的事情，即便没有暴力，好人好心也会办坏事。令人欣慰的是，希腊革命从整体上导向了令人愉悦的方面。在塞普瑟鲁斯和他儿子伯里安德（Periander）的领导下，科林斯人扩展和巩固了殖民地，同时科林斯的陶工和画家制造出精美的陶器。而雅典后来的苏醒产生了更加惊人的成就（我们看到的主要也是在艺术方面）。同时，分成制的农民获得解放，使得16%人口的大部分免除了债务。即便在斯巴达，一位外来的诗人阿尔克曼（Alcman），也幸福地谈论着在欧罗塔斯河（Eurotas）岸边昼夜的欢悦。当阿尔克曼描述固然并非珍馐的食物美酒和少女，以及少女销魂的一瞥比睡梦和死亡更能令人沉醉之时，提尔泰乌斯那些令人不悦的战争精神早就被他抛在脑后了。

但是，就像希腊人喜欢说的那样——尽管他们说得比较委婉——"过犹不及"。那些追随塞普瑟鲁斯的科林斯人不能理解自己为什么要追随他的儿子或者他的后人。伯里安德的继承者被驱逐了，科林斯陷入平庸的寡头政治。斯巴达人是如此自我陶醉，以至实行了进一步的扩张。悠闲和自由使得雅典人渴求更多的悠闲和自由。结果是科林斯逐渐衰落（当然衰落得非常缓慢，因为它一直作为一个重要城邦存在），斯巴达实行等级森严的统治，而雅典则最终形成了民主政治。

在民主政治最终确立之前，先是半个世纪断断续续的僭主政治。梭伦拒绝扮演僭主角色，希望雅典社会能够根除这一痼疾。他的一个年轻的支持者[1]，被证实有僭主倾向——更糟糕的是，此人还是他的亲戚——通过两次尝试，最终于公元前546年建立起牢固的僭主统治。公元前528年，他去世后又由其子继承权力。很难说清楚庇西特拉图为何能得到普遍的支持而建立僭主政治。阿提卡居民分为海岸派、山地派和平原派。

---

[1] 指庇西特拉图（Pisistratus）。——译注

平原派可以获得橄榄油作为新的财富；山地派足够富裕，但他们远离各种事物的中心。尽管庇西特拉图无论如何都算出身名门，可他本人却来自并领导山地派。为什么会出现这种状况呢？附庸于他的人是否出自生产优等橄榄油的马拉松平原？他们中的一些人是否正在开采阿提卡东南角的银矿？作为经济发展的结果，或者为了经济的发展，他们是不是觉得自己该进入中心了？

无论如何，事情就是这样。也许一个僭主政治的产生比继续梭伦的宪政更能激发雅典人去追求前面提到的三个目标：国家统一、地方自豪感与个人尊严。雅典城引人关注，不仅因为它是政权所在地，还因为公共事务、神庙、喷泉，甚至排水沟等公共工程皆聚集于此。这些工程为了培养人民对雅典的保护神——雅典娜女神——与（庇西特拉图喜欢自诩的）对庇西特拉图本人的崇拜，鼓励举办或创建国民节庆与赛会，如泛雅典娜节，奖品是几罐阿提卡产橄榄油（聪明的广告！）；如酒神节——这是雅典最伟大的创造物之一——悲剧的最早来源。这一切似乎使雅典成为适合权力集中的地方。

地方自豪感无须鼓动，但至少这个中央集权可以显示出它所关注的东西：为了解决地方纠纷，建立起一个巡回司法审判团，而这一权力起初无疑掌控在当地贵族手中。这些贵族的身份潜藏了一个对以下悖论的解答：一位僭主独裁者事实上能够促进个人自由和个人尊严。

梭伦向一些新人开放了官职，但是并没有采取什么明确的措施限制地方贵族势力，除了剥夺贵族合法奴役周围贫困公民的权利。现在他要么死在反对庇西特拉图的最后斗争中，要么谨慎地考虑逃亡。即便他留了下来，也不得不承认存在某个比他更有权势的人。其他的人要么失去了他们的领袖，要么意识到他不再像以前那样重要。从效忠一个主人转而效忠另一个主人，我们可能觉得并不是多么关键的一步，但却是通向自主意识的第一步。

因此，当庇西特拉图的儿子于公元前510年被流放者、阴谋家与斯巴达军队以及试图重续老派政治的守旧派赶走之后，他们发现观众也已经改变了。他们中的一个人——克里斯提尼（Cleisthenes），一个支持梭伦的大贵族阿尔克美昂尼德（Alcmeonidae）家族的首领，比他的竞争对手更敏锐地察觉到了这种变化。用希罗多德（Herodotus）的话说："在他的派别中增加了那些之前被忽视了的人民，让他们分享一切事务……"克里斯提尼的动机可能是自私的，他的所作所为可能都是在有计划地保护他自己和他的家族的政治前途。但这些并不重要，重要的是他成功了，获得了广泛支持，带给阿提卡一个全新的社会政治结构，这一结构良好地运转了200年左右。

新体制的核心内容是承认小的地方单位——乡村或小镇、城市的行政区，它们应该管控自己的事务，摆脱当地贵族的干预。每个单位选择自己的负责人和议事会，处理自己的事务。国家的目标就是把这些被称为"德莫"（demes）的单位或多或少地组合成关系紧密的更大的地域区块（这里也有为派别利益划分选区的迹象）。新的部落通过这种地域划分构建起来，每个部落都各包括一部分被称为"平原""山地"和"城市"的地域。之后，这些部落不仅成为军队的基础，还成为其他行政管理体系的基础。其中最重要的是梭伦的议事会，现在每个部落有50个议事会成员名额，每个部落的代表在一年的十分之一的时间里组成整个议事会的常务委员会。

在自己的村庄里，一个雅典人能够以这种方式拥有他可能拥有的任何自信。同时，在国家层面，他能够增强自僭主政治就开始鼓励的国家认同感。要判断立法在多大程度上推动了看法的改变，或者在多大程度上仅仅认可了一种看法，从来都不是一件容易的事。就雅典而言，我们只能说，在避免麻烦方面，克里斯提尼的立法来得正是时候；只能说，想要允许雅典人做的事情与他们后来所做的事情相当一致。克里斯提尼并没有破坏现存的社会集团，没有损害他们珍视的宗教崇拜或名誉声望。他不需要这么做，他仅仅创造了一种新的结构并赋予它权威性。

## 斯巴达的领导

雅典人所做的另一件事情就是抵抗波斯人的入侵。在精神上他们是希腊人胜利的支柱，但是从技术上来说，那些选择抵抗的希腊人自然会认为斯巴达应成为他们的领导者。为什么这么说呢？得益于来库古的改革，斯巴达拥有希腊世界唯一的一支职业军队，能够把自己拥有的5000名左右的重装步兵投入战场；还有数量相当、训练有素的庇里阿西人，以及人数更多的轻装黑劳士。但这支军队在公元前6世纪并没有取得过重大胜利，其威望很大程度上是出自外交原因。它颇具威慑力，因而得到了应得的尊敬。

希罗多德说，多亏来库古，斯巴达人"拥有肥沃的土地和众多人口，他们迅速强大起来，变成一个繁荣兴盛的民族。于是，他们就不再甘心于安静不动地待在那里了"。换句话说，他们不再满足于享有阿尔克曼所说的那种轻松愉悦，而是试图将他们的统治扩展到伯罗奔尼撒北部。他们遭到另一个大邦阿尔哥斯（Argos）和一些较小的城市、乡村和部落的反对。在与阿尔哥斯的斗争中，他们赢了，尽管没有取得决定性的胜利。但是在与其他势力的斗争中，他们却失败了。失败也给予了他们教训：通过吞并和奴役来进行扩张并不奏效，征服一个敌对的近邻圈子，只会制造一个距离更远的敌对圈。一个智慧的斯巴达人（有些斯巴达人是智者）看到，通过外交手段进行征服代价更小，也更有效。

这位贤人就是奇伦（Chilon）。他于公元前556年当选为监察官，这一职位设立于来库古时代的混乱时期；设立的目的我们现在不甚清楚，但是基本上是通过每年一次的选举给予斯巴达的"平等者"们一个机会，让他们能够拥有自己所向往的地位，强调他们自己对国王或元老院（Gerousia）的反对意见，或者站在这一边反对另一边。奇伦是最早的检察官，从他以及支持他的"平等者"那里，我们可以明显看到，他改变了斯巴达人的思想。

除了军事问题，还有民族问题。在后迈锡尼世界的混乱中，希腊人被分为多利安人、爱奥尼人和其他民族。他们都是希腊人，都说希腊语——却是形式非常不同的希腊语。所有人都接受了多利安人是入侵者的说法，尽管也许是一种更具优势的入侵者。很难判断这些区别在日常生活中究竟有什么意义，但是一定有某种意义。奇伦敏锐地看到，淡化斯巴达的多利安血统能诱使周边非多利安邻邦与自己结盟，最终还是对斯巴达十分有利。

于是，斯巴达与一个又一个城邦举行谈判，与科林斯、与西西昂（Sicyon）、与阿卡迪亚的诸多共同体谈判。实际上，除了多利安霸权的传统敌人阿尔哥斯以外，斯巴达几乎与所有城邦都谈判过。某些时候，为了巩固联盟，斯巴达不得不插手未来盟邦的内部事务。这种冲突在有些时候会导致僭主被驱逐，比如西西昂，这里是斯巴达在后来获得了反对僭主的声誉之起点。在斯巴达以外的地方，斯巴达人并不反对僭主。但是在接下来的半个世纪的扩张（奇伦改变了斯巴达人的扩张方式，但是并没有熄灭斯巴达人的野心）使得斯巴达反对僭主领导的各种势力，并以各种理由驱逐他们。其中最主要的就是雅典的庇西特拉图的儿子们。公元前510年，斯巴达在雅典流放贵族势力的鼓励和支持下成功推翻了他们的统治。

僭主被推翻的原因多种多样：有些僭主（包括雅典的在内）是因为是阿尔哥斯的盟友，有些则是因为与爱琴海政治的新内容——波斯帝国的扩张扯上了关系。波斯人之前控制了中东和小亚细亚的大部分地区，约公元前546年，他们出现在爱琴海东海岸希腊人的视野中。而这些希腊人在此之前一直在相对不受压迫的条件下仰赖内陆的非希腊人势力，尤其是好脾气的国王克洛伊索斯（Croesus，约公元前560—前546年在位）统治下的吕底亚（Lydia）。波斯人相信严密的控制，因此在希腊城邦中建立或支持了不少归顺的僭主政权。公元前525年，波斯占领埃及，随后抵达北非海岸；公元前514年，他们跨海进入欧洲，尽管在南俄平原遭到了令他们损失惨重的袭击，他们还是留在了色雷斯，影响远及马其顿。这样一来，希腊大陆和岛屿遭遇了来自北方、南方、东方的三面困扰；即使在西方也有另一个敌对力量——迦太基，向那些希腊式的前哨村落、西西里和南意大利的城市施加压力，这些地方现在已经从最开始的贫穷殖民地变成和本土同样富裕发达之地了。波斯人可能没有任何直接占领希腊的野心，但是他们现在就在那里，因此也不得不认真对付。我们所知的所有希腊城邦都因为对此事件的反应而分为不同阵营。占多数的希腊人——即便不是数量上的多数也是势力上的多数——认为，顺从甚至归顺的建议是最有利的方针；另外一些人则认为他们应该战斗。从任何方面来说这都是内部的争论，然而一切有关其他事物的内部争论都容易与波斯问题纠缠在一起。政治上的失势者可能渴望得到波斯的支持；甚至一个政治上的赢家也会觉得，有了波斯的荫蔽，自己的地位会更稳固。因此，庇西特拉图被放逐而又幸存的儿子在波斯的领土找到了庇护所，而特萨利（Thessaly）北部最有势力的家族阿律阿达伊（Aleuadae）也有通敌倾向。斯巴达的形势并无二致。尽管斯巴达早就意识到这一问题，但是它还是毅然决然地拒绝卷入争端。但到了公元前4世纪最后几年，两个国王的争吵导致其中的一位——德玛拉图斯（Demaratus）跑去投奔波斯王。

德玛拉图斯的对手克里奥美尼斯（Cleomenes）就很聪明，甚至聪明过了头。同时，他行事肆无忌惮却不正大光明，野心勃勃又残酷无情，人们还认为他神经迷狂。我们没理由说这种看法是错误的。不过无论如何，尽管克里奥美尼斯性格坚强、才能出众，他的大部分计划却都没能实现（最终他在绝望中突然精神失常而自杀了）。吊诡的是，他的失败反而使斯巴达更为强大。

我们前面提到了城邦之间的联盟。一个希腊联盟的标准原则就是"拥有共同的朋友和共同的敌人"。这提出了一个问题：谁来决定谁是谁的朋友，谁又是谁的敌人？在斯巴达与阿卡迪亚的较小共同体之间，这个问题只是理论上的，但是在斯巴达与科林斯这样的城邦之间，就很棘手了；在斯巴达与那些现在正在结盟的大大小小政治实体之间，简直就无法回答了。因此，这种单个城邦之间的松散联盟方式必须改进。逐渐地或突然地，建立一个城邦同盟的想法就产生了或者被再造出来。斯巴达是这个同盟的军事统帅和实际掌控者，但其他城邦也有发言权。也许他们参照了我们已经提到过的其他联盟方式。一定是在一个模糊的过程中出现了一个关键时刻。大约公元前506年，德玛拉图斯在科林斯和其他盟邦的支持下，拒绝追随克里奥美尼斯袭击雅典（他的第一次干涉并未奏效）。在那之后，"伯罗奔尼撒同盟"召开大会，议定只有经过讨论和投票后才可以付诸行动；斯巴达提供军事指导，其他盟邦予以支持——这样就创建了一个军事组织，当波斯人最终决定入侵希腊的时候，希腊人便依托它来抵抗波斯。

## 波斯战争

约公元前500年，斯巴达是公认的同盟领袖，这个同盟实际上囊括了伯罗奔尼撒半岛上除了阿尔哥斯以外的所有国家。尽管斯巴达在行动上无意识地反对那些亲波斯者，但是不管是斯巴达还是它的盟邦，都没有对波斯问题提出任何承诺。雅典从僭主统治中解放出来，雅典人逐渐倾向于接受克里斯提尼发明的"民主"政体（值得注意的是，这个时候"民主政治"一词尚未被创造出来）。他们在波斯问题上并没有一致意见。其他城邦也有类似分歧，希罗多德用嘲讽的语气一针见血地指出了这一问题。他在提到中希腊一个小邦弗奇斯人决定参加战斗时说："我猜测，他们如此决定是因为他们憎恨特萨利人；如果特萨利人选择抵抗波斯，我想，他们就会通敌。"

第一个大麻烦出现在小亚细亚。米利都城里，有个波斯人扶持的僭主西斯提乌斯（Histiaeus），成了波斯宫廷的政治顾问。留在米利都处理政务的是他的副手阿里斯塔哥拉斯（Aristagoras），实际上他们都是波斯政权的傀儡。他们以为自己能够不露声色地取得自主权力。可他们错了，他们的这种计谋产生了被后世史学家描述为希腊人抵抗蛮族的巨大爱国热情，但希罗多德却冷静地称之为"麻烦的开始"。公元前499年，一些（并非全部）爱奥尼城邦，一些（亦非全部）北部的爱奥利城邦，可能还有一些南部的多利安城邦，驱逐了他们的僭主，开始公开反对波斯。斯巴达拒绝援助，雅典则选择了支持起义——虽然一度踌躇。但是结果不能逆转。

因此，在公元前494年爱奥尼人和他们的盟友被镇压以后，雅典人也于公元前490年遭到惩罚。一支波斯舰队穿过爱琴海在阿提卡的马拉松登陆。军队数量我们不得而知，但肯定远远超过雅典及其小盟邦普拉提亚（Plataea）能投入战斗的10,000重装步兵。我们知道，波斯军队兵精将能——但是，奇迹发生了，雅典人赢了！波斯人的损失超过6000人，而希腊人只损失了200人。这一结果产生了诸多影响，我们只列出以下三种：

希腊人曾经将他们自己和"那些说其他语言的人"区别开来，其他文明社会也是如此。现在有两种观念附加到了对这一事实的描述上，一种是敌视，一种是优越感。于是出现了这样的想法：一个希腊人如果与蛮族人（操另一种语言的人）讲平等那是不合礼法的。务实的希腊人并不会让这种想法影响他们的行动。但是很多人直接利用这一点作为宣传手段，最后只有一个人将这一想法发挥到极致，这就是亚历山大大帝。他开始朦胧地意识到了它的荒谬之处。

但军事上的优越性是切实存在的。大约10,000希腊重装步兵就以某种颇为罕见的方式击溃了波斯大军。一个重装步兵方阵，即便只是经过适度的良好训练，也足以打败一支骑兵、弓箭兵或者其他以任何形式武装的步兵部队，这是并不需要多高深的军事理论就能得出的结论。斯巴达人受到的教育就是相信自己是世界上最好的士兵——但即使是斯巴达人，也一定因雅典人的胜利而受到鼓舞。

第三个影响更为重要。克里斯提尼认识到雅典人的态度变化，并利用这一变化来反对其他贵族。他设计了一种社会和政治体制——不管这个体制是不意而得之还是他精心构建的，他都通过这一体制为进一步的、更大的思想转变提供了空间。但传统思维习惯并不会一夜消亡。公元前507年，大多数贵族的行为方式依然像他们一直以来所表现的那样。更主要的是，很多普通雅典民众的行为也是依然故我。只有少数贵族和稍多一点的民众有所改变。到了公元前480年，军队的统率权和城邦的管理权仍然掌握在旧统治阶级手中，但是他们对雅典人思想的绝对控制开始——我们强调"开始"——有所松动。这些变动非常微妙，即便证据比较充分的时候也很难加以把握。变动不仅是渐进的，而且是不规律的。当证据尚不充分、不能准确界定其开端和结束之时，当人们还不能明确地谈论这种转变时，我们只能列出事实，以待寻找任何可能的线索。亚里士多德以他特有的敏锐指出，马拉松的胜利赋予雅典人民政治上的自信。他的解释符合事实。在马拉松战役以后的10年内，雅典人首次实行了一项奇特的制度——陶片放逐法（ostracism），这是克里斯提尼的又一创造，这一制度允许公民大会在它所愿意的每年决定任何一位政治人物被暂时性地放逐海外10年，但是保留其财产。前三次陶片放逐于公元前490年实施，实施的外在原因是被怀疑叛国。不过亚里士多德的看法无疑是正确的，那就是实践权力的勇气与实践权力的时机一样重要。

我们不敢说同样的民主政治浪潮是否落后于这些年的体制变革。公元前487年，执政官的直接选举被一种混合选举和抽签的体系取代。这是一次有意识的"民主"运动吗（抽签是高级民主的一个重大特征）？最后，十将军（通常从每个部落选出一个）逐渐取代执政官、成为国家的主官，对选拔功效的期望盖过了民主原则。但是长期的影响往往难以预知。我们只能注意到时间方面的契合。随后一些年，不仅国内政治的问题模糊不清，其他事情也同样如此。当希腊人看到波斯舰队的残部于公元前490年狼狈回逃时，如果说所有雅典人（或很多雅典人）想到波斯人有可能会卷土重来，那一定不能令人信服。

波奥提亚（Boeotia）日益团结在主导城邦忒拜（Thebes）周围，没有遭遇什么麻烦。在克里奥美尼斯国王的鼓动下，波奥提亚人于大约公元前506年参加了斯巴达对雅典的战役，结果遭到重创。但斯巴达并没有进一步行动。在公元前5世纪最后10年，斯巴达的当务之急是处理伯罗奔尼撒的事务，对付阿尔哥斯：约公元前494年，克里奥美尼斯在西皮亚（Sepeia）惨败于阿尔哥斯。更急迫的则是对付自己的黑劳士，他们谋划了一次起义（具体时间和持续多久并不清楚）；还有更迫切的事务是处理自身两个国王的争斗，这次争斗导致德玛拉图斯逃往波斯。此外，在某种程度上，斯巴达还得在原则上顾及抵抗波斯的事业，甚至还派出了军队抵达马拉松——尽管到达的时间只赶上了对雅典人的胜利表示祝贺。

然而雅典还有另外一个敌人——富裕的商业岛屿埃吉纳。从20英里外的雅典的法勒隆港（Phaleron）可以清晰看到岛上的三角形山峰。一旦雅典人将其注意力放到海上，埃吉纳就成了强劲的对手。双方在早期曾有过一次战争。约在公元前500年，两国间开始了一个冲突或者以冲突相威胁的时期，该时期持续到公元前5世纪80年代。公元前489年，有多少雅典人会认为波斯人的败逃给了他们自由，使他们能去对付更为直接的敌人呢？

这里有条颇值得玩味的线索。公元前482年，在阿提卡的劳里昂（Attic mines at Laurium）发现了非常丰富的银矿矿脉。银矿收益的分配引起了争论。一派以亚里斯提德（Aristides）为首，此人绰号“公正者”，是马拉松的英雄，曾于公元前489年当选执政官，后来又在公元前480年和前479年的危急时刻表现突出，并于公元前478年组建了提洛同盟（Delian League）。他的一派人认为，银矿收益简单地在公民中间分配就行。另一派的代表铁米斯托克利（Themistocles）则提出了不同的方案。铁米斯托克利以其聪明（有些人使用这一词时带着并不友好的意味）和深谋远虑而著称，这一特质在他公元前493年担任执政官时就展现出来了。

他开始在皮拉奥斯（Piraeus）建造一个新的更坚固的港口，后来又警告雅典人应防范嫉妒的斯巴达人的威胁、切实增强雅典堡垒的防御能力。前482年，狄米斯托克利说这笔横财不能恣意挥霍，而是要用来建造一支舰队；这支舰队必须要有200艘三列桨战舰，一旦舰队组建成功，将成为抵抗波斯海军的中坚力量。但是他当时并未指出这一点，而是借口需要一支舰队来对付埃吉纳——这一观点至少是他的听众们最关心的问题。我们不知道他的骗术或者说他的远见卓识是否受到伯里克利的批评——"皮拉奥斯的丑相"（狄斯托克里的新皮拉奥斯）——的些许挫伤。

波斯人感到无须深谋远虑，只须坚决报复。大流士大帝（Great King，Darius）对希腊人颇有好感（见证人就是西斯提乌斯）——当然打败他的希腊人除外。马拉松战役以后，大流士立刻着手准备更猛烈的攻击。但是公元前487年埃及的起义打乱了他的计划，他未完成计划便去世了。复仇的计划留给了他的儿子薛西斯。薛西斯于公元前485年镇压了埃及的起义，再次将复仇计划提上日程。

我们回顾一下当时的形势。波斯占据了北非，远达昔兰尼加，更远的地方则是与波斯关系友好的腓尼基人的殖民地迦太基。迦太基本身也在对西西里的希腊人施加压力。爱琴海北岸远抵马其顿、小亚细亚及沿岸的爱琴海岛屿，同样被波斯人占据。希腊本土就像一颗夹在强劲有力的胡桃钳里的小坚果。因此它被认为易于引起注意这一点，着实令人惊讶。大流士的傲慢遭到打击（大流士在南俄也曾蒙受失败，但他却没有如此反应），据说他的王后阿托萨（Atossa）十分渴切地希望得到希腊女仆的服侍。薛西斯可能也患上了自大症，但是这些似乎都不能证明波斯人的努力——或者说冒险是正当的。

希腊本土这粒坚果本身并非完美无缺。希腊人在公元前481年刚开始意识到迫在眉睫的危险之后，就即刻四面求助，如到克里特、科西拉、叙拉古等地；但都遭到拒绝或者被对方用模棱两可之语打发了。只有科林斯地峡北部的雅典和一两个小城邦——弗奇斯（Phocis）、普拉提亚、特斯派亚（Thespiae）准备加入战斗，但特萨利和波奥提亚对这件事都没有丝毫热情。在伯罗奔尼撒，阿尔哥斯态度中立。希腊人情感寄托的中心——德尔斐的阿波罗神谕则忠告说，只有谨慎才是最明智的选择。

当希罗多德所称"拥有最优秀思想的那些希腊人"于公元前481年在斯巴达聚会，以及之后于前480年春天在科林斯聚会的时候，他们决心忘掉彼此间的分歧（主要是埃吉纳和雅典之间的分歧），赋予斯巴达陆上与海上的指挥权。这并不是基于物质原因，而是基于某些外交上的理由（尽管狄米斯托克利的新海军力量始终不容忽视）。斯巴达国王能够调集约40,000重装步兵和更多轻装部队，斯巴达的将领们（它的国王极少关注海洋）拥有超过350艘战舰——按希腊的条件来说，这样的规模已相当可观了，但面对薛西斯从帝国各处调集的部队就显得微不足道了。当希腊人在科林斯会商之时，波斯大军已开向赫勒斯滂海峡[1]和欧洲边界。同样，面对主要从腓尼基和臣服的小亚细亚希腊城邦召集来的波斯海军，希腊海军也未免过于弱小。波斯海军正为沿色雷斯沿岸行进的陆军保驾护航，当时后者在寻找一条可供大军获取足够饮用水的河流。要给出波斯军队的大概人数几乎都是不可能的，希罗多德说1,750,000陆军当然荒谬，200,000也许比较接近实际。但他所说1200艘战舰并非胡言，我们就算它有大约1000艘吧。无论怎样，希腊人被征服似乎是铁板钉钉的事了。

唯一的办法就是找到一个地方，能保证让波斯陆军的数量优势难以发挥，又不会被波斯海军包抄——尽管多数人对此考虑得不多。第一个地方是坦佩峡谷（Gorge of Tempe），这是从南边通往特萨利西北的海岸隘口，希腊一方派10,000人守卫此地。但经过仔细权衡，要么出于对特萨利人优柔寡断的担忧（据说特萨利的一个主要家族阿律阿达伊就是鼓动薛西斯进犯的马前卒），要么出于对地势的顾虑（还有一条能通往北方的道路，海军能够在南方登陆），希腊人退到了南边，将北部希腊留给了波斯人。

---

[1] 达达尼尔海峡的古称。——译注

还有两条防御线可以考虑：在温泉关狭窄的海岸线上，舰队守住临近的北优卑亚海峡；或者科林斯地峡的陆军配合萨拉米斯的海军守住通往萨拉米斯的道路。反对第二防线是因为这意味着放弃阿提卡，反对第一防线是因为这反映了伯罗奔尼撒人只为自己战斗的本性。这时的情形显然进退两难，最后还是选择了温泉关。继承自杀兄长王位的李奥尼达（Leonidas），带着一小队伯罗奔尼撒武装来到北部，其中包括360名"平等人"——带着全力增援的空口许诺，以及从一些邻邦召集来的志愿部队，还有400名更像是人质的忒拜武装，据守狭窄的通道。舰队则驻扎在阿提密西安（Artemisium）。

希罗多德没能说清楚波斯军队到达后，希腊军队在陆上和海上的整体运转情况，我们也说不清。但是陆军和海军是相互依存的。海军主要是雅典人，只承担保护军队的责任，或许还有测试新舰船的任务。他们的统帅必定已经知道，对手来自腓尼基和亚洲地区，舰船更快、海员更熟练。带着几分混乱和些许慌张，据说还得到了"神灵"的大力相助，这两个目的都得以实现。虽然大规模的海军战斗对战局没有决定性影响，但仍然鼓舞人心。同时，风暴使得波斯人在南进的途中减员不少，当薛西斯派遣一支约200艘战舰的分队去包围优卑亚并从后面袭击希腊人时，又因遭遇风暴损失更多。因此希罗多德说，"神灵"正在做最好的事情，将交战双方的力量扯平了。

李奥尼达的部队在温泉关进行了两天激烈的战斗，抵抗了薛西斯所能派出的最好的军队。但是第三天，波斯人发现了一条防守薄弱的山道，绕到了李奥尼达背后。大部分希腊人被撤回，但是李奥尼达和他著名的300勇士，以及拥有同样声誉的特斯派亚人（Thespiae）留下来了，忒拜人也留下了——但这并非他们所愿。除了投降的忒拜人，所有人都壮烈战死。这几乎算得上一场胜利。

这场战斗获得了两条经验，那就是希腊的战船和士兵是优秀的，希腊的重装步兵是最优秀的兵种。现在的问题在于如何借鉴这些经验。第二条并没有立即产生效果。当薛西斯占领了希腊人早已疏散、撤离后的阿提卡，他首要关注的就是大海，这是非常必要的。对他自己来说，遗憾的是未能设身处地以海员的身份思考狄米斯托克利——创造并指挥雅典海军的狄米斯托克利——的行动。狄米斯托克利看出来了，唯一有希望的战斗不是在开放海域的任何地方——科林斯地峡南边或其他地方，而是在萨拉米斯的狭窄水道。希腊舰队已撤退至此处，陆地上的地形不便波斯人发挥数量优势，而且对波斯人不利。问题是他要说服他的同盟军，他们不得不这样做；并且还要让波斯人相信，这正是他们所想看到的。他用外交和恐吓（"要么你们留下，要么我们去西方建立一个新的城市"）解决了第一个问题，用一个诡计——一封送往波斯的密信——解决了第二个问题。一天清晨，波斯人推进到混乱的海峡，下午时分，残存的波斯舰队挣扎着逃出来。勇敢的希腊人——主要是埃吉纳人和雅典人，还有科林斯人和其他人——运用狄米斯托克利的战术，大破薛西斯的海军，也摧毁了他的信心。波斯海军被迫撤回本土，薛西斯和他的大部分将士痛苦地折向几个月前还雄心勃勃进军的路程。

那天晚上在萨拉米斯肯定会有某种庆祝活动，西西里也会有庆祝活动。据说就在萨拉米斯战役这一天，叙拉古人在西美拉（Himera）打败了迦太基人。这样看来，似乎东西两边的压力都得到缓解。但是薛西斯还留下了他的将军马多尼乌斯（Mardonius）主持战局。马多尼乌斯率领了超过35,000人的最精锐的部队，这个数字大约相当于希腊人所能召集的全部兵力。面对这一形势，萨拉米斯联军开始出现分歧。很简单，雅典人希望他们的家园得到安全保障，而伯罗奔尼撒人觉得在屏障后面更妥当。一个想要进攻性的战争，另一个不同意。在雅典人的威胁整个冬季没有奏效（史料没提到狄米斯托克利，充当先锋的是亚里斯提德）之前，双方一直争吵不休，直到为李奥尼达的儿子摄政的斯巴达人波桑尼阿斯（Pausanias）在波奥提亚南部边界的普拉提亚（Plataea）与马多尼乌斯遭遇。

普拉提亚战役打响了。与萨拉米斯战役相比，这是一场更为典型的战役——一场无序的大混战。两边都不知道自己在做什么，尤其是希腊人。但是希腊重装步兵——主要是斯巴达人，他们首先摆脱了这种混乱的困境，取得了绝对的胜利。据说在同一天，冒险穿过爱琴海的海军在爱奥尼的米卡里（Mycale）登陆，赶走了抵抗的波斯人，毁坏了许多他们留下的战船，从而清除了波斯对爱琴海的威胁，开始解放亚洲的希腊人。

关于造成这一结果的原因，绝不止一种解释。重装步兵方阵在兵种方面的优越性；波斯人比希腊人犯错更多（希腊人没有犯多少错误）；波斯人劳师远征而希腊人在家门口为保卫家园而战；为自由而战的人们的战斗勇气，就如逃亡的德玛拉图斯对波斯国王所说："他们对法律的畏惧，甚于你的臣民对你（薛西斯）的畏惧。"所有这些都起了作用，当然还有运气或者"神灵"的相助。

更进一步的影响也显而易见。希腊人与蛮族人（外国人）的区别开始成为希腊人与特定的"蛮人"（国家的敌人）的区别，"姑息"变成"背叛"。斯巴达赢得了陆上，雅典人赢得了海面。这两种势力不断膨胀，他们会遭遇冲突吗？雅典取胜伴随着正在成长的民主制，斯巴达得胜伴随着君主寡头制。这种政体差异，只是把二者区别开来，还是对区分其他希腊人也有效用？格局就是这样确定了下来。

## 进一步阅读

A. Andrewes, *Greek Society*（Harmondsworth，1975）是最好的关于希腊历史的一般性介绍；O. Murray, *Early Greece*（London，1980）是关于这一时期的一本很好的现代作品。更详细的记述能够在*Cambridge Ancient History*第二版第3卷第3分册（1982）中找到。该书涉及公元前8—前6世纪希腊世界的扩张。C.W. Fornara, *Archaic Times to the End of the Peloponnesian*

*War*（Cambridge，1983）是一本颇有用处的译文资料集。

关于希腊黑暗时代，参见A.M. Snodgrass，*The Dark Age of Greece*（Edinburgh，1971）；V. R. D'A. Desborough，*The Greek Dark Ages*（London，1972）；J.N. Coldstream，*Geometric Greece*（London，1979）。关于荷马的历史价值，其讨论开始于M. I. Finley，*The World of Odysseus*（Cambridge，1954）。1980年发现于拉法坎狄（优卑亚）的英雄墓冢，其叙述见M.R. Popham，E. Touloupa，and L.H. Sackett *in Antiquity 56*（1982），169—74。

关于希腊古风时代，参见W.G.Forrest，*The Emergence of Greek Democracy*（London，1966）；L.H. Jeffery，*Archaic Greece*（London，1976）；A.M. Snodgrass，Archaic Greece（London，1980）。A.R. Burn写的两本书提供了更长篇幅的精辟论述：*The Lyric Age of Greece*（London，1960）；*Persia and the Greeks*（London，1962；2nd edn.，with an appendix by D.M. Lewis，1984）。关于单独主题的重要作品有：J. Boardman，*The Greeks Overseas*（3rd edn.，London，1980）；A. Andrewes，*The Greek Tyrants*（London，1956）；CM. Kraay，*Archaic and Classical Greek Coins*（London，1976）；H.W. Parke，Greek Oracles（London，1967）；W.G. Forrest，*A History of Sparta*（2nd edn. London，1980）；P. A. Cartledge，*Sparta and Laconia*（London，1979）；J.B. Salmon，*Wealthy Corinth*（Oxford，1984）；R. A. Tomlmson，*Argos and the Argolid*（London，1972）；T.J. Dunbabin，*The Western Greeks*（Oxford，1948）。

# 第二章

# 荷 马

奥利弗·塔普林（Oliver Taplin）

## 导 言

　　早期希腊人眼中的世界被汹涌的淡水河欧申（*Ocean*[1]）所环绕，所有的泉水和溪流都发源于此。他们用欧申来比喻荷马：所有的诗歌和修辞均源于他，正如他的作品包含了希腊人的整个思想世界（在埃及发现的纸草文献中，有关这位诗人的内容要比其他所有诗人的总和还多）。亚历山大·蒲柏（Alexander Pope）是荷马作品的最伟大的英译者，他发现了另一种比喻："我们这位诗人的作品，就像一个丰富多彩的苗圃，里面有各种各样的种子和幼苗。那些追随他的人只能从中选择某种独特的植物。"和所有真正伟大的文学作品一样，荷马的作品也是一座无穷无尽的丰饶宝库，慷慨地与所有来者分享，任君采掘。

　　在我看来，通过关于荷马的简短传记所提供的模糊线索来寻找"荷

---

[1]　"*Oceanus*"一词在古希腊神话中既指众海神与河神之父，又指环绕大地的一道水流，后来演化成印欧语的海洋（*ocean*）一词。——译注

马"没什么意义。即便这通常是文学研究的一种好方法，但我们根本就没有任何相关史料。许多关于他生平的古代记述（"……母亲的名字……开俄斯……盲人……死亡等"）即使不是全部，也大部分可证明是出自虚构。人们所言的荷马生平，符合荷马的身份，但并不真实。现代研究的一些严谨结论非常之少，况且不是没有争议。时间，约在公元前750—前650年；地点，爱琴海北部沿岸小亚细亚的士麦那（Smyrna）地区，从其他传统演唱诗歌的游吟诗人那里学来诗歌艺术。我们对诗人知之甚少，这与如此伟大的诗歌相比显得很不协调。与其将"荷马"视为一个人，不如处理为一种诗歌的历史语境——但我们还是所获无几，我们没有关于荷马的听众或关于他吟唱环境的可靠的外部证据。我们完全是假设或构建出了一个所谓"荷马"的外部模式或框架，然后试图削足适履地将诗歌塞入其中。而这些诗歌本身是我们的可靠证据，它们包含关于"荷马"的一切有价值的信息。诗人荷马及其听众一定是依循诗歌中的形象被重构出来的。这种从诗歌内部来探索的内证方法，遵循了某些古代学者的箴言："*Homeron ex Homerou saphenizein*"——"应该用荷马的光芒来阐释荷马"。[1]

对我们的研究来说，"荷马"就是《伊利亚特》和《奥德赛》。它们又是什么呢？它们是叙述性的诗歌，它们"讲述一个故事"。但是我们关注的重点不在于故事，而在于其叙述，在于其转变为文学的方式。我在这里并不是要概述《伊利亚特》的情节，而是试图对它的主题形式，对它的叙述背后的基本关注，如生与死、胜利与失败、荣誉与耻辱、战争与和平作某些说明。正是这一切，奠定了《伊利亚特》在欧洲文学史上的基本地位。

我不想去概括其情节的再一个原因是，这两部史诗都非常长，数百页长长的诗行，如果用谈话的速度来阅读，至少也需要24小时。每部史诗都分为24卷。这样分当然方便清晰，然而这些划分并非诗人所为。（史诗的

---

[1] 出自萨摩色雷斯的阿里斯塔库斯（Aristarchus of Samothrace，公元前220?—公元前143?）。——译注

一卷对应后来的每一个希腊字母，而荷马不可能知道任何希腊字母，不管是1个还是24个）。这种为了概括的划分，违背了史诗的自然状态。然而这种冗长并不是因为它从头到尾讲述了一个漫长多舛的传奇故事，恰恰相反，两部史诗都具有高度的选择性。事实上，我们有理由认为，在古代其他史诗作家创作的诗歌更短，但用更概括的方式讲述了更多的事件。这种方式符合我们在《奥德赛》中看到的游吟诗人的演唱。更多直接的证据表明，其他早期史诗诗歌为数众多，尽管这些史诗现在全部散佚了。这就是我们所说的"组诗"。"组诗"讲述了其他传奇，例如有关忒拜的故事、特洛伊的故事，从争执女神的金苹果到奥德修斯死于他和瑟茜（Circe）的儿子忒勒戈诺斯（Telegonus）之手。我们所知的古代"组诗"清晰地映衬了《伊利亚特》和《奥德赛》的精神高度，因为这些诗歌正是围绕它们而构建起来的。

组诗中最著名的一首是《塞普里亚》（*Cypria*）。它比其他大部分组诗都要长，但是不及《伊利亚特》或《奥德赛》的一半。因此，我们所拥有的关于其内容的一些零星概述，也便颇有启迪作用："珀鲁斯（Peleus）历尽艰苦才降服忒提斯（Thetis）……帕里斯（Paris）在伊达山（Mount Ida）的裁决……帕里斯出访斯巴达……与海伦私奔……洗劫西顿（Sidon）……其间卡斯托尔（Castor）和波吕克斯（Pollux）……接下来是墨涅拉奥斯（Menelaus）征询涅斯托尔（Nestor）……召集远征……奥德修斯装疯……在奥利斯（Aulis）……阿喀琉斯在斯库洛斯岛（Scyros）……特勒弗斯（Telephus）在阿尔哥斯（Argos）……回顾奥利斯，伊菲格尼亚（Iphigenia）的牺牲……菲罗克忒忒斯（Philoctetes）……普洛特西劳斯（Protesilaus）……"像这样的内容还有不少。

这种浮光掠影式的传奇与《伊利亚特》《奥德赛》的对比，正是亚里士多德所研究的某些主题，他的研究极具启发意义：

（史诗应该）着意于一个完整划一，有起始、中段和结尾的行为。这样，它就能像一个完整的动物个体一样，给人一种应该由它引发的快感。史诗不应该像历史那样编排事件。历史必须记载的不是一个行动，而是发生在某一时期内的、涉及一个或一些人的所有事件，尽管一件事情和其他事情之间只有偶然的关联。……然而，绝大多数诗人却是用这种方法创作史诗的。因此，正如我们说过的那样，和其他诗人相比，荷马真可谓出类拔萃。尽管战争本身有始有终，他却没有试图描述战争的全过程。不然的话，情节就会显得太长，使人不易一览全貌；倘若控制长度，繁芜的事件又会使作品显得过于复杂。事实上，他只取了战争的一部分，而把其他许多内容用作穿插，比如用"舰船列表"和其他穿插丰富了作品的内容。其他诗人或写一个人，或写一个时期，或描写一个由许多部分组成的行动——如《塞普里亚》和《小伊利亚特》（*Little Iliad*）的作者所做的那样。所以，《伊利亚特》和《奥德赛》各提供一出、至多两出悲剧的题材；相比之下，《塞普里亚》为许多悲剧提供了题材，而取材于《小伊利亚特》的悲剧多达八出以上……

[《诗学》，1459，M. E. 胡贝特（Hubbard）英译]

## 《伊利亚特》

亚里士多德的探究，促使我从其成书时间和地点的角度去思考《伊利亚特》。我并不是要在这方面做出什么宏伟的建构，而是通过这种方式来探讨《伊利亚特》的某种主题模式，以及它的潜在的叙事模式。我试图就以下问题给出某些意见，即：这部史诗是如何具备了强烈的艺术效果与一致性。无论这种叙述表面的问题是什么，它们大部分都是微不足道的。

《伊利亚特》只选取了整个事件中的一些天，且不是最重要的时间（最重要的时间应当是阿凯亚人抵达特洛伊之时，或者是木马计和特洛伊的沦陷），但却几乎是特洛伊人在十年中唯一打了败仗的一段时间。史诗内容到底涵盖多长时间并不重要，重要的是我们知道有21天在故事的起始部分，有另外21天在结尾部分，这就把故事的核心部分与向着两头延伸的其他年月区分开来。这一头一尾之间的时间非常短暂，事实上从第2卷到第23卷的所有内容几乎都发生在四天两夜当中。于是，在如此精打细算的时间计划中，就有了一个紧凑的剧情安排。

举例来说，最集中的一天，其拂晓在第11卷的开篇，日落则在第18卷的第239—240行（准确地说几乎占了整部《伊利亚特》三分之一的篇幅）。在前一夜的紧张等待则占了第8卷的后半部分和整个第9卷。这是属于赫克托尔（Hector）的一天。尽管遭到挫折，他还是攻打了防护壕与围墙，打到了船边，杀死了帕特洛克罗斯（Patroclus）并剥去他的盔甲。宙斯明确地让他知道："我就给赫克托尔以力量去厮杀，直杀到那些精心制造的船只旁边，杀到太阳西沉，神圣的夜幕降临（第192—194行和第207—209行）[1]。"当赫克托尔拒绝占卜者波吕达马斯（Polydamas）的警告并要求放火烧船时，他搬出这个理由："宙斯把补偿一切的时刻赐给了我们（15.719）[2]。"宙斯自己在垂怜阿喀琉斯不朽的战马之时，再一次重复了这些话语，他要让赫克托尔尽情杀戮，"直到太阳下山，神圣的黑暗降临"（17.453—5）。在第18卷中，当太阳最终下山的时候，我们头脑中无疑会显现出这一场景。之后，波吕达马斯立即建议特洛伊人撤回城内。正是有这种对时间表的精确控制，赫克托尔的欺骗性回答才有意义：

> 现在，智慧的克罗诺斯之子让我在船边

---

[1] 中文译文参阅了《荷马史诗·伊利亚特》，罗念生、王焕生译，北京，人民文学出版社1994年版。下同。——译注

[2] 指第15卷第719行，下同。——译注

> 获得荣誉，把阿凯亚人赶向大海，
>
> 愚蠢的人啊，不要给人们出这种主意。（18. 293—5）

　　"现在"是不对的，属于赫克托尔的一天已经过去，接下来的一天是他的最后一天。

　　这些情节被如此紧凑地安排在一些天里的同时，《伊利亚特》让读者感到了时间刚过去又会马上来临的压力。第1卷中诸多凡人与奥林匹斯天神的争吵不休，第4卷中第一次大场面的战斗，都是为了让我们了解一些在前9年发生的事件。阿伽门农自己也承认：

> 大神宙斯的九个年头已经过去了，
>
> 我们的船只的龙骨已腐朽，缆索已松弛，
>
> 我们的妻子和儿女坐在厅堂里等我们，
>
> 我们到这里来做的事情却没有完成。（2. 134—8）

　　挫败是严重的，奥德修斯不得不提请希腊人注意卡尔卡斯（Chalcas）对奥利斯的征兆的解释，那就是特洛伊只能在第十年才能攻克（2. 299ff.）。然后我们看到了阿凯亚人整装待发，希腊人和特洛伊人军队的组成名单，以及两支军队的推进。在第3卷中，我们看到了特洛伊的海伦在城墙上观望并进一步介绍希腊人的将领、谈判的努力、帕里斯（Paris）与墨涅拉奥斯（Menelaus）的单挑，和对帕里斯和海伦注定会有毁灭性结果的结合之重述；第4卷，潘达罗斯（Pandarus）的背叛引发特洛伊战事再起；最后是战斗。前面的战争就这样在我们眼前疾驰而过。

　　之后的内容几乎全部与两件毁灭性的重大事件有关：阿喀琉斯之死与特洛伊的陷落。尽管这两件事都发生在史诗结束以后几个月，但是对史诗所涉及的事情都有不可避免的影响。帕特洛克罗斯阵亡意味着阿喀琉斯重返战斗，也暗喻阿喀琉斯自己的死亡和赫克托尔的死亡，以及特洛伊的陷

落。这使得我们可以预计和正视这些将来的事件，从而想象他们是《伊利亚特》的一部分。在许多先前的事件中，其中两个最为显见的事件与赫克托尔的死亡密切相关。他在最后时刻以自己的厄运威胁、警告阿喀琉斯，但是阿喀琉斯已经知道了并这样回答他说："你就死吧，我的死亡我会接受，无论宙斯和众神何时让它实现。"（22.365—6）赫克托尔的尸体在尘土中被拖曳之时，整个特洛伊都陷入了悲伤。"此番呼号，此番悲烈，似乎高耸的特洛伊城已全部葬身烧腾的火海，从楼顶到墙垣的根沿。"（22.410—411）

史诗以普里阿摩斯和阿喀琉斯的会见以及赫克托尔的葬礼结尾，但是"第十二天，如有必要，我们就打仗"（24.667）。史诗以另一个去赎回自己女儿的老人对希腊营地的造访开始，我们因而很容易联想到克律塞斯（Chryses）这个人物被创造出来是为了呼应普里阿摩斯。从特洛伊传奇大戏来看，这二者出现的时间差绝不是微不足道的，而是象征了从帕里斯的肇事到特洛伊陷落的整个战争。

史诗在地点方面的选取也颇为精巧。事实上，几乎整个《伊利亚特》的内容都被置于四个地势及其重要意义各不相同的地方：特洛伊城、希腊营地、二者之间的平原和奥林匹斯山。特洛伊城被坚固的城墙和大门环绕。城里有宽阔的街道和用巨木大石建造的房屋，其中最耀眼的就是普里阿摩斯的宏伟宫殿。这些房屋里满是精致的家具、服饰和财宝，更重要的是里面是特洛伊的老人、妇女和儿童。毫无疑问，我们最关注的第一个特洛伊家庭当然是没有子女的海伦与帕里斯，但是当赫克托尔在第6卷中回到特洛伊时：

　　所有特洛伊人的妻子和女儿跑到他身边，问起她们的儿子、兄弟、亲戚和丈夫……（283ff.[1]）

---

[1] 应为238ff，原书此处笔误。——译注

在阿凯亚人到来之前的和平时期，特洛伊曾是一座繁华的城市，具有文明社会的各种特征。特洛伊的标志性特征（"有宽阔的街道""牧马的"等）几乎是在不断无声地提醒着围城所带来的窘境。

由于特洛伊城尽是精美的石雕建筑，因而易受攻击且可以被火攻。阿凯亚人的营地就更是如此，因为他们的营地由木质战船和掩体构成。至此时为止，希腊人感觉非常安全，以致他们甚至没有营造防御工事。第7卷第436行及以次描写了他们在一天内建了一道围墙，挖了一道壕沟。在第11—15卷中，这里成了战场并被攻破。与特洛伊不一样，这些临时营地没有历史，过去只是海滩，因此这些营地将很快消失（7.446ff；12.1 ff.）。当然随着时间的推移，这些掩体会越来越牢固。荷马心中似乎有一张沿海滩分布的不同营地的清晰"地图"，阿喀琉斯的营地在这一头，埃阿斯（Ajax）[1]的在另一头。营地里拥有从邻近城市抢来的财富和妇女，但却不是阿凯亚人的家。希腊人将自己的妻子、儿女以及父母都留在了家园。整个《伊利亚特》充满了"战船"这样的词汇，这些词下意识地提醒希腊人，他们处在远离家乡的背景下，既无家庭也无城邦。

交战双方在过去和将来都有与时间和地点相关的转折点。对特洛伊人来说，至关重要的一天就是战船到达海滩的那天，在将来则可能是他们离去的那天或者城邦被焚毁的那天。对希腊人来说，过去最为关键的事件是每个人离开家庭的那天——这些场景甚至常常被提及，在将来则是阵亡的那天或者回到父母妻儿身边的那天。这也许有助于我们理解荷马在第1卷（430—480）中为何要对去克律塞城（Chryse）的愉快旅程设置那么多障碍：这有助于为仍在特洛伊的双方建立时间和地点的框架。

交战双方之间的平原，在地形和人员联系方面发挥的作用反而不大，因为这场战争在多数情况下发生在一个无人地带——或者早晨被军队所

---

[1] 埃阿斯是传说中特洛伊围攻战中的希腊英雄，萨拉米斯的特勒蒙之子，高大而骁勇的勇士，膂力仅次于阿喀琉斯，在夺回阿喀琉斯尸体之战中立了功。但当阿喀琉斯的盔甲被给予奥德修斯时，他怒而自刺身亡。——译注

占，晚上又再次变得空无一人。第8卷中，特洛伊人在胜利后曾想在平原上安营扎寨，这是9年来的第一次。在第18卷中的次日夜里（第18卷所述）则是第二次在那里扎营，也是最后一次。和平时期的这个平原，也许就像特洛伊的传统说法那样；是深耕与放牧的好地方；但是在《伊利亚特》中，这片土地却是荒芜甚至贫瘠之所，不过是战士们赢得荣誉或舍身战死的地方。

在整个《伊利亚特》中，众神到处旅行，但他们大部分时候总是聚集在奥林匹斯山上。在这里，每一位神灵都有一座由赫淮斯托斯（Hephaestus）建造的宫殿，尽管他们经常在宙斯的宏伟宫殿中欢宴或交谈。这是一个觥筹交错、光彩壮丽的不朽世界。众神纷纷介入特洛伊战争，丝毫不知人间疾苦；但下界的境况与他们生活的反差却极其强烈。对于众神而言，没有什么至关重要的过去或将来，所以他们的生命因不朽而平淡无奇。

荷马的作品是博大精深的，许多方面我只能挂一漏万。其中给人印象最深的可能要数《伊利亚特》塑造的那些丰满而生动的人物形象。不算那些次要的形象，大约有24位个性十足的主要人物。我只选取其中最重要的两个：阿喀琉斯与赫克托尔。如果只是说阿喀琉斯是位英雄（就像我们在早期冠名为《特洛伊之歌》的史诗《伊利亚特》中所看到的那样），那就太过简单了。阿喀琉斯占据了第一行的后半部分，赫克托尔则占据了最后一行的相同位置；二者之间的平衡与对应，恰好启示性地与前面已经说到的主题联系起来。

阿喀琉斯是一个少小离家的冒险者，为了赢得战利品和荣誉而外出。与他联系最密切的（除了他的父母）就是为他照看战马的伙伴帕特洛克罗斯。阿喀琉斯与他掳来的妇女一起睡觉，尽管史诗暗示，如果他回到家乡，会与布里塞伊斯（Briseis）结婚，但这仍然是一个尖刻的讽刺。阿喀琉斯的忠诚和责任只对友谊和他选择维持的关系以及他自己有效。

另一面的赫克托尔，是普里阿摩斯最杰出的儿子——"他是我的儿子，城市和人民的保卫者"（24.499）。他在父母、兄弟和整个家庭的面前战斗。他的人民都依赖着他，若他战败，他们就全完了。就像第6卷（440ff.）和第22卷（99ff.）中他解释的那样，由于对他们的这种责任感，使他在战斗中一马当先，并最终导致了他的死亡：

> 现在我因自己顽拗折损了军队，
> 愧对特洛伊男子和特洛伊妇女……（22.104—5）

与他关系最密切的不是任何男子，而是他的妻子安德洛马赫（Andromache，她甚至为他照看战马——参见8.185—90）。他们的见面发生在第6卷，这也是最重要的时刻之一，同样也是为他们的离别而做的铺垫，因为他们在史诗中没有再相遇过。他们的小儿子是他们之间的纽带，也是他将来的希望。因此，他也成为"英雄困境"的缩影。赫克托尔为自己祈祷：

> 宙斯啊，众神啊，让我的孩子和我一样
> 在全体特洛伊人中声名显赫，
> 孔武有力，成为特洛伊的强大君主，
> ……愿他杀死敌人，
> 带回血淋淋的战利品，讨母亲心里欢欣。（6.476—81）

获得英雄般荣耀的激励，最终要了赫克托尔和他儿子的命。因为英雄的荣耀既需要胜利者，也需要失败者。《伊利亚特》从来不回避这一点，不管是胜利者还是失败者。史诗临近尾声时，赫拉比较了这两个男子：

> 赫克托尔是凡人，吃妇女的奶长大，
> 阿喀琉斯却是女神的孩子

……天神们，你们都参加过婚礼。（24.55ff）

赫克托尔是伟男子；而阿喀琉斯只是和其他男人一样的凡人，但是他有途径更接近神灵。他有神灵赋予他的财富——他的长矛、他的战马、第18卷中赫淮斯托斯为他制造的大盾和盔甲。他的母亲忒提斯（Thetis）联系着两个世界，能够告诉他其他凡人所不知道的事情，给予他特别的帮助。就像第1卷中所展现的那样，她甚至能够帮助他获得宙斯的特别宠爱。即便如此，阿喀琉斯仍然只是个凡人，他不可能看清所有这些事情。当他看清的时候，为时已晚：

母亲啊，奥林匹斯神实现了我的请求，
但我又怎能满足，我最亲爱的同伴被杀死。（18.78ff）

然而，有一件事情是忒提斯能够确定告诉阿喀琉斯的，而其他凡人绝不能知晓。那就是，他可以选择长生或者早亡，也就是在低微的平淡和永恒的荣耀之间作出选择（9.410—16）。

因此，当阿喀琉斯毫不犹豫地选择"那么，让我赶快死吧"（18.98）之时，他必须回去战斗，向赫克托尔复仇，也就毫无疑问会很快死去。另外，赫克托尔肯定也和任何其他人一样，对永生而荣耀的生命抱着一线希望。尽管帕特洛克罗斯之死已经预示了他的死亡（16.83ff），赫克托尔还是反击说：

帕特洛克罗斯，你怎么说我死亡临近？
谁能说美发的忒提斯之子阿喀琉斯
不会首先在我的长枪下放弃生命？

即使在面对阿喀琉斯时，他还是坚持认为这次战斗没有一个预定的结局。直到生命最后时刻，他才意识到这确实是最终结局（22.296 ff.）。但是在这个时候，当他知道自己已经输了，不会有神灵或凡人来救助他的时候，赫克托尔展现出最豪迈的英雄主义姿态：

> 我不能束手待毙，暗无光彩地死去，
> 我还要大杀一场，给后代留下英名。（22. 304—5）

赫克托尔输了，但他仍然因伟大的生与厚重的死赢得了不朽的声誉。《伊利亚特》所关注的不是人们做什么，也不是他们做这些事情的方法，最终关注的是人们面对苦难和死亡时的方式。

阿喀琉斯是最伟大的勇士，也是最厉害的掠夺者和杀手。但是使他伟大的并不是这些，而是他思考问题时的独特敏锐性。他没有逃避或迂回地看待和表达人类的处境。当他在第1卷和第9卷中拒绝妥协、在第21卷和22卷中对利卡翁（Lycaon）和赫克托尔丝毫不宽恕的时候，我们感觉到了他的这种品质：

> 有人把事情藏在心里，嘴里说另一件事情，
> 在我看来像冥王的大门那样可恨。（9. 312—13）

也正是这种品质，决定了他对普里阿摩斯的态度，就如阿尔弗雷德·胡贝克（Alfred Heubeck）所指出的那样："伟人的形象取代了伟大的英雄。"阿喀琉斯看清了，并且也让老父亲普里阿摩斯看清了，人注定要有生有死，要经受困难，就像人必须要吃饭、喝酒、做爱和睡觉一样。这些东西超越了将人们分成不同个体和不同种族的障碍。

因此，荷马也同样以最好的方式赢得了永恒的荣耀，超越了仅仅描述杀戮和蛮勇的成就。他为这些伟业所置的背景既有胜利也有失败，既有男人也有妇女，既有战争也有和平，无疑还有信心、情感和行动。

## 《奥德赛》

《伊利亚特》和《奥德赛》是否由同一位诗人所作，是文学史上尚未解决的重大问题之一。我们在这里也没有必要找出确切的答案，而是应该将注意力集中在这两部史诗相互补充的方式上，这有助于我们界定每部史诗各自的性质。悲剧和喜剧的互补性，是二者最显见的相似之处和的确存在直接联系的地方。在《伊利亚特》中，显赫的英雄以冷酷无情的方式走向毁灭和死亡，驱使他们的是个人选择以及无法控制的力量的结合，留给我们的是悲恸、荣耀、苦难和怜悯。而《奥德赛》中的英雄却不是那么英雄气十足，他会通过欺骗和计谋来避开各种奇异的危险。史诗《奥德赛》并不是孤高的，它有旅程的空间，也有乡村和仆人、低贱的生活，还有卑劣的恶棍。它所有的情节都远离战争与残酷，而朝向繁荣与和平进展，致力于描绘妻子和一个幸福家庭的生活场景。它给我们留下的是胜利的庆典和理想的赏罚以及对忠诚、坚定不移和聪明才智的回报。最后，乞丐变成了奥德修斯回到家里。然而，这种悲剧—喜剧的二分法不宜过于夸大。《伊利亚特》也有自己的幽默诙谐之处——如第23卷中的葬礼活动，但绝不是唯一的。《奥德赛》亦有许多篇幅涉及悲剧性的未来：一个人不得不想到要识别情况，要考虑到一些先兆情景，以及要紧张地算计复仇的时机。

时间和地点的构成，可再次证明存在着一种体现某种"主题结构"的途径。《奥德赛》对时间的处理与《伊利亚特》有相当程度的相似之处。奥德修斯从特洛伊返乡花费了10年时间，但史诗只选取了最后的大约40天，全诗的三分之一（第16—23卷）内容只叙述了两天的故事。我们注意到，有100行内容将奥德修斯和他的儿子特勒马库斯（Telemachus）的故事联系起来，尽管这些故事发生在两个截然不同的世界——混乱无序的伊塔卡（Ithaca）和虚幻的卡利普索岛（Calypso）。从这时起到第16卷中，他们在养猪人的棚屋里重聚，其间的几天时间都是仔细安排的，尽管没有特别精确的计划。然而，奥德修斯在腓埃基亚（Phaeacia）的时间，则正好安排为3天（中间的一天包括他的漫游故事，所占篇幅为从第8卷第1行到第13卷第17行的内容）。

在伊塔卡不同气氛的两天之间，存在某种对称。奥德修斯进了他的宫殿并忍受那些求婚者及其奴才的粗暴对待。这一天从第16卷第1行开始。到了第18卷结尾，那些求婚者在夜里回到自己家里。在奥德修斯入睡之前，我们不得不等待故事情节的进一步发展。首先他渴望见到珀涅罗珀（Penelope），当年迈的女仆欧里克雷亚（Eurycleia）发现她主人的旧伤疤时，这件事情就一直是个悬念。奥德修斯最终在第20卷的开篇上了床，只是为了倾听女仆们玩笑嬉闹着表示也想加入求婚者的行列：

> 他捶打胸部，内心自责这样说：
> "心啊，忍耐吧，你忍耐过种种恶行，
> "肆无忌惮的库克罗普斯曾经吞噬了
> "你的勇敢的伴侣，你当时竭力忍耐，
> "智慧让你逃出了被认为必死的洞穴……" [1]

然而，接下来的一天却有了一个好开端，奥德修斯无意中听到一位磨谷物的老妪向霹雳之神宙斯祈祷：

> 父宙斯啊……你显然是给某人把兆显，
> 现在请让我这个可怜的人的祈求能实现，
> 但愿求婚人今天是最后、最末一次，

---

[1] 译文参阅了《荷马史诗·奥德赛》，罗念生、王焕生译，北京，人民文学出版社1997年版。下同。——译注

在奥德修斯的厅堂上享用如意的宴饮。（20.91—121[1]）

这一天开始于弓和斧的战斗。直到奥德修斯和珀涅罗珀上了床，做了爱并交谈后，才告结束。（第24卷的奇异情节又占据了另外一整天时间。）

然而，在这短短的几天时间里，《奥德赛》几乎没有受到任何地域的限制。这一点与《伊利亚特》截然不同。《伊利亚特》的外部世界就在特洛伊这样一个狭小的空间里；而《奥德赛》中的旅行是汇聚起来的，从各个不同的地方汇聚到一起。《奥德赛》是一部包罗了海洋与大地的史诗，到达了已知世界的边缘，进入传说中的领域，甚至来到死亡的地下世界（主要在第24卷，第11卷也有一部分）。整部史诗的开篇就为我们准备了一个宽阔的地理空间：

> 请为我叙说，缪斯啊，那位机敏的英雄，
> 在摧毁特洛伊的神圣城堡后又到处漂泊，
> 见识过不少种族的城邦和他们的思想；
> 他在广阔的大海上身受无数的苦难，
> 为保全自己的性命，使同伴们重返家园。

史诗的开头几卷并不是献给奥德修斯而是献给特勒马库斯的，这是一种巧妙的处理。从一开始就为我们展现了一幅图景：没有主人的伊塔卡宫殿，无法无天的求婚者使这座宫殿一片混乱。接下来我们看到了特勒马库斯在皮罗斯和斯巴达相对有限的旅程，去寻找父亲的音讯。这段旅程对后面的情节发展起着至关重要的作用，意味着他是奥德修斯的儿子。他也有机会看到那些稳定的文明家庭是什么样子，懂得了热情有礼的价值所在。

---

[1] 两段引文出处应为20.19—121。——译注

我们在第5卷中首次发现，奥德修斯在海岛的半女神卡利普索（Calypso）的神秘之地是在"忍受着"好客。他失去船只和伙伴以后，卡利普索就一直将他当作自己的爱人。她的土地是天堂般的乐园（见第5卷第55—74行的描述），但是并不能让奥德修斯开心。因为他是一个人，渴望生活在人的世界里，并且他万分思念自己在人间的妻子。经历了长期的恐怖旅行后，奥德修斯终于在腓埃基亚登陆。他亲吻土地，躺在野生灌木丛中和栽植的橄榄树下（5.463，476 ff.）。从某些方面来说，腓埃基亚是现实世界与"美妙仙境"之间的一块土地。阿尔基诺斯（Alcinous）国王宫廷中的游吟诗人德摩多库斯（Demodocus），吟唱着那个世界的尽头，吟唱着在特洛伊发生的伟大事件。当奥德修斯在述说自己的旅程时，特洛伊是他起航的地点。当他被带进"旅行者的传说"世界之时，他差一点就回到家里了（第9卷第79行）。这次游历使得"奥德赛"一词成为我们日常词汇的一部分。食忘忧草者、独眼巨人、瑟茜、塞壬、西塞拉、卡律布迪斯（Charybdis）、太阳神的牛群——这些都是欧洲人意识中冒险之旅的原型，是诗人、画家甚至孩童想象力的源泉。

奥德修斯离开腓埃基亚之时，整个《奥德赛》的内容刚过了一半，奥德修斯从独眼巨人波吕斐摩斯和女巫瑟茜的边缘世界回到家乡的路途也大约走了一半。在走完这最后一段海上航程之后，他睡着了（13.78—80）：

> 船员们支住身体，举桨划动海水，
> 深沉的睡眠降落到奥德修斯的眼睑，
> 安稳而甜蜜地睡去，如同死人一般。

陆地上，奥德修斯带着他的财宝在一棵橄榄树下睡着了。当他意识到这就是伊塔卡时，他亲吻了伊塔卡的土地（13. 102 ff.，120 ff. 354）。于是，奥德修斯的远途旅行和特勒马库斯稍短一些的旅行（在第15卷第1—

300行最后参观斯巴达和派罗斯）这两条线索在遥远的地方逐渐合拢——这种合拢是如此真实，忠诚的养猪人欧迈俄斯（Eumaeus）的养猪场成为远离奇异、危险和谎言的温馨栖息之地。

奥德修斯离开田庄，进城回到自己宫殿的时候到了。这是一段非常重要的行程，他最终被年迈的狗阿尔戈斯（Argus）认出（17.182—327）。

> 阿尔戈斯立即被黑暗的死亡带走，
>
> 在时隔二十年，重见奥德修斯之后。

他的宫殿是接下来六卷半中事件发生的处所，诗人对这一处所倾注了大量笔墨，对其房间、走廊、楼梯、庭院都加以详细的描述。而其中的两处房间又被赋予特殊的意义：一处是厅堂，这是那些求婚人宴饮的地方，也是他们血债血偿之所；一处是婚床，这是奥德修斯亲自围绕一棵巨大的橄榄树干建成的不能移动的床。"他们欢欣地重新登上往日的婚床，述说别情。"（23.296）史诗在临近伊塔卡的乡村、奥德修斯的父亲拉埃尔特斯（Laertes）的田庄里结束。

《奥德赛》中最重要的词汇是"人"（andra），这里的人比《伊利亚特》中"阿喀琉斯的愤怒"更接近人的本质。前面四章讲述特勒马库斯的部分是唯一没有奥德修斯戏份的内容——即便如此，这些内容也为奥德修斯的出场埋下了伏笔。特勒马库斯找到了一个理想的文明社会的本质，这种本质使得奥德修斯堪与涅斯托尔（Nestor）和墨涅拉奥斯（Menelaus）这样杰出的人成为好友与战友。

奥德修斯为特洛伊留下一位伟大的英雄。我们从德摩多科斯（Demodocus）那里得知了他在攻陷特洛伊城时经历的最荣耀的时刻。但是随着他旅途的延续，他失去了财富和伙伴。为了逃避独眼巨人，他甚至失去了自己的名字。作为他逃跑计谋的一部分，他给自己取名叫"无人"（Noman）。到了海上以后，他还是忍不住说出了他的真实姓名，尽管这给了独眼巨人一个名字去诅咒，但还是保全了奥德修斯的英雄特质。但是在与卡利普索（Caclypso这个名字在希腊语中意为"隐藏"）一起度过若干年惰怠阴暗的生活后，留给幸运的奥德修斯的是什么呢？他根本一无所有。所以在见到瑙西卡娅（Nausicaa）时，他不得不用一段树枝挡在自己裸露的身体前面。只有他的聪明才智还留在身上，这倒是他运用自如的东西。

尽管招待他的主人异常惊诧，他还是一直隐姓埋名。直到第9卷第19—28行他在腓埃基亚证明他自己以后，才显露自己的真实身份。

> 我就是那个拉埃尔特斯之子奥德修斯，
> 平生足智多谋，声名达天宇。
> 我住在阳光明媚的伊塔卡……
> 虽然崎岖，但是适合年轻人成长，
> 我认为从未见过比它更可爱的地方。

为了在伊塔卡取得胜利，他不得不伪装自己并尽可能不暴露自己的真实身份。然而，生死攸关之时，尽管没有必要宣称自己的姓名，奥德修斯还是戏剧性地展示了自己的身份：

> 你们这群狗东西，你们以为我不会
> 从特洛伊之地返回，因而消耗我的家产。（22.35ff）

当然，《奥德赛》并不仅仅是关于奥德修斯身体历经苦难的旅程，他的英雄气概和声名、荣誉同样经受了考验。他从文明和人性的边缘回归，展现自己狡黠的同时也显示了自己的耐性。在他确认其他随行人员的身份之前，他必须不能泄露身份，因此也就有了一次又一次的试探；他甚至在危险过后还试探自己年迈的父亲。他随时保持着警惕。唯一的一次例外是他妻子出现之时。珀涅罗珀用他们婚床的秘密来考验奥德修斯，她证明了自己值得奥德修斯信任（第23卷）。

《奥德赛》中遭遇考验的不仅仅是忠诚。这是一首公开的道德之歌，邪恶得到了应得的唾弃。坏人就是那些不关心世界安定和繁荣的人，尤其是通过好客或冷漠的检测，奥德修斯所游历过的不同社会之间存在着霄壤之别。当然，践踏文明准则的罪魁祸首莫过于那些求婚人。他们掠夺别人的财物，试图谋杀他的儿子、强娶他的妻子，和他的仆人睡觉，将他的房子当作他们狂欢之所。他们对所有新来者的傲慢被刻画得如此入木三分，我们甚至不需要第22章373—374行的那些道德谴责就能明白：

> 好让你心中明白，也好对他人传说，
> 做善事比做恶事远为美好与合算。

这种显而易见的犯罪和惩罚范式，完全不同于《伊利亚特》中那种不可思议的悲剧性。这也反映在神界层面。这些求婚人冒犯神界的律法、丝毫不亚于对人间的亵渎：

> ……不畏掌管广阔天宇的神灵降临惩罚
> 也不担心后世的人们会谴责你们。（22.39—40）

奥德修斯不仅是一个要收回自己所有的人，他还是神界惩罚的代言人。他伪装以后考察人们，然后根据此人对他的态度给予回报或惩罚的方式，无疑借鉴了源远流长的"故事模式"，即神或守护神或仙女装扮成低贱的样子来考察人间。不仅奥德修斯回家的路充满险阻，我们对神会关心世界的善恶的这种信仰同样岌岌可危。尤其是那些求婚人为所欲为之时，我们尤其怀疑这一点。我们的信心最终来自远古时期的拉埃尔特斯如此呼喊之时：

父宙斯，神灵们仍然在高耸的奥林匹斯，

如果求婚人的暴行确实已受到报应。（24.351—2）

我们从《伊利亚特》中得到的愉悦，实际上是一种悲剧性的愉悦，那便是在毁灭中还有对人性的救赎，而《奥德赛》则放大了这种乐观，我们希望所有的愿望都能实现，希望这位陌生的乞讨者能把一切处理妥帖。

## 传　统

我将《伊利亚特》和《奥德赛》当作内在一致的艺术作品，通过广泛而复杂的有机联系将这两部作品的许多层面放在一起，就像亚里士多德所做的那样，"使之像一个有机生物体一样"。但是这种观点并非正统观念。到目前为止，我所谈的还几乎没有涉及那些1795年以后140年甚至更长时间里在荷马研究中占主导地位的问题，即那些"分解论者"和"一体论者"之间的争论。1795年，F.A.沃尔夫（F.A. Wolf）带着诸多疑虑出版了第一部严肃讨论以下问题的作品——这一问题就是，认为我们所拥有的《伊利亚特》和《奥德赛》是由不同诗人的作品编撰而成。

一旦这种观念得以确立，学者们就不遗余力地去分析它们的可能撰写者，并将这些撰写者与"真正的"荷马区分开来。尽管许多美学的直觉让人感觉这两部史诗是一个整体，然而专家们坚持认为，理性和科学的分析显示，这两部史诗或多或少是由一些松散的单独部分连接起来的。我个人的观点是，尽管早已存在一些相关的未成形的内容，这两部史诗却比它们早期发展过程中的任何阶段都要更加完善。谁使得它们成为现在的形式？也就是说，在那些创作史诗的诗人中，最好的一位就是这两部的作者。

无论如何，随着近50年来人们对荷马与他的传统、与他之前的诗人之间联系的认可，分解论者所引起的无数争论都渐趋无力。我们已经看到，有许多途径能让大量诗人来为《伊利亚特》和《奥德赛》贡献一部分内容，而不是将分散或可分散的不同部分编撰在一起。许多分解论者的工作基于对诸多元素的拆分，这些拆开的元素——包括语言、素材和文化等——常常彼此不协调，因而他们宣称这些部分出自不同的历史时期。不少分解论者将口头的传承作为他们理论的证据，认为只有一个事件是"原版"，所有其他部分都是后来引申增添的。一旦我们看到荷马所继承的诗歌传统很自然地是由不同时期甚至不同文化元素所组成，以上论调就无法立足了——尽管这些元素在连贯性上缺少技巧，并且一定也会依靠口头的传承。这些争论并非无中生有，加利福尼亚人米尔曼·帕里（Milman Parry，于1936年33岁时去世）对这些争论作了综述。

任何艺术作品都是在传统和个人天赋独特的交互作用下产生的。但是荷马受惠于传统的方式，不管是在数量还是质量上，都不同于欧洲文学史上任何其他常规的方式。这种不同之处的关键在于，荷马通过聆听更多阅历丰富的游吟诗人，学会了如何创作可以通过听觉获得的诗歌。他自己是否能够写作或者他是否进行了口头创作都还有争论，但就现有比较勉强的"证据"而言，他从世代相传的口头传统中获益良多。

帕里的工作是从普遍存在的口头传承入手。那些固定的词语是最显而易见的，其中既有适当的称号也有普通名词，如"历经磨难的奥德修斯""像酒一样暗色的海"等；也有整句或者数句再三出现的情况，比如维吉尔的"虔敬的埃涅阿斯"，坦尼森（Tennyson）的"抗辩造就大胆的贝德维尔爵士"（Sir Bedivere）也模仿了这种深入人心的特征。帕里通过这种"公式化"的措辞和口头传承的可能性之间至关重要的联系，推测荷马更可能是一个口传游吟诗人而非一个文学作者。他从那些适当的称号和绰号入手，论证了这些传承如何形成了一个清晰的体系，这个体系对史诗韵律——长短格六音步——的技术性要求极高。

长短格六音步和所有其他希腊韵律一样，都是基于长音节（—）和短音节（∪）的特定组合。凭借这一体系，荷马运用名词和绰号的组合，为他的所有主要角色固定了各种类型的名称（如主格*Hēctōr*，宾格*Hēctŏră*）。更进一步，他在每个主要情节都用一种不同的名词绰号组合，这样就使句子得以分段。例如，每一诗行的最后六个或七个音节"∪∪—∪∪—∪"通常组成一个动词（如最常见的*prŏsĕphē*，即"他/她说"）后面的一组词，需要一个名词绰号组合来填补；另外，尽管荷马早已列出了所有的可能性，但他也只能选取其中一种，即可能性最大的一种。因此，"*prŏsĕphē*"后面的赫克托尔是"总是头盔闪亮的"赫克托尔（always *kŏrythāiŏlŏs Hēctōr*）。就如帕里所称，这种"广泛"而"实用"的体系显得如此完善，必然是继承传统的产物。与之相应的宏大和精致必然经过数代人的努力，也必然曾经是即兴口头创作的产物。遣词用句既是实践的也是美学的发展，经历了从老师到学生的代代相传。

这一口头传统一直在不断获取富有吸引力的、有益的新材料，而又不断扬弃过时的、令人不快的、冗余的旧材料——一旦意识到这一点，我们就能超越姓名和名词的范围，拓展到动词和短语，甚至整个句子。例如，在一个句子中，动词"*prŏsĕphē*"之前有一整套排列的规则，通常是用分词来表示动词的语气或态度，如"他说"之前可能会有"回答道""站在附近""忧心忡忡的""面黑如土"等。这种体系更像一种化学元素的体系，能够通过各种不同方式构成不同的分子。然而，曾经有这样一种倾向——一定程度上的分子式或积木式分析，即试图去计算这些组合的排列及其表达的可能性之数量。实际上，这种计算远不能穷尽实际情况。帕里和他的继承者可能太过依赖对现存口头创作韵律传统的类比，尤其是克罗地亚的传统。尽管这些可能有相对可靠的规律可循，但是比起荷马来还是相当有限，也相当粗糙。荷马的语言丰富得惊人，有充分的变化和弹性，词汇和固定短语的排列也有精确的区分。荷马似乎从来没有为表达准确的意义而发愁过。他那些固定的措辞不但没有限制，反而激发了其诗歌的创造性。

我们既不能轻视传统口头语言的流传广度和内容的丰富性，同样不能忽视其对荷马史诗创作的深远影响。史诗对已有元素的继承，不仅仅体现在短语和句子方面，甚至扩展到整个场景描述方面。这种继承，在那些描写准备进餐或船只下水的场景中体现得最为明显。我们所知的一些"典型"场景，完全或者几乎完全逐字逐句地重复了已有的材料。但是传统的"固定"场景模式常常有一定顺序，这种概述为口头诗歌的创作提供了一套可行的路数。伯纳德·芬尼克（Bernard Fenik）对《伊利亚特》中大量战争场景的分析，充分证明了以上论点，人们往往认为描述这些战争场景的材料一定有着悠久的传统。然而，同样的继承性塑造，也能在《奥德赛》中看到周期性的顺序。例如，英雄到达一个陌生的地方时迷路了，他会遇到一个高贵的陌生人并指引他到达王室的宫殿。

再者，我们也不能认为，传统的范式就是一成不变的。人们的这种期望，在得到满意答案的同时可能也会有不同的或矛盾的答案。比如，当一个陌生人来到一个好客之家时，描述的顺序可能会有些微的变化——这一点我们在《奥德赛》第4卷一开始特勒马库斯到达斯巴达时就能发现。通常来说，都是主人亲自招待客人——但是这里正好在举行婚宴，特勒马库斯遇到了墨涅拉奥斯的随从。当特勒马库斯站在门外时，随从不知该如何处理，就去请示墨涅拉奥斯。墨涅拉奥斯非常生气，他坚持认为，不管什么情形下，陌生的客人都应该得到妥当的招待。这种范式的变化，展示了一个真正的贵族主人的榜样。一种"典型次序"的范式也能够被谨慎地坚持，从而创造出有序的正统场景。对这种可能性的运用，最好的体现就是《伊利亚特》的最后一卷。在荷马那里，对宴会的描述有一整套程序，这一程序包含了若干循环使用的固定句子，他之前的游吟诗人无疑也是如此。因此，一个仪式或正式的场景能为日常社会生活提供一个公共交往的场合。然而，在《伊利亚特》第24卷第621行及以次的内容里，这种用寻常方式讲述固定的程序却有了一种别样的氛围和特殊的意义，因为对话的双方是阿喀琉斯和普里阿摩斯。这种场景的独特性以及其大胆创新，使之从典型性中得到了升华。

帕里的发现打开了一个解释荷马的"重复"及其意义的新窗口。这些发现也解决了我们对荷马的措辞中一些奇异的语言现象的疑问。他的语言与任何一个希腊本土的说话者都绝不相同。大多数词汇形式都来自不同地区不同时期的各种方言，但是这些方言从来没有在同一时间或同一地点同时使用过。某些形式甚至似乎完全是人为创造的——尤其在韵律的框架下，诗人往往会创造新词汇。语言学者普遍认为，荷马的希腊语的基本方言是古风时代的爱奥尼方言——但是有许多特征与这一时代和地域全然不符。最值得注意的可能是所谓的"古阿卡迪-塞浦路斯语"（Arcado-Cypriot）的出现。线形文字"B"泥板上的证据显示，这是荷马之前500年的迈锡尼和希腊大陆上使用的希腊语。口头传统适于这样的情况，即：随着时光流逝，那些游吟诗人根据自己的喜好和需要，拾得一些习语而扬弃另外一些习语。于是，一种尤其适用于史诗的语言开始形成。一些习语有了数百年的传统，而另一些习语则是新近得来，有些甚至就是在演唱之日的新词。从这种意义上说，有许许多多不知名的游吟诗人都为《伊利亚特》和《奥德赛》做出了贡献，他们可能创造了某个习语、某个句子或者某个场景次序，这些都成了传统的一部分。

史诗语言的这种"人为创造性"，并不意味着它就有多珍贵或多新奇。尽管可能对听众来说，有些词汇或形式是他们闻所未闻的；但是对诗人来说，仍然是他们所熟悉的，他们也恰当地运用了这些内容。史诗语言主要是为了保持节奏并保证能够浓墨重彩地描述一个宏伟场景。马修·阿诺德（Matthew Arnold）看到了这种特征，他说："他是如此异乎寻常地迅捷，他的思想变化是如此清楚直接，对这种变化的表达也是如此……他是如此高贵。"科林·麦克劳德（Colin Macleod）是这样评价这种洞察力的："阿诺德以一个评论家的敏锐看到了，那些从源头上是人为创造的内容，在效果上可不是虚假的（'迅捷……清楚……'），评价史诗的特征，如果不从其精神特质入手，那无疑是空洞无物的（'简单……高贵……'）。"

许多无名的游吟诗人都为荷马史诗做出了自己的贡献，这无疑是一种颇具吸引力的观点。史诗成为一个群体或一个行业的功绩。但是米尔曼·帕里和他的一些追随者太过依赖这种"民间"传奇，以致执着于传统诗歌的观念而否认所有游吟诗人在其中的个人作用；并且认为这种传统没有创新的余地，也没有创新的价值。对他们来说，"荷马"就是传统，就是数百年传下来的传统。这种观点的问题在于，如果仅仅因为传统必须以某种方式发展和达到成熟，也不可能即刻实现。况且，除非认为所有荷马的竞争者，不管早期的还是同时代的，他们创作的诗歌都和荷马的作品一样好——实际上是没法区分的——否则一定有某种因素使得荷马的作品更胜一筹。这种因素就是他的创新之处。所以，不管他吸收了多少传统的因素，他一定对其做了改进。

现在的问题是，荷马在多大程度上承袭了传统，承袭的内容又有多少？他必须完全与传统一致或者在传统之内创作？抑或他也可以站在传统的对立面？诚然，这仍然是一个未能解决的问题：这么长篇幅的史诗究竟是一个数世纪积淀的规范还是荷马的创造，在荷马之前的几代人是否已经听过某些类似《伊利亚特》和《奥德赛》的作品？

我们不知道任何有关荷马的前辈或竞争者的情况，因此我们对以上问题没有任何把握。荷马作品中哪些部分有创新或反传统之处，仍然是一个需要商榷的问题。比如，有些人宣称，帕特洛克罗斯是荷马的创造，还有欧迈俄斯以及《奥德赛》中的田园因素也都是荷马的创造。对解决这些问题的渴望，是摆在荷马研究者面前的重要挑战。

我个人认为，荷马的作品无疑有着双重的源头，既有与传统一致之处也有反传统之处。一个极好的例证就是《伊利亚特》中对待特洛伊的态度。传统似乎更倾向于希腊人一方，因此也为荷马提供了更多关于希腊人胜利的素材而不是相反的素材。尽管在史诗的第8卷到第17卷，特洛伊人的战况比希腊人好，但是阵亡的特洛伊人还是比希腊人多，并且希腊人持续不断地补充。还有一个描述上的细节，对战场上方位的描述总是以希腊人的营地为视角。在一部创造性的史诗中，相对希腊人，特洛伊人在战场上的多数时候都更具优势，从特洛伊一方来描述史诗范围内的战斗，丝毫不比从希腊人一方描述得少——看起来荷马似乎站在了传统的对面。如此挑战本质上似乎正是史诗的一种催化剂。

长于明喻是荷马的独特风格之一，也是他为后来欧洲文学的整体风格所做的贡献之一。这也许是在传统的张力下创新和发展的又一例证。人们普遍认为，明喻是长篇史诗的产物，像《伊利亚特》和《奥德赛》这样的"里程碑式"作品，是后来才发展起来的；另外，我们不难发现，用野兽尤其是狮子的捕食作为明喻，完全能够追溯到英雄史诗的传统。文献学者认为，明喻的语言有显著的非公式化和晚近的特点，这一特点似乎可以通过许多明喻中的非英雄主题来证明。我个人认为，最能说明荷马的明喻之非传统性的就是：明喻与其上下文关系的诸多变化。每个变化似乎都能让听众弄清楚其中的关联之处。有时是明喻，有时是对比，有时集中于物质的比较，有时集中于气氛和情感的比较。

我们从每部史诗中找出一个例子就足够说明问题了。《伊利亚特》第21章第342行及以次，赫淮斯托斯帮助阿喀琉斯对抗河神斯卡曼德（Scamander），在河岸焚烧植物和尸体：

> 有如秋日的北风把刚刚被淋湿的打谷场
> 迅速吹干，给劳作的农人带来喜悦。
> 当他也这样把平原烤干，焚尽尸体……

这炙热的气息令赫淮斯托斯和阿喀琉斯欣喜不已；然而从另一方面来说，正是斯卡曼德河保持了特洛伊的植物繁茂，为田园提供了养料。当大火烤干河水之时，这里的明喻提示了这种逆自然而行的破坏。《奥德赛》第5卷第388行及以次，奥德修斯站在浪尖，看见了远处腓埃基亚的海岸：

> 有如儿子们如愿地看见父亲康复，
>
> 父亲疾病缠身，忍受剧烈的痛苦，
>
> 长久难愈，可怕的死亡之神降临于他；
>
> 但后来神灵赐恩惠，让他摆脱苦难，
>
> 奥德修斯看见大陆和森林也这样欢喜……

毕竟这是奥德修斯第一次有希望生还的时刻，最终他会活着看见自己的家园。当他最后安宁地躺在珀涅罗珀怀抱里——这里也用了一个明喻，提醒我们奥德修斯所经历的一切苦难都过去了：

> 有如海上漂游人望见渴求的土地，
>
> 波塞冬把他们坚固的船只击碎在海里，
>
> 被强烈的风暴和险恶的巨浪猛烈冲击，
>
> 只有很少漂游人逃脱灰色的大海，
>
> 游向陆地，浑身饱浸咸涩的海水，
>
> 兴奋地登上陆岸，逃脱了毁灭，
>
> 她看见自己的丈夫，也这样欢欣。（23.233ff）

忽视这里各个明喻的主题之间的交互作用，无疑是荒谬的；将这种处理方式归结于传统，似乎也很难自圆其说。

近年来，开始出现一些针对米尔曼·帕里和他开启的通过传统研究荷马的方法的反对声音。人们认为，这种方法并没有像其宣称的那样展现出真正高人一筹的洞察力。对于我已经阐述过的荷马在传统之内还是在传统对立面的位置这样错综复杂的问题，这种方法确实无能为力。当然，这种方法仍然具有一定的重要性，尤其是在固定习语的研究方面，这是帕里研究的起点。其理由仅是分解论者所说的，口头创作的即兴性和急迫性导致了其中的某些不足和矛盾之处。这只是一个小问题，人们完全能够理解。

我们应该能够获得更深邃的洞察力。荷马史诗那无可比拟的明快和率直，可能正是得益于口头传统。对一个写作"虔诚的埃涅阿斯"或"大胆的贝德维尔"的诗人来说，这种特性可能会陷入一种过于精致的危险之中；然而，对荷马来说，这种特性的适度重复，看起来是那么自然。由于这些重复的习语和场景次序，我们得以进入一个非常熟悉的世界，对每一个事物的位置都了若指掌。这是一个固定的已知世界，然而同时又因其特有的高贵的史诗语言而彰显出多姿多彩来。长袍、床笫、绵羊、大山——这些事物的恒久不变，通过传统语言得以展现。太阳每天按照固定的轨迹升起；阿喀琉斯敏捷如昔但是又任性怠惰———一旦这些固定的背景发生变化，就会发生独特的、可怕的事件。太阳照常下山了，但是赫克托尔死了。在荷马那里，我们看到了许多静态与动态、永恒与短暂的对应。这些都得益于诗歌的本质风格。

## 荷马与历史

荷马是一个诗人还是很多诗人的老问题，很大程度上已经被荷马与其传统之间的关系这样的新问题所取代。还有一个关于荷马的重要问题，甚至可以追溯到沃尔夫之前，迄今为止仍然没有解决。事实上，比起学者们对荷马史诗作者问题的疑惑，这一问题吸引了更多学者的关注。荷马史诗在多大程度上是"真实的"？《伊利亚特》和《奥德赛》与某些真实历史之间究竟是什么关系？希腊人围攻特洛伊是否真实发生过？腓埃基亚是否真实存在，如果存在，又在哪里？等等。荷马的真实性问题，常常与《旧约》（Old Testament）的历史性问题联系在一起——当然从很多方面来说，后者是一个非常不同的问题。当然，我们必须记住，我们提出的这些问题必须是恰当的、有可操作性的。不恰当的提问可能就会导致荒谬的答案。

尽管总是有一些人乐于认为，史诗中发生的事件都是虚构的、史诗的世界在很大程度上是靠诗人的想象创造的；然而，更多的人热情地相信，荷马史诗有或多或少的历史依据。他们的主要证据就是18世纪罗伯特·伍德（Robert Wood）的报告，该报告运用土耳其的地形学和自然历史确证了荷马史诗的准确性。更能支持他们想法的是19世纪后期考古发现确实存在一个大型的迈锡尼文明。海因里希·谢里曼（Heinrich Schliemann）的浪漫构想，明显满足了人们"确证"荷马的热情。

为荷马的真实性辩护的大多数人都宣称，他是公元前1400—前1100年迈锡尼时代的准确记录者。也有少数人认为他是他自己所处时代（即公元前9—前8世纪）的记录者。然而，第二种观点受到的挑战在于，一个遥远世界的英雄们需要一种与听众截然不同的生活方式（比如，他们每天都吃烤肉），并且我们还要容忍新近发现的大量"时代错误"，比如，诗歌中的粗野气息。现代最具影响力的支持荷马真实性的是芬利（M.I. Finley）的《奥德修斯的世界》（*World of Odysseus*）。他的关注点既不在过去的迈锡尼也不在当世的荷马，而是约公元前1050—前900年的希腊"黑暗时代"（Dark-Age）。他认为，从人类学的角度来说，荷马记载了这个世界的社会和血族关系结构、道德和政治价值观，以及普遍的世界观。

尽管考古学家们总是争论不休，但是对荷马的物质世界中的许多元素来自不同时代这一点，现在是普遍认同的。比如，战斗武器和装备都是青铜的，因为那时铁尚属于一种稀有金属，这还是迈锡尼（青铜）时代的冶金术。另外，死者多用火葬而非土葬，这又是后迈锡尼（铁器）时代的习俗。在某些地方，英雄们使用巨型迈锡尼盾牌，另一些地方又使用较小的"现代"型盾牌。物质世界有时候来自不同时代，跨越了若干世纪，但似乎又来自同一地方。

从这个角度说，这种情形与史诗的语言问题非常类似，其解释理由也应该相同。通过长时间的增添与扬弃，口头史诗传统创造了一种新的合体。尽管从历史的角度来说，前述武器、墓葬等事物不可能成为一个合体；然而从美学的角度来说，却显得如此和谐，如此令人心悦诚服。对世人而言，他们所需要的不是精确，凭什么需要精确呢？他们所需要的恰好是似是而非的魅力，是创造一个可以想象并且符合英雄形象的过去。

就像荷马的语言包含了一种任何人都没有用过的史诗用语元素一样，在阿喀琉斯或奥德修斯的世界里一定也有大量虚构的元素。要从地形上寻找《伊利亚特》和特洛伊的真实地点，《伊利亚特》第22章第145—156行斯卡曼德河的两条泉水就是一个极好的例子，不少地质调查也确实集中到这里。此地有两条泉水，一条冰冷严寒，另一条热气腾腾，紧挨着它们的是特洛伊妇女用来洗衣服的石槽。正是在这里，赫克托尔逃跑时绕着特洛伊城墙跑了三圈以后，最终停下来反击阿喀琉斯。不用说，没有任何一个探险者曾经试图在任何一个古代城市的城墙外面去寻找这样一个水文上的奇观，尽管在土耳其西北部山脉里某些地方确实存在一些温度不同的泉水。特洛伊这里没有这样的泉水，其原因并不是描述的准确性问题，而是因为这本身是一个戏剧性和应景性的内容。在此前不久的第21卷，赫淮斯托斯和阿喀琉斯在特洛伊的斯卡曼德河击败对手，现在，特洛伊的保卫者赫克托尔在斯卡曼德河的泉水边失去了生命。这里的河水代表着特洛伊从前的幸福与繁荣，一旦阿喀琉斯杀死赫克托尔，特洛伊人便再也不知和平的滋味了，他们光鲜的衣饰将成为别人的战利品，妇女也将在远离泉水之地遭受奴役。

荷马的物质世界来自不同时期，通过创造性的处理融合为一体，那么，这个世界的社会结构和价值观是否有可能来自真实的世界呢？尤其是，会不会来自一个特殊的历史本体？芬利认为，从人类学的角度来说，荷马的世界是一种似是而非的融合。他举了四个例子加以说明：阿伽门农的法定职位、伊塔卡的传统习俗、妻子的地位与一夫一妻制、对杀人犯的法律和社会制裁。笔者认为，史诗中的这四个例子都是不一致的，在不同的文本背景中对问题的处理有不同的方式。比如，对阿凯亚人来说，在他们争议或协商的时候，没有必要在每个特定场合都用一套固定的法律程序或详细的等级层次来划分国王、长老和集体等，以此来使诗人的听众信服。实际上，阿伽门农没有一个固定的法律地位，对于《伊利亚特》来说，这是非常重要的。

当涉及道德和价值观之时，普遍认为应当是一以贯之并且是简单的。"英雄编码"由如下规则组成：你必须奋勇争先，必须杀死并羞辱你的敌人，必须维护自己的荣誉，这是可以用物质来衡量的。但是《伊利亚特》的大部分内容在于争吵和论辩这些规则以及其他许多东西。史诗中有如此多的直接演说，其中一个原因就是相当多的演说在争辩价值观时苍白无力。如果"英雄编码"能够超越争论得到认同，那就不会有真正的冲突了。实际上，赞同与不认同的标准需要就事而论，而《伊利亚特》就缺乏这种所谓道德的简单性和一致性。

学者们甚至进一步给荷马史诗加上了一种宗教的"真实性"（在这方面，《旧约》的比较也许最具特殊的影响力）。从神灵的各种显现形式出发，学者们谨慎地提出了神学上的一致性和体系性，即在真实的历史时刻存在的真实的宗教。在笔者看来，他们提出的这个神学问题并不是探究一个文学作品的适当问题。比如，他们问，是哪一种命运（Moira）之神？她比宙斯更强大吗？当雅典娜出现在《伊利亚特》第1卷第193行及以次所涉内容时，她是否只是阿喀琉斯拥有更好判断的一个诗性化身？那些非奥林匹斯神的力量诸如海洋、太阳或斯卡曼德河，又有什么样的职能和力量呢？

一个例证就足以说明为什么荷马史诗中的神灵没有一个独立于特定诗歌文本的神学存在。在《伊利亚特》第22卷中，阿喀琉斯绕着特洛伊城追赶赫克托尔：

> 当他们一追一逃第四次来到泉边，
> 天父取出他的那杆黄金天秤，
> 把两个悲惨的死亡判决放进秤盘，

　　一个属阿喀琉斯，一个属驯马的赫克托尔，

　　他提起秤杆中央，赫克托尔一侧下倾，

　　滑向冥府之地，福玻斯·阿波罗立即把他抛弃。（22.
208—13）


　　笔者认为，如果因为是命运来决定秤盘的倾斜，就说命运要比宙斯更强大，无疑太过简单了。很明显，文本中的秤盘并没有决定谁会赢，而是在这个时候阿喀琉斯就要赢了。战争的结果其实已经由人和神等诸多因素决定了，诗歌中的秤盘只是一个戏剧性的临界点而已。正是在这个临界点，阿波罗抛弃了赫克托尔，雅典娜也为阿喀琉斯得胜而欣喜。但是如果就此认为战争仅仅是神灵的傀儡而没有任何人类功绩的位置，那也是一种神学上的过度单纯化。神灵并不改变战争的结果。他们并没有使胜利或失败减少，相反，他们的兴趣和参与还使之得以增加。伟大的英雄业绩得到神灵更多的关注。因此，黄金天秤既不是一种真实的神学信仰，也不仅仅是一件独特的装饰品，而是一个临界点的提升。

　　如果认为荷马的世界在各个层面上从头到尾都是一种诗性的融合，这样的结论并不符合实际，与荷马史诗被创作出来以后的1000多年里对希腊人的真实生活所产生的巨大影响不符。众所周知，荷马史诗为人们提供了一种可信的、广为人知的知识，灌输了一种关于英雄主义、高贵、有益的生活、神灵等内容的模式。它深刻地影响了历史。但荷马的写作并不是对历史的真实再现，他的世界图景却长久以来契合了如此多人的想象。这种影响远比真实再现历史更有意义、更具普世性。

　　然而，仍然有一个历史上的时间和地点是荷马告诉我们的，尽管不是直接的告知——必然有一个创作《伊利亚特》和《奥德赛》的历史时期。史诗开始存在的事实告诉我们许多关于荷马自己的听众所关心和令他们敏感的事情。不言自明的是，如此伟大的艺术作品不可能在从来没有一个听众的情况下开始存在。必然有人愿意去关注这些史诗，当他们用心去聆听的时候，他们也会为荷马之忧而忧，也可能去资助他的生计。他们必然也懂得欣赏荷马，要不然他就不会去创作这些史诗。如果《伊利亚特》和《奥德赛》就是我在这一章讨论的这样一种作品，那么，去了解公元前700年前后爱奥尼地区的某些希腊人，就是一件非常重要的事情了。

## 进一步阅读

### 译本

　　荷马的英译，自查普曼（Chapman）的第一部起，概括了国民的品位和文学的发展。（马修·阿诺德使之成为文学批评的经典主题之一并非偶然。）最好的译作当然是蒲柏的，然而长期以来都处于理查德·本特利（Richard Bentley）空洞的责难中："其诗甚佳，蒲柏先生，然已非荷马史诗！"威廉·考伯（William Cowper）的弥尔顿无韵诗体译文，被不公平地忽视了。有两部优秀的现代韵文译作，都由美国人完成，本章引用的大部分引文资料取自这两部：Robert Fitzgerald（New York, 1961, 1974; Oxford, 1984）的艰涩短行译文和Richmond Lattimore（Chicago, 1951, 1965）更具文学性、紧凑慢速的六重音韵律诗译文。还有高度散文化的*Odyssey* by Walter Shewring（Oxford, 1980），以及*Iliad* by Martin Hammond（Harmondsworth and New York, 1987）。

### 导论

　　有诸多关于荷马的导论可以推荐。A. Lesky, *History of Greek Literature*（translated by J. Willis and C. de Heer, London, 1966）第3章作了极好的多角度介绍。Adam Parry对其父作品

的长篇介绍*The Making of Homeric Verse: The Collected Papers of Milman Parry*（Oxford，1970）是一部评价口头传统方法之优点与不足的重要作品。"往昔大师"丛书中J. Griffin，*Homer*（Oxford，1980）致力于说明荷马思想和想象的特质。Landmarks of World Literature系列中Michael Silk，*The Iliad*（Cambridge，1987）在风格和语调方面颇有独特之处。对C.W. Macleod文本的介绍和对《伊利亚特》第24卷的注释（Cambridge，1982），远超对该类型的一般预期，它是一出悲剧，然而充满悲悯。对《伊利亚特》直观概览式的介绍由Simone Weil完成（*L'Iliade ou le poème de la force*，trans. M. McCarthy，New York，1940），在细节措辞和宏观结构方面都有所探究。

## 《伊利亚特》

在关于《伊利亚特》的更专门作品中，B. Fenik，*Typical Battle Scenes in the Iliad*（Wiesbaden，1968）论述了口头传统如何在整体场景的维度中产生影响。C. Segal，*The Theme of the Mutilation of the Corpse in the Iliad*（Leiden，1971），回溯了一个重要主题的层累次序。J. M. Redfield，*Nature and Culture in the Iliad*（Chicago，1975），在"人类学"流行之时，对诗歌中的人性材料做了诸多敏锐的观察。J. Griffin的*Homer on Life and Death*（Oxford，1980）在展示诗歌的基本"主题"是人类对死亡的诠释的同时，对荷马史诗中的神灵有更深理解。S. Schein，*The Mortal Hero*（Berkeley，1984）是对荷马史诗诗歌特质再评价的精华之作，集中了1970年以来的各种要素。

## 《奥德赛》

《奥德赛》没有像《伊利亚特》一样激发新一轮的阐释浪潮。然而，B. Fenik的*Studies in the Odyssey*（Wiesbaden，1974）在展现典型场景对诗歌整体风格的影响方面，比他关于《伊利亚特》的作品走得更远。N. Austin的论文集*Archery at the Dark of the Moon*（Berkeley，1975），尽管有几处凭空想象，仍不失为一部试图理解《奥德赛》那难以捉摸的吸引力的严肃之作。W.B. Stanford, *The Ulysses Theme*（2nd edn., Oxford，1958）是对《奥德赛》以及后世文学中奥德修斯原型特征的经典研究。

## 背景与历史

在Milman Parry的发明之后30年及更长时间里，大部分英文作品关注荷马史诗的背景甚于史诗本身。这类研究集中于口头传统及荷马史诗与迈锡尼时代的关联方面，在两部研究范围广阔的作品中达到顶峰：*A Companion to Homer*（London，1962），A.J.B. Wace and F.H. Stubbings编撰，各章节由众多学者撰写；Kirk的*The Songs of Homer*（Cambridge，1962，也有一个简缩版，*Homer and the Epic*，Cambridge，1965）。

关于荷马与历史的当代经典是M.I. Finley, *The World of Odysseus*（2nd edn., London，1977），不过这是一部试图通过荷马来阐释历史的作品，而非通过历史来阐释荷马的作品。荷马作为一个创造性的艺术家，其完整性在如下作品中得到充分尊重：O. Murray, *Early Greece*（London，1980），chs. 3-4，和A.M. Snodgrass, *Archaic Greece*（London，1980），ch. 2. 在L. Foxhall和J. K. Davies（eds.）*The Trojan War*（Bristol，1984）中，收录了关于荷马与现实世界关系的优秀论文。

| 第三章 |

# 希腊神话与赫西俄德

贾斯珀·格里芬（Jasper Griffin）

## 神 话

每个人都熟知一些希腊神话，如俄狄浦斯（Oedipus）解答斯芬克斯（Sphinx）谜题并娶了自己的母亲为妻，阿尔戈英雄远航去寻找金羊毛。许多人通过詹姆斯·弗雷泽爵士（Sir James Frazer）的《金枝》（*Golden Bough*）和罗伯特·格雷夫斯（Robert Graves）的《希腊神话》（*Greek Myths*），以及克劳德·列维-斯特劳斯（Claude Levi-Strauss）和那些结构语言学家深入复杂的研究，了解了大量关于神话的现代著作。神话是一个颇具魅力的课题，但专家们就此的大量争论也表明这是一个困难的课题。乔治·艾略特（George Eliot）在她的《米德尔马契》（*Middlemarch*）里给了我们警示性的启迪；博学的卡索邦爵士（Mr. Casaubon）试图写出一部《解开所有神话之匙》（*Key to all Mythologies*），然而面对浩如烟海的材料，他完全被淹没其中，找不出任何头绪了。

甚至要给神话下个定义也是格外困难的事情，尤其是要将其与传说、民间故事或其他相关联的事物区分开来。暂时能下的一个最好的定义恐怕还是科克（G. S. Kirk）的那个适中的说法，即："传统故事的一种特殊形式"。我们不必去寻求单一的源头，而应代之以提供两个典型的神话思维的模式，与其他明显不同的形式进行比照。

公元前5世纪，希腊人对他们的河流冬天涨水、夏天干涸，而尼罗河却在夏天涨水、冬天不涨而感到疑惑。品达（Pindar）在一首业已散佚的诗歌中说，有一个高达100法松[1]的"守护神"，他移动脚步，引起了洪水。与之相反，希罗多德提出了三种理论（其中包括正确的解释：远处山峰的融雪），不过他满足于自己所认为的太阳运动理论，以为太阳"在夏天如常运行"，但在一年的某个特定时间会被暴风吹离固定的轨道。也就是说，他希望按照熟悉的自然规律来回答这一问题，而不是用一些荒诞不经的人格化力量来加以解释。又如，老旧的故事说，希腊人的首领之所以追随阿伽门农去特洛伊，原因是海伦的父亲事先让那些求婚者发誓，若是海伦因其美貌而被诱拐，所有人都要去帮助她选择的丈夫。修昔底德不同意这个故事，代之以经济方面的原因：作为富有的外来者珀罗普斯（Pelops）的继承者，阿伽门农是希腊最有权势的男人，并且他"得到了平民的支持"。那些首领追随他"与其说是出自善意，不如说是出自敬畏"。在这些例子当中，我们看到，一种比较老式的、根据某些显赫个人的随意行动而作出的解释，被一种基于理性的实际考量所取代，或者说被一种对政治实力的真正性质的反思所取代。伯罗奔尼撒战争中的雅典人是如此怀念修昔底德的"阿伽门农"，一个富有的、民主的、率领一支舰队的阿伽门农[2]，这绝非偶然。

直到20世纪，"神话"实际上仍然意味着"希腊神话"。但是现在人类学家和其他学者已经从世界各地搜集到许许多多神话故事。因此，人

---

[1] 合600英尺。——译注
[2] 指作者写作本书的20世纪。——译注

们很快发现，希腊神话在许多重要方面存在不同凡响之处。希腊神话的绝大部分都与男女英雄有关，也就是说，与过去某个特定时期的男人和女人有关。他们拥有更强大的力量，比现代人更有魅力，但他们并不是神。而埃及和美索不达米亚的神话就没有如此多地涉及英雄。希腊神话绝少谈到动物。整体来说，尽管也有诸多例外，希腊神话是对日常生活的夸张或提升；不像许多世界传统故事那样是纯粹的奇谈幻想。希腊神话的这种特性，给现代的一般神话学理论制造了诸多认知困难。

希腊神话的另一个独特之处在于它的无处不在和重要性。比起现代传教士和旅行家们通过与说土著语言的人交流所能了解的大多数原始部落社会，古希腊社会要进步得多。从荷马到阿提卡悲剧，诗人都借助神话来表达他们最深邃的思想。历史学和哲学都自神话思想脱胎而来，诗歌和视觉艺术也总是离不开神话主题。

当然，希腊也有其宇宙观，即讲述那些纯粹在神圣层面上发生的世界创造以及其他故事的神话。如我们将看到的那样，赫西俄德在他的《神谱》（Theogony）中，讲述了大地该亚（Gaia）和她的儿子兼合作者——天空乌拉诺斯（Uranus）的诞生及他们是如何分离、宙斯如何成为神界统治者的故事。这个故事深受东方源头的影响，与真正的希腊崇拜或希腊宗教联系甚少。另一个明显更早的传说是珀耳塞福涅（Persephone）——常被称为科瑞（Kore），"处女"——被冥界之王诱拐。她的母亲德墨特尔（Demeter）气愤伤心之余，使整个世界变得寸草不生。最后科瑞回到她母亲的身边，但是每年只能有三分之二的时间，另外三分之一时间她不得不待在地下世界。很自然地，人们就将她不在的这段时间与庄稼在地里没长出来之前的"死亡"联系起来。

赫西俄德的《神谱》中插入了一大段冗长的关于人类起源的说明。然而事实上，早期希腊人的思想与此说法并不相同。有的时候，据说人是从白蜡树上长出来的，或者由普罗米修斯用黏土做成，又或者从石头里出来。从某种意义上说，宙斯是所有人类的"父亲"。这些传说对《圣经》

的读者来说似乎十分陌生，因为《圣经》开篇就是令人难以忘怀的亚当与夏娃的故事。然而有意思的是，在《创世记》之后，亚当的名字就没有再次出现在《旧约全书》之中，对"开端"的表达通常要归之于亚伯拉罕（Abraham）或摩西（Moses）。早期的人类并没有像那些受进化论影响而成长起来的人一样，始终意识到自己的终极起源。

另外一个一开始就值得注意的是，并没有一个关于神话的标准或者正统观点。事实上，荷马史诗里用某种形式讲述的故事，并不会阻止后来的诗人用另外一种截然不同的方式讲述。一个最明显的例证，公元前6世纪早期的抒情诗人斯泰西科拉斯（Stesichorus）创作了一首著名的诗歌，根本否认海伦曾经到过特洛伊，那么特洛伊战争也就无从说起。欧里庇得斯（Euripides）在他的《海伦》里颠覆性地利用了这个传说中的讽刺因素。而希罗多德以高度的理性主义分析说，以上观点是正确的，要不然特洛伊人很显然会在他们的城市被摧毁之前放弃它。"而在我想来，荷马也是知道这件事情的。"他补充说，"但是由于这件事情不像他所用的另一个故事那样十分适于他的史诗，因此他便故意放弃了这种说法。"这是一个极好的例子，说明了经过公元前5世纪的理性启迪，人们对诗人和他们讲述的神话有怎样的历史价值判断。当然，我们也从希腊文学的起点看到了诗人对谎言的拒斥。"我们知道如何把许多虚构的故事说得像真的。"缪斯对赫西俄德说，"但是如果我们愿意，我们也知道如何述说真事。"梭伦，他本身也是一个诗人，他用韵文的形式说："诗人说了很多谎言。"每个新的诗人都有权利用他自己的方式解释传统，而他的听众并不会觉得自己应该将他的讲述作为事实来接受，不管他讲得多么富有吸引力。

有些神话与宗教仪式有着密切的联系，如关于科瑞的神话。当她失踪以后，她的母亲赤着脚、空着腹，满世界游荡寻找她。在厄琉西斯秘仪（Eleusis）中，一个被称为"艾姆比"（Iambē，这个称谓很明显与那种经常用于粗鄙的个人攻击的抑扬格韵律有一定联系）的妇人说着淫秽的笑话劝说她微笑，并且与她分享一种特殊的大麦饮品（kykeōn）；她重新夺回了自己的女儿，也给人们以祝福。所有这些都由那些汇聚在一起发动厄琉西斯秘仪的人付诸实施。在他们从雅典到厄琉西斯的长途行进中，一直禁食戒饮。在这朝圣过程的某个特殊时刻，他们会淫秽地呼喊。他们的开斋就是喝这种特殊的大麦饮品。女神从忧伤转为高兴的过程，被模仿成在黑暗的秘仪厅堂中突然燃起火焰，随之而起的是众人的欢呼。很明显，这些崇拜者是模拟女神的受难——将这一仪式与耶稣受难经过的苦路14处（Stations of the Cross）相比较并非不合情理——不同层面的神话和仪式在此是一致的。

但是神话不仅仅意味着这些。德墨特尔的愤怒使世界陷入反常和疯狂的状态——在这种状态下，大地的丰产不再，似乎人类会死去，神也得不到崇拜和尊敬了。普通生命可能受挫这一观念，更增加了生命延续的价值。而伴随着播种入土会产生焦虑情绪，即种子很可能不能生长。这种焦虑在这一神话中化为具体形式，被归于过去，并且有一个圆满的结局。这里还有另外一个层面：种子即将死去然而又得以重生，暗示了复活和不朽的观念。"一粒麦子不落在地里死了，仍旧是一粒；若是死了，就结出许多籽粒来。"（《约翰福音》12:24）种子被种入地下，消失在黑暗中，然而它还活着，并且会再次长出来；科瑞被带到了地下世界，然而她回来了；因此厄琉西斯秘仪的教义许诺一种死后更幸福、更荣耀的生活。

某些神话，如科瑞神话，不仅与仪式紧密相关，还与颠覆一般文明生活的观念密不可分。在利姆诺斯岛（Lemnos）上，每年有9天时间，所有的火光都被熄灭，人们停止家庭生活，到处弥漫着阴郁的气氛，男人们藏匿起来，女人与男人分居。新的火种取自德洛斯（Delos），净化过的新火焰燃烧起来，之后会有一个伴随着笑声和交媾的欢乐节日。与这些行为相对应的神话故事是这样的：利姆诺斯岛上的妇女受爱神阿芙罗狄忒惩罚，身上散发出难闻气味，因此丈夫们拒绝跟她们亲热；然后她们就谋杀了所有男人，直到阿尔戈英雄们突然到来之前，这座岛上就一直只有女人。这些女人欢迎英雄们的到来，赛会和宴会都举办起来，岛屿又开始人丁兴旺了。伊阿宋（Jason）与女王许珀茜柏勒（Hypsipyle）生了一对孪生兄弟（这对孪生兄弟后来又有了神话般的人生）。无疑，利姆诺斯岛上的妇女事实上在分别期间食用了大蒜，就像我们所知的雅典妇女在"塞拉节"（Scira）或"地母节"（Thesmophoria）所做的那样，显示她们停止了性活动。这9天是一段颠覆的时间：妇女占据优势地位，既不吸引男人注意也不可接近，既没有烹饪活动也没有献祭仪式。然后一切在狂欢中恢复常态。我们又看到了一般文明价值的强化，看到了一种焦虑的释放，这段时间的张力自然居于两性之间。在固定的周期里，妇女从日常家庭生活圈子激烈地解放出来，男人们最可怕的秘密在于，害怕他们的妻子和女性的邪恶潜能公开化，因此他们有可能提出和解。这种妇女拒绝她们平常女性角色的神话数不胜数。她们的自然角色、她们的目的，就是结婚。在神话中，那些拒绝婚姻的女性成了猎人或者户外的女孩——通常来说，户外是属于男人的。选择像阿塔兰忒（Atalanta）[1]和卡利斯托（Callisto）[2]那样生活的女孩，最终还是会屈服并走向婚姻。还有一些人在婚姻里表现出反常的举动。对妻子的畏惧集中在性行为方面的不当和不忠，于是我们发现了像菲德拉（Phaedra）[3]那样勾引青年男子的坏妻子。预言家安菲阿鲁斯（Amphiaraus）知道，一旦他加入七将攻忒拜的毁灭之行，就会一去不复返，因为他的妻子接受贿赂让他走向死亡。阿伽门农的妻子克吕泰墨斯特拉（Clytaemnestra）趁他不在的时候有了个情人，并且在她的丈夫回来之时谋杀了他。神话中妇女所表现出的恶行或者拒绝她们角色的做法，实际上是对这种行为的一种定义和认可。当我们将注意力转到对英雄的渴望时，将会发现男人的潜力也在神话中以同样的方式被限制或阐释。

　　神话也可能有某种政治功能，即"政制神话"（charter myth）。

---

[1] 阿塔兰忒是传说中伊阿宋和克吕墨涅的女儿，美丽而野性的女猎手。——译注

[2] 神话中的卡利斯托是阿尔特弥斯的追随者，传说宙斯狂热地爱着她并常让她陪伴自己。她给宙斯生了一个儿子，取名阿卡斯。这个儿子后来成了阿卡狄亚人的祖先。——译注

[3] 菲德拉是传说中雅典国王忒修斯（Theseu）的王后，国王因为赎罪离开雅典，留下年轻的王后菲德拉（Phaedra），她耐不住寂寞，以勾引青年男子为乐。——译注

在昔兰尼，一位历史学家讲了这样一个故事：当时非洲当地正遭受一头怪狮的灾祸，万般无奈的国王发告示说，谁要是打败怪狮，就是他的继承者。山泽女神昔兰尼（Cyrene）杀死了这头狮子，她的后代昔兰尼人（Cyreneans）就在她之后取得了继承权。这个故事宣称了希腊殖民的合法性：移民者不是通过侵略，而是从一个女英雄那里继承了土地；这位女英雄因其丰功伟绩而得到土地作为奖赏。同样，雅典人在公元前6世纪控制了萨拉米斯岛（Salamis），不仅因为他们创造了埃阿斯这样一个萨拉米斯的大英雄。阿提卡10个部落中某个部落以埃阿斯命名，理论上他也是这个部落的祖先。其他希腊人则声称，雅典人在《伊利亚特》的文本中插入了一段伪造的内容，以支持萨拉米斯和阿提卡在英雄时代就结盟的说法（《伊利亚特》第2卷第558行）。多利安人也精心创造了一个神话，将他们入侵伯罗奔尼撒——他们是最后到达此地的希腊人——说成是事实上的回归，宣称这是他们应该得到的继承权，因为他们的祖先赫拉克勒斯的孩子们曾经被赶走，在数代人之后又回来了。这让我们想到了现代许多民族主义的神话，或者说以色列将他们对其土地的占领归于遥远的先祖的重要性。

除了极少数显著的遗迹如提林斯的独眼巨人墙（Cyclopean wall）和迈锡尼遗址以外，神话是后来的希腊人了解他们自己早期历史的全部素材了。系统挖掘古希腊神话，既没有可操作性，也不是一个好主意。19世纪中期有一股风潮，认为明显的历史神话根本就没有任何真实内容，都是伪装过的对诸如日出或入冬等自然现象的现实或寓言式叙述。谢里曼在特洛伊和迈锡尼的发现，以及伊文思在克里特的发现，都表明这种激进的怀疑主义是错误的。因为迈锡尼确实就如荷马所说，曾经是一个"多金"之地；在克诺索斯也确实存在过一个大型而复杂的建筑，一些奇异的运动会，确实也涉及公牛，这就是克诺索斯迷宫（Labyrinth）和人身牛头怪（Minotaur）的源头。因此，公元前5世纪为了历史学的目的而对神话采取的两种方式就都可以理解了。修昔底德在他的《伯罗奔尼撒战争史》中对早期希腊作了一个天才的勾勒，用当世的理性主义重新解释了神话，尤其强调经济因素的作用。我们已经看到他如何对待关于阿伽门农的故事。对修昔底德来说，克里特的米诺斯王是"我们听说的第一个拥有海军的人"，控制了爱琴海的大部分，他"尽力打击海盗，可以推想，这样他的税收就能得到保障"（第1卷第4节）。不用说，他没有提到人身牛头怪。另外，希罗多德至少在某个时刻完全拒绝神话，仅仅因为神话不同于历史。他是这样评价公元前6世纪的僭主波里克拉特斯（Polycrates）的："据我所知，在希腊人中间是第一个想取得制海权的人；当然，这里没有把克诺索斯人米诺斯和在他之前掌握过制海权的所有人考虑在内。在可以称之为人类的这一范畴之中，波里克拉特斯可以说是第一个这样做的人。"（第3卷第122节）

神话能够保存过去的某些特定事物：名称、大事件和历史地点。当然会有某种程度的转换和扭曲。特洛伊曾遭袭击而陷落，迈锡尼也有过一个强有力的国王；但是我们不知道远征特洛伊的故事有多少真实成分，阿喀琉斯的原型从类型上来说更像是齐格弗里德（Siegfried）[1]那样的传奇形象，而非奥古斯都（Augustus）那样的历史人物。不过神话中另外一种形式的存在也不能忽视，那就是习俗，实际上这是一个社会的整体图景。我们可以举出赫拉克勒斯被赫拉收养的故事，作为神话保存古代习俗的一个例子。在他被尊为神以后：

> 宙斯劝说赫拉收养他为儿子，这样就能永远以一个母亲的爱去珍爱他。收养仪式据说采用了以下方式：赫拉躺在床上，招呼赫拉克勒斯走近她，让他将她的衣服完全脱掉，做出真正分娩那样的动作。至今，这都是非希腊人在收养时举行的仪式。（西西里的狄奥多洛斯，第4章第39节第2行）

---

[1] 齐格弗里德是德国民间史诗《尼贝龙根之歌》（Nibelungenlied）中的英雄人物。——译注

很明显，这里描述的是一个远古且单纯的程序：如果没有象征性地从他的养母那里生出来，他就不能被收养。希腊人观察到，许多对他们来说只发生在神话中的事情，实际上在同时代的"蛮族人"社会中经常发生。

神话能够保存古代的生活与社会特征，也能为那些显赫的外国当权者转换新近的历史：如米底（Mede）的居鲁士（Cyrus）和吕底亚的克洛伊索斯，他们都是公元前6世纪中期的历史人物，然而在公元前5世纪他们就被附会上了浓烈的神话特征。居鲁士从一出生就被遗弃了，由一只动物养大，就像罗慕路斯（Romulus）[1]和埃癸斯托斯（Aegisthus）[2]一样。克洛伊索斯曾被阿波罗从死神那里救回来，并给予他在叙佩尔波列亚人（Hyperboreans）中永恒的幸福，原因是他向德尔斐进献了大量贡品。

孩子生下来以后被遗弃却可能存活下来——在遗弃时有发生的社会里，其实是一种非常自然的愿望。就像在喜剧和小说中一样，我们在神话中发现了不少这样的例子。一个像居鲁士一样的世界征服者或者像俄狄浦斯这样的重要形象，他们从被遗弃的婴孩这样绝望的境地上升到富贵的顶点，实际上就是"从小木屋到白宫"故事的强化版。另外，一种形式的幻想——在安基塞斯与阿芙罗狄忒的神话中——就是一个美丽的姑娘从天空降临，来到一个在山里放牧的青年男子身边，用爱情俘获了他。隐秘的幻想在神话中得到了宣泄性表达：各种各样的乱伦、血亲谋杀、嗜食同类、兽交等等。这种投机性的想象，将各种动物与妖怪混合起来：人首马身怪，人首牛身河神，身是女人而有翅膀、尾巴及爪似鸟的怪物，有翼的狮身女怪，带翅的飞马珀加索斯（Pegasus）。视觉艺术开启了文学之路。稀奇古怪的尺度变化产生了巨人和侏儒。冥府守门狗塞波鲁斯（Cerberus）有三个头，被赫拉克勒斯杀死的怪物吉里昂（Geryon）有三个身体，阿尔戈斯（Argus）有一百只眼睛，布里亚柔斯（Briareus）有

---

[1] 罗慕路斯是传说中罗马城的建立者，和他的孪生兄弟勒莫斯一起曾由母狼喂养过。——译注
[2] 埃癸斯托斯传说是堤厄斯忒斯（Thyestes）的儿子，克吕泰墨斯特拉（Clytemnestra）的情人，协助克吕泰墨斯特拉在其夫阿伽门农从特洛伊战争中返回时将他杀害。——译注

一百只手。整个自然界都是潘神（Pan）和半人半兽的森林之神、阿尔忒弥斯和她的随从，以及住在树上、溪流和大山中的山泽女神的居所。

我们已经看到神话是如何帮助界定自然以及妇女在与男性关系中的地位的。神话同样也是另外一种框架，在这个框架里，不仅界定男人与女人的关系，也界定男人与神的关系。希腊的神话时代不像澳大利亚土著神话中的"黄金时代"（Dreamtime）那样，属于遥远而年代不详的时期。希腊神话时代只有两到三代，即忒拜战争和特洛伊战争的时间；不仅能追溯其确切时间，而且与历史阶段相吻合。希腊研究学者计算出特洛伊陷落于公元前1184年。这一个时代以后发生的事情并无定论，比如悲剧就没有写到殖民时代或僭主时代，尽管希罗多德所记载科林斯的伯里安德的某些故事似乎适合一个悲剧的素材。这无疑得归功于——至少部分归功于荷马史诗无与伦比的影响。史诗展示了一个神灵公开干预人类生活的英雄时代，他们干预人类生活的方式在后世不再重现。这一现象表明了两件事情：神灵对待这个时代的事情的态度是非常严肃的，并且这些事情都是清楚明了的；允许听众通过这些事情去认识神灵的意志以及对事情的处理，而听众在日常生活中是无法认识这些的。一些较少为人所知的历史悲剧，如埃斯库罗斯描述波斯人入侵及其灾难的《波斯人》（*Persae*），事件发生在如此广阔的背景中，似乎为了展现神灵对人类社会的掌控，以至如此接近神话。最后需要考虑的事情，就是每个人都对史诗所塑造的人物和故事耳熟能详。

所有这些考虑的全部功效就是使得英雄时代成为严肃诗歌的自然背景。荷马史诗用一种方式处理神话，消除了各种奇行异事，畸形、恐怖、乱伦、血亲凶杀、人祭都被减少到最低或者完全排除。荷马没有提到伊菲格涅亚的牺牲，尽管《奥德赛》不断重复俄瑞斯特斯杀死埃癸斯托斯，可从来没有说他杀死自己的母亲克吕泰墨斯特拉（Clytemestra）。同性恋也从英雄史诗中剔除了。然而，史诗关注的是人在整个世界中的位置，人渴望成为"神样的"人；但是一旦他们超越界限，就会受到神的惩罚，最终注定要死亡。斯泰西科拉斯（Stesichorus）的抒情诗传统更加独特，较少有悲剧色彩，偶尔感伤。品达对运动优胜者的颂歌闪烁着智慧的光芒，他将运动员的胜利与某个英雄生涯的故事并举，胜利的功绩在这一刻将运动员提升到与英雄比肩的高度和重要性，单调平凡的存在转变成神话世界里永恒的光彩壮丽。在《阿伽门农》关于特洛伊陷落的颂歌里，埃斯库罗斯能够表达他对战争的真正本质最深邃的沉思。索福克勒斯在俄狄浦斯的故事里发现了一个表达对人类生活见解的途径——人类生活曾经凄凉可怖，当然，也有令人异常欣喜的方面——那就是我们所体验的英雄的勇气和决心，以及他忍受苦难的能力。史诗倾向将悲剧所强调的事物之神话进行恰当的净化，几乎所有可能的各种不良事物如乱伦、血亲凶杀、人祭都通过悲剧而为我们所知。伴随着仪式性的哀歌和悲哀的面具，悲剧的黑暗色彩成为一种形式，能部分地解释这一现象。然而寻找另一种新的意见无疑也是正当的，即用极端的行为和痛苦的冲突去质疑、探寻和娱乐。

神话中人和神的关系是紧密的。英雄是神的儿子，比当代人更强大，热衷于与神灵们的斗争。《伊利亚特》中阿喀琉斯就对阿波罗说："倘若我有力量，这笔账我一定要跟你算清。"狄俄墨得斯（Diomede）和帕特洛克罗斯都攻击过神灵，遭到阿波罗怒斥，要他们尊重次序："要记得你自己是谁！神和人永远不可能平等。"（《伊利亚特》第21卷第20行[1]，第5卷第440行，第16章第705行）

在神话中我们总是看到人试图超越凡人的极限。当他们扩展了我们关于人类力量的概念时，我们会感觉到一种愉悦；当他们不可避免地被打或毁灭的时候，我们又体会到另一种不同的愉悦。阿伽门农走在精致的地毯上，埃阿斯告诉雅典娜他不需要她了；希波吕托斯（Hippolytus）公然挑衅阿芙罗狄忒；《特洛伊人》（Troades）中希腊指挥官举止傲慢、残酷无情，无视神灵已经为他们准备好的毁灭之路；《伊利亚特》的最后，阿

---

[1] 实为第22章第20行，原文有误。——译注

喀琉斯不得不向自己及敌人都无法逃避的死亡妥协；所有这些，以及其他诸多运用神话的例子，已经成为希腊文化的核心。神话中对人类的局限性用一种较少带有悲剧色彩的方式表达出来，神话说，生命能够成为我们所希望的样子——和平、美好、永恒，至少必定存在于某个不同于现在的时间（例如黄金时代），或者是某个地点（如北风后面的叙佩尔波列亚人，太阳起落之处的埃塞俄比亚人）。这种想象的存在，就像受到祝福的神的存在一样，都是通过与现实人类命运相比较得来的。

这里还有两个重要的问题。第一个是公元前5世纪后期技术哲学、历史、散文以及理性主义兴起后神话的命运。神话的谱系让位于试图排除超自然力量的历史观念。修昔底德自己说，更严格地说，"神话元素的缺乏"可能使他的《伯罗奔尼撒战争史》缺少暂时的吸引力，但是会更有教育意义。对宇宙的神话性思考让位于哲学，前苏格拉底哲学家（Presocratics）的思想自然还带有准神话的性质，因此也以同样的理由被人们所拒绝。亚里士多德能够自信地说："赫西俄德和一切神学家只关注对他们而言似乎合理之事，没有我们的广阔视角。对于以神话风格写作的作者，我们无须认真加以研究。可是对于那些用实证来讲话的人，就必须加以严格考查……"（《形而上学》2. 1000 a 9.）当我们对这些内容加上对神话内容的道德批判时——这种批判的声音至少有一个世纪了，并且导致柏拉图要求对神话进行根本上的审视——将神话作为严肃思考的媒介很明显已经过时了。神话现在站在理性的对立面，成为一种"故事"、一种"老妇人的传说"，成为"理性分析"和"精确解释"的反面。

柏拉图创造了自己的神话。其中一些确实令人难忘，但是从根本上来说，又不同于旧有神话，其创造者会仔细斟酌这些神话是否不恰当或者带有悲观色彩。旧有神话在当地的崇拜中保持着鲜活的生命力，一直吸引着诗人们的注意力，从卡里马库斯（Callimachus）的《颂歌》（Hymns）到公元5世纪诺努斯（Nonnus）的《酒神颂歌》（Dionysiaca）；神话也一直是希腊绘画和雕刻的主要题材。在拉丁诗歌中，从奥维德（Ovid）的诙谐到《埃涅阿斯》（*Aeneid*）的严肃，希腊神话也有着广泛的影响。但是严肃讨论的自然媒介现在成了散文，神话以及与神话相关的诗歌越来越成为一种装饰——当然，不可否认，它们还是深受人们喜爱的不可缺少之物——而不像公元前400年之前那样作为严肃的事物存在。

我们的第二个重要问题是对神话的分析。这一章已经提到，神话有不同种类和众多来源，它们不可能都为了同一目的而存在；实际上，也并没有一把能解开所有神话的钥匙。但是一些神话是有可能被解释、分析和（用结构主义的话语）"破译"的。如果我们摒弃那种用一把钥匙解开所有神话的观点，那么是不是说，每个单个的神话最后都能够被分析呢？

关于阿多尼斯（Adonis）的神话，就是一个能让我们清醒的例子。他的母亲米尔拉（Myrrha）爱上了自己的父亲，并为他怀了一个孩子。她被变成了熏香树。她生下来的孩子非常英俊，阿芙罗狄忒爱上了他，把他装在一个箱子里给了珀尔塞福涅；但是珀尔塞福涅也迷恋上了他的美貌，阿芙洛狄忒不得不将他们分开。他在狩猎时被一头野猪撞死，每一年都受到妇女们的哀悼。这就是神话的轮廓。对弗雷泽来说，阿多尼斯是一个植物和丰产之神，每一年死去，然后又随着新的农作物活过来。但是需要指出的是，实际上古代的材料并没有提及阿多尼斯的复活。近来，出现了两种解读这个神话的尝试，值得注意。

M. 德蒂恩内（M. Detienne）给出了一种结构主义的分析。对他来说，这个神话与婚姻、过度和调和有关。阿多尼斯被认为富有早熟的魅力，却在青春期就死去了。"阿多尼斯的花园"就是为了纪念他而修建的，其中的植物都是浅根，同样成长很快，但是不结果实，枯萎也快。他的性史与婚姻的丰产形式是相悖的，因此他的花园也有悖于真正的农业。他的节日在闷热敏感的三伏天举行。在祭奠仪式中，与他母亲相联系的香料气味，起着调和男人与女人的作用，也有一定的吸引异性的作用——这种作用在婚姻中当然是好的；但是也有滑向仅仅是色情的危险。熏香是神的食物，凡人是不能享用的，凤凰就是与神灵有关系的生物，因此是孤独而无性征的。德蒂恩内在这个故事中找到了四个"密码"：植物学的、动物学的、食物学的以及天文学的。这四个密码的合力，不是一个概要就能评判的，但是无疑起着巨大的作用。

W. 伯克特（W. Burkert）也分析过阿多尼斯神话。他一开始就说："如果我们在分析'阿多尼斯神话'时考查他被野猪撞死的故事……"，这个故事从一个古老的闪族神话中流传下来，其内容是关于一个名叫杜姆兹（Dumuzi）的猎人。阿芙罗狄忒与珀尔塞福涅对男孩的争夺，实际上是爱情和死亡的冲突；阿多尼斯是一个猎人，对他的哀悼，实际上是猎人们表达他们杀死动物时所产生的内疚和焦虑的一种手段。

我们看到这两种对同一神话充满才情和学问的解释，二者没有任何共同之处。它们似乎在解释两个完全不同的故事，从完全不同的立场入手，这反映了两类学者迥异的学术兴趣。很难想象争论过程中，一种解释能完全压倒另一种解释。当然，这种争论会增加人们对这类理论逻辑状况的疑问。如果这些理论真的不是争论所能左右的，那么这些关于阿多尼斯的分析又是什么呢？我认为，答案必然是：我们拥有两个以上的神话。弗雷泽笔下垂死的神灵一定曾在诗歌和小说中大为流行，尽管现在已经被人类学家所忽视或拒绝，但对当时的人来说，他是一个强有力的神话人物。很少有学者像弗雷泽这样写，但是神话的创作者就活在他们中间。我曾经认为，某些神话很容易分析，但某些神话是深奥、复杂、多面的，不同的思想在其中看到不同的范式。在很多神话中，我们都能发现富有启发性甚至理想化的洞察力的火花；但是要抓住"其"内涵，就像抓住极易消逝的死亡阴影一样，毫无希望。

## 赫西俄德

第一个神话谱系作家是诗人赫西俄德，他也是希腊文学史上第一个名人。他的诗歌可能创作于公元前700年左右。荷马史诗的非个人风格，确定无疑地没有显示任何诗人个人的信息，但是赫西俄德通过他自己的方式告诉了我们一系列事实：他的父亲来自库麦（Cyme，小亚细亚岸边，莱斯博斯岛稍南），离开了家乡——

> 不是逃避富裕和幸福，而是为了逃离宙斯加给人们的可怕贫穷。他定居在赫利孔山附近的一个贫穷村落阿斯克拉（Ascra），这地方冬季寒冷，夏季酷热，风和日丽之日犹如凤毛麟角。［《工作与时日》（Works and Days），637—40］

阿斯克拉在波奥提亚，因此，赫西俄德的父亲居住在远离家乡的地方。赫西俄德还告诉我们说，当他在赫利孔山下遇见缪斯之时，他成了一个歌手。他们给他一根树枝，并把一种无声的音乐吹进他的心扉。然后他穿过海峡，去到优卑亚，参加卡尔基斯一个名叫安菲达玛斯（Amphidamas）的人的葬礼，并在歌唱比赛中赢得了一个奖品——三角杯，他将其献给了缪斯。他有一个兄弟叫佩尔赛斯（Perses）。然而，关于佩尔赛斯有一个问题，我们不得不回过头来看看他。除了给我们这些信息以外，赫西俄德有着强硬的个性——这一点也使他的作品有别于史诗。我们没有看到贵族的影子，取而代之的是一个说话者，这个说话者喜争论、好怀疑、幽默讽刺、节俭朴素、喜爱箴言、不相信女人。

他的两部作品《神谱》（Theogony）和《工作与时日》传统上被归为教谕诗。像荷马史诗一样，它们都以六音步写成。赫西俄德将自己描述为一个歌手，因此，人们很自然地认为，这些诗歌也是从一种口头传统发展而来。一些人认为赫西俄德是第一个将自己的诗歌写下来的人。他的作品包含了诗话程度很高的段落；但是总体来说，M. L. 韦斯特（M. L. West）对"赫西俄德的乡间六音步"的评价是非常精当的。《神谱》的创作在前。一开始赫西俄德就表明他受到了委托，说明了缪斯是如何激发他并且吩咐他"歌颂永生快乐的诸神的种族，但是总要在开头和收尾时歌唱她们自己"。赫西俄德践行了这个指示，开始吟唱最早产生的混沌卡俄斯（Chaos），其含义为"张着大嘴的空间"（Yawning Space），而不是混乱无序（Disorder）；接下来是该亚/大地以及所有神灵和人类；然后是大地深处的塔耳塔罗斯（Tartarus），还有爱神。该亚/大地生了乌拉诺斯/天空，使用双重名称是为了表达这些存在的双重方面，它们既是自然界的事物，也是神人同形同性的人格化神。乌拉诺斯是"繁星似锦的皇天"，但是他又与该亚诞下子嗣；然而"刚一落地就被其父藏到大地的一个隐秘处，不见天日，并且天神十分欣赏自己的这种罪恶行为"。

神的产生就是世界的产生，神的谱系也包含了宇宙进化。大地是首要的必需之物，因为一切其他事物都要以大地的位置为参照，要么在其上面，要么在其下面。就像我们看到的，天空是次于大地的，但也是一个很好的伙伴，并且有着相当的大小。既然所有事物从大地产生，那么很明显，大地就是母亲，天空乌拉诺斯就必然是父亲。通过各种性的结合产生后代，从而完成了世界的构建——世界就这样建立起来。需要顺便解释一下的是，为什么爱神会在这么早的位置产生。爱神没有自己的孩子，但是她是创造这个世界的生产的基本原则。这是一个简单的观念，不过我们看到赫西俄德发展了这一观念：一个事物能够在诸多不同意义上成为另一个事物的"后代"。

夜神的孩子们就是一个极好的例证。夜神生了黑色的厄运之神（Doom）和死亡之神（Death），她还生了悲哀之神（Misery）、复仇之神（Retribution）和不和之神（Strife），以及其他令人不愉快的事物。她又生下了睡神（Sleep）和梦呓神族（the tribe of Dreams），继之，生了欺骗女神（Deceit）和友爱女神（Affection），生了白天（Day）和大气（Ether），还生了看管金苹果的赫斯佩里得斯（Hesperides）。死亡之神是黑暗的、不活动的，像黑夜一样，悲哀和复仇之神也如死一般黑暗；睡眠发生在黑夜；欺骗最开始可能只是一种简单的令人不愉快之事，但也意味着诱惑，比如做爱就发生在夜晚。很明显，白天是从黑夜产生，大气是黑夜离开以后天空产生的光亮；赫斯佩里得斯只居住在西方，即太阳落山之地。这些事物的大部分，无疑是赫西俄德自己的创造。纯粹的神话谱系观念，已经部分转变为富有智慧的设计，用以创造一个不同的世界秩序。

故事从该亚和乌拉诺斯开始，因此宙斯并不在这个场景里，实际上他是天空乌拉诺斯的孙子。他的父亲狡猾的克洛诺斯（Cronos）在他们之间取得了至高无上的地位。赫西俄德讲述了荷马所熟知的天空之神的演替。开始乌拉诺斯是至高无上的，但是他压制自己的孩子们，该亚鼓动她的孩子克洛诺斯阉割了乌拉诺斯。克洛诺斯后来也吞食了自己的孩子们，直到他的妻子瑞亚（Rhea）用一块石头代替宙斯、给他吃下去。克洛诺斯的孩子宙斯在克里特被抚养长大，强迫他的父亲吐出他的兄弟姐妹，在他们和其他力量的帮助下，打败了克洛诺斯和他的提坦巨人（Titans），并将他们扔到塔尔塔罗斯。这个野蛮的传说一直是一件令人感到奇怪的事情。宙斯自己的名字（类似于拉丁语中的dies，"天"）意思是"天空"。尽管古典时代的希腊人忘记了这一点，但是很奇怪他有这样一个祖父，其名字显然就是希腊人对"天空"最常见的称呼。并且，乌拉诺斯和克洛诺斯都没有在祭仪中真实存在过。这个世纪对一系列古代近东语言的释读表明，这个故事是对一个非常古老传说的翻译。赫梯人在公元前1200年就知道了，胡里安人（Hurrians）和腓尼基人也知道，巴比伦人一年一度朗诵的《以利玛·以利斯》（*Enuma Elish*）[1]史诗中可能还要早了600年。其最初的源头可能属于苏美尔人。在这些东方故事中，我们发现了神灵的演替、阉割、吞食等主题。以及石头复生的主题，尽管有着不同的表现形式，但是表明了这些与赫西俄德作品的相似之处并非偶然。我们看到，尽管宙斯的前辈已经处于模糊状态，实际上仅存于这个神话中，但是在美索不达米亚，一个城市确实崛起了并从另一个城市那里夺取了至高无上的权力；然后把自己的神尊为最高的天神。因此巴比伦的马杜克（Marduk）[2]取代了尼普尔（Nippur）的恩里尔（Enlil）[3]。这个神话的背景似乎是美索不达米亚，而不是希腊。

如此看来，对赫西俄德作品中的一个重要神话来说，东方的影响是确实存在的。这就引出了另一个问题，那就是赫西俄德作品的整体风格，包括其天体演化论和某种在近东广泛流行的、可以被称为"智慧的"的文学。除了美索不达米亚以外，我们还在埃及发现了它，包括在腓尼基人和迦南人（Canaanites）那里，当然在希伯来人那里亦是如此。《工作与时日》中的大量语句，在《箴言书》（*Book of Proverbs*）中都能找到与之相似之句。《创世记》以世界的创造开篇而非在人类的谱系和不同民族产生。早期希腊人发现自己处在一个包括远古而深邃文明的世界中，他们还没有准备将这些文明斥之为"蛮族的"。既然宙斯即位的故事如此深入荷马和赫西俄德的作品中，那么东方的影响或许能够追溯到迈锡尼时代。

《神谱》没有任何地方涉及男人的创造。然而，和《创世记》以及

---

[1] 美索不达米亚的*Enuma Elish*史诗，也称作"创世的七块泥板"（The seven tablets of creation）。Enuma Elish是将楔形文字转化为英文字母后的头两字，其意义为"其时居于上之物"，来自于石板上的第一句"其时居于上之物未为天，居于下之物未为地"。此史诗是由奥斯丁·亨利·莱亚德于1848年至1876年在尼尼微亚述巴尼拔图书馆的遗址（位于伊拉克摩苏尔）中发现的。另外在基什及巴比伦亦可找到有关泥板，部分泥板残破不全。1876年，史诗由乔治·史密斯出版。——译注

[2] 古代巴比伦人的主神，原为巴比伦的太阳神。——译注

[3] 苏美尔神话中，恩里尔是大地和空气之神，尼普尔城邦的保护神。他还可能拥有战神和风神的神格。洪水灭世的祸首就是恩里尔。——译注

其他传说一样，《神谱》也想象着有某个男人存在而女人不存在的时间。女人的创造大约来自以下途径，是希腊特殊的献祭仪式的产物。曾经，聪明的普罗米修斯（Prometheus，一个神而不是人，但是他的行动永远惠及人类）巧妙地分割了一头屠宰的公牛哄骗宙斯。其中一堆里面是牛肉，但是摆得不显眼，看起来很少，并用牛的肚子盖上；另一堆骨头则摆得很好看，用肥腻的牛油盖上。宙斯注意到两堆不平等的祭品，攫取了牛油和骨头——这就是为什么从此以后，神得到骨头和油，而人类享用了肉的原因。牺牲献祭的原初场景根本不是给神食物，而是献给他们动物的骨架——这可能是作为巫术性的策略，使他们将来不会禁止猎人获取动物。后来，可能需要对这一习俗加以解释，这种解释能给崇拜者所有的好处。这一解释比赫西俄德要早，是这样说的：

> 智慧无穷的宙斯看了看，没有识破他的诡计，因为宙斯这时心里正在想着将要实现的惩罚凡人的计划。宙斯双手捧起白色脂肪时，看到了普罗米修斯巧妙布置、用以欺骗他的白骨，不由得大怒起来。（《神谱》，550—5）

我们看到，以赫西俄德的风格，确实试图维护宙斯的全知全能，尽管这个故事明显表现出神上当了。

赫西俄德发展了这一故事，安排了世界上另外两种富有特色的事物：火和女人。宙斯受骗以后，恼怒之下不愿给人类不灭的火种；但是普罗米修斯用一个中空的管子带回了火种。宙斯更加生气，他创造了第一个女人，她是一类可怕的妇女的起源，这类女人和男人生活在一起，就像雄蜂依靠工蜂供养一样，寄生享乐；然而女人又是不可或缺的，否则一个男人到了晚年就不会有孩子供养他。当我们将阿喀琉斯对普里阿摩斯所描述的宙斯给人类的两个土瓶与赫西俄德的话相比，我们会看到这种农夫对女人厌恶和《伊利亚特》悲剧性的清醒认识。宙斯给人类的两个土瓶，一只装福，一只装祸，或者给人混合的命运，或者给人悲惨的命运："诸神就是这样对待我的父亲佩琉斯……至于你，老人家，我听说你从前享受幸福，在阿凯亚人到来之前……"（《伊利亚特》24.534ff）赫西俄德说，如果一个人娶了称心如意的妻子，他就有了某种抵消悲惨命运的事物；如果他娶了个不好的妻子，他就会烦恼痛苦得没完没了。（《神谱》607ff.）

诗歌将宙斯作为统治者，往下延伸（其最初的源头已不可考）就是一系列神与凡人结合、生了后代的故事。公元前5世纪希罗多德这样说赫西俄德与荷马（就是这个顺序）："是他们把诸神的家世教给希腊人，把他们的一些名字、尊荣和技艺教给所有的人。"从某种范围来说，赫西俄德在这些事物方面是后世希腊人的典据，但是这些典据并非被普遍接受。尽管他声称有九位缪斯，但此举并不能阻止不同的人在谈到她们时有三位、四位、五位、七位或八位之说；赫西俄德笔下的赫卡特（Hecate）也与我们在其他地方看到的形象大不一样。

《工作与时日》明显是稍后的作品。在《神谱》中，他将斗争看作是令人害怕的暗夜的孩子；然而在这部作品中他思考得更多，现在他认为毕竟还是有两种斗争。一种是坏的，第二种，直率地称其为"更老的"、意为"更好的"，是一种具有竞争的精神财富，能促使人们去工作。他的兄弟珀耳塞斯就表现出坏的方面，要求比应得的份额更多的遗产，并且贿赂当地的"王"判决给他。他认为，珀耳塞斯应该改掉这些缺点，去认真工作：

> 出身高贵的珀尔赛斯啊，要时刻记住我的忠告，无论如何你得努力工作。这样，饥饿或许会厌恶你，头冠漂亮、令人崇敬的德墨特尔或许会喜爱你，用粮食填满你的谷仓。（299—300）

诗歌以道德劝诫开篇。赫西俄德穷其所能，以一种或多或少体系化的方式——中间夹杂着各色规则——来描绘一年的农务，甚至还谈到了农业和葡萄酒，以及一长段关于航海的附录。"如果你渴望并不舒适的航海，"诗人直率地说，"……我将告诉你大海的节律。"

> 我没有航海和驾船技术，因为我还从未乘过船（穿过宽广的海域），仅仅有过一次从奥利斯去到优卑亚的最短行程。（649—50）

这段航程只有约100码（1码等于0.914米）。关于道德的思考、什么是正确的什么是错误的谋生之道，以及珀耳塞斯抢夺诗人土地的思考，逐渐明确而转移到一年的农务上面——这并不是我们一开始所期望的。

珀耳塞斯这位恶劣的兄弟，一开始出现就欺骗过赫西俄德，企图依靠肥沃的土地生活："让我们用公正的审判来解决这个争端吧。"（35）"但是后来他穷困潦倒，还要向赫西俄德行乞。努力耕耘、努力播种，以免你不得不乞求于别人，就像你现在来找我一样，但是我也不会再给你什么了。"（396）这种前后差距，导致一些人认为珀耳塞斯是一个虚构的人物，仅仅是串起诗歌进程的一条线索。在一个叙述性的框架中，通常会有一些道德说教的内容。《传道书》（*Book of Ecclesiastes*）出自一个幡然醒悟的以色列国王之口；我们在近东文学作品中发现一部作品以一个父亲对其浪荡儿子的抗议形式写成，埃及的贤者书由大臣或受到不公正待遇的祭司说出，等等。叙述往往是为说教而吸引读者的注意力。

但是如果每个人都知道珀耳塞斯只是一个虚构的人物，那么很难想象赫西俄德能游历到乡村来吟唱这样一首诗歌，控告阿斯克拉当地的要人"贪婪地受贿"，而且整个乡村遭到了上天的惩罚。关于其父的细节，看起来也是可信的：很难相信赫西俄德为何要为自己编造这样一种背景。因此，可能的解释就有双重性了：诗歌在他头脑中形成并扩展，这样，赫西俄德和他兄弟的地位就能得以发展和改变；并且这种改变在于使诗人在诗歌中的某些时刻，让他兄弟的表现符合自己想要说的内容。

赫西俄德一直思考的另一件事就是普罗米修斯神话。在《工作与时日》中，他试图对生活的艰辛和工作的必要性作出一个普遍性解释，这也同样适用于这个神话。这里的情绪甚至更为沮丧。当诸神和人类的父亲决心要给人类一定的惩罚时，他"大声地笑了"（59），这个女人——这时她的名字叫潘多拉——不仅仅自己是一个灾难，在她那诱人的外表下面，藏着"一颗不知羞耻的心和欺诈的天性"（67）。她打开了那一直锁着、装满灾难和瘟疫的盒子的盖子。现在整个世界都充满了悲哀和不幸，"没有任何可躲避宙斯意志的办法"。我们想到了夏娃，她也要为世界所有的不幸承担责任。

这个故事尽管某些时候有着明确的指向，整体来说却是摇摆不定的。赫西俄德的典型特点，是在故事的结尾临时增加一条线索来使他的诗歌继续下去。他只能说"现在，如果你愿意，我将告诉你另一个故事"，这次，从失落天堂的黄金时代的衰落，逐渐被次一级的白银和青铜时代所取代，然后到了我们生活的、灾祸不断、可怖的黑铁时代。这又是另一种东方的观念：赫西俄德不客气地将其借用于希腊人关于过去的观念，并且插入了英雄时代——英雄时代是不可或缺的，处于青铜时代和我们这个时代之间。英雄们就像他们不得不以这样的面目出现一样，比粗暴、狂野的青铜时代人"更好也更善良"——这个传说的成形就是对优雅的破坏。但是我们认为，赫西俄德发现很难使他的思想成形，因此他被迫接受了这种不协调。

赫西俄德的典型特点还体现在《工作与时日》的开篇300行里，他在劝谕珀耳塞斯和劝谕"老爷们"之间摇摆。他有事情对他们说，"我要给老爷们讲一个故事。"他说，然后讲述了鹞鹰抓捕夜莺的故事：

夜莺因鹰爪的刺戮而痛苦地呻吟着，但是鹞鹰轻蔑地对她说："不幸的人啊！现在你落入了比你强得多的人之手，等待和哭泣都没有任何用处，你得去我带你去的任何地方，尽管你的歌声是如此甜美。我可以放你远走高飞，也可以以你为餐。"（205ff.）

到了这个程度，赫西俄德告诉他的兄弟："不要希求暴力，暴力无益于贫穷者"。这是暗示做坏事的普遍危险后果，这种危险会扩展到整个群落。因此，他劝谕当权者，告诉他们要进行公正的审判，宙斯的眼睛能看见一切。然后又转向珀耳塞斯，要他倾听正义，完全忘记暴力。"宙斯制定了这个法则，由于鱼、兽和有翅膀的鸟类之间没有正义，因此它们互相吞食。但是宙斯已把正义送给了人类……"这里对鸟类的强调有助于展现这个故事的道德因素：当权者对待我就像动物之间相互对待一样，没有考虑对与错。但是，由于难以同时针对两个靶子，最后实际是珀耳塞斯承担了当权者该受的道德审判。

诗歌的某些部分要更有条理。有些段落表现了赫西俄德思想的转移。"虔诚并献祭……邀请邻居来进餐……邻居是重要的……回请那些请过你的人……给予那些给予过你的人……给予是善，夺取是恶……即便其物甚微……小的也会一点一点增加……贮藏放在家里比较好……早做打算……用错地方的节约也是不好的……不要克扣报酬，信任和猜疑同样有害于人……不要相信妇女……要孩子的时候，一个最好……不过子女多的人家，宙斯也易于多给你财富……如果你想要财富，你就得按照农夫的日程去做。"这就是从第336行到第383行思想转移的大致概要。这些思想就在这里，但是我们可能看不见它们。

还有些段落有着更加用心的诗化色彩。两部诗歌都将普罗米修斯的故事讲述得十分生动。诸神与提坦（Titans）的战役，宙斯与妖怪堤福俄斯（Typhoeus）的战斗（《神谱》674—712，820—868），都试图烘托宏伟场景；对大多数读者来说，更具吸引力的是对冬天的描述（《工作与时日》504—35）：这时野兽都冻得发抖，老年人冷得缩成一团，少女却能待在屋里，保持她的美貌；"无骨的动物畏缩在自己没有生火的屋里或没有欢乐的家里"（这里的哑谜指的是章鱼）；在夏天，这时"妇女最放荡，男人最虚弱"，但是可以在一块岩石的荫蔽下享受一次野餐。（《工作与时日》，482—96）

这些诗歌与其说没有定形，毋宁说是处于自然状态；尤其是结尾，很容易增添内容。《工作与时日》在一些散乱的宗教禁忌中逐渐离题（724—759），然后是一系列每月的吉日与忌日（765—828），这之后又是古代处理鸟卜的一些方法。我们很难知道有多少内容是属于赫西俄德的。我们看到的《神谱》直接导致一些其他作品最重要的事物有时候也被归于赫西俄德，如《名媛录》（*Catalogue of Women or Ehoiae*）。这首诗歌有不少残篇流传至今，其中将英雄的希腊人谱系上溯到丢卡利翁（Deucalion）[1]和大洪水。这首诗歌不可能是赫西俄德的作品，比如其中提到昔兰尼的故事，而昔兰尼直到公元前630年左右才建立。一些段落也颇具特色，但是就神话叙述来说，还难以与荷马相提并论。其主题是公元前5世纪诸如阿修西劳斯（Acusilaus）和菲瑞塞德斯（Pherecydes）等神话历史学家的写作向散文的转变。另有一首名为《赫拉克勒斯之盾》的短篇史诗也以赫西俄德的名义流传下来，这是一部更加苍白的作品。还有10首归于赫西俄德名下的诗歌，属于某个古代作家之作，可能都没有什么坚实的基础；我们也对此知之甚少，无法说出任何有意义的内容。

---

[1] 丢卡利翁，传说是普罗米修斯和克吕墨涅之子，皮拉的丈夫；宙斯发洪水毁灭人类时只留下他们俩。——译注

## 进一步阅读

### 神话

　　H.J. Rose的*A Handbook of Greek Mythology*（London，1928：6th edn.，paperback，1958）对主要神话故事都给出了可靠的叙述。由J. G. Frazer编撰的洛布丛书古代神话集成，即众所周知的Apollodorus的*Library*（2 vols.，1921），其中含有大量的细节信息。要熟悉这些神话，更有趣味的方式是阅读Ovid的*Metamorphoses*。

　　G. S. Kirk在*The Nature of Greek Myth*（Harmondsworth，1974）中讨论了希腊神话的独特性；他的*Myth: Its Meaning and Functions in Ancient and Other Cultures*（California，1970：paperback）涉及神话在不同社会的作用，以及关于这一主题的现代理论。他的这两部作品都有令人不甚满意的地方，那就是大部分希腊神话充满了"理性"氛围。M. P. Nilsson，*The Mycenaean Origin of Greek Mythology*（California，1932：paperback）论证了大部分神话都可以追溯到迈锡尼时代。C. Levi-Strauss的*Anthropologie structurale*（Paris 1958，1973）和*Mythologiques*（4 vols.：Paris，1964—71）——英文版为*Structural Anthropology*（Paris，1972）和*Introduction to a Science of Mythology*（4 vols.；London，1964—81）——对神话进行了基本的结构主义分析，主要是基于南美的神话。关于希腊神话的结构主义作品包括M. Detienne的*Les Jardins d'Adonis*（Paris，1972）（in English，trans. J. Lloyd，*The Gardens of Adonis*，Hassocks，1977），以及R. L. Gordon主编的结构主义论文集

*Myth, Religion and Society*（Cambridge，1981：paperback）。
W. Burkert的*Structure and History in Greek Mythology and Ritual*
（California，1979：paperback），从接近Konrad Lorenz的动物
学和新的动物行为学等学科的角度，批评了上述观点。

关于神话的道德蕴意，参见H. Lloyd-Jones的*The Justice of
Zeus*（California，2nd edn. 1984：paperback）。Bruno Snell,
*The Discovery of the Mind*（Harvard，1953：paperback）一书探
讨了神话在文学中的运用，尤其是第2、第4、第5、第12章。K.
Schefold, *Myth and Legend in Early Greek Art*（London，1966）讨
论了视觉艺术。J. Seznec, *The Survival of the Pagan Gods*（New
York，1961：paperback）回溯了从中世纪到文艺复兴的神话。

## 赫西俄德

赫西俄德的作品有洛布丛书的英译本（与Homeric Hymns
合本）。当代的博学且有趣的文本和评论有M. L. West编撰
的*Theogony*（Oxford，1966）和*Works and Days*（Oxford，
1978）。这两部作品讨论了东方的材料；大部分内容被J. B.
Pritchard（编者）收集在*Ancient Near Eastern Texts Relating to the
Old Testament*（Princeton：3rd edn. 1968）一书中。A. R. Burn,
*The World of Hesiod*（London，1936）将诗人置于其历史背景
中。H. Frankel, *Early Greek Poetry and Philosophy*（Oxford，
1975）的第3章是颇有价值的关于赫西俄德的讨论。

# 第四章

# 抒情诗和挽歌

欧文·鲍伊（Ewen Bowie）

我们拥有的范例中，只有六音步诗歌要早于公元前700年。但是我们自公元前7世纪初次所知的许多文学形式，肯定在很早之前就兴旺成长了。这个世纪为我们提供了第一首挽歌、第一首抑扬格诗、第一首和调诗歌。因为这时正是写作的普及阶段，故而那些著名诗人的作品得以被记录下来，而他们的前辈却没有这样的待遇。在这些形式中，只有挽歌有效地开发了老套的习语，这些习语既有助于史诗的创作和朗诵，也有助于其口头保存。并且，我们拥有的大部分诗歌都是为特定听众和特定场合所编写的，所以有意识地进行口头保存的还是少数。

挽歌与史诗的不同之处还在于：挽歌突出诗人或歌者的个人性格。第一人称成为关注的焦点，"我"（有时候是"我们"）讲述"我"的爱慕、悲伤、憎恨和冒险。这种情况有时甚至误导学者们认为，公元前7世纪是一个以个人主义为风尚的时代。然而，这类诗歌存在的时间不仅更早，而且这里的"我"也不能不加疑问地认为就是歌者或诗人自己。就像传统民歌和现代流行音乐所展示的一样，"我"的吟唱可以表达创作者之外很多其他人的感情。我们很少将这类表白视为自传性的，某些时候确实连创作者是谁都不知道。因此，我们在运用阿基洛库斯（Archilochus）这类诗人的残篇时，一定要慎重，尤其是如欲将其归于诗人的自作主张或者用其重建传记的时候。

还有三点需要事先说明：第一，尽管现存下来的作品只归名于几十人，但是这种文学形式，以及众多传统主题和处理方法，在整个希腊世界也许有数百人尝试过！我们拥有的大部分抒情诗都不像史诗那样是专门化的作者的作品，而是由业余作者为特定的场合撰写的。这一点在雅典晚宴后的吟唱传统中表现得最为明显：一根香桃枝绕圈传递，传到谁手上谁就要献唱。这些歌曲，即阿提卡的斯科里亚（skolia），既短小又简单；有些人认为这是此类歌曲与那些由"更有才能的人"所唱歌曲的显著区别。这只涉及一个城市，但很多早期诗歌都用于相似的场合，我们不应想象会有这样的晚宴：仅有一位专门的艺术家在献唱，而其他人则在聆听或闲聊。

第二个方面，文本和伴奏的相对重要性。和调诗歌和挽歌演唱时通常分别由七弦琴和"奥罗斯"（aulos，一种类似双簧管的管风乐器）伴奏。由于我们不能重构任何歌曲的发声和乐谱，因此只能大致理解这类歌曲的样子。很多歌曲中，音乐可能比文本更能产生重要的影响。在更多演唱中，音乐是整个演出效果中不可或缺的部分。那些选出来抄写和传颂的文本，无疑是其歌词比音乐更有吸引力的作品。但是不要忘了，即便我们将这些诗歌大声读出来，也只能体会到其所要表达效果的一部分。同时，我们在批评挽歌缺乏思想或技巧之前，还要思考现代歌曲作家是否会独独青睐"抒情诗"。

第三，几乎所有这类诗歌作品，都只以分散的残篇存在，因后人引用或记写在希腊-罗马时代的纸草上而保存下来。有十来篇挽歌可证实是完整的；但和调诗歌当中除了品达和巴库里德斯以外，只有六首完好无损。

有些诗人的创作包括多种形式。因为大量诗歌既有挽歌体的也有抑扬格体的，我将这两种类型放在一起讨论。它们有着诸多相似的主题和形式，大概用于相似的场合。当然它们也有明显的区别。挽歌体诗交替使用抑扬格六音步（史诗则是每句使用），在同一个韵律单位中插入一个"五步格"，构成所谓的"半史诗体"（*hemiepes*），例如：

$$—∪∪—∪∪—∪∪—∪∪—∪∪——（六音步）$$
$$—∪∪—∪∪— ‖ —∪∪—∪∪—（五音步）$$

像史诗一样，挽歌中的对句也是在乐器伴奏下演唱。挽歌的伴奏乐器称"奥罗斯"——一种管风乐器，应该是由专人演奏而不是演唱者自己。无疑，这种相对正式的表达形式和适合史诗词汇的韵律，创造了一种特定的高贵音调——不管是主题还是语言都没有降低到抑扬格诗歌那种深沉感中。后者似乎主要用于吟咏而不是吟唱，其节奏（最常见的是抑扬格三音步）很容易被每日的演说所接受。诗人偶尔也将扬抑格和抑扬格韵律混用，这种形式通常（混淆地）称为"长短句抒情诗"（epode）。

阿基洛库斯（公元前650年前后）运用过所有这些韵律。传统上认为他是帕罗斯（Paros）的殖民地萨索斯（Thasos）的首领之子。虽然是私生子，一些向格劳库斯（Glaucus）致敬的诗歌证明他有着很高的社会地位，这也使他在萨索斯早期历史中声名卓著。他的挽歌体诗，可能是在会饮中吟唱。而会饮是正餐后的饮酒聚会，只有富裕的男性公民才能参加。在萨索斯人与色雷斯人（Thracians）或其他希腊人的战斗中，这些人也是冲在前列。一些抑扬格残篇诗歌对这些战斗的描述表明，阿基洛库斯非常重视它们。阿基洛库斯还有一篇非常严肃的哀悼挽歌，是献给一个在大海中丧生的朋友的，认为人需要忍耐神的安排（残篇，13）。不过他也对战争和歌唱进行了对比他的一首被阿尔凯乌斯（Alcaeus）、阿纳克里昂（Anacreon）和贺拉斯（Horace）所模仿的诗歌，表明在欢宴中是如何鼓励对正统价值观的怀疑与嘲讽的：

　　某个色雷斯人对我的盾牌很感兴趣，这是一件极称手的武器，但是我不得不违背自己的意愿，将它丢弃在一处灌木丛中，不过幸运的是我逃脱了死亡。那面盾牌——呃，让他去吧，我会再找一面的，也不会差到哪里去。

　　这段诗歌的简洁与平衡，可能预示了后来讽刺短诗对挽歌体的运用。阿基洛库斯的一些抑扬格诗歌要长得多；其中关于战斗和海难的主题，也许能反映他自己的生活。但是在第19首残篇中，开篇就是拒绝君主赠予财富和权力的高尚气节，说话者明显不是他本人，而是木匠卡戎（Charon）。另外一首（第122首残篇）中的一个父亲对女儿行为的评论，也属此类。这类情形也许可以虚构，但是第122首残篇通常与阿基洛库斯假想的妮俄波勒（Neobule）恋爱事件有关。古代人从他的诗歌中推论：在妮俄波勒的父亲吕坎贝斯（Lycambes）拒绝了他们的爱情之后，阿基洛库斯用带有怨恨情绪的抑扬格诗使得他和他的女儿都自杀了。不管这是确有其事还是文学虚构，他们的形象都出现在众多诗歌中。其中最引人注目的一首长短句抒情诗残篇讲述了一个传说：狐狸和老鹰警告吕坎贝斯，背叛是不会得到酬谢的。另外一首几乎完整的诗歌发现于1973年，阿基洛库斯在诗中告诉一个男性朋友，他对妮俄波勒的妹妹怀有炽热的感情，并述说他如何在鲜花灿烂的草地中诱惑她。他用纪实的言辞猛烈攻击了妮俄波勒：

　　　让我告诉你这件事情：
　　　妮俄波勒
　　　让别的男人玩了。
　　　啊哈！她已凋零——她的年龄两倍于你，
　　　她整个少女的花朵已开败，
　　　她已魅力不再。

（残篇 196A. 24—8）

但是对她妹妹的征服却写得温婉动人，没有丝毫亵渎之语：

> 说完这番话，我抱住那女孩，
> 把她按倒
> 在鲜花床上。用一件柔软的外罩
> 将她遮掩。我把她的脖颈
> 搂在我的臂弯里，
> 她惊吓而颤抖，宛若一头小鹿 [　]。
> 我用手轻轻抚弄她的 b [　] s。
> （同上，42—8，方括号中内容缺）

这首诗使得阿基洛库斯在主题和基调方面都声名大振。他的同时代人提尔泰奥斯（Tyrtaeus）、卡里努斯（Callinus）和弥涅墨斯（Mimnermus）也为饮宴创作了诗歌，但是都只有少量残篇存留下来，很难展现出如此多的表现形式，并且他们的知名度可能会因为现存的作品而被误解。以弗所的卡里努斯留给我们仅有的一首真正的挽歌，是劝告年轻人为自己的祖国去战斗。提尔泰奥斯的颂歌也有关于斯巴达的同样主题，（根据公元前5世纪的资料）在战争期间的宴会中演唱。克罗丰（Colophon）的弥涅墨斯也演唱战争训词（第14首残篇），但是使他名垂青史的是歌颂爱情、青年、老年的作品。提尔泰奥斯这样描述一位勇士：

> 紧紧握住他的盾牌，
> 把他本人的生命当作敌人。
> 死神的黑色精灵，

犹如太阳的光芒一样亲近于他。

弥涅墨斯则将这种想象转变为对年轻的赞颂和对年老的憎恶：

我们喜爱绿叶，春暖花开时节，享受阳光的沐浴！我们也喜爱如绿叶般生机勃勃的青春。在神灵的空间里，青春没有善与恶，只有那纯粹的美！但是两个黑暗的命运总是站在我们身旁，一个播散着老去的阴影，一个催生了死亡的脚步，光阴似箭，日月如梭！

这类主题适合于会饮，但是几乎不能从更广阔的背景揭示弥涅墨斯所处的社会环境。毕竟，即便在尚武的斯巴达，尽管提尔泰奥斯证明了挽歌的流行，但挽歌主要还是赞颂饮宴；雅典的立法者梭伦的诗歌也热衷于爱情和美好的生活（残篇，23，25，26）。不过，梭伦的诗歌也大段大段地谈论政治问题，这无疑是晚宴后谈话最常见的话题，他是这种背景下吟唱的人也不足为奇。一个有趣的逸闻说，梭伦在广场上吟唱了一首100行的挽歌，鼓动雅典人夺回萨拉米斯。但是，和其他政治诗的残篇一样，这首诗也仅仅只是挽歌反思与劝诫模式的一种特殊形态。另外一首（第13首残篇）是现存最长的早期挽歌。在这76行诗（或许是一首完整的诗歌）中，梭伦祈求财富——但指的是正当获得的，因为宙斯惩罚邪恶——然后转到人们希望的落空，又罗列了人的不同行为，最后回到行为的不确定后果——这种不确定性并不包含贪欲招致神谴的毁灭。尽管这首诗结构松散，但却有力量感和鼓动性，富于想象力。梭伦的抑扬格诗，显然都是政治题材的，很少运用诗化词汇，但依然存在这样一个生动的拟人形象"黑色的土地，奥林匹斯诸神的伟大母亲"（残篇，36.5—6），成为最好的证人，见证了梭伦通过废除债务奴隶制解放了它——阿提卡的土地。同样值得注意的是，梭伦在这样的诗歌（残篇，33）里也像阿基洛库斯一样讲到一些其他话题。

在早期挽歌与和歌唱的作者中，麦加拉的泰奥格尼斯（Theognis，公元前540年前后）的某些诗歌通过连续的手稿传统得以传承下来。对他而言较为遗憾的是，大约1400行归于他名下的诗歌，实际上是他和其他挽歌诗人作品的混合体。很自然地在一部诗集里，片断小诗要多过完整的诗歌。然而，这个集子的价值是不可估量的。首先，很多泰奥格尼斯的作品可以借助他对爱人吉尔努斯（Cyrns）所说的话语得到确认。我们得知，一个妙语连珠的寡头执政者，他痛苦于自己所属的阶级丧失了权力，对所有关于自己的东西都不再信任。诗集中一些段落非常有名，尤其是第237—254行（或许是完整的），诗人自信地向吉尔努斯许诺诗一般的不朽，只是在结尾说：

> 然而我没从你那里得到一星半点的尊重，
>
> 就如我是一个孩童，你用故事来哄骗我。

其次，泰奥格尼斯关于友谊、美酒或财富的陈词滥调，成为一个诗歌集的核心内容，这展现了公元前500年左右吟唱诗歌的整体水平和会饮的首选主题。最后，很多段落交替出现引用其他挽歌诗人的作品，表明这些作品都是为人熟知的。

尽管公元前5世纪的一些挽歌片段得以存留下来，但此时的挽歌就像贵族的会饮一样日趋衰落，到公元前4世纪就完全消亡了。抑扬格诗也消亡了，其韵律则被阿提卡悲剧所使用。即便是其鼎盛时期，抑扬格诗也为数太少，以致不能让人有足够的自信来重构这种文学形式。除了阿基洛库斯和梭伦，还有一些诗人也比较突出。曾于约公元前630年组织萨摩斯人对阿摩格斯（Amorgos）进行殖民的西蒙尼德斯（Semonides），创作了一首诙谐的大男子主义诗歌，其中有118行将不讨人喜欢的女人与各种动物相比较（残篇，7）。阿那克里翁（Anacreon）的一首抑扬格残篇充满了恶言谩骂（残篇，318）；另外一首（残篇，335）中，用扩展的双关语将一个倔强的女孩比作未被驯服的小母马，则显示了他的和调诗歌中最常见的才情。但是风格最为突出的自传体和恶言谩骂的开拓者，还要数以弗所的希波纳克斯（Hipponax of Ephesus，约公元前540年）。他向盗窃之神赫尔墨斯祈祷，与雕塑家布珀鲁斯（Bupalus）的情妇肮脏地偷欢，把我们带进了一个比希波纳克斯实际可能生活的社会更加低级的社会中。他可能进一步发展了阿基洛库斯对幻想和现实的混合，他的全部诗歌向我们展现了抑扬格传统这一华丽乐章的尾声。

抑扬格诗歌的朗诵和奥罗斯伴奏的挽歌，都是为个人表演而创作的。除此之外，七弦琴伴奏的"和调"诗歌也繁荣起来。和调诗歌有时候由单个人演唱（如萨福和阿尔凯乌斯的诗歌），有时候由歌队演唱（如阿尔克曼和品达的诗歌）。挽歌起源于爱奥尼，即便在多利安人的麦加拉和斯巴达，也保留了爱奥尼方言的某些特征，而和调诗歌则在各地皆可见到。当人们在七弦琴伴奏下吟唱时，他们用的是自己本土的语言。本土语言的直率，常常用于赞扬古老的独唱颂歌。除了一些劳动号子，大部分独唱颂歌似乎都像挽歌一样用于会饮或相对女性化的聚会。这种聚会至少存在于莱斯博斯，因为我们拥有的一些杰作都来自莱斯博斯的萨福。

萨福的诗歌风格显然和她的生活一样晦涩。这位歌者总是沐浴在爱河之中，阿芙洛狄忒的惠赐帮助她赢得了曾经拒绝她的女孩们（残篇，1）；对她来说，所爱的对象比人们艳羡的任何事物都要光彩照人（残篇，16）；对爱情的渴望导致她的身体完全崩溃（残篇，31）。爱情不单是萨福的世界中心，甚至是她的全部世界。当她不是为"她自己"的感觉而创作诗歌时，她展现了自己对一个哭泣着离开她的女友的安慰：

> 坦白地说，我宁愿死去，
> 当她离开，她久久地
> 哭泣；她对我说：

这次离别，一定得
忍受，萨福。我去，并非自愿。

我说：去吧，快快活活的，
但是要记住（你清楚地知道），
离开你的人戴着爱的镣铐。

如果你忘记了我，想一想，
我们献给阿芙洛狄忒的礼物
和我们所同享的那一切甜美。

和所有那些紫罗兰色的头饰，
围绕在你年轻的头上的
一串玫瑰花蕾、莳萝和番红花。

芬芳的没药撒在你的
头上和柔软的垫子上，少女们
和她们喜爱的人们在一起。

如果没有我们的声音，
就没有合唱；如果
没有歌曲，就没有开花的树林。
（残篇94）[1]

---

[1] 残篇中空缺之处，本书英文译文也做空缺处理，为了便于中文排版以及方便读者理解，中文译文参阅了罗洛译本《萨福抒情诗集》（天津百花文艺出版社1989年版）进行补齐。本书中其他萨福作品的中译，也参阅了上述罗洛译本。——译注

这些诗行很好地阐释了萨福简洁的语言和表达。对同享甜美时光的回忆证明，无论根据某些残缺不全的诗歌证据而宣称她是什么角色（如音乐教师），她都毫不羞愧且公然宣称她是喜爱女孩的人。大概听众也知道甚至融入到她那澎湃的热情里了，尽管在两首诗歌中（残篇1，相当完整，以及残篇31），萨福在声明爱情之时并没有指出所爱之人。当萨福的兴趣不那么直接时，她提到了女孩的名字，阿娜科特利亚（Anactoria），她的缺席激发了残篇16中的爱情对象，或者说阿提丝（Atthis）的兴奋之情，激起残篇19中对一段过往激情的回忆。阿提丝的角色与残篇96中的相关内容不尽相同，她因所爱之人的离去而得到安慰。安慰女神索拉斯（Solace）描绘了她们彼此欢悦的回忆，也描绘了所爱之人的美丽：

> 现在，她在吕底亚女人们中间
> 最为出众，就像长着粉红纤指的
> 月亮，在黄昏时升起，
>
> 使她周围的群星黯淡无光。
> 而她的光华，铺满了
> 咸的海洋和开着繁花的田野，
>
> 甘露滴落在新鲜的
> 玫瑰上。
> （残篇，96.6—13）

尽管这些想象与女孩的关系并不明确，但还是生动地表达了她的美貌。在关于阿芙洛狄忒从奥林匹斯山上下来（残篇1）的过分修饰的场景中，萨福已展现出自己对生动描述技巧的掌握。

她的同时代人，来自米提林的阿尔凯乌斯（Alcaeus），用同样的语言和韵律拓展了相同的主题。他在颂歌和两首诗歌中，因为神话形象本身的缘故而对其进行了责备。同所有单个诗人一样，阿尔凯乌斯也歌颂爱情；但是后人读到的他的诗歌，大部分是政治性的，一边倒地偏向于约公元前600年米提林斗争中的贵族力量。阿尔凯乌斯为胜利而作的诗歌少而简短，比如某个僭主被推翻了，激发了诗人写出这样一句："现在我们必须痛饮，因为米尔希鲁斯死了"（残篇，332）。曾经是阿尔凯乌斯盟友的皮塔库斯自己也成了僭主，他对阿尔凯乌斯的"背叛"激起了诗人最旺盛的诗歌创作。一段残篇（129）回忆说，在一位复仇女神追究皮塔库斯的时候，他们一起发誓并呼吁宙斯、赫拉和狄奥尼索斯救助阿尔凯乌斯及其被放逐的朋友。另一段残篇（130）则在他的先祖们所沉醉的政治生命终了之时发出了绝望的声音。在其他场合，他则克制自己的政治倾向，用另外的主题迷住了他的听众。所以有一段较长的残篇（298补遗）谴责了埃阿斯，他因阿凯亚人从特洛伊返程中遇到麻烦，而在雅典娜神庙中强奸了卡珊德拉。诗中用了整整四节对奸污行为进行描述，然后以埃阿斯遭霹雳而死作为惩戒。我们现在明白了一个共同体须在神灵采取行动之前毁灭共同体的罪人，还发现了与庇护"罪人"皮塔库斯的米提林人相关的信息。另外两处关于雷暴的生动描述，有可能是预言性的（残篇，6，326），同样具有政治语境。

许多诗歌，与有关米尔希鲁斯的诗歌一样，暗喻其出自饮宴的主要内容——畅饮。如同爱情主题一样，这个主题也被赋予众多曲折繁复之处，虽老生常谈却颇为适宜，见残篇335：

> 我们不能让心灵沉浸于悲哀，
> 因为我们从消沉中得到很多。
> 但是，巴基斯，对我们来说，
> 最好的药方是拿出我们的酒，
> 让我们开始畅饮吧。

更多的独创性体现在残篇338里（为贺拉斯所模仿），其中酒被用来抵御冬天的严寒。夏天的热浪很自然地让诗人得出了同样的结论（残篇347）。

有两位诗人对酒和爱情的看法截然不同。大约公元前530年，他们在萨摩斯岛波吕克拉特斯的宫廷中有了交集。莱基乌姆的伊庇库斯（Ibycus of Rhegium）可能在得到波吕克拉特斯热情款待之前，就已经在意大利和西西里比较出名了。阿纳克里昂可能来自附近的提俄斯（Teos），当波吕克拉特斯被谋杀以后，他移居到庇西特拉图家族控制的雅典，或许在那里待到西庇阿斯被放逐以后。这二位频繁地使用想象的手法，通常都带有一定寓意。但是伊庇库斯堆砌热烈形象的目的，似乎是为了让那些极度夸饰的想象充满一个人的心灵：

> 春天里，那一棵棵榅桲，
> 受到河水滋润，
> 才在处女圣洁的园林中
> 滋生，葡萄的新枝
> 才在遮阴的老枝柯下
> 发芽。而我的爱心
> 无时无季不活跃，
> ［就像］是夹带着雷电的
> 色雷斯北风，从塞浦路斯岛
> 刮过来，深沉，凶猛，狂烈，
> 强有力地布满
> 我的心底。
> （残篇，286）

相反，阿纳克里昂却迅即展开场景，接二连三地抛出形象，在结尾时

用了一个转折，突然展现出令人惊讶而又诙谐的观点。这一点在残篇358
（可能是完整的一首）中尤为突出：

> 又一次来到
> 他那金黄色的舞会，
> 金锁的爱神来到我身边，
> 让我欢愉
> 一个华丽舞鞋女子的召唤。

> 但是她
> 来自气度不凡的岛屿
> 莱斯博斯。
> 我已两鬓斑，皓首白，
> 只好将眼光转到另一个女孩。

阿纳克里昂的诗歌在规模上也不同于伊庇库斯。很多8行左右的诗歌
是完整的，这是一个他的希腊风格模仿者使用的典型长度。伊庇库斯的诗
歌则要复杂得多，残篇286和另一首关于爱情的残篇可能出自短诗，但是
对神话细节的引用表明，阿纳克里昂所谓的英雄叙述是未经证实的。当
然，也可能以解释的形式存在。在某段45行的残篇中，伊庇库斯罗列了他
不准备吟唱的特洛伊战争的情节和人物，只将它们作为最后赞扬波吕克拉
特斯声名、同时大胆地与自己相联系的点缀。他经常在韵律和语言方面回
忆斯特斯库鲁斯（Stesichorus），并且很明显倾向于斯特斯库鲁斯所代表
的叙述英雄的传统。

近些年来的发现、使斯特斯库鲁斯（约公元前560年）的不少信息都
清晰起来。他的著作如此之多，以至于亚历山大里亚的编者们给他的诗
歌单独列成纸草卷轴并添加标题。《吉里昂尼斯》（*Geryoneis*）讲述赫

拉克勒斯与三体有翼怪物吉里昂的战斗，超过1800行。两卷本的《奥瑞斯提亚》（*Oresteia*）肯定更长了。另外，有些特征也为古代人对斯特斯库鲁斯的评价——"最具荷马风格"——作出了解释。很多没有重复的措辞，使人想起荷马所用的习语。《吉里昂尼斯》则展示了如何转换荷马的主题。在《伊利亚特》第12卷322行及以次，萨尔珀冬（Sarpedon）激励格劳库斯（Glaucus）去战斗，因为即使在战斗中逃生了，也总有一天会死去。吉里昂在回应一个建议他不要面对赫拉克勒斯的长篇大论时，也借用了这一说法。"如果我是一个永生之人，那固然很好……如果我必须在凡人中老去，现在就面对自己的命运无疑要高贵得多。"（补遗，11）后来，当一支毒箭劈开吉里昂三体中的最后一体时，斯特斯库鲁斯通过发展伊利亚特式的明喻表达了他的同情之心（8. 306—8）：

> 当吉里昂的脖子
> 斜到一边，就像一个罂粟
> 柔软的外壳受到损伤，
> 突然从枝叶上掉下。
>
> （补遗，15卷，第2集，14—17）

斯特斯库鲁斯的诗歌，尽管和荷马一样是抑扬格的，但在很多重要方面还是迥然不同。诸多不同的长度构成一个诗节，诗节是重复的（对照诗节），随后是一个较短的体系（长短句抒情诗），形成一个三和音结构（在《吉里昂尼斯》中是26行），整首诗歌中都在重复这样的结构。古代人受惠于斯特斯库鲁斯发明的这种结构，并将他的诗歌归于合唱诗歌。这种分类现在受到了挑战，人们的争议在于：他的诗歌是由歌队演唱，还是像荷马史诗一样由诗人自己吟唱？

在考虑那些无疑是为歌队演唱创作诗歌的诗人之前，我们注意到另外一点，即斯特斯库鲁斯接触的是荷马没有接触的群体。荷马注意克制自己的个性，而合唱诗歌则通常彰显诗人对生活的观点，展现他们的创造性角色。这一点的最好说明就是斯特斯库鲁斯的第二个海伦：他首先讲述了这个约定的神话（fable convenue）；但是，无疑他渴望吸引更多人的注意，随后他完全改变了这个故事，将海伦送到了埃及，只有一个幻影到了特洛伊；并且直白地批评荷马和赫西俄德的错误，声称他自己的信息来自他梦中见到了海伦愤怒的面容（残篇，192—3）。

品达的诗歌中，对道德见解的声明和对神话的改编显得最为突出。但是到了大约公元前600年，阿尔克曼拓展了一种新的手法，通过他的斯巴达女孩歌队将格言运用到神话叙述中，"不要让任何人间的事物飞到天界"（残篇，1. 16），并以此完成他的神话，"神灵一定会有惩罚的，但是祝福会送给那个用善良编织无泪的生活之人"（残篇，1.36—9）。大概有140行的残篇1，是阿尔克曼仅存的真实纪念品。第一部分只零散存留下来35行，概述了一个性暴力的神话。第二部分很大程度上是完整的，不过突然转而赞美两个女孩，她们显然是歌队的领唱："我要唱颂阿吉多（Agido）的光芒，我看她，像太阳，阿吉多请来太阳的光芒，做我们的见证。"（残篇，1.39—43）明亮的阳光催生了想象中群马竞驰的景象，然后又转而描写哈吉斯库拉（Hagesichora）金色的头发和银色的脸蛋。随后又赞颂另外八个歌者，有些仅仅列出了姓名，所有歌者明显都在领唱之下。诗歌的最后两部分，尽管是完整的，但还是留下一些疑惑，包括暗指的当地神灵，和正在进行的一个仪式（仅仅是一个成人礼仪式？），其中女孩们歌颂神灵、英雄和她们自己。令人疑惑的还有对她们领唱的性吸引力方面的影射："你也不会说'祝我得到艾斯塔菲斯（Astaphis），或者祝菲丽拉（Philylla）垂青于我，还有达玛勒塔（Damareta）和悦人心意的维安西米斯（Wianthemis）'，但正是哈吉斯库拉，她让我日益消瘦。"（残篇，1. 74—7）诗歌甚至又延展到另一个歌队，狂热地赞颂艾斯提米罗伊萨（Astymeloisa）的魅力。

（残篇，3）

　　品达也创作了由歌队女孩演唱的颂歌。但是在他和巴库里德斯（Bacchylides）作品中占主要地位的形式，还是胜利颂歌以及受命创作为泛希腊节日中优胜者的庆祝颂歌。关于这位不太知名的诗人——喀俄斯的巴库里德斯（约活跃于公元前485—前450年），我们之前对他知之甚少，直到1892年发现了一卷载有20首诗歌的纸草。这卷纸草上的诗，很多几乎是完整的。其中14首胜利颂歌，在展示这种诗歌类型的一般元素和诗人的个人风格方面，堪与品达（约活动于公元前500—前446年）的作品比肩。对赞助人的歌颂是最突出的，不仅歌颂他当前的胜利，还歌颂他在其他方面的卓越，包括在当时他的家庭和城邦声望的提升。另外一个必需的内容是神话。除了最短的诗歌外，所有的诗歌里都能找到关于神话的内容。神话使胜利变得多样，将胜利者引入神灵和英雄们的世界；同时也强调人的局限性，以及有关悲伤和痛苦的持续不断的挑战。为了强调这一信息，诗人化身为道德说教者，用格言作为其作品的装饰。诗人在其创作中和其诗性特质中集锦了他需要的格言，因此格言的价值和整个诗歌的价值都取决于诗人个人的声望。

　　在巴库里德斯那里，这些元素之间的关系要比品达更清晰，对神话的描述也更直率。语言清透，韵律简洁。二者的不同风格在两首献给叙拉古僭主希罗的颂歌中得以体现，后者在公元前476年的奥林匹亚赛马中取得了胜利。

　　巴库里德斯的第5首颂歌开篇即是对希罗的致辞，赞扬他的文学品位，申明诗人赞颂他的愿望（1—16）。一只鹰，不为"无边大地之上的高峰和奔流不息的大海巨浪"（16—30）所拘束，代表了诗人自己有数不尽的方式来赞颂希罗（31—36）。他的马匹斐勒尼库斯（Pherenicus）在奥林匹亚如同在德尔斐一样赢得了胜利。诗人发誓，它从来没有被击败过。接下来是一句格言："祝福他，神灵赋予美好事物之人；祝福一生拥有令人羡慕的财富之人，因为没有任何一个凡人能万事如意。"（50—

55，参见前文所引阿尔克曼诗句）。接下来是神话，即战无不胜的赫拉克勒斯，勇敢地绕过冥府守门犬赛博鲁斯，来到地下世界，"遭遇最卑贱之人的灵魂……就像埃达山脊上轻风吹过的波浪上的一片树叶"。赫拉克勒斯为梅利埃格（Meleager）的力量所震惊，询问他会如何死去。梅利埃格告诉他，阿凯亚是如何最终杀死那头野猪——愤怒的阿尔忒弥斯派来向拥有最好歌队的卡吕冬（Calydon）复仇的；但是他随后被母亲亲属的溺爱所包围，当她烧掉代表他生命的魔法棒时，他就死去了（56—154）。接下来赫拉克勒斯悲泣着说："对凡人来说，最好就是别生出来，别看见阳光；但是既然为这个传说悲伤并没有任何作用，那么你有一个能嫁给我的姊妹吗？"梅利埃格于是说出了德伊阿尼拉（Deianeira）的名字。巴库里德斯在这里留下了这一神话（175），我们认为赫拉克勒斯（无意中被钟爱的德伊阿尼拉杀死）和梅利埃格一样，是不能善终的例证。巴库里德斯随后为宙斯和奥林匹亚献上了简短的颂歌，并引用赫西俄德来为毫无嫉妒地称颂胜利而辩护。（176—200）

品达的奥林匹亚颂歌第一首开篇更为隐晦："水是万物中最好的；然而黄金，犹如夜里闪烁的火焰，使旁边的一切财富的荣光黯然失色。但是，我的心啊，愿你歌颂赛会的荣耀，不要在白天于那荒凉的空中找寻比太阳更加耀眼夺目的星辰，也不要以为有什么比奥林匹亚更伟大的竞技足以歌唱。"因此，品达为了希罗而赞美奥林匹斯神宙斯，希罗在音乐中则"摘取了所有美德荣耀的桂冠"（1—17）。斐勒尼库斯在伯罗奔尼撒的声望引出了另一个神话——波塞冬对珀罗普斯的爱。品达对虚假的神话不感兴趣，强调与神灵有关的非常美好的凡人事情。他解释了珀罗普斯化身为一个拜访神界情人的司酒少年而脱身，还解释了有关坦塔罗斯（Tantalus）的耐人寻味的故事，以及作为一种善妒的邻人的发明（18—51），使他服务于神灵。"但是对我来说，我不能，使任何一个有福之人充满疯狂。我畏缩不前，只能空耗时间，又成为不会表达者的一部分。"（52—3）然而，得到了众神宠爱的坦塔罗斯，"不能享受这种至高无上的荣幸”，他偷取神灵的蜜酒和仙丹，用来款待他的朋友，“任何人想要不被神灵知道自己所为何事，都是徒劳”（54—64）。珀罗普斯回到人间，在波塞冬的帮助下赢了奥林匹亚的国王奥诺茂斯（Oenomaus），后者让他女儿的求婚者必须参加战车比赛（如果战败就要付出性命）。品达在这里又一次无声地拒绝了阴谋诡计的故事，而让珀罗普斯向波塞冬提出一个高贵的请求：“为了那些必死之人，他们坐在黑暗之中，没有得到任何一点美好的事物，徒然在不体面的年老中煎熬。”（82—84）通过珀罗普斯的结婚、后裔和墓冢，品达将我们带回到奥林匹亚，使我们感受到奥林匹亚的赛会，胜利者的终身荣耀，他自己的颂歌以及希罗卓越的品位和权势（90—105）。神灵护佑希罗，品达甚至希冀赞颂更甜美的胜利。但是“不要想望更多。愿你在属于你的高处行走。愿我站在你这位胜利者的身边，因为我的技艺在希腊人中首屈一指”（114—116）。

尽管一些元素以及某些形象在品达的另外44首胜利颂歌中偶有重复，但是每个重复都有着精妙的变化，使之能够恰到好处地迎合不同的资助者。他的派埃昂（*Paeans*，即颂歌，尤其是献给阿波罗的颂歌）和酒神颂歌（与狄奥尼索斯相联系）残篇，显示出思想和语言相似的复杂性，由此，我们窥到了我们已经丧失的东西，因为这些风格无法说明胜利颂歌、连续的品达作品抄本传统以及巴库里德斯的长篇纸草究竟是怎样的。纸草实际上包括6首“酒神颂歌”。第17首颂歌，更适合作为一首派埃昂，叙述了忒修斯和米诺斯（Minos）的争吵。如同在第3首颂歌中一样，直接的话语占了突出位置。第18首颂歌，可能是为某个雅典的节日而创作，中心内容是忒修斯返回雅典。其戏剧性的形式颇为独特：四节内容，由一个佚名的发问者和忒修斯的父亲埃勾斯（Aegeus）一问一答来完成。

就作品的传播范围来讲，巴库里德斯的叔父，喀俄斯的西蒙尼德斯（Simonides of Ceos）（约活动于公元前520—前468年）要逊色多了。西蒙尼德斯创作过上面提到的所有类型诗歌，甚至可能是胜利颂歌的先驱。但我们对他的和调颂歌知之甚少。传统上将他与雅典的希帕库斯，以及特萨利的斯科帕德（Scopads）、西西里的僭主们联系起来，这使他成了为金钱写作的第一人，并被指责为贪婪。我们看到最长的残篇（542）中，西蒙尼德斯向斯科帕德致辞，用不同于品达风格的耐心来讨论一个又一个格言：只有神，而不是人，能达到美德的境界；人只有在环境许可时才能表现得当——"我向你申明我所发现的，凡是并非故意做可耻事情的人，我都赞扬，我都喜爱，至于迫不得已之事，诸神也难以抗拒。"（26—30）如往常一样，对诗歌的韵律和上下文，我们还是只能依靠猜测。朴实是他对神话处理的一大特色，如描述达那厄和珀尔修斯在被抛弃的箱子中漂流的情景："你忘记了所有的恐惧，如果这些话语伤害了你，你会不会伤心哭泣？"她对珀尔修斯说："睡吧，我的孩子，大海睡了，让我们的悲伤也睡了吧！我父宙斯，也许您能垂怜我们，改变您的决定！"（残篇，543.18—23）

古代人仰慕于西蒙尼德斯唤起的悲怆哀婉之情。这可能主要源于诸如残篇543以及对李奥尼达和斯巴达人在温泉关壮烈牺牲的描述，而不是对他的讽刺短诗的印象。迄今为止，他的诗歌被认为是为吟唱或朗诵而创作，当然是为了听众而不是为了读者。但是从公元前7世纪起，长短格韵律——最早是六步格，后来是六步格或挽歌对句——也用于献辞或墓志铭。我们所知最早写作这类诗歌的杰出作家就是西蒙尼德斯。因为他的讽刺短诗太过出名了，很多后来归于他名下的作品，实际上不可能是他所作；只有极少数可以确定是他本人所作，如献给他的友人美吉司提阿斯（Megistias）的文字，得到了希罗多德的证实（vii. 228）：

> 这里长眠着英勇战死的美吉司提阿斯。
> 当美地亚人已经渡过斯佩尔凯俄斯河又回去时，
> 这位先知，他清楚地看到了命运的翅膀，

但他没有抛弃斯巴达的领袖们。（Epigr. gr. 6）

"西蒙尼德斯体"可能是一个对句，源于一个纪念雅典人诛杀僭主的雕像群：

哈尔摩狄奥斯和阿里斯托革顿
杀死了希帕库斯，重新给雅典人带来了光明。

但是摆在研究古风文学学者面前的谜题是，这个对句的归属并不确定。并且事实上，出自雅典广场的另一个铭文版本表明，至少还有另外一个对句在此句之后（先前已从学者的引用中得知）。

一个伟大诗人对一种写作类型的关注，预示着一个新的文学时代到来。在这个时代，散文和诗歌的创作是为了阅读，而不是为了聆听。宗教诗歌仍有创作，尽管品达和巴库里德斯之后再无出类拔萃者。但是在公元前5世纪之初，长篇的不拘格调之独唱颂歌已然衰落。这个世纪结束之际，在会饮中以奥罗斯和七弦琴伴奏下演唱的诗歌已无新作了，但是古风诗歌的遗产已经成为经典。

# 进一步阅读

本章所讨论的诗人的希腊文本，能在以下版本中找到（本章引用时使用其章节编号）。挽歌和抑扬格诗人收录在由M. L. West编撰的*Iambi et Elegi Graeci*（Oxford，1971—2，second edition of vol. I，1989），以及他的八开本（包罗了所有重要残篇）*Delectus ex Iambis et Elegis Graecis*（1980）。和调诗人则有E. Lobel和D. L. Page编撰的关于萨福和阿尔凯乌斯的*Poetarum*

*Lesbiorum Fragmenta*（Oxford，1955），D. L. Page编撰的关于其他人的*Poetae Melici Graeci*（Oxford，1968）；八开本的*Lyrica Graeca Selecta*，ed. D. L. Page（1968）则包含了这两个版本中所有重要的残篇。关于更晚近的残篇，见*Supplementum Lyricis Graecis*，ed. D.L. Page（Oxford，1974）。讽刺短诗见于八开本的*Epigrammata Graeca*，ed. D. L. Page（1975）。

带有英文译文的希腊文本有洛布丛书*Greek Lyric*，ed. D. A. Campbell，vol. i *Sappho and Alcaeus*（1981），vol. ii *Anacreon, Anacreontea, choral lyric from Olympus to Alcman*（1988），其他的即将出版[1]。这一版本将要取代三卷本的*Lyra Graeca*，ed. J. M. Edmonds（Cambridge，Mass./London，1922—7），仍然是和调诗人现存残篇译文的唯一版本。抑扬格和挽歌诗人可见于J. M. Edmonds的洛布丛书本*Greek Elegy and Iambus*（Cambridge，Mass./London，1931）。带译文的希腊文本选集可见于*Penguin Book of Greek Verse*，ed. C. A. Trypanis（Harmondsworth，1971），以及单行本的*Oxford Book of Greek Verse*，ed. C. M. Bowra（1930）和*Oxford Book of Greek Verse in Translation*，edd. T. F. Higham and C. M. Bowra（1938）。

对一直到（包括）巴库里德斯的诗人的最好评注，有D. A. Campbell的选集*Greek Lyric Poetry*（London，1967；2nd edn. Bristol，1981）。关于巴库里德斯，现在有了一部完整的德语评注，由H. Maehler编撰（包括德语译本，Leiden，1982），英译本由R. Fagles完成（New Haven，1961）。A. P. Burnett的*The Art of Bacchylides*（Cambridge，Mass./London，

---

[1] 至1993年，已出版全部5卷，后面3卷分别是：vol. iii Stesichorus, Ibycus, Simonides, and others（1991），vol. iv Bacchylides, Corinna, and others（1992），vol. v The new school of poetry and anonymous songs and hymns（1993）。——译注

1985）提供了许多诗歌的文本和翻译，以及敏锐的讨论，尽管某些讨论有取巧之嫌。时间较早的文学讨论有CM. Bowra, *Early Greek Elegists*（Cambridge, Mass., 1935）; id., *Greek Lyric Poetry2*（Oxford, 1961）; G. M. Kirkwood, *Early Greek Monody*（Cornell, 1974）; H. Frankel, *Early Greek Poetry and Philosophy*（Oxford, 1975）; 更新的概论见A.J. Podlecki, *The Early Greek Poets and their Themes*（Vancouver, 1984）。关于挽歌和抑扬格诗人作品的基本要素讨论，如文本、语言、风格，以及阐释，见M. L. West, *Studies in Greek Elegy and Iambus*（Berlin, 1974）。关于阿基洛库斯的最有趣味之英文评注是A. P. Burnett, *Three Archaic poets．Archilochus, Alcaeus and Sappho*（London, 1983）。关于莱斯博斯诗人，D.L. Page, *Sappho and Alcaeus*（Oxford, 1955）仍然是最基本的，但是Burnett的上述作品，以及R. H. A. Jenkyns, *Three Classical Poets*（London, 1982; also paperback）中的论文也有颇具价值的观点。关于讽刺短诗，参见D. L. Page在*Further Greek Epigrams*（Cambridge, 1981）中的评注，尤其是pp. 186—302（on Simonides and Simonidea）。

　　品达的作品保存更完好。最好的文本是：Teubner, edd. B. Snell and H. Maehler, 2 vols.（1971—5）; OCT2（1947）by CM. Bowra. 带有英文译文的洛布丛书，2nd edn., ed. J. E. Sandys（Cambridge, Mass./London, 1919）。对奥林匹亚颂歌和皮提亚颂歌的评注见B. L. Gildersleevc（New York, 1890）; 地峡赛会颂歌的评注见J.B. Bury（London, 1892）; 全部评注（包括译文）见L. R. Farnell, 3 vols.（London, 1930—2）。理解其风格的基本作品是E. L. Bundy, *Studia Pindarica* i-ii（Berkeley, 1962 repr. Berkeley/Los Angeles, 1987, paperback），进一步的研究则：D. C. Young，*Three Odes of Pindar. Mnemosyne Suppl. 9*（Leiden，1968）。对竞技凯歌的有益介绍见M.R. Lefkowitz，*The Victory Ode*（Park Ridge，NJ，1976）和H. Lloyd-Jones，'Modern Interpretation of Pindar'，*in Journ. Hell.* Stud，xciii（1973），109—37。CM. Bowra，*Pindar*（Oxford，1964）仍然可以谨慎使用。D. S. Carne-Ross，*Pindar*（New Haven，1985）提供了一个优秀的简短介绍，英译本见F.J. Nisetich（Baltimore，1980）。

| 第五章 |

# 早期希腊哲学

马丁·韦斯特（Martin West）

公元前8世纪和前7世纪，希腊人以一个活跃的天才民族形象出现，积极从事贸易和探险活动，拥有诸多视觉艺术上的技巧和个性，有丰富的英雄传说，最重要的是创作出一部意义非凡的诗歌，人类广泛的经历和情感在其中得到高度艺术化的表达。假使没有取得任何超出此类的成就，他们作为最有趣味和最富同情心的古代人，仍会引起我们的注意。实际上，他们是在不断增加这种吸引力。他们在众多领域——艺术、文学、数学、天文学、医学、政治，这里只提到六个——增加了这种吸引力。然而，最重要的一个领域也许应该是哲学。哲学的产生和发展，成为公元前6世纪至前5世纪文化史的主干。

就像我们在讨论古风时代与古典时代的希腊文化其他领域一样，重要的一点是要记住不同城邦和地区都有自己的传统，某个城邦中的主动行为未必很快影响到其他城邦，或者没有任何影响。我们一定不能假定每个哲学家的声明都是公共知识，从其产生时就影响整个希腊世界；或者假定众多哲学家同时作出的不同声明都必然会有反响或者得到修正。早期希腊哲学并不是一艘战舰，由一批桨手掌控、使之朝着一个共同目的地前行，某人开辟了一条道路，另一个就会根据他自己的理解调整路线。它更像一个小型舰队，所有领航员并不一定都在同一时间、同一地点起航，也不一定驶向同一目的地；某些人会集体前进，某些人会受到其他人移动的影响，某些人会在彼此看不见的地方旅行。我们称他们为"哲学家"，但是他们并没有为自己起过总称。"哲学"当然是一个希腊词汇，其最初的含义类似某种"热爱不平凡的知识"。但是在柏拉图之前，这一词汇并没有获得特殊的意义，也没有广泛流传。要在"哲学家"和其他群体之间做出区分并不容易。对某些人来说，一种哲学理论，不论是原创的或借用来的，是某种其他事物的基础或支撑，诸如一种宗教或道德上的指责、某个医学方面的演讲，或者一篇文明发展方面的散文。一些这样的作家在传统上被归为哲学家，而另外一些则不属此列。还有一些人，尤其是诗人，偶尔也在他们的作品中涉及一些哲学讨论，但哲学只不过是微量元素。

一些例子有助于我们厘清这一主题的多样性。我们能够认定的第一个"学派"由三位公元前6世纪的思想家组成：泰勒斯（Thales）、阿那克西曼德（Anaximander）和阿那克西美尼（Anaximenes）。他们来自米利都，小亚细亚海岸最主要的爱奥尼城镇之一。泰勒斯没有为后世留下著述，尽管亚里士多德认为他是第一个真正的哲学家，并把某些学说归于他的名下。大概他是通过口述的方式向那些乐于倾听他教诲的追随者详细阐述了他的观点，其中某些特定内容被早期爱奥尼作家视为其观点而记载下来。在后来的几十年中，阿那克西曼德和阿那克西美尼也有同样的讲述模式（据说阿那克西曼德常着华服，就如后来的智者和史诗吟诵者），他们的著述记载了他们的言论，属于最早用希腊散文写成的作品。哲学家不仅在听众面前演讲，而且对其观点进行书面著述——这种米利都现象现在成了一种影响范围更广的爱奥尼现象。但读者数量超过听众数量可能需要一定的时间。约公元前5世纪初，赫拉克利特（Heraclitus）提到了人们听他的演讲。在提到其他哲学家时，他不说"所有那些我读过其作品的人"，而是说"所有那些我听过其演讲的人"。

当时，这就是哲学表达的一种范式。萨摩斯的毕达哥拉斯间接地使用了这一范式的某些方面。他似乎一方面是哲学家，一方面是祭司，同时也是魔术师。据说他曾穿着盛装，头戴金冠，白袍白裤，以俄耳甫斯之名义呼吁诗歌的权威，而不是以理性的散文论道，因此他可能编撰或者至少修订过俄耳甫斯典籍。他还在意大利南部为其信徒们遗留下一些格言、问答集以及一些高深莫测的谚语；某些内容表达了旧的宗教禁忌，其他则是一些形而上学或末世论的学说。他的一些追随者增加了这些内容，或者编纂了新的带有形而上学色彩的俄耳甫斯诗歌。另外一些追随者从毕达哥拉斯对（可能神秘的）数字或音乐的兴趣中吸取灵感，发展了数学研究，并融入了科学精神。因此，"毕达哥拉斯主义"涵盖了关于诸多不同现象的奇思异趣，要从继承者那里领会其导师自己的观念和成就变得尤为困难。

还有一些公元前5世纪早期的人，尤其在西部殖民地，将诗歌当作一种理性讨论的恰当媒介。他们是：同毕达哥拉斯一样也从爱奥尼移居到西部的色诺芬尼（Xenophanes）、埃利亚的巴门尼德（Parmenides of Elea）、阿克拉加斯的恩培多克勒（Empedocles of Acagras）。恩培多克勒是又一个以服饰吸引注意力之人。除了解释世界的本质以外，据说他还传授了能够治愈疾病或抵抗衰老的技能，拥有呼风唤雨和起死回生的本领。他告诉我们，人们接踵而至追随于他，以缎带花环饰其身，请求获得神谕与药物。

辨别、鉴定"哲学"的身份无疑是一项棘手的任务。我们主要关心的是，随着对物质世界批评性的和建设性的思想在希腊的发展，神和灵魂在物质世界中的位置、真实与表象的关系、人类社会的起源与性质，以及应该支配人类社会的准则等问题。但这一进程伴随着（某种程度上还包含着）非传统学说的传播，这些非传统学说不是来自纯粹的理性，而是来自东方的神秘主义。愿意去质询传统之设想的精神就是能够接受外来的新奇观点，或者是意识到可选择性的事物能激发思考。

泰勒斯认为万物起源于水，复归于水。亚里士多德推测，泰勒斯可能是因为对一些自然现象的观察而产生了这些信条，"也许是由于观察到万物都以湿的东西为滋养料，热本身就是从湿气里产生并靠潮湿来维持的；也可能是由于万物的种子都有潮湿的本性，而水则是潮湿本性的来源"。同时，很难将泰勒斯的世界图景与埃及人和闪米特人的创世故事区分开来；在这些创世故事中，世界的原初状态是汪洋一片，现在则被大地所覆盖。

阿那克西曼德认为，这个世界和我们理解能力之外的无数其他世界，都来自于"无限"（Boundless），并且最终会归于无限。他详细论述了宇宙的各个部分相分离的演变过程，以及这些部分的形状和排列情况。按照他的说法，我们看到的太阳、月亮以及星星，乃是一些实在的巨大火圈；其直径分别是地球的27倍、18倍和9倍，并环绕地球；每个火圈都隐藏在一层雾霭中，只留下一些特定的孔眼，让火从其中喷射出去。地球是一个鼓形实体，在其内部，直径的三分之一深处，是某种漂浮物。宇宙的存在是"无限"的不平衡，一种"非正义"，必须依照"时间"（Time）的规则适时加以修正。换句话说，在宇宙中所发生的所有改变，都有其既定的季节。"无限"本身是永恒的、无穷尽的，包括和决定了所有事物。我们现在可以赞叹这一体系的宏伟，并在某种意义上认可它是哲学认识。阿那克西曼德试图将可见的世界解释为一些有序、普遍进程的产物。他推断，这些进程一定也在不断生成其他世界，就如开俄斯的梅特洛多罗斯（Metrodorus of Chios）后来评论的一样："你不会在一片田野里只得到一穗谷物。"但是他的体系只是从可见世界得出来的有限推论。其基本原理没有理性推论的基础，其中一些内容无疑受到了伊朗宇宙哲学的启发。地球—星星—月亮—太阳，这一次序不属于希腊，而是伊朗所特有。太阳之外的"无限"对应了阿胡拉玛兹达（Ohrmazd）的居所"无始之光"（Beginningless Lights）和琐罗亚斯德教的（Zoroastrian）最高天堂。阿胡拉玛兹达在永恒之神"时间"（Time）的祝福下创造了这个世界，其约定期限是12,000年。因此，阿那克西曼德体系中的"时间的律则"，并不是他自己的天才创造，而是要追溯到蛮族的神学。然而，在蛮族的神学里，它是一个单向的、不会重复的意志活动；而阿那克西曼德将其改造成某种类似于自然法则的理论。这一点阐明了希腊哲学方法的一个重要特征。希腊人渴望去除对事件特征的武断的神话式叙述，但绝非意味着他们试图将神性从这个世界去除。他们倾向于将他们的神灵去个性化，视其为支配宇宙运转的恒定力量。

第三个米利都人阿那克西美尼，在对可见世界以及未知世界的探索方面走得更远。他认为，可见世界不是被不明确的"无限"所包围，而是被空气所包围。通过空气，他给出了阿那克西曼德的"无限"之特质：无穷的范围、不朽以及形成世界的永恒运动。空气围绕和包含世界，就如灵魂将肉体聚合在一起一般，灵魂也由空气组成。所有其他物质都源自于空气的浓缩或稀薄。地球是扁平的，像桌面一样飘浮在空气中，就像泰勒斯所说漂浮在水中一样。从中升起的蒸汽逐渐稀薄并形成火盘，也飘浮在空气中，好似一片树叶，这就是太阳、月亮和星星。在它们中间，运行着我们无法看到的特定固体，可能是造成日食的物质。要在阿那克西美尼的体系中发现某些不同于阿那克西曼德的内容并不困难。阿那克西曼德以宏大的想象、跳跃的思维，将地球缩小为一个与宇宙相比而言极小的实体，而这一想象无须材料的支撑。他显然认为，只要平衡就足够了。阿那克西美尼回归到更为传统的设想。同时，他有一个更为简洁的建构。在他的宇宙边缘，大自然不会变成某种不可想象之物。宇宙内外的万物，都以我们已经经历过的事物、空气及其变体为基础。某种意义上，这是一种唯物主义宇宙哲学。但是阿那克西美尼并没有将他的"空气"想象成一种惰性物质，需要某种其他物质来使之运动。他认为运动是空气的固有特性。可以说，它是一种活性物质，并且他将宇宙的空气与人的灵魂相提并论，这意味着这种设想在公元前5世纪确实变得相当流行，也就是说，灵魂并不是某种独立于物质世界之外的事物，而是其本质部分之一。颇具吸引力的是，我们在这里看到一种与《奥义书》（*Upanishadic*）联系密切的宇宙思想学说，该学说与不变的生命灵魂世界和自我个体的同一性息息相关。通过这种同一性，生命之物与世界聚合在一起，这也是整个宇宙所遵从之法则。阿那克西美尼的体系中有两个细节并不是很符合其学说：引起日食的黑暗物体，以及发光的环形天体环绕着北部一座大山的观念——这两个看法似乎起源于伊朗。

米利都人并不能让他们自己完全脱离前哲学时代神话制造者的预想。像那些神话制造者一样，他们也假定某些在当前世界极其复杂的事物一定起源于某些简单的事物；大地的范围是有限的，或多或少是圆形的，在其下面有某种不一样的事物；天空是与大地有一定距离的物质实体，存在着不灭的能量来源，推动或指引宇宙的力量。他们新的、哲学性的想象是，这些力量以一种完美协调的方式运转，并能在日常生活中观察到：事物都能从一个单一起源的连续统一体的某些一般运动中得到解释；任何事物都不能在虚空中创造或衰退，改变只存乎于物质之中。他们试图系统地对所有现实世界最显著的特性作出解释：天体的运动、月亮的相位、日食、闪电、霹雳、雨、雪、冰雹、彩虹、地震以及一年一次的尼罗河洪水。

色诺芬尼是一个成功摆脱传统世界模式的思想者；其独立精神使得他远远背离了真理的方向，他得到的真理如此之少，以致受到现代作家的嘲讽。然而，又没有任何一个人能如此坚决地遵循通过已知来度量未知的原则。他所看到的是大地向着各个方向延伸，其上是虚空的空气。因此他宣称大地的长度、宽度和深度都是无限的，空气也向上延伸到无限。他将太阳和其他发光天体在西方地平线的消失现象解释为幻觉：这些天体实际上还是继续在一条直线上，只是相互之间的距离更远了。第二天早晨从东边升起的太阳；不是前一天的那个太阳。甚至他认为还有一些其他的太阳和月亮在大地的其他地方沿着平行的轨迹运行——因为从云中腾起的蒸汽变成了炽热的白光，并且这些现象都有严格的规律。

他的神学理论也是激进的，但是没有这么怪异。他当然并不是否认神如荷马史诗所描述的那样具有人形或品行不端的第一人。但是他第一个指出：色雷斯人描绘的神像色雷斯人，黑人的神像黑人；如果牛和马有神，也会将它们的神描绘成牛和马的形象。公元前6世纪晚期和前5世纪早期，正是希腊人对其他民族的信仰和习俗产生浓厚兴趣的时代。色诺芬尼的讨论表明，这种影响使他们意识到了自己的许多信仰和习俗只是基于传统，传统也许能够被适当地挑战。色诺芬尼的神，对色雷斯人和对牛来说，都一样适用。神没有眼睛和耳朵，它的每一部分都有感知能力；它并不从一地移到另一地，而是一直待在一处，能够通过自己的思想移动一切其他事物而不费吹灰之力。

在早期哲学家中，赫拉克利特（Heraclitus）与众不同。他以一种特别傲慢和神秘的方式写作，指名道姓地批评其他人，严厉指责色诺芬尼，并认为后者属于那些认为学习并非教授理性思维的人。然而，他又同意色诺芬尼的某些观念，包括那个支配一切的"神圣智慧"。这二人都接受其他神灵的存在，但是都渴望找到一个高于一切的支配意志。赫拉克利特说，智慧（Intelligence）"愿意又不愿被称为宙斯"。他一方面说这是"宙斯"这一名称确实之所指，但也认为这一名称有点不够格。他也谈及霹雳——宙斯的传统武器——支配所有事物。他认为宇宙总是存在的，是永不熄灭的火，尽管不是其中的每一部分都会发光。不会发光的部分以其他物质的形式存在，能够以一种标准的比率转变为火，就如商品之于金钱。通过认为每件事物都是一个巨大的持续性进程的参与者，他在以多样性为表象特征的世界中找到了统一性。这一观点，在后来的几个世纪里形成了斯多葛宇宙哲学的基础。这一进程由正义的神圣原动力控制，可能由霹雳给予方向和动力。其特征表现为"斗争"或"战争"，因为赫拉克利特看到宇宙的持续性依托于对立事物之间持续不断的差异。但是由于这潜在的统一性，表面上的对立物实际上是同一事物的不同方面。赫拉克利特收集了许多完全不同的例子来证明这一似是而非的观点。热与冷，湿与干，生与死，并不是不可调和的对立面，因为事物总能够从一种状态过渡到另一种状态。向上的路与向下的路是同一条路。海水既是可饮用的（对鱼来说）又是不可饮用的（对人来说）。最美丽的猴子（以猴子的标准）与人相比也是丑陋的。在一段特别的残篇中，赫拉克利特将白天与黑夜、夏天与冬天、战争与和平、饥荒与富足视为同一，只是神的不同显现方式而已。

他并没有就米利都人所探寻的所有宇宙问题给出答案。比如，他没有谈到任何关于地球的形状和支撑问题，或者是宇宙之外是什么。这就是为什么人们认为他的兴趣核心在于宗教、道德和灵魂的命运。然而，宇宙的常规变化处在我们所看到的现象中。灵魂死后变为水，水死后又变成土，因此它们都参与到自然环境的循环转化中，以火开始，持续遍及整个世界。要保存一个人的灵魂，必须保持干燥，尤其要避免酗酒和纵欲。根据赫拉克利特一个似是而非的理论复原，在死亡状态下，灵魂上升到空气中。潮湿的灵魂到达月亮的高度，它们在那里化为冬天、黑夜和雨水；干燥的灵魂来到太阳和星星的纯洁区域。一些特别受到优待的灵魂变为生与死的观察者，人们称之为英雄。宇宙中充满了神灵。此外，还有一个以360代人为周期、在潮湿和明亮的支配中均衡波动的"大年"（Great Year）——这一观点后来为柏拉图和斯多葛学派进一步阐发。

赫拉克利特不可能通过纯粹理性达到这样一个体系，其体系在许多方面都与琐罗亚斯德教和《奥义书》有联系。在后者那里，那些不能经过月亮、转化为雨水回到地球的灵魂，会以某种动物的形式转生；这种形式与他们最后的生命形式中的行为相对应。这一相比印度来说晚了一个世纪左右的转世学说，并未被赫拉克利特证明，但是在公元前6世纪中期的希腊还是颇有市场。毕达哥拉斯所深信的转世学说，为恩培多克勒（Empedocles）所继承发展。后者曾公开抨击杀死和食用动物是谋杀和嗜食同类行为，恳求人们放弃这一行为。

和赫拉克利特一样，恩培多克勒也致力于以一种通常的宇宙哲学将他关于灵魂的运数之教导整合成形，其宇宙哲学包括在广阔时间范围内的循环改变。这个世界上的每一件事物都由四种元素的混合或分离而产生：土、气、火、水，恩培多克勒将这些元素等同于某些传统的神灵。就如我们所见，色诺芬尼排斥荷马笔下那些深陷爱欲和冲突之中、备受折磨的神灵。大约同一时期，来自莱基乌姆的提吉尼斯（Theagenes）发展了一套辩护的理论，将荷马的神灵解释为自然世界的寓言。这一理论在中世纪仍然很流行。恩培多克勒所做的与此类似。他将神灵的爱欲与冲突提升到一对至高无上的力量，这对力量通过协商有规律地交替统治。当爱欲（Love）的力量占据绝对地位时，神圣的因素完全混合进入一种无特色的、同一的领域。当冲突的力量逐渐起势后，它们开始分离并形成一个宇宙。最终会形成四种相互分离的聚合体，一个纯粹由土组成的球体在中间，其四周是连续的水、火和气。我们看到宇宙正在朝这个方向发展。之后，相反的进程开始运作，以达成一个完整的循环。恩培多克勒在解释天文学、气象学上的现象以及生物进化之类的生理学问题中，对一些相当独特的细节进行了探讨。除了元素本身，他似乎为神灵在宇宙中找到了居所。他们大概是有着火焰本质的实体。当其中某个神灵屈服于斗争（Strife）的影响，他将从伙伴身边被强行拉走，并被迫数万年计地与其他元素结合，变成了一个寄住在无数动物和植物体内的灵魂。

恩培多克勒厌恶一些爱奥尼人所持的观点，即一个原初的物质能够变成其他的物质。为了说明世界上物质的多样性，他发现有必要设定一套与之相对照的基本原理，能够化合成无数的方式。这种混合的方法，被阿纳克萨哥拉（Anaxagoras）发挥到极致。阿纳克萨哥拉是爱奥尼人，公元前5世纪中期在雅典从教多年。和恩培多克勒一样——除了没有他的循环论，阿纳克萨哥拉从一个完美的混合状态开始设计他的宇宙，这种状态被一种神圣的力量运转至不平衡状态。但是这里没有对混合元素的数量限制，分离的进程也从来不是绝对的。任何事物里面都有着一定比例的某种物质；我们对某物命名的根据，也取决于其中占支配地位的物质，好像这一事物纯粹是由那种物质组成。这就是为何不论T小姐吃什么，结果都变成了T小姐。她所吃的总是还有肉的成分（即便是蔬菜）；当她吃掉食物时，发生了一个物质的重新排列，使肉成为主要成分。唯一不会与所有其他事物相混合并因此能控制其他所有事物的，是一切事物中最高最纯净者：精神（Mind）。这是神圣的力量，给予宇宙原初动力，并监督其创造性分离的整个过程。

根据柏拉图的说法，苏格拉底读了阿纳克萨哥拉的书，失望于他仍然运用如此机械的解释，而没有给出一个智慧的理由以说明精神如何塑造世界的每个细节。阿纳克萨哥拉在这里似乎陷入了两难境地：米利都人渴望将世界解释为某种既定进程的自然产物，而一种新的倾向（可能来自色诺芬尼和赫拉克利特）希望看到这一进程是有计划的。一个比阿纳克萨哥拉更年轻的人，阿波罗尼亚的第欧根尼（Diogenes of Apollonia），以宇宙哲学开始他关于人体心理学的著作，论证说：季节的平衡排列以及其他事情一定是智慧的产物。他将这种神圣的智慧等同于物质元素——气。同阿纳克萨哥拉一样，他将气当作单一物质，所有其他物质都从中产生。每一种能呼吸的事物都带有智慧。

自阿纳克萨哥拉以后，关于均衡排列的意识，不管是神圣智慧的影响还是自然进程的自动结果，都已经成为宇宙哲学思维的一个特征。对音乐韵律中简单数学比率的发现，使得一些毕达哥拉斯主义者关注数字，将其视为宇宙的本质。其中一位——可能是斐洛劳斯（Philolaus）提出了一个简洁的理论，根据其理论，数字都来源于一个原初的"一"（One），"一""发出"一个接近于无限的部分，这个部分成为有限，同时将"一"分为"二"。宇宙从原初统一开始的演化过程，仅是这一进程中的一个例子。事物就是数字，它们的关系（比如正义）是数学的关系。亚里士多德对这一理论的提及还不足以让我们领会其内涵，他的抱怨无疑是正当的——这一理论留下的各种问题都未得到解答。不过遗憾的是，我们对如此新奇的宇宙学说不能理解更多。

　　我们已经讨论论过的这些思想家都认为，物质世界大体上（从我们的解读来说，某些误解是可以理解的）就是我们的感官呈现给我们的样子。其间，巴门尼德（Parmenides）在公元前5世纪初期已经梳理了一条关于"有"（Being）的逻辑推理，而这一推理预示着之前一系列假说的破产。简要地说，其论点就是：只有"有"才能存在；它无须生成（coming-to-be）或消灭（passing-away），因为生成和消灭意味着非"有"；"有"中没有裂缝和中断；没有运动，因为缺少空间（空间即非"有"）；甚至没有任何性质上的改变，因为改变意味着曾经存在着非"有"。因此，实体单纯地由可见的、稳定的、无特色的、不动的、固着的"有"组成。有色彩、运动和暂时的现象世界一定是一种假象。当然是一个有模式的假象，并且巴门尼德感觉到，有责任对其进行解释，并强调他是在分析一种幻想或约定的谎言（fable convenue）。他将其多样性简化为光与暗的基本二元论，每个方面都包含着一系列其他的特质。他宣称，这是人类所能达到的最好的分析——但是由于不能与他对"有"之本质的叙述相吻合，他不得不说这一简化理论在根本上是错误的。

　　同时，巴门尼德的推理尽管才气横溢，但是如此矫揉造作，以致我们可能会怀疑他的结论早就存在。尤其是他关于"有"的想象力，显示了其与某种类型的神秘体验有着共通之处。在这种神秘体验中，时间和空间似乎失去了意义，所有的事物都强烈地渴望达向一种完整的统一体状态。他实际上将其哲学呈现为一种秘密的神圣关系。他并没有说"女神向我显示，我看到了"，而是"女神用以下方式证明了它"，没有任何事情比这一事实更重要，这就是他所生活的智识氛围。他所关心的，是将其想象合理化。

　　巴门尼德有两位追随者，同样来自埃利亚的芝诺（Zeno）以及来自萨摩斯的麦里梭（Melissus）。传统上将这三位称为埃利亚学派。芝诺对一些案例进行强化，以反对关于多样性和运动的理论，以及一些数学悖论——其中包括著名的阿喀琉斯与乌龟赛跑的悖论：阿喀琉斯永远也追不上乌龟，因为他每次到达一个点，这个点都已经移动了。麦里梭超越巴门尼德，论证了"有"是无限的延伸（巴门尼德认为"有"是有限的和球形的），也是非物质的，不然的话，它就会有不同部分，也就意味着混合。哲学家的"真实"与经验世界的分离再彻底不过了。

从某种意义上说，埃利亚学派是一个死胡同。但由于柏拉图的原因，关于超越物质世界的不可改变的"真实"之观念得以流传。麦里梭在某一段落里这样论述，大多的事物最终都得像其理论中的"一"一样不可改变，这一论述指向了古代物理理论的最高灵感之路，即米利都的琉基浦斯（Leucippus of Miletus）的原子理论。琉基浦斯在宇宙一般形象方面遵循了爱奥尼传统。他与埃利亚学派核心理论的分歧在于：他声称"非有"（虚空）的存在与"有"的存在是差不多的。但他将物质归纳为粒子，类似于埃利亚学派的"一"，不可分割、不可毁灭、无确定性质，它们只在形状和方向上彼此相异。它们的不同排列产生了可以改变的性质，诸如颜色、热量、硬度等。没有导向性的智慧，只有原子飞行和碰撞产生的盲目、机械的交互作用。

多产的作家德谟克利特（Democritus）发展了原子论者的体系，可能还将其当作他论述文明起源与发展的背景。原子理论也成为公元前5世纪中期理论化时代的流行主题。这一理论迅速发展出一系列被普遍认同的观点，即：原始人仅仅是动物，倚穴而居，茹毛饮血；直到其技能逐渐发展起来，才建造房屋，修建城市，驯养动物，发明语言，等等。苏格拉底的老师阿尔劳斯（Archelaus）在一次论述中（前边是几行阿纳克萨哥拉的宇宙哲学），意图找到法律和正义的传统本质。对史前史的重构，最具影响者可能要数普罗塔哥拉（Protagoras）了。此人数次到访雅典（和德谟克利特一样，他来自阿布德拉）并引起不少人的注意。普罗塔哥拉处于知识分子前列，而这些人的一系列哲学和技术主题的讲述似乎如此富有教益，以至于他们能够向听众收取费用，因此被称为智者（Sophists）。他们还提出了对自然与传统之主题的积极反思，这些主题包括：道德的基础，教

育的力量；对诸如语法、韵律、音乐这类主题的科学处理；以及并非微不
足道之主题——展示辩论的适应性以支持任何结论，或支持两个相反结论
中的任何一个。从这一点来说，我们已不能想当然地认为所有看起来像哲
学讨论的内容必然是严肃的。高尔吉亚（Gorgias）是一位来自西西里的
演说家和评论家，因浮夸华丽的风格而声名狼藉。他曾发表过一篇冗长的
演说来证明没有任何事物存在。无疑，他只是自以为是，就像当他投入到
另外一项工作，即为著名的特洛伊的海伦辩护时，将其描述为"对海伦来
说，是一种赞誉；对我来说，是一种娱乐"。苏格拉底也有着某些类似于
他的嬉笑怒骂风格。

　　早期哲学家意识到他们所渴求的问题答案，其实是人类知识所不能及
的。"没有人确信自己知道或者能够知道，"色诺芬尼说，"尽管他所说
的也许完全正确，他也不知道那是正确的，那不过是一种意见而已。"我
们的感觉是虚弱的，易被误导，这是一件很平常的事情；但是我们必须从
能够观察到的事物推及难以观察到的事物，作出判断。希腊人并不像他们
曾经达到的推论那样敏锐，那么热衷于系统的、科学的观察之堆砌，尽管
我们在公元前5世纪的医学领域多少看到了某种这类观察。当时的人们通
过天文学获得了某些真实的知识，尽管是渐进地获得。约公元前500年，
人们认识到了月亮是通过反射发光的；而到了公元前400年，关于地球是
球形的观点已经有了不少追随者，可能所有的行星都已被辨认出来。在另
外一些领域，一些不可考证的事物被排除在结论之外。原子论仍然是诸多
理论之一，没有任何一种能推断出事实的共同认识。某个人认为一种物理
现象或逻辑规则是解答宇宙问题的关键，另一个人可能会持另一种论点。
能够激起我们羡慕之情的是，希腊人所拥有的精神活力和独立性！这些人
凭借这种精神去寻求连贯的体系，而不是遵循意在得出令人吃惊的结论的
思想路线。有充分的理由可以说明，与东方宇宙哲学和神学的接触，帮助
希腊人解放了想象力，也确实给予他们很多启发性的观点。然而却是他们
自己使自己学会了理性。就如我们所理解的那样，哲学是希腊人的创造。

# 进一步阅读

最好的介绍是 E. Hussey, *The Presocratics*（London, 1972）一书。作者可能是在没有希腊语相关知识的前提下，尽可能地接触了一手史料。A. Wedberg 的 *A History of Philosophy, I Antiquity and the Middle Ages*（Oxford, 1982），非常简练而明晰，且有良好的鉴赏力。G. S. Kirk and J. E. Raven 所作 *The Presocratic Philosophers*（2nd edn. with M. Schofield, Cambridge, 1983），提供了很好的文本选集，且有翻译和评论性讨论。译文也能在以下作品中找到：J. Burnet, *Early Greek Philosophy*（4th edn, London, 1930）, *Kathleen Freeman's Ancilla to the Presocratic Philosophers*（Oxford, 1948）。

内容涵盖广泛的是 W.K.C. Guthrie, *A History of Greek Philosophy*（Cambridge, 1962—81, 六卷本的前三卷涵盖了前柏拉图时期），以及 J. Barnes, *The Presocratic Philosophers*（London, 1979, 2 vols.）。Guthrie 的著作兼容并包且内容可靠，Barnes 的著作则厚重而光芒四射，着力于哲学性阐释。

下列作品涉及这一主题的不同方面：G. E. R. Lloyd, *Polarity and Analogy*（Cambridge, 1966, 深入探讨了早期希腊思想家所运用的两种主要的讨论和解释类型）；W. Jaeger, *The Theology of the Early Greek Philosophers*（Oxford, 1947）；D. R. Dicks, *Early Greek Astronomy to Aristotle*（London, 1970）。对以下作品来说，希腊语知识是必需的：C. H. Kahn, *Anaximander and the Origins of Greek Cosmology*（New York, 1960, 讨论的范围要比其标题更广阔），M. L. West, *Early Greek Philosophy and the Orient*（Oxford，1971）。

　　有两部颇有助益的论文集以书刊形式出版，大部分重要论文是专题论文，即：D.J. Furley and R. E. Allen，*Studies in Presocratic Philosophy*（London，1970—5，2 vols.），以及A. P. D. Mourelatos，*The Pre-Socratics*（New York，1974）。

| 第六章 |

# 希腊：古典时代的历史

西蒙·霍恩布洛尔（Simon Hornblower）

## 史实概述（公元前479—前431年）

公元前478年，雅典人建立了海上帝国，从而取代斯巴达成为希腊的领袖。他们的势力在公元前5世纪70年代和60年代持续扩张，于是对当时希腊世界的入侵者波斯发动进攻。这一攻势在公元前5世纪60年代初期达到顶峰，当时雅典将领客蒙（Cimon）在小亚细亚南部的庞斐利亚（Pamphylia）赢得了欧里米顿战役（battle of the Eurymedon）；而公元前5世纪60年代中期，雅典对北爱琴海岛屿萨索斯（Thasos）叛乱的镇压，则是另一个标志性事件，这导致雅典与斯巴达及其所控制的伯罗奔尼撒同盟关系的恶化。约公元前460年到公元前446年，所谓的第一次伯罗奔尼撒战争（First Peloponnesian War）在雅典与伯罗奔尼撒同盟之间展开。此次战争的早期，站在战斗前线的明显是科林斯而非斯巴达，尽管战争的最后一年是斯巴达入侵了阿提卡。科林斯对雅典不同寻常的敌意，缘于麦加拉对雅典的支持，而麦加拉这座小城邦正好从地理上将雅典与科林斯分开——然而此前，对这座城邦的敌意曾使得雅典和科林斯在政治上结盟。尽管雅典要处理希腊的战事，但在公元前5世纪50年代还是支持了埃及的反波斯起义（这次起义最终惨败，也牺牲了许多雅典人的生命），并且开启了与西西里各个共同体的外交。

与波斯正式的敌对状态随着《卡里阿斯和约》（*Peace of Callias*）而在约公元前449年结束。公元前446年，第一次伯罗奔尼撒战争的结束确认了雅典海上帝国的存在，因此可以说是雅典的胜利——尽管它不得不放弃在战争中占领的希腊大陆的领土，尤其是波奥提亚。雅典现在能够放手向北边扩张了。公元前437年，它终于完成了长久以来的梦想——在盛产木材的安菲波利斯（Amphipolis）建立了一个殖民地。而在东方，雅典在萨摩斯的势力更加稳固，即便萨摩斯曾在公元前440—前439年有过一次未成功的反抗。在西方，它建立了一系列同盟，可能是希望能够源源不断地得到海军所需的木材供应。雅典向西方和北方的扩张，加之对麦加拉的再次进攻，在公元前5世纪30年代引起科林斯的警觉，因为科林斯历来与它在北希腊和西西里的殖民地联系密切。于是爆发了公元前431—前404年的第二次伯罗奔尼撒战争，或称大伯罗奔尼撒战争（Great Peloponnesian War），雅典战败。

记载这场战争的历史学家、雅典人修昔底德使得伟大的领导者伯里克利说出这样一番话：雅典人会铭记，他们曾比其他希腊城邦统治过更多的希腊人。修昔底德（或伯里克利）错了。只有古史专家们才知道雅典帝制，但帕特农神庙（Parthenon）和希腊悲剧却世人皆知。我们应该多说说雅典的悲剧，因为埃斯库罗斯（Aeschylus）、索福克勒斯（Sophocles）和欧里庇得斯（Euripides）都是雅典人。尤为重要的是，这些悲剧作家对一系列神话的处理方式，源源不断地为近代人提供灵感，比如思想家弗洛伊德（Freud）、剧作家布莱希特（Brecht）、阿努义（Anouilh）。小说家托马斯·曼恩（Thomas Mann）的《魂断威尼斯》就出自欧里庇得斯的《酒神的伴侣》（*Bacchae*）。这些成就证明了，自文艺复兴以来，对古希腊文化尤其是其文学的透彻研究，是多么明智。说到观点偏颇，修昔底德并非唯一一人。埃斯库罗斯为自己写的韵文墓志铭，对他在希波战争中从军之事大加褒扬，而忘记提及自己是一个剧作家。伟大的教师和哲学家苏格拉底，在同时代的历史记载中，也只是受到了些微纯粹政治上的不公正对待。甚至索福克勒斯笔下的俄狄浦斯，一个传说中的忒拜国王，也可能是雅典帝国的影射：机智灵敏、好管闲事、伟大如他，也因为这些细节而注定失败。多么荒谬的时代错误！

但我们也不能陷入另一个极端，忽视军事和政治上的成就——这是公元前5世纪文化发展的保障。首先，正是希波战争恶化了爱奥尼的政治氛围，使得流离的知识分子会集雅典，如米利都的希波达摩斯（Hippodamus of Miletus），他重建了雅典海港皮拉奥斯；还有伯里克利的哲学家朋友阿纳克萨哥拉。然而，最重要的是诸如客蒙和伯里克利这样的贵族，他们的政治军事领导能力带来了公共财富，资助了菲迪亚斯（Phidias）、伊克提努斯（Ictinus）和内斯克勒斯（Mnesicles）进行雅典卫城的建筑和雕塑创作；同时，他们还将私人财富用于公共事务，为节日和戏剧创作提供资金保障，而后两者又赋予古典雅典独特的魅力（这是一种捐助体制，向富人征税，当他们承担超过规定的义务时，就能得到荣誉）。伯里克利第一个广为人知的行动是资助埃斯库罗斯的重要历史剧《波斯人》（Persae）的创作。我们不是从把伯里克利理想化的修昔底德那里得知此事，而是从一个石刻清单上得知的。这类石刻是当时政治军事方面的原始资料。我们不应忘记这类证据也有助于学术研究。

## 帝国：雅典及起而代之者

"共同的血缘，共同的语言，共同的宗教和共同的习俗"——根据希罗多德的标准，这些就是作为希腊人（*hellēnikon*，Greekness）的要素。对"民族"的这一定义，并不会使现代人类学家蒙羞，它证明了到公元前5世纪中期，一些希腊人已经意识到他们的共同之处是什么。这种共同的情感又因为在公元前499—前479年面对共同敌人波斯的威胁，而得以最大限度地强化。然而，古典时期的希腊人，从来没能把他们都是"希腊人"这种心理上的认识转化为政治上的统一。古典希腊城邦的历史是一个不能达成统一的历史：斯巴达不会，雅典也不会利用类似于马其顿和罗马的力量使这种不统一有发生变化的可能。只有一种方法，可以不通过武力来达成统一，那就是联邦。这种方法在公元前4世纪被第三股强大的希腊力量付诸实践：波奥提亚的忒拜在埃帕米农达斯（Epaminondas）当政时期，将联邦制度推行到波奥提亚边境之外（但是并没有使用会使忒拜声望严重受损的强迫手段）。古典希腊城市太过尊重他们的独立传统，以至于没有准备好让他们自己从属于某个体系。在这个体系中，他们的表决票将会是众多表决票之一（雅典人和斯巴达人都在他们的同盟中找到了如此有效控制决定权的方法，因此最好根本不要称其为同盟）。我们称这种态度为"尊重独立"，而一个坦白的希腊人也许会称之为"嫉妒"（*phthonos*）。正是斯巴达对雅典的这种"嫉妒"，左右了公元前5世纪的历史进程。不情愿自己领导希腊世界，其原因我们会再做讨论，斯巴达（或者更准确地说，某些斯巴达人在某些时候）也不能忍受看到雅典取而代之。《伊索寓言》中的"狗占马槽"（"dog in the manger"）就是一个起源于希腊的故事。就像阿里安（Arrian）著作中斯巴达人在亚历山大大帝统治之初所说的那样，斯巴达的传统导致它不遵从亚历山大的权威。

公元前478年，希腊，尤其是仍然处于波斯威胁的希腊东部岛屿，需要一个领导，但候选者并不多。斯巴达是最突出的候选者。在先前的战争中，它领导希腊联盟抗击过波斯。该联盟是暂时性的，与之前所提到的任何联盟都截然不同。斯巴达当然不愿意让雅典领导。重建雅典城墙——任何积极的外交政策的一个先决条件——导致斯巴达派出代表团提出抗议，只因狄米斯托克利的智慧而最终抗议无效。更明确地说，在公元前479年之后，斯巴达扩张主义者的目标是能够察觉得到的。但是其扩张不在陆地（中部希腊），而在其之前没有什么军事经验的海洋上。因此，斯巴达国王李奥提齐达斯（Leotychidas）干涉了特萨利（Thessaly）的政治，恢复了可能是克里奥美尼斯一世（Cleomenes I）在公元前6世纪开始的一系列政策。斯巴达和它的竞争者——包括公元前4世纪的忒拜和马其顿——对特萨利所表现出来的这种兴趣，将会贯穿整个我们所讲述的时代。这里值得注意的是特萨利所能提供的物资。特萨利农业资源丰富，能够供养的马匹超过绝大部分希腊城邦所能承担的程度，因此，骑兵是其最大优势；其次，特萨利的地理位置十分优越：横跨整个到达马其顿和色雷斯的主要陆地干线，这些地方是希腊人渴求的粮食和造船木料的产地，紧扼东部色雷斯和赫勒斯滂地区则增加了特萨利额外的经济吸引力。因为控制了赫勒斯滂就意味着控制了另一个主要供给地的谷物运输——从俄罗斯南部通过黑海的道路。对雅典人来说，保持这条供应道路的畅通非常重要；而对其敌人来说，重要的就是切断这条道路。

特萨利的第三个优势是帕格西（Pagasae）[1]的良港，这是中部希腊最好的港口。最后，特萨利控制了德尔斐近邻同盟（Delphic amphictyony）中大部分表决票，并且传统上支持近邻同盟的盟长——近邻同盟是一个国际性的同盟，控制着德尔斐阿波罗圣所的事务，而阿波罗圣所又是古代世界最著名的神谕所在地——正是近邻同盟发动了"神圣战争"（Sacred

---

[1] 今沃洛斯（Volos）。

Wars），战争贯穿了整个希腊历史，从公元前600年到前336年就发生了不下4次。近邻同盟还动员希腊人在思想上和军事上讨伐某些真实的或所谓的罪人。因此，控制近邻同盟有着巨大的宣传和政治价值。斯巴达对近邻同盟的兴趣，在公元前5世纪70年代表现得最为明显，试图得到波斯的支持来投票解散同盟，从而加强自己对同盟的控制。就像阻止雅典城墙重建事件一样，这次又是狄米斯托克利阻止了斯巴达人这一动议。

然而斯巴达在公元前478年以后拒绝了称霸。在随后的50多年时间里（希腊语谓之公元前479—前431年的*pentekontaëtia*[1]），斯巴达满足于，或者说被迫让雅典的势力不断扩张。只有三次事件让斯巴达对雅典有所刺激：公元前465年，它承诺——不过最终没有兑现——进攻阿提卡，作为缓解雅典对富裕的萨索斯岛施压行为的手段。公元前446年，临近第一次伯罗奔尼撒战争尾声，斯巴达国王普莱斯托莱克斯（Pleistoanax）确实进攻了阿提卡，不过随即撤兵。公元前440年，斯巴达投票表决发动对雅典的战争。此时的雅典正在教训另一个颇具实力的附属盟邦萨摩斯。但是这一行动再次毫无成效，因为在第二次同盟全体会议上，斯巴达允许同盟者的票数超过了自己。这三次事件都有一个共同特征：斯巴达最终退却，就像它在公元前478年以后的退却一样。说斯巴达是一个帝国主义者，这是站不住脚的。

这种不情愿的原因在于其内部的困难。像所有希腊城邦一样，斯巴达也有大量的奴隶，但是它的奴隶问题颇为独特，一是奴隶数量众多，二是大部分奴隶即希洛人（helots）都属于单一民族——美塞尼亚人（Messenians），他们的身份更接近于中世纪的农奴，而非一般的希腊动产奴隶。因为这些美塞尼亚希洛人都说希腊语（比如雅典奴隶就与他们的不同，雅典的奴隶是众多民族的混合，没有共同的语言来发泄不满），有共同的民族自觉意识；而斯巴达人自身的数量则在不断减少，因此，他

---

[1] 意为"五十年时期"。——译注

们给斯巴达主人带来了特殊的安全问题。除了希洛人以外，斯巴达在公元前478年以后面对的另一个困难是，不得不处理伯罗奔尼撒同盟内部事务。尤其是公元前5世纪70年代和60年代，很明显存在着一个动荡不安的地区，即北斯巴达的阿卡狄亚（Arcadia）。原因是多方面的：首先，伯罗奔尼撒同盟存在的首要原因是对阿尔戈斯的忌惮；但此时的阿尔戈斯因为它在公元前494年被斯巴达的克里奥美尼斯击败、处于低落状态。阿卡狄亚可能已经意识到同盟此时缺少存在的理由。其次，克里奥美尼斯被斯巴达当权派压制，可能导致了阿卡狄亚人的不满；而前者独独选中他们，答应与之建立一种私人的关系，包括可能会放松控制。最后，雅典民主政治造成了某种不安的影响。在克里斯提尼于公元前507年创立民主制度之后，已经展示出其军事能力和政治吸引力；对一些第二集团的希腊城邦来说，已经没有必要一定在僭主政治和斯巴达控制的寡头政治之间进行选择了。现在有了第三种可能性——模仿或者从属于民主政治的雅典。这种可能性，似乎因为公元前5世纪70年代末期和60年代早期狄米斯托克利到达伯罗奔尼撒而具体化了。尽管失去了雅典人的支持，狄米斯托克利还是通过鼓动阿卡狄亚和阿尔戈斯的民主政治活动分子，不断侵蚀斯巴达势力范围内的利益。

对于斯巴达来说，这些事情以及内部的原因，使之必须对外表现为一个永久的领导。另外一个担忧，可能它自己或者其潜在拥护者已经感觉到了，就是斯巴达对海上战争或者说海上帝国的经验非常之少。

在这方面，斯巴达不同于科林斯。科林斯有组建海军的传统，也有管理远方殖民地的经验，即西北希腊的殖民地，如安布拉西亚（Ambracia），或是北爱琴海的殖民地。但科林斯长久以来太过亲斯巴达了，以致没有能力反抗或取代斯巴达。从其他希腊城邦的角度来说，科林斯缺少像雅典或斯巴达那种外露的意识形态吸引力，斯巴达的"阿果该"（agōgē，军事训练和纪律）不仅是一种有效镇压的制度设置，而且在很多方面都被认为是某种值得羡慕的积极方式。

现在只剩下雅典有能力称霸了。因为其他主要的古典希腊城邦，忒拜和阿尔戈斯此时已经和之前的特萨利一样，在战争中投到了波斯一边，即所谓的"里通波斯"（Medism）。无论如何，就像我们已经看到的那样，公元前5世纪早期的阿尔戈斯，境况并不好。实际上，它曾有过短暂的权势欲求，即伯罗奔尼撒战争暂停阶段——公元前421年的《尼西阿斯和约》（Peace of Nicias）签订时。此时阿尔戈斯试图恢复古老英雄时代的阿尔戈斯之荣光。这种怀旧的——然而是真诚的——利用传统或神话时期霸权的企图，是希腊政治和诗歌的典型特征。就忒拜来说，它对权势的欲求时间要推迟到后来的公元前4世纪60年代。尽管特萨利长期成为其他城邦打劫的对象，但也有短暂为自己利益行动的时候。公元前4世纪70年代，费莱奥的杰森（Jason of Pherae），就像公元前421年后的阿尔戈斯人一样，以一个古老词汇定义其目标——征集"斯科帕斯（Scopas）的贡品"[1]；并按照红衣阿里奥斯（Aleuas the Red）[2]军队的模板进行了军事改造。斯科帕斯和阿里奥斯都是特萨利过往历史中的模糊形象。

公元前478年，雅典占据了一切优势，而我们前面所考虑的那些不利因素则一概不存在。它没有希洛人或者远方的阿卡狄亚人在肋后插刀。而在其民主政治和文化（*paideia*）方面，又拥有（不同于科林斯的）积极的东西可以拿得出手。得益于公元前6世纪僭主庇西特拉图的艺术与文学赞助人身份，雅典已具有强大的文化凝聚力。公元前480年以后，许多被放逐的爱奥尼知识分子被这种凝聚力吸引而来。就对历史、传统和神话的需求而言，阿尔戈斯可能已经有了自己的古代国王，特萨利有她的阿里奥斯和斯科帕斯，而雅典产生了许多最具才干的宣传员，能够代表一种帝国的实力进行宣传。在雅典帝国早期，客蒙认为对斯奇洛斯岛（Scyros）的压迫是合理的，其理由是：在那里发现了传说中雅典国王忒修斯的骸骨。将雅典当作全人类赞助者（从而能从精神上证明其宗主权）的想象，以德

---

[1] 斯科帕斯是传说中的斯科帕斯人的首领，喜欢炫耀自己的富有。——译注
[2] 公元前6世纪晚期特萨利同盟的创立者。——译注

墨忒尔神话及其赋予人类谷物作为礼物的方式加以传播。这一崇拜主要集中在宗教圣地厄琉西斯（Eleusis）；但是厄琉西斯也是阿提卡一个有选举权的村庄，因而也在雅典的版图之内。雅典伟大的领导者伯里克利及其后继者，在强调厄琉西斯之时，就从庇西特拉图的书[1]中抽出了一页；在公元前426年德洛斯阿波罗圣所的"涤除"完成之时，还有更为清晰的庇西特拉图之痕迹。爱琴海中部岛屿德洛斯，是雅典帝国的精神中心（同时还是同盟的金库所在地，各盟邦进贡的金钱都储藏在那里，直到公元前454年）。从人种学的角度来说，这一帝国很大程度是"爱奥尼人的"。公元前5世纪，雅典人的宣传员中还有另外一个才华横溢的群体，为了帝国的意图，去探讨与夸大一个确定的历史事实，即爱奥尼在黑暗时代就是雅典殖民地的一部分。雅典将自己摆在所有从属盟邦的"母邦"位置，而不考虑很多特殊情况下的模糊事实，因此要求得到宗教上的敬意。根据希腊人的观念，子邦归属于母邦。最终，雅典人——不像阿尔戈斯、忒拜和特萨利这类投靠波斯者——在最近的历史中，扮演了为希腊服务的高贵角色，将他们的城市实体作为牺牲，交给了薛西斯。[2]直到公元前4世纪，雅典的演说家们仍在相互提醒着这一点。这一主题在公元前5世纪的建筑中得到强调，帕特农神庙中楣上的192个群雕形象，对此予以精彩的阐释，意在展现马拉松英雄们的牺牲。马拉松的胜利，无疑存在于公元前5世纪中期尼米西斯神庙（temple of Nemesis）建筑师的心中——尼米西斯的含义就是对波斯的神圣惩罚。这座神庙就在马拉松附近的拉姆诺斯（Rhamnous）。公正地说，并非所有诸如此类的雅典宗教性颂扬都是它自己的制造，即便是伯罗奔尼撒战争中站在斯巴达一边的德尔斐神庙的阿波罗神谕，也称公元前5世纪的雅典为"一只在云中翱翔的雄鹰"。

最重要的是，雅典和科林斯一样，拥有强大的舰队。雅典在古风时代后期也已经呈现出海外帝国的端倪；除了与爱奥尼在情感和宗教方面的联

---

[1] 指庇西特拉图当政时期，在雅典成立一个专门机构，负责编辑和整理的荷马史诗。——译注
[2] 指雅典主动撤出城市，转移到海船上，波斯国王薛西斯顺利占领雅典城。——译注

系，还拥有在特洛伊附近的西格乌姆（Sigeum）、赫勒斯滂海峡出入口、半岛以及萨拉米斯岛和优卑亚岛上的殖民地。这些早期海外活动的主要动因之一就是粮食。如同我们所看到的，古风和古典时代的雅典，需要来自南俄罗斯的、穿过赫勒斯滂的谷物。这给了雅典回应公元前5世纪70年代东部希腊岛民诉求的一个特殊动机：经济需求。用一位现代马克思主义者德·圣克鲁瓦（de St. Croix）的话说，公元前5世纪的雅典"继续海上帝国的政策，但是有着特殊的原因"，也就是经济原因。这么说是恰当的。不过这位作家继续弱化他所说的"毫不掩饰的侵略性和贪婪"因素时，我们就没必要相信他了。我们应该看到，每个雅典人都从帝国得到了经济上的实惠，不仅仅是那些食不果腹的贫困阶层，这种实惠也绝不仅仅是填饱肚子。至于侵略，很多雅典人几乎没有表现出任何对谷物供应的焦虑。我们对经济因素的讨论，至少应该涉及对制造货币的贵金属的渴求——作为对劳里昂银矿产出的补充，这一点能更进一步解释公元前465年对萨索斯的进攻；还有对造船木材的渴求，这可能关系到公元前437年的安菲波利斯，或许还关系到公元前443年在图里伊（Thurii）的殖民。图里伊临近南意大利布鲁提姆（Bruttium）的西拉（Sila）森林，图里伊的木材也出现在公元前407年阿提卡的记载中。

这就是公元前478年的形势。当修昔底德描述雅典对领导地位的担当之时，他甚至也没有把对黑海粮食的希求作为一个动机。尽管我们在演说中听到更多解放之类的高尚目标，但是实际谈话中却是复仇和从波斯攫取战利品。然而，"复仇"被宣称为一个"借口"（而不是整个故事），因而学者们很自然会质疑修昔底德为何要如此处理整个故事。也许他认为，对反抗波斯的持续动员，是为了领导对抗斯巴达的斗争打前哨；或者更有可能他是在思考这个已形成了的帝国，而帝国的行动则是针对一般的希腊世界。

公元前5世纪的雅典帝国（暂且不论其提供给那些处于更困难境地的希腊地区的保护，即反对波斯，当然我们还应该加上反海盗）就是——或者说已变成了——一个毋庸置疑的压迫工具。我们在一段公元前377年的铭文上，发现了最激烈的争辩，即反对罔顾事实将雅典帝国视为一个慈善机构和一个广受欢迎的机构。铭文中有第二次雅典海上同盟的条款和目标，并且预先明确否定了公元前5世纪以来的一系列行为——贡金、领土侵犯、驻军、统治等。我们可以清晰地感受到这种滥用。唯一实际的讨论不在于形容词"侵略的"，而在于适当的动词："是"或"变成"。也就是说，这个帝国（一直）是侵略性的还是（逐渐地）变成侵略性的？关于约公元前450年之前的雅典帝国是何种形式的，证据非常之少。因此，这个时期之后其性质发生改变的表象可能是一个错觉。然而雅典在形式上确实存在着更加明显的帝国主义倾向，即使在有不少铭文幸存下来的时期也是如此。从贡金清单来看，在公元前449年《卡里阿斯和约》（Peace of Callias）以后是否有一个重建的转折期还是模糊不清的。在这段时间里出现的逾期交付或不交付贡金现象，应归于这样一种意识，即：最初的反波斯同盟已经失去了其公义性。但是导致转折的原因究竟是什么呢？至少能确定一点，修昔底德书中的一个演说者于公元前411年所作的评论，称"同盟者"真正想要的是既摆脱斯巴达赞助的寡头执政者，又摆脱雅典支持的民主分子。但是在公元前478年的那种欢慰氛围中，这恐怕难以实现。

那么，雅典人的干涉或控制，或者（并非中立的）镇压，采取的是何种形式？第一是经济形式。我们已经提到过，依从经济压力，雅典运用帝国机构来保障自己的粮食供应。我们听说了"赫勒斯滂的卫兵"能够决定多少谷物可以供给雅典之外的消费者；还听说经过这里的运输船要被征收10%的税（运往雅典本身的谷物可能会免税）。至少在公元前4世纪，法律控制的商品贸易，包括了运往雅典以外任何地方的粮食。我们所注意到的更普遍的现象是，对贵金属和造船木材的渴求，也部分解释了雅典对萨索斯、图里伊和安菲波利斯的攻击和殖民。最重要的当然是贡金，以船只或金钱形式（第二种形式逐渐成为各方首选）展现出来。

第二，行政、军事驻防以及防卫指挥官已被充分证明，所有这些人绝不能解释为受邀请而出现——，就如俄国的坦克开进"兄弟般的"布拉格（Prague）或喀布尔（Kabul）。所有武器中最有威力的当属舰队。

第三，司法方面。铭文显示，严重的司法事件都集中在雅典。文字资料的断言无疑也是这样的，民众法庭用于迫害反雅典的成员，这类人与寡头制有交集，但未必就等同于寡头制的拥护者。司法的终极缺陷在于，雅典的法律从来没能先于罗马发展出来一种关于"勒索"罪的单独门类，尤其是保护被压迫的行省人免于行省总督掠夺的条款。

第四，宗教方面。关于宗教观念的教条主义理解，通常不同于希腊、罗马的思维，但是我们已经注意到雅典的方式，自谓爱奥尼的首都，将宗教作为宣称它对其盟邦拥有权威的方式。更具体的宗教滥用则是以"雅典娜女神"自身的名义侵吞接壤之处的领土，雅典娜的土地用一系列现存的界碑石划定界限。由于这些土地可能被租赁给雅典的私人，因此实际上属于我们下面要解释的范畴。

第五，领土方面。向盟邦殖民或者侵占盟邦领土，给下层社会带来了明显而直接的实惠。但是新近的著作已经正确地意识到：上层社会同样获得了利益，并且是巨大的利益。主要证据就是关于一些被没收和变卖的雅典贵族财产登记清单，其财产被没收和变卖的原因是伯罗奔尼撒战争中雅典内部的一个丑闻。这些清单显示，那些富有的雅典人在盟邦的领土内拥有土地财产，有时还面积宽广，价值不菲，因而对当地的田产占有规则视而不见（大部分希腊城邦只限于本邦公民拥有土地）。这种土地掠夺，有助于解释为什么我们甚少听到来自雅典任何阶层的代表对帝国道德的质疑之声——这也是富人从帝国得到的正面利益。另一种获利则是负面的。若是没有帝国的贡金，富人们就不得不自己支付舰队的费用，犹如他们在公元前4世纪由于紧张的阶级关系不得不做的那样，而公元前5世纪则没有这样的紧张关系。

第六，社会方面。公元前451年的一道法令限制了公民权，这给来自各地的公民后代带来了实惠。这种利益，如同我们上文讨论所显示的那样，随着时间推移，其影响也越来越大。这一法令与公元前5世纪第一批向盟邦殖民的举措相呼应，当然并非偶然。雅典人（以及斯巴达人）对于公民权的限制，被罗马的颂词作者认为是其帝国如此短暂的主要原因。当然，雅典人也给予一些单独的共同体以特权（如公元前404年给予波奥提亚的普拉提亚、优卑亚和萨摩斯的），但是为时已晚，而且数额太少，并不能消除统治者与被统治者之间的心理鸿沟。

第七，也是最后一点，政治干涉。至关重要的真相是，雅典通常支持民主派反对寡头派，这在古代被认为是事实；但偶尔也能看到雅典对寡头派的支持。雅典并非教条地支持民主派别，只要有经济实惠，便无所谓。即便是战略上和政治上如此重要的萨摩斯岛，关于公元前440—前439年叛乱之后究竟是寡头政体还是民主政体，我们的两份主要文字资料也不相一致，相关的铭文复原也可从两种不同意思上进行解读。

当公元前431年斯巴达回应来自科林斯的压力、同意解放希腊之时，我们得知希腊世界偏向于斯巴达一方。上面列举的严厉控制方法说明，对雅典势力的怨恨，确实不是空穴来风。

## 民主制

由于雅典通常支持海外的民主政治，因此民主政治与帝国有着密切的联系。在民主政治与帝国之间，另外还有一层内在关联。因客蒙在公元前5世纪60年代的举措，帝国征收的税金日益增加，这使得公元前462年的民主制变革具备了可能性，这一转变又与厄斐阿尔特（Ephialtes）和伯里克利的名字联系在一起。这些改革提升了公民大会（*ekklēsia*）的权力。梭伦开其端、到克里斯提尼为止，在许多方面，公元前6世纪留给雅典人的仍是一个贵族制国家。尤其需要指出，"向人民诉求"制的引入，被公元前4世纪的思想家亚里士多德认为是梭伦所做出的最为"民主"的举措，实际上仍然只是一个潜在的民主因素。直到公元前5世纪60年代实行陪审津贴制，意味着大量民众陪审员——即组成的民众法庭（*dikastēria*）的数以百计甚至数以千计的公民——能够频繁出庭而不必担心失去收入。接下来的几十年里，其他民主津贴也陆续引入，如为准备公民大会事务的500人议事会（*boulē*）成员支付津贴，在城市节庆日向公民发放津贴。到了这个程度，就不能否认雅典民主政治的费用是由盟邦所支付的了。雅典曾经否认过，其理由是在公元前404年战败以后，帝国已不复存在，但公元前4世纪的雅典仍旧发放津贴（公元前404年以后，它的确创造了另一重要的津贴新品种，即为出席公民大会者发放津贴）。因此（据说）民主化的津贴与帝国没有必然的联系。有这样一种论点颇为天真，即一旦由投票通过的措施得以实施——如同现代新的银行休假制度——有勇气的政治家会挺身而出，力促废除之，至少在为自己保留了可一举罢免领导人的权利的那种民主制下会这样做（雅典没有任何诸如现代英国的五年任期制）。

相比现代的英国和美国，雅典的民主政治在民主性上既有优越性也有不足之处。对于优越之处前文已述，公民大会比现代的选民能够享受更直接的权利，部分原因是古代雅典的投票人相对来说少得太多了；不足之处的原因也在于投票人数，大量群体的全部成员被排除在公民权之外，如奴隶、妇女、从属盟邦，而他们的生活受到许多公民大会决议的影响。大约只有40,000名成年男性公民拥有投票权。这些人中间，大约只有6000千人（可能接近于公民大会举行之地尼克斯神庙的最大容量，也是某些特定决议所需要的法定人数）可能参与重要的讨论。

理论上讲，公民大会在雅典政治生活中至高无上，尽管很难找到一个关于这一原则的清晰陈述，"如果人民不被允许去做自己想做的事情，那将会是耻辱"，此类声音已经凸现，这就证明了一个总体来说不合法的事物是正当的。关于这一点，可能亚里士多德解释得最好，他说：人民希望得到至高无上之权利。关于真正的人民主权，最好的阐释就是：人民保留且运用罢免并惩罚其公仆的权利。在这些公仆中，十将军是最显要的，他们占据雅典最重要的职位，其任命是通过选举，而不是抽签。

但是在实践中，公民大会的权利和重要性会受到诸多因素的制约。对其重要性的第一个制约就是德谟（deme）生活的活力。德谟（共有140个）是阿提卡拥有选举权的乡村，每个德谟有一定数量的500人议事会成员，其人数与德谟的人口成正比。但德谟的作用远不止这一点。同阿提卡的民主化一样，公元前6世纪阿提卡的集中化也是一件非常重要的事情。在这一过程中，雅典城从未能吸收阿提卡公民的政治能量；相反，阿提卡类似一个联邦，对本地与国家的忠诚并行不悖。现在仍存于石碑上的德谟法令就是最好的证明，其开头几乎是完全重复"国家"法令的套话（"对……的德谟居民来说，似乎很好"对应了"对于雅典的议事会和人民来说，似乎很好"）。内容包括了此类主题：如德谟借出的金钱，德谟剧院的租约，德谟市政广场的建造，授予来自其他德谟之人甚至授予外国人以荣誉称号。对剧院和市政广场的提及（它们的存在有时候为考古发现所证实）就是自证，这些建筑是一个发达城邦的典型特征。阿提卡的德谟在现代被描述为"微型城邦"。关于这一点更进一步的证明则是德谟层面强烈宗教气息的生活，这些都为铭文所证实，包括长期而复杂的祭仪历法（其中一段铭文甚至还显示了一个被公认为十分强大且声名卓著的德谟自己主动请求德尔斐神谕）。宗教是城邦生活的重心，就如德谟一样。这样自然就会存在对德谟自主性的限制。除了给予外国人荣誉称号，它们没有"关于外国的政策"，在很多方面它们的财政也从属于雅典城。例如，强化无军事防御的德谟，就应该是国家的责任。然而约公元前300年之后的德谟铭文的缺失，就不幸地说明了古典雅典城邦生活衰落的一个典型方面。尽管在公元前300年以后的数百年时间里，雅典人还是用其家族和德谟的双名体系构建自我认同。

对公民大会的第二个限制是500人议事会，其主要功能是对提交公民大会的任何议题进行审议。像阿提卡的德谟一样，议事会也被描述为——这次是古代作家的描述——雅典的微型城邦（*mikra polis*）。传统观念认为，议事会仅仅是公民大会的代理和仆人，这一观点很大程度上基于一种想象，即议事会是人民的社会性代表和一个"横截面"。然而，这种想象并没有坚实的基础。当克里斯提尼于公元前507年设计出500人议事会时，是无需津贴进行选举的。第一次明显通过抽签从德谟成员中产生议事会成员（*bouleutai*），是在约公元前450年，发放津贴不会早于公元前411年。虽然这些说不上就是上述机构的实际创立时间（在这些例子中，颇有意味的是将它们与厄菲阿尔特以及公元前462年的变革联系起来），但是非常重要的是，我们应当记得，从贵族议事会向民主议事会的转变是一个渐进的过程。很难评估议事会是否具有典型社会代表性，因为富人和有影响力的公民在其中占据主导地位。实际上也几乎没有任何文字证据。但是通过考察现存的议事会成员名单（始于公元前5世纪），并与关于其财富的独立证据相印证，我们能够看到议事会成员资格与较高社会等级有着密切联系；而不是我们所期待的那样，真的是一个随机的体系。也有人辩称，在雅典演说家的作品中，某某人在某一年通过欺骗手段进入议事会；还有一些惊人的巧合，父子或兄弟同时进入议事会，或者某个著名政治人物为了外交政策而在一些特别令人激动的年份召开议事会讨论——所有这些都表明存在着抽签舞弊的方式（抽签被认为是为了确保议事会成员从德谟中随机产生）。最明显的舞弊方法就是在其德谟成员并不情愿之际，以时间或金钱加以诱惑，但是"骗取"的辩解可能意味着还有来自于野心家更切实的压力，例如他们可能贿赂其德谟成员不要将他们的姓名在德谟层面推举出来。所有这些意味着，议事会作为一个集影响力与自信为一体的半职业性机构，可能被期望领导公民大会，而不仅仅是从属于它。我们确实发现了议事会从事从未被公民大会批准的外交活动（从某些铭文的套话中得以判断）；此外，还有不可否认的证据表明，外交被人为操纵，如有必要，则避开公民大会。当然，议事会的权力也有限制。比如，成员任期只有一年，没人能够任职超过两次（这些规定是防止议事会像一些古代国家那样成为世袭望族的专利）；但是即便这些也不能高估，因为某些特殊政治集团能够采取措施，保证在议事会中总有一个代表——"代表"就是议事会成员这一词的非正式含义。提及这些关于议事会任职形式上的规则，引出了一个基本的问题：最低财产等级（*thētes*）的人是否有任职资格？若是没有，那么就很大程度上证明了议事会的上述精英特性。但是证据很不清晰，因此答案也是模糊的。

第三，十将军。我们已经看到，将军是能够被免职的，即便是伯里克利，也在公元前429年去世前不久遭到罢免。但是一般认为，通常情况下，将军应该有很大的权限，尤其是战时。例如，尽管不可否认，将军从来没有强硬对待希腊人，但是出于安全考虑，在全体公民大会上讨论战略问题必然会引起不愉快。由于将军是选举出来的职务，且没有改选的限制，因此能够得到异乎寻常的尊重。

第四，"蛊惑家"（demagogues），受欢迎的领导者，如公元前5世纪20年代的客蒙及其之后的希帕波鲁斯（Hyperbolus），他们可能没有必要拥有任何特别的职务，但是通过演说或劝诱技巧就能够获得很大权力。文字资料对客蒙这样的人颇有微词，但是我们在铭文的帮助下能为其恢复部分名誉。铭文不仅显示出他们的社会起源并不像喜剧作家阿里斯托芬所说的那样模糊不清，并且说明一个希帕波鲁斯就有能力解决复杂而敏感的立法问题。实际上，蛊惑家（伯里克利自己就属于更高级的一类蛊惑家）是通过民主政治结构上的缺陷来获得他们有影响力的地位的。帝国式的管理意味着越来越繁杂的工作，而雅典人又缺乏一种现代类型的行政机构让那些拥有专门知识的政治家来做这些工作。知识就是力量！对一个希帕波鲁斯进行的惩罚是"陶片放逐"，这是一种通过民众投票将某个人放逐10年的方法（得名于"投票"过程中使用的陶片碎片）。公元前4世纪存在一种更有害的发展，专业的政治家通过选举牢牢控制权力，例如，控制国家财政和那些能够保证他们不容易失去资格的职位。

第五，也是最后一点，公民大会本身的程序和心态特征，削弱了民主的影响力和独立性。公民大会召开的频率比议事会更低，不经常开会则导致没有广泛的讨论。投票并不计数，通过举手表决，因此这是一种凭印象的标准，就如现代的工会集会一样。甚至迟至公元前5世纪末期，蛊惑家大行其道之时，民主政治的雅典投票人还是"喜欢某个贵族"，比如年轻的阿尔基比亚德斯（Alcibiades）就能够在公元前415年要求得到一个政府高级职位，原因是他的赛马在新近的奥林匹克赛会中获得了胜利。这种要求显示了财富的持久势力，尤其是通过继承得来的财富，这不可避免地妨碍了民主政治。尽管雅典民主政治有这些瑕疵和缺点，但其主要作用还是作为贫穷阶层的保护者，在整个公元前5世纪的爱琴海世界保护他们免受寡头统治者的独裁统治。从这些阶层的观点来看，雅典民主政治的悲剧性在于，这个世界逐渐对他们的保护者失去了信心。

## 战 争

我们上面叙述的民主政治，被阿尔基比亚德斯称为"一般性常识错误"。但是我们已经看到，阿尔基比亚德斯和他的阶层确实从民主政治和帝国的联合体中获得了好处。出于对他们在公民大会中"精通"政治的敬意，他们被授予地方行政长官和军事指挥官之职，帝国给予他们土地和其他物质利益。因此，当伯罗奔尼撒战争于公元前431年爆发时，他们就准备好为保卫"常识性错误"而战斗。但是这场战争打破了阿尔基比亚德斯阶层的权力和影响。事实上，公元前400年之后的三代人中都没有一个雅典人进入奥林匹亚的战车队伍（相对应的是，公元前433—前400年的一代人中就有20位）。当帝国在公元前404年消亡之时，上层社会对于与"可憎之人"——来自一个寡头政治者墓志铭的直白称呼——合作的动力也随之消失，因此富人也不再像以前那样慷慨地大肆花钱用于国内支出。伯罗奔尼撒战争引起的最大变化在于普遍的专门化趋势，最显著的表现自然是在军事领域。自此以后，政治家和将军在雅典成为不同的职业，这一发展在伯里克利的生涯中就有所预示。他第一次广为人知的活动（在公元前5世纪60年代）就是纯政治性的，只是后来才成为伟大的军事指挥家。这种专业化意味着，阿尔基比亚德斯的马匹不足以保证他的政治和军事成功，即便假定可憎的平民允许他在充满复仇氛围的公元前4世纪继续拥有这些马匹。这种专业化所影响的不仅仅是政府官员阶层。公元前4世纪被称为雇佣军的时代，但是其改变却在公元前5世纪的最后10年就发生了，公元前400年色诺芬率领一支10,000人的希腊雇佣军到东方支持波斯的反叛者居鲁士——这时，雇佣军为金钱而战的本质就已经确定并得到认可了。公元前400年之前的二三十年，波斯总督，甚至雅典人自己都已经使用雇佣军了。

伯罗奔尼撒战争也引起了战术上的改变。传统的希腊步兵技术是重装步兵，这就需要与之相关的沉重而昂贵的装备。但是我们在伯罗奔尼撒战争中第一次听说了轻装部队，即轻盾兵（peltast，得名于他们的盾牌）。轻盾兵的流行，一方面是因为其机动性，另一方面是因为装备花费更少。尽管在古典希腊的战争中轻盾兵从来没有取代重装步兵（公元前4世纪的大部分攻坚战役都是重装步兵的事），但是重武器和轻武器结合起来却威力巨大。对重装步兵依赖性的减少（他们逐渐成为所为之战斗的城邦的公民）以及对轻盾兵和雇佣军使用的增加，带来的社会影响就是削弱了城邦与为之战斗并保护城邦者之间的联系。关于这些"没有城邦归属"的无根之人的数量及其潜在的威胁，可能被公元前4世纪作家伊索克拉底（Isocrates）所夸大，因为他是有产阶级的发言人。但是情况确实因为伯罗奔尼撒战争而变得更加糟糕。主要是因为公元前404年以后，没有一个单一的领导力量能够对其政治秩序施以影响，即如斯巴达和雅典在不同时期所做之事。这就导致伴随暴力的政治的不稳定性上升。因此，伊索克拉底所抱怨的那些人也被放逐了。

海战和围城技术也在公元前431年以后得到长足发展。通过比较修昔底德第一章和第二章中对雅典海军的记载，我们看到，在弗米奥

（Phormio）领导下，雅典人在一年左右的时间里就有勇气和技术在公开海域进行演习了。围城技术在公元前5世纪后期得到改进的契机并不是伯罗奔尼撒战争，而是同一时期在西西里对抗迦太基的战争，这次战争导致了约公元前400年无转矩弹射器的发明（后来有了更先进的转矩弹射器，显然是在特萨利发明的，时间是约公元前350年）。尽管守城者很快适应并运用了新的围墙类型和更有效的防御工事，但还是有可能通过猛攻拿下防御坚固的城市。斯巴达国王阿格西劳斯（Agesilaus）在公元前4世纪90年代失败了，而亚历山大于元前4世纪30年代在西亚成功了——很大程度上是因为亚历山大的父亲腓力把特萨利的攻城技师招募到了马其顿军中。

战略思想在古典希腊战争中的改变最为缓慢，即便在伯罗奔尼撒战争的紧张状态下也是如此。就战略上来说，大多数希腊城邦的将军都是为政治组织服务，他们不会被授予超过最低限度的正式权力。但是也有一定的改变，在公元前424年的德利乌姆（Delium）战役中，我们第一次听说了忒拜人的纵深列队。这种特别的部队是一种战略预备队，后来在公元前4世纪由忒拜人埃帕米农达斯（Epaminondas）继续改进。至此，战略预备队更加取决于将军的判断和时间选择，将军必须决定何时何地投入预备队。关于战略的手册或者口头教导（我们第一次听说这二者的时间都是公元前5世纪后期）宣告了知识性的改变，也就是说，如果战争会成为一门科学，那么就能像其他科学那样进行传授。

但是，从重要策略意义上来说，战略是通过最好的军事手段达到政治目的，因此在伯罗奔尼撒战争早期是非常谨慎的。战争初期，斯巴达人所能想到的最好战略就是年复一年入侵阿提卡的领土，迫使雅典人屈服。这一战略注定要失败，因为伯里克利的战略是放弃阿提卡的领土，将人口集中到城墙之内以及9公里之外的海港城镇皮拉奥斯。雅典与皮拉奥斯之间以一条平行的城墙相连接，即"长城"（Long Walls），因此二者成为一个防御统一体。有权使用皮拉奥斯，则意味着有权使用雅典帝国提供的粮食和日用品。所有雅典人都需要赢得这场战争以持续幸存。

修昔底德对于"赢得"和"幸存"使用了同一个希腊词汇。雅典有帝国的资金来源。数年来积累的资金，能够支付盟邦的任何训练花费，以确保必需的供给顺利通过。

斯巴达的形势就不是这么乐观了。它没有储备或贡金，因此，如果必须满足盟邦的军事和政治要求的话，他们的兵源就得依靠征集。然而，这些要求中首先就包括"解放"。我们看到希腊世界在公元前431年对它提出了这样的期待，而"解放"意味着，首先必须以积极的步调拆散雅典帝国。为了这一目的，斯巴达需要额外的人力，而它自己的社会体系无法提供；更重要的是需要资金来支付冒险的战争，甚至可能需要海战（这就意味着建造舰船，又是花费巨大之事）。有一个摆脱困境的办法，那就是借助最有力量的非希腊海上势力，也就是波斯。不过，这时斯巴达的进退维谷境地愈加明显，斯巴达的盟邦所要求的是将希腊从雅典的控制下"解放"出来——但其逻辑上的下一步却是将东部希腊和小亚细亚从波斯的控制中解放出来。在战争的最后阶段，阿尔基比亚德斯向一个波斯总督指出了这一点。在为斯巴达的战争付出之前，波斯需要得到斯巴达关于其对东部爱琴海意图的保证，而斯巴达对其同盟的义务使得它不可能给出这样的保证。波斯人其实也没有任何特殊理由来破坏《卡里阿斯和约》建立起来的与雅典令人满意的关系。

因此，斯巴达必须考虑通过某种方式来给予雅典及其帝国以切实的打击，而这种打击又必须不能来自波斯的帮助——也就是说，不能有舰队。公元前426年，斯巴达偶然找到的答案就是恢复古老的对希腊中心地位的渴望。修昔底德对发生在公元前431—前421年所谓的阿希达穆斯战争（Archidamian Wars）中的战斗的多数记载，都涉及斯巴达将军布拉西达斯（Brasidas）在参与北方的活动中。但重要的要注意第一个步骤，即公元前426年在通往特萨利的南部通道特拉奇斯的赫拉克里亚（Heraclea-in-Trachis）建立大规模军事殖民地——这一步骤发生在布拉西达斯往北方调兵之前。这毕竟使斯巴达人而不是精力异常旺盛的布拉西达斯被迫去思考重要的战略问题。然而，正是布拉西达斯的成功行动，打击了亲雅典的色雷斯人和北方的占有地（包括安菲波利斯，于公元前424年被攻占），使得雅典愿意在公元前5世纪20年代末期达成和平。斯巴达同样愿意停止敌对，因为克里昂部分凭借运气，部分凭借机巧——修昔底德正因此而不信任克里昂——在伯罗奔尼撒西部的皮罗斯俘获了120名斯巴达全权公民。擒获如此数量的斯巴达全权公民着实可谓不少，结果布拉西达斯的成功被克里昂的政治行为抵消了，从而缔结了《尼西阿斯和约》（公元前421—前415年）。雅典保住了其帝国并赢得了阿希达穆斯战争。

修昔底德称这一和平为"正在溃烂的和平"，这无疑是一针见血。尽管雅典没有公开表示敌意，但是在阿尔基比亚德斯或者还有希帕波鲁斯的推动下，一直鼓动着伯罗奔尼撒同盟内部的反斯巴达因素。不过这一举动毫无所获，因为公元前418年，斯巴达在曼提尼亚（Mantinea）挫败了敌人的联合进攻。然而，比起所有这些不合逻辑的外交，对深远的发展而言，和平年份里雅典在某些方面犯了一个灾难性错误：先后支持安纳托利亚西部的两个波斯总督——比索特尼斯（Pissouthnes）及其儿子反叛波斯国王。这就给了波斯国王支持斯巴达反对雅典的动机——而这种动机正是他在阿希达穆斯战争期间所缺少的。于是，公元前415年，雅典派遣一支舰队到达西西里，而这支舰队在叙拉古被消灭（公元前413年）。其后果是，雅典帝国内部信心动摇，而波斯最终似乎处于一个能够帮助斯巴达赢得战争的地位。

尽管发生了西西里事件，并且这一事件又导致一次短命的寡头政变，雅典还是继续坚持战斗了九年。确实，早在公元前410年，雅典就赢得了一次主要的海战胜利——塞西库斯战役（the battle of Cyzicus），实际上已迫使斯巴达提出议和。只是在波斯国王之子居鲁士的支持下，波斯的金钱在公元前407年以后源源不断地注入，斯巴达才在来山德（Lysander）的领导下于羊河口战役（the battle of Aegospotami，公元前405年）之后迫使雅典人投降。即便这时，决定性因素仍然不是战斗，而是赫勒斯滂通路的阻塞。战争失败了，帝国瓦解了，雄鹰从云端跌落了。

## 霸权：公元前4世纪的争夺

"要么自由，要么统治别人"——这是修昔底德笔下一位演说者口中的惯用语。关于希腊人的态度，这一等式实为真理：免于被其他人压迫的自由，至少与压迫其他人的自由是等值的。斯巴达在最终将希腊从雅典帝国"解放"出来以后的行为，正好展现了"解放"这一观念激进、有害的一面。公元前404年以后的几年时间里，斯巴达都忙于希腊世界内部的战争。科林斯战争（公元前395—前386年）对抗的是希腊城邦联军，包括波奥提亚、科林斯、阿尔戈斯；最值得注意的是卷土重来的雅典，它推翻了伯罗奔尼撒战争之后斯巴达操控的寡头政治集团的短暂统治。与此同时（公元前400—前390年），斯巴达还在亚洲与波斯战斗。阿尔基比亚德斯是正确的：斯巴达对希腊大陆的解放，致使它进一步试图将小亚细亚的希腊人解救出来，摆脱波斯的统治。

这场战争是如何发生的呢？答案是这个时期斯巴达的扩张主义——向各个方向毫无节制地扩张，来山德个人与这种扩张脱离不了干系。但是在某些方面，来山德只是以一种更加坚决的方式继续斯巴达传统却又是时断时续追逐的政策，如同公元前426年规划了赫拉克里亚（Heraclea）的斯巴达人，不过是在继续里奥提基达斯和克里奥美尼斯一世的中希腊政策。

我们可以从赫拉克里亚和中希腊说起。斯巴达复兴的目标给波奥提亚和科林斯带来了严重威胁，周边形势可谓剑拔弩张。战争结束后不久，斯巴达就重申它在赫拉克里亚的权力——在这些年里，赫拉克里亚的外交重心一直在斯巴达和波奥提亚的控制之间摇摆不定。并且，斯巴达似乎干涉了特萨利的政策。有关这一点的证据来自公元前404年一个特萨利政治家的鼓动性演说，斯巴达也确实派遣了一支部队到特萨利的城市法萨鲁斯（Pharsalus）。这种干涉是一种威胁，要把特萨利卷入与躁动的马其顿国王阿尔凯劳斯（Archelaus，公元前413—前399年在位）的冲突中，阿尔凯劳斯也觊觎特萨利。来山德在这些时间出现在北希腊和中希腊，向我们充分证明了他与这些政策的关系。

这就是北方的形势，接下来说西方。在西西里的叙拉古，大约在希腊的伯罗奔尼撒战争结束之时，僭主狄奥尼修斯一世在斯巴达的帮助下建立了自己的势力。我们不由得再次怀疑这是否是来山德的手段。根据普鲁塔克所写传记的前面一个章节所描述的，来山德曾作为使者访问过狄奥尼修斯一世。这让叙拉古的母邦科林斯大为不安，尤其是斯巴达帮助过的僭主中还包括一位被科林斯人神秘地描述为"领导人"的叙拉古人。

接下来是南方的问题。来山德另一个确证访问的证据来自埃及锡瓦（Siwah）的阿蒙神谕（oracle of Ammon）。来山德的兄弟被称为利比斯（Libys，意为利比亚人），这可能意味着某种家族联系。埃及自公元前404年起，就在一位本土法老的领导下反抗波斯。来山德很可能在埃及做了与在叙拉古所做的同样的事情，支持并且以某种义务为条件扶持了一个新的临时势力。当然，狄奥尼修斯和这位新法老都对来山德表示了报答之意，即在科林斯战争中给予斯巴达以切实的海军支持。

最后也是最重要的，直接涉及波斯的东方。公元前404年以后，斯巴达对东方的介入是在居鲁士的秘密帮助下完成的。现在，在对新国王（居鲁士的兄弟）的反叛中，有色诺芬的10,000雇佣军——这支军队得到了来自斯巴达的官方支持，这也是亲斯巴达的色诺芬在其《长征记》中记载这次远征时强抑痛苦的一个原因。在一些爱奥尼城市呼吁后，斯巴达在亚洲反对波斯的行动变得更加公开。公元前400年—前396年，斯巴达派遣了一系列远征部队，最后一次实际上由新即位的斯巴达国王阿格西劳斯（Agesilaus）领导，纵横安纳托利亚并在此作战，直到科林斯战争（公元前395年）爆发才撤回。即便是一次海上的失利也不足以阻止斯巴达对亚洲的野心——公元前394年在奈达斯（Cnidus）遭受雅典舰队指挥官客蒙领导的波斯战舰的重创。公元前392年，客蒙和一个波斯总督洗劫了斯巴达的海岸线——这就导致了长久以来希洛人反叛可能性的上升，希洛人当然乐于看到斯巴达的敌人如此逼近。经过几年断断续续的战斗，最终达成了《大王和约》（King's Peace，公元前387/6年），决定小亚细亚属于波斯，而希腊应该"自治"。公元前392年—前387/6年间的拖延，部分原因是为了拖垮雅典、使之屈服，但是主要原因是波斯国王对斯巴达的敌意——因为斯巴达在公元前400年支持过居鲁士。

《大王和约》关于"自治"的规定，对斯巴达尤其有利。因为它可以借此瓦解敌人，这些敌人的机构可能会被控制而妨碍内部"自治"。这一规定使得自狄米斯托克利之日起就是一个统一民主城邦的阿卡迪亚的曼提尼亚，被分解成选举村落。然而，斯巴达干涉曼提尼亚是否以规定自制的条款为依据却值得怀疑——实际上是因为《大王和约》给予它的特权。在某种意义上，斯巴达被波斯指派为保证人，给它权力去做它想做的事情。在它的两个主要敌人忒拜和雅典被"自治"条款限制以后，这一点更为突出。忒拜被迫失去了它在波奥提亚同盟中的优势地位，雅典在这一时刻也不得不放弃了恢复从前帝国的希望。这种希望无疑在公元前404年以后曾一度迅速恢复。公元前392年，一位雅典演说家转述了这种渴望，即恢复雅典在战争中失去的海外领土。奈达斯战役以后，雅典在赫勒斯滂恢复了从前的什一税。自公元前5世纪以来，这种对帝国的渴望，尤其是对重新获得另一块北方领土安菲波利斯的渴望，决定了一直到腓力时代的雅典对外政策。

《大王和约》使得斯巴达不仅可以随心所欲地攻击如曼提尼亚这样的邻邦，而且能够再次向北方扩张。公元前383年，它袭击了卡尔基狄斯（Chalcidice）的奥林托斯（Olynthus）。但是在北进的途中，斯巴达指挥官弗比达斯（Phoebidas）被一个亲斯巴达的派别邀请进了忒拜的大本营卡德美亚（Cadmeia）并占领了这里。这种四处侵略，被虔诚的色诺芬认为——就他对斯巴达所有的同情心而言——是一种神谴的疯狂，因此斯巴达人理所当然地招致了希腊世界的普遍反感。于是，当一些被放逐的忒拜人于公元前379年光复他们的城市之时，得到了雅典的援助。利用这种反斯巴达的氛围，或许还有因参与当前的忒拜事件而产生的对斯巴达的恐惧，雅典人现在（公元前378年）集结了所有的盟邦，即第二次雅典海上同盟，其中最引人注目的是与忒拜的结盟。就如我们已经注意到的，新的同盟力求避免公元前5世纪帝国那些令人憎恶的行为（贡金、驻军、征地）。然而即便如此，其他盟邦也没有匆忙加入。直到新的同盟在爱琴海的纳克索斯（Naxos）对斯巴达进行了一次卓有成效的阻击（公元前376年），才引来蜂拥而至的入盟。雅典的新地位被认为是《大王和约》在公元前375年的复兴。雅典雄鹰再次翱翔，尽管它已经远非昔日那只雄壮威严的大鸟。虽然有公元前377年的承诺，这一时期活跃的海军战役还是不得不由"捐献"——只是公元前5世纪曾有过的贡金换了一个名头而已——的资金来支付。我们第一次听说这种捐献是在公元前373年。同一年，有证据显示，雅典第一次在扼守西部希腊的凯法利尼亚（Cephallenia）岛上驻军。

因此，雅典不仅首先开始打破它先前的不利誓约，更重要的是，忒拜在公元前4世纪70年代的行为也为新同盟的意识形态的正当性打上了问号。这种正当性最初是一种雅典和忒拜联合领导的民主自由对斯巴达的反抗。解放卡迪美亚之后不久，忒拜就再次对其在波奥提亚的地位提出了要求——在忒拜的领导下复兴波奥提亚同盟。一些较小的波奥提亚城市的反抗受到恫吓，有的甚至遭到毁灭。而邻邦的雅典正在警惕地关注着这一切。公元前371年的留克特拉战役（the battle of Leuctra），忒拜对抗斯巴达并将之击败，震惊了整个希腊。希腊人世代都理所当然地认为斯巴达是不可战胜的，雅典嗅到了危险的信号，于是以一种极为粗野的方式通告了忒拜的胜利，并在外交上向斯巴达靠拢。这种转变也使雅典的其他同盟沮丧不已。忒拜霸权的时代开始了。

留克特拉战役是斯巴达的失败，然而最严重的后果是忒拜将数百年都是希洛人的美塞尼亚重建为一个独立的城邦（公元前369年）。斯巴达被剥夺了其霸权赖以为继的经济支柱——"阿果戈"，这种"阿果戈"需要以大量劳动力供养的有闲阶层为基础。斯巴达在希腊权力结构中沦为二流了。

这种局势使得忒拜和雅典在斯巴达衰落后留下的权力真空中继续竞争。在特萨利，第三股力量——我们已经提到过的，费莱奥的杰森（Jason of Pherae）——毁坏了赫拉克里亚的城墙，以防止任何敌人再次从这条道路进入。这是斯巴达成为希腊中心之野心的结束。但是杰森被暗杀了，特萨利再次如公元前4世纪60年代那样沦为其他贪婪者觊觎的对象。特萨利和马其顿——后者正经历着朝代更迭的阵痛——是公元前4世纪60年代忒拜行动的首要威胁。于是忒拜的伯里皮达斯（Pelopidas）操控了对特萨利和马其顿的外交和军事渗透。此时忒拜的利益与雅典发生了冲突，因为留克特拉战役的后果之一就是唤醒了雅典对于恢复安菲波利斯和柯塞尼斯半岛（Chersonese）的热望。然而，任何一方都有能力在北方有所作为，同时也有能力阻止对方的成功，这反而使得马其顿的腓力二世的最后任务更为简单。不过忒拜也得到了一个切实的好处，通过特萨利的投票，在德尔斐近邻同盟中取得了彻底的主导权。

忒拜人活动的第二个主要地区是柯塞尼斯半岛，留克特拉战役的胜利者埃帕米农达斯（Epaminondas）继重建美塞尼亚之后，又在这里建立了一个联邦性质的阿卡迪亚城邦，定都麦加罗波利斯（Megalopolis，意为"伟大的城市"）。这种重建，就如将联邦主义输出至埃托利亚（Aetolians）并建立一个新的波奥提亚联邦（区别于继续存在的波奥提亚同盟，以第二次雅典同盟为模板），代表了忒拜留给希腊化时代的主要遗产。

忒拜的第三个也是最后一个扩张的地区是通过海路控制的爱琴海地区。这里的敌人又是雅典。雅典于公元前365年在其同盟的注视下向这里的萨摩斯殖民——这样就违背了另一个联盟誓言。这种违背更多是道义上而非形式上的。首先，萨摩斯不是一个盟邦成员；其次，雅典的行动是波斯的一次驻军所引起——波斯违背了《大王和约》，因为和约承认亚洲为波斯所有，但是不包括像萨摩斯这样的沿海岛屿。这种违背是不能容忍的，从萨摩斯的战略重要性来说，雅典的反应也是师出有名。但其殖民行动却招致了（如亲萨摩斯的铭文所示）深远而广泛的怨恨。这导致忒拜诱使一些很有实力的雅典盟邦退出同盟，最引人注目的就是赫勒斯滂谷物运输路线上的拜占庭（Byzantium），还有暂时退盟的罗德岛。在这方面，埃帕米农达斯是摩索拉斯（Mausolus）的先驱。摩索拉斯是波斯总督，他进一步利用盟邦的不满，在公元前4世纪50年代进行反雅典活动，最终在同盟战争（Social War）中将罗德岛和其他盟邦拉出雅典阵营。对这些岛屿的总督式渗透，往往以寡头政治的形式施行，早在公元前4世纪60年代就在某些地方开始了，比较显著的就是科斯岛。爱琴海世界寡头政治与民主政治之间的这种"阶级斗争"，向着反民主政治的方向倾斜了。但是我们要记得，正是雅典的自私自利——对自利目标如安菲波利斯的追逐——导致了罗德岛的民主政治派别甚至倾向于摩索拉斯，而不是他们在雅典的同类民主政治派别。

公元前4世纪60年代末，联盟内部反对雅典的情绪日渐高涨，忒拜普遍不受欢迎，斯巴达早已衰落。因此，当腓力二世——一个当代历史学家将其描述为"欧洲所出最伟大之人"——在公元前359年继承了一个纷扰不断的马其顿王国时，他首先的幸运在于这些城邦自身的削弱，他们在面对腓力时必须先处理自己的事务，要不然他个人的这种伟大也仅仅只是一种潜能。我们可以举出叙拉古的例子，其僭主统治在第二代就结束了，在这方面，叙拉古和古风时代希腊大地上的其他僭主统治并无二致。公元前4世纪中期的西西里，政治混乱，经济崩溃，没有能力干涉马其顿的新王。一个名叫提摩利昂（Timoleon）的科林斯人在公元前4世纪40年代试图归还并复兴西西里。但是直到希腊化时代，一个西西里的统治者才再次登上（地中海）世界政治舞台。在公元前4世纪50年代，雅典、斯巴达和科林斯的形势都在恶化：我们已经看到，雅典的联盟已经在公元前357—前355年的同盟战争中分崩离析；斯巴达想要重新获得美塞尼亚的努力也是徒劳无功；忒拜在公元前4世纪50年代向邻邦弗奇斯（Phocis）寻衅，结果导致其在向弗奇斯进行神圣战争的德尔斐近邻同盟中沦为配角。但是弗奇斯人攫取了德尔斐神庙的财富，招募雇佣军，在反对忒拜方面取得了显著成绩，直到公元前346年腓力的介入，战争才告结束。神圣战争的重要性，说其将腓力引入希腊的中心恐怕并非虚言。但是，早在公元前4世纪50年代，腓力就已经从希腊城邦间的不统一和各顾眼前之举中获利，攫取了北方一系列地区，包括安菲波利斯，还取得了对特萨利的一切控制权。奥林托斯在公元前348年屈服，不再受雅典控制，其伟大的爱国者德摩斯提尼的演讲也未能奏效。德摩斯提尼在公元前4世纪50年代后期并没有敏锐地将腓力（相较波斯或斯巴达而言）当作雅典的真正敌人，只有在公元前349年以后才勉强认清了现实。到了公元前346年，雅典对腓力的军事斗争收效甚微，以致正式的外交被所谓的《斐洛克拉特斯和约》（Peace of Philocrates）取代。从雅典的角度来说，该和约影响力最大的条款是默认了安菲波利斯的损失。从腓力的角度来说，它的重要性不仅仅是一个和约，还是一个与雅典的盟约——因此有理由相信，他已经在思考与波斯的战争了，而这项事业最终由他的儿子亚历山大大帝完成。为了这一目标，腓力需要雅典的海军，或者至少需要雅典的中立。然而，公元前346年的和约是暂时性的，问题在于究竟是腓力还是不断刺激他的德摩斯提尼想要这一结果。腓力利用公元前4世纪40年代的时间来巩固他对特萨利和色雷斯的控制，以及在其他地方，例如优卑亚安插（或许可能只是鼓励）他的军队。通过德摩斯提尼，这段间隙被用于重振希腊人反对"蛮族人"的主张，"蛮族人"是他对马其顿人并不公正也不准确的称谓（马其顿的文化与希腊文化的亲缘性现在已经得到清晰的揭示，如发掘于1977年的维吉纳的彩色壁画这类考古发现）。腓力最终的胜利仅限于卡罗尼亚（Chaeronea）地区（公元前338年），说明克里斯提尼的宣传和政治努力几乎成功了。卡罗尼亚战争的结果是另一种新型的外交：一块殖民地（"科林斯同盟"，与古典时代联邦的观点没有什么联系），其中心有一个国王，其维持仰赖于占领者上层阶级的善意，而这些人已经确立了其中的权势。不管是在马其顿还是罗马，他们从未失去这种权势地位。作为雅典自己愚蠢行动的结果，古典时代的阶级斗争已经决定了，民主政治和雅典失败了。帝国主义已经被证明毕竟与民主政治不相容。

## 进一步阅读

从希波战争到伯罗奔尼撒战争这段时期的古代史料，收集在G. F. Hill, *Sources for Greek History 478—431 B.C.*（revised edn. Oxford, 1951 by R. Meiggs and A. Andrewes），索引十分有价值，因为将古代的参考书目列在地理和编年标题之下。Fornara翻译的公元前5世纪的许多条目放在Hill这部著作中，包括文字和碑铭方面的条目。关于这一时期的后面部分，见：P. Harding, *From the end of the Peloponnesian War to the battle of Ipsus*（Cambridge, 1985）。修昔底德（M. I. Finley修订）和色诺芬（G. L. Cawkwell修订）的作品有修订完善的企鹅版译本：*The Persian Expedition and A History of My Times*。

关于古典希腊的两部新近历史著作是：J. K. Davies, *Democracy and Classical Greece*（London, 1978），其主题要比标题显示得更为广泛，这是一部个性鲜明的关于这一时期的综合性史著；S. Hornblower, *The Greek World, 479—323 B.C.*（London, 1983），参考书目的全面性远超当前作品。

关于雅典帝国，主要的现代作品有：B. Meritt, H. T. Wade-Gery, and M. F. McGregor, *The Athenian Tribute Lists III*（Harvard, 1950），以及R. Meiggs, *The Athenian Empire*（Oxford, 1972, 平装本重新发行于1979年）。同一作者的

*Trees and Timber in the Ancient Mediterranean World*（Oxford，1982）说明了木材原料供应对雅典帝国的重要性。一本卓越的概要性考察著作是：P.J. Rhodes, *The Athenian Empire*（*Greece & Rome New Surveys in the Classics* xvii，1985）。相关原始资料的翻译和评注见：M. Greenstock and S. Hornblower, *The Athenian Empire*（LACTOR 1³，1983）。

关于雅典民主政治，已经有了许多研究和重新审视的作品，其开端则是保守而特别的：C. Hignett的*History of the Athenian Constitution*（Oxford，1952）以及A. H. M. Jones仍具价值的*Athenian Democracy*（Oxford，1957）。最重要的作品（尽管其中诸多新主题已经先期见刊）是：W. R. Connor, *The New Politicians of Fifth-Century Athens*（Princeton，1971）；P.J. Rhodes, *The Athenian Boule*（Oxford，1972），以及同一作者的宏大作品：*Commentary on the Aristotelian Athenaion Politeia*（Oxford，1981）；M. H. Hansen, *The Athenian Ecclesia: a collection of articles，1976—1983*（Copenhagen,.1983）以及*The Athenian Assembly*（Oxford，1987）；M.I. Finley, *Politics in the Ancient World*（Cambridge，1983）；J.K. Davies, *Wealth and the Power of Wealth in Classical Athens*（New York，1981，作为下面作品的补遗：*Athenian Propertied Families*，Oxford，1971）。关于德谟，见：D. Whitehead的巨著*The Demes of Attica*（Princeton，1986）。

关于伯罗奔尼撒战争，基础性的作品是：A. W. Gomme, *Historical Commentary on Thucydides*，Gomme去世后由A. Andrewes和K.J. Dover完成（Oxford，5 vols. 1945—80）。G. E. M. de Ste. Croix, *The Origins of the Peloponnesian War*（London，1972，平装本1982）有大量讨论，超出了标题的范围，在*Class Struggle in the Ancient Greek World*（London，1981，paperback，

1982）第五章中，他又回到古典希腊的相关主题上。关于战争最后阶段，关键性作品是：D. M. Lewis, *Sparta and Persia*（1977）的第4、第5章。

目前为止，关于公元前4世纪的论文多于专著，但是T. T. B. Ryder的*Koine Eirene*（Oxford, 1965）对于这一时期复杂的外交史（尤其是与波斯的关系）的论述颇有助益。J. Cargill, *The Second Athenian League, Empire or Free Alliance*（California, 1981）对第二次雅典同盟进行了重新考查，不过其观点可能过于温和；J. Buckler, *The Theban Hegemony 371—362 B.C.*（Harvard, 1980）有诸多编年和政治的细节，但是仍需要参考以下作品，如J. A. O. Larsen, *Greek Federal States*（Oxford, 1968）是关于公元前4世纪60年代联邦发展的重要性的论述。关于特萨利，H. D. Westlake, *Thessaly in the Fourth Century B.C.*（London, 1935）非常优秀，仍未被超越。S. Hornblower, *Mausolus*（Oxford, 1982）详细讨论了公元前4世纪70和60年代雅典与波斯的诸多方面，以及对同盟战争的处理（第7章），还有总督叛乱（第6章）。

近来有不少专著论述腓力二世，最好的可能是：G. L. Cawkwell, *Philip of Macedon*（Faber, 1978），以现代观点进行更详细讨论的则是：G. T. Griffith's contribution to N. G. L. Hammond and G. T. Griffith, *History of Macedonia* ii（Oxford, 1979）。

最后，P. Garnsey and C. Whittaker（edd.）, *Imperialism in the Ancient World*（Cambridge, 1978）包括了本章所讨论的诸多重要主题，尤其是Andrewes论斯巴达，Finley论公元前5世纪的雅典帝国（后来重印于他的*Economy and Society in Ancient Greece*：London, 1981；Pelican edn., 1983），以及Griffith论第二次雅典同盟。

# 第七章

# 希腊戏剧

彼得·列维（Peter Levi）

## 导 言

日常生活中存在着大量戏剧，生活经历是剧场里的所有演出的源泉。如果我们较为宽泛地理解"戏剧"这个词的话，几乎每个人类社会都有这样或那样的戏剧形式。我们知道，希腊人是坐在剧场的石阶上观看神圣仪式的。国家庆典、宗教仪式、出生、死亡、婚嫁和丰收等相关时刻，都与剧场中演出的戏剧有很多共同之处。但我们也承认有严格意义上的戏剧，因为它使用演员，在由观众所定义的类似于剧场的场合上演，多半还有情节，更重要的是拥有我们所了解并期待的一种内在形式。一旦有了一座剧场，其他许多常见因素也随之产生：掌声、竞争、道白风格，也许还有面具和舞蹈。

尽管希腊人认为戏剧的某些传统是他们的发明，但实际上这些传统并不是被发明出来的，而是从社会和宗教庆典中承继和改造过来的。戏剧在进入剧场表演之前，就已开始出现在社会庆典与宗教仪式上了。在游行队伍中边唱边演（有讲述主题）的酒神赞歌显然是戏剧合唱诗的直接源头。第一个演员是何时从合唱队的队列里走出来的呢？同所有的社会史一样，戏剧史也始终是一种变化的历史、传统会发生改变或者重新出现，但是剧场表演的内在形式，即人们期待的戏剧骨架结构，则会因时而彻头彻尾地改变。这种变化是无可避免的。

那么，戏剧的起源，即最早的改编，是怎么发生的呢？戏剧演出中最早只有一个演员，然后有了第二个、第三个；尽管歌队可能有多种不同的展现方法，但合唱的背景一直没有改变。

戏剧有三种类型：悲剧、喜剧和萨提洛斯剧（satyrs）。在萨提洛斯剧中，歌队由属于狄奥尼索斯神的萨提儿（satyrs）[1]组成，而音乐本身自有其历史。非常明显，在公元前5世纪，雅典戏剧总体上增加了越来越多的人性和现实性、越来越多的世俗性和虚构情节，同时减少了宗教性和神秘因素。尽管这些变化即使在公元前4世纪也未达到其最后阶段，悲剧里创造出来的情节——与欧里庇得斯原汁原味的改编不同——在很长的历史时期里，都只是一种没有前途的发明。后来，在柏拉图的《会饮篇》（*Symposium*）中，我们看到年轻且成熟的诗人阿伽同（Agathon）对悲剧也有过这种创作，但我们对此所知甚少。

雅典悲剧的起源也几乎同样晦暗不清。毫无疑问，在公元前6世纪的希腊各地，到处都有戴着动物面具的舞者在表演。悲剧肯定起源于仪式和宗教。雅典最早的悲剧就是在广场（agora）上围绕一辆船车表演的，而广场基本上是一个露天空间。演员们大概来自于乡间，可能来自狄奥尼索斯在伊卡里亚（Icaria）的圣所或者来自厄琉瑟瑞亚（Eleutherae）。演员们以诗歌为台词并不令我们惊讶：演员和观众之间带韵味的即兴对话，甚至在不久前扎金索斯岛（Zacynthus）[2]上举办的节日嘉年华中依然保留着。

---

[1] 希腊神话中酒神的伴侣，为一组成年男性，在绘画中持笛吹奏。——译注
[2] 扎金索斯岛是希腊爱奥尼群岛中最南的岛屿。——译注

除此之外，在这个领域里，我们还会借用现代神话学和社会人类学的研究——尽管这些研究给我们的启迪不多而且经常会误导我们。偶尔，在现存的戏剧中，似乎能够抓到一点点有关起源和即将消亡的神的信息，或者也能看到入会仪式或动物舞者。但是这些感觉是不确定的，那些浪漫的论据和一般理论有时并不令人满意。同样，英国的传奇戏剧、神秘戏剧、哑剧、斯奇洛斯岛（Scyros）上的山羊舞者，以及即兴喜剧（*commedia dell' arte*）等，也都能对我们理解戏剧的本质有一定的帮助，特别是对理解戏剧复杂的起源有所帮助。

我们应该看到，早期希腊悲剧最重要的特征，除了在表演上极端程式化，以及如同音乐一样缓慢节制的剧情进展（事实上这是由音乐和仪式舞蹈决定的）之外，就是它乃是对荷马史诗的一种替代。很多悲剧的主题、讽刺、对正义的刻意专注以及悲剧自身的内在形式——英雄或超人的毁灭——都承袭自荷马。仅从戏剧传统来看，荷马史诗就已经具有悲剧风格了。就《伊利亚特》第一卷而言，荷马就已经称得上是一位伟大的悲剧作家。埃斯库罗斯恰如其分地说："我们都在吃荷马那张大餐桌上的面包屑。"的确如此。史诗对公元前5世纪雅典戏剧的影响巨大而又无处不在。埃斯库罗斯在悲剧《奥瑞斯忒亚》中借用了荷马史诗中有关阿伽门农的历史背景，借用的篇幅达三分之二。实际上，对于阿忒柔斯家族的那个诅咒的确切来源，我们始终一无所知[1]，这一点可以看作是史诗的传统惯例。真正的史诗始终是一个片断，它的起源属于另一种类型，属于赫西俄德的《神谱》那样的诗歌——甚至这些诗歌也充斥着未加解释和说明的情节。

让我们从这种迷雾般的观察转到我们比较确知的领域。雅典戏剧节获奖者的碑铭名单可能是由新生的民主机构开始制作或组织制作的，因

---

[1] 根据希腊神话，荷马史诗中的希腊统帅阿伽门农是迈锡尼国王阿忒柔斯的后代。他的祖先曾蔑视神灵、犯有罪恶，因此受到诅咒。在《奥瑞斯忒亚》三联剧中，雅典娜伸张正义，让法庭终止了诅咒。——译注

为戏剧节是全体人民的节日。但是，在公元前5世纪早期，最主要的悲剧节庆是在春天举办的大狄奥尼索斯节（Great Dionysia），这个节日最初多半是僭主庇西忒拉图创建的，克里斯提尼后来又对之进行了改造。比较明确的是，悲剧演出受到欢迎，悲剧形式随之有了发展，演出的固定天数也有所增加。最初，三位诗人各自在一天时间里展演他们的三出悲剧和一出萨提洛斯剧。在公元前5世纪的大部分时间，戏剧的舞台表演非常简单，甚至可以说是简陋：只有两个或三个演员，以及一个由12人（后来变成15人）组成的歌队。

公元前488或前487年，喜剧也开始在大狄奥尼索斯节上演。此前，它一直由"志愿者"举办。但是喜剧发展迅速，在希腊的其他地区也普遍存在。公元前5世纪早期，厄庇卡尔摩斯（Epicharmus）在西西里写作喜剧。在雅典，到了公元前440年，喜剧已经上了勒奈亚节，这是另一个为狄奥尼索斯举办的节日，因为是在冬季（大约在2月），所以天气比较寒冷。而悲剧大约是公元前432年才在这个节日上演。通常两个诗人每人献演两出悲剧。喜剧的数量会更多一些，每个节日都会演出五个喜剧，战争期间只演出三出。是花费更多、演出规模更大的悲剧还是喜剧更受欢迎呢？这两种类型的戏剧都大受欢迎，因为到了公元前4世纪，它们已扩展到雅典的各个村落，在秋季举行的乡村酒神节上演出。后来，戏剧又传到希腊世界各地。为了保证大量预约演出的正常进行，那些在各地巡游演出的组织，肯定也要克服很多困难，就像运动员遇到的情况一样。雅典的戏剧从来就不是孤立的：埃斯库罗斯在西西里写作剧本，欧里庇得斯和阿伽同受到马其顿的重金邀请。尽管毫无疑问，悲剧和喜剧都是重要的国家仪式和大众活动，但在雅典的勒奈亚节上，也允许外邦人参与表演。弗里尼库斯（Phrynichus）在他的悲剧《腓尼基妇女》（Phoenissae）和《米利都的陷落》（Fall of Miletus）里，比他年轻一些的对手埃斯库罗斯在《波斯人》里，以及很多后来的诗人，都敢于在剧场里直接处理当时的政治主题。也有很多悲剧直接或间接地触及了现实世界。如果不了解其真正的背景，是很难理解索福克勒斯最后的杰作《俄狄浦斯在科洛诺斯》（*Oedipus at Colonus*）的——它的首次上演正是在雅典城陷落之后。

## 埃斯库罗斯

埃斯库罗斯留下了七部完整的剧本，除非我们接受这一观点，即很多学者认为《普罗米修斯》（*Prometheus*）不是他的作品。同时，值得注意的是，尽管这些传至今天的剧本如此令人惊叹，但它们只是曾有的剧本中少得可怜的残存部分；它们脱离了此类作品的庞大背景，肯定在很多方面刷新了我们对它们的判断。埃斯库罗斯失传的悲剧也有片断保留下来，这些片断拓宽了他作为诗人和剧作家的领域，有些甚至令人惊讶。例如，谁能想象得出埃斯库罗斯在处理萨提洛斯剧时的幽默和文雅？而他却是这种戏剧类型的能手。谁又能想象得到埃斯库罗斯把阿喀琉斯和帕特罗克洛斯写成了一对同性恋人？关于宗教庄严的残篇并不出人意料，但是每发现一段写在纸草上的埃斯库罗斯残篇都是一次惊喜。

只有埃斯库罗斯留下了完整的三联剧：他的三部悲剧是一个有内在联系的系列、一个连续的故事。这就是三联剧《奥瑞斯忒亚》（*Oresteia*），其中第一出剧《阿伽门农》甚至比索福克勒斯的《俄狄浦斯王》更为宏大，也更具震撼力，对古代悲剧产生了极大影响，亚里士多德将其视为经典悲剧。整部三联剧，尤其是第三出剧《复仇女神》中，直到今天都不可思议地令人感动，也许与我们所能理解的古风时代后期的希腊世界非常接近。这是一个完全远离我们的世界，但是越走入其中，就越能确定地认识到，我们无法忽视它。埃斯库罗斯很像浪漫主义诗人布莱克，却没有布莱克的阴郁和神经质。他是莎士比亚，却具有一种令人震惊的专注。他的剧场氛围是死一般寂静的，他将戏剧的形式用到了极致。

《阿伽门农》在静穆中开场，守望人出现在屋顶，老年男子组成的歌队就要来了。这是黎明前的时刻，公元前458年戏剧节的首场演出，这一年埃斯库罗斯大约67岁，距离他辞世还有两年多的时间。

我祈求众神解除我长年守望的辛苦，
一年来我像一只狗似的，
蹲伏在阿特瑞代（Atreidae）的屋顶上；
我认识了夜里聚会的群星，
他们是天空中闪耀的君王，
给人们带来夏季和冬天。

我观望着信号火光，
这火光将报告特洛伊城陷落的消息。
我们聚集在这里，是收到
一个有男子气魄的、内心盼望胜利的女人的命令的。
夜里，当我躺在不让我入睡的、
给露水打湿了的床榻上的时候，
甚至没有梦来照看我的睡眠，
因为我不能闭上我的眼睛睡觉。
当我以唱歌来抗拒我的瞌睡时，
我就为这个家的不幸而叹息，
这个家不再像从前那样好了。
但愿我能摆脱这些辛苦，
但愿在黑暗中出现的火光能带来好消息。

欢迎啊，明亮的火光，
在深夜里发出的亮如白昼的光，
令所有的阿耳戈斯歌舞队开始舞蹈！

> 哦嚯，哦嚯！
> 我给阿伽门农的妻子发出了清晰的信号，
> 让她快快起床，高声欢呼
> 她的感恩，迎接这火光，
> 因为特洛伊城被攻陷了，
> 这正是夜晚的火光所传递的信号。

即使通过隔膜的现代翻译，我们也能立刻看到，这是一位非凡且手法简洁的诗人。他的隐喻非常简单，他观察敏锐，传达的信息远远超过了他的台词。他的语言有一种庄重，却又透着机敏和生动。这是渐渐明显起来的诗歌意境，正如音乐一样，它也以自身为基础，具有强烈的戏剧性。这部杰作最吸引人的特殊之处在于，它从零开始，从一个小人物开始。但是接着就把观众引进了一个宏大的组合，一段长长的、生动的对信号火光的叙述：这火光闪耀在从特洛伊到阿耳戈斯的每一个山头和岬角，延伸到整个希腊东部地区。这是一种不同寻常的方法，是埃斯库罗斯的特色，他对地理环境着以浓墨重彩的描写——真实的或夹杂了想象的。这种品位可以追溯到荷马，可以在荷马之后的作家笔下找到。（有趣的是）在三首分别献给德墨忒尔、阿波罗和赫尔墨斯的荷马颂歌中，也体现了这种品位。它反映了诗歌最古老的一个目的。古代爱尔兰的诗歌有这样的特点，古代法国的诗歌亦是如此。

最近，一些学者着力研究了埃斯库罗斯的全部作品，以探讨其中的具体人物形象。我则怀疑这些复杂的模式是否具有重要意义。他的写作不断地积累，但是非常简单。他的思想并没有隐藏在比喻里，而是用大量言语表达出来，要么直陈，要么批驳，完全是戏剧诗歌的表现形式。他最强有力的描述通常仅仅是一个非常家常也令人熟悉的比喻，却具有更大的震撼力：例如，融洽的狂欢（kōmos），即酒后有控制的放纵行为，亲友的探访、友善的狗等，往往在他的三言两语之间就变成了凶兆。用这种简单的语言，卡桑德拉描绘了她对阿伽门农家的印象：

> 我不再说谜语了。
>
> 请你们给我作证，证明我闻着气味，紧紧地
>
> 追查那古时候造下的罪恶踪迹。
>
> 有一个歌队从来没有离开这个家，
>
> 这歌队音调和谐，但是听来刺耳，因为它唱的是不祥的歌。
>
> 它靠喝人血壮大，胆气非凡，
>
> 它在这个家，和
>
> 有血缘关系的堂兄弟、报仇女神中间狂欢。

　　埃斯库罗斯想要表达的绝大多数思想我们还不清楚，尽管他心中的宙斯的崇高不断地迸发出来，带着大卫的赞美诗那样的纯净——这样的诗歌可能更接近我们自己对诗人的期待。《奥瑞斯忒亚》的力量是戏剧性的，但在诗集里或者在残篇中，同样的台词可能会大大消减其自身的魅力。使用这种极度精妙的语言来描写阿伽门农被妻子谋杀，有一种重要的意义。阿伽门农死亡的场景，正如所有的发生在希腊剧场舞台上的恐怖场面一样，在意识层面和无意识层面都做了充分的准备；当它到来的时候，它发出的声音令人恐惧，埃斯库罗斯要做的就是展示一场卑鄙的、血腥的屠杀。按照希腊人对女性的情感，这是无论如何不能被接受的。在这种场景下，观众是感到敬畏而不是被克吕泰墨斯忒拉（Clytemnestra）的性格吓住了。剧中的任何东西，甚至是阿伽门农的权力和奢华，都要符合她令人敬畏的举动。对她的情人埃葵斯托斯（Aegisthus），埃斯库罗斯只有蔑视。《阿伽门农》属于剧场，尽管在现代绝大多数导演手中，它不再能引起悲叹或惊讶。它是简单的、赤裸裸的和富有力量的，它的节奏缓慢，它的姿态也比很多舞蹈更缓慢。

　　在第二出剧中，我们看到了含蓄的同情、残忍的行为和祈祷者长久

的苦恼。王后及其情人最终被阿伽门农的儿子奥瑞斯忒斯所杀。而奥瑞斯忒斯正被从母亲体内迸溅出的血液里生长出来的复仇女神追杀着。但这不是一部伊丽莎白派学者所称的关于复仇的悲剧，它是不断累积的，以其自身的缓慢节奏讲述着一些可怕的事情，关于宙斯的正义和其他神的本质。第三出剧最不同寻常，埃斯库罗斯改变了场景，把讲述德尔斐阿波罗的故事坚定地转移至雅典，在结尾处区分了善与恶。最庄严的雅典法庭是由雅典娜组织的，我们所知道的最古老的传统咒语发生了逆转，复仇女神变成了雅典的精神庇护者——欧墨尼德斯，具有善意的女神。剧本的字里行间透露了一种政治信息，虽然我们对此并不很清楚，但是埃斯库罗斯想要表达的关键是对雅典的祝福，这才是隐藏在《奥瑞斯忒亚》背后最有分量的东西。

《波斯人》（Persians，公元前472年）构思奇妙。悲剧的主角是波斯国王，因为没有其他方法能以悲剧的形式展现雅典在萨拉米斯海战中的胜利。只有失败者才能是悲剧的主角。荷马让我们同情特洛伊，部分原因在于他让特洛伊人像希腊人那样讲话；但他对赫克托尔的哀悼同样令人信服，因为史诗是与哀悼紧密相连的。同荷马一样，埃斯库罗斯让我们感到，战争是可怕的。他对海战的描写不遗余力，很可能他本人就是萨拉米斯海战的亲历者。他确信这是希腊人伟大的和鼓舞人心的胜利，却让一个失败者来描述战争；战争是可怕的，它带来的杀戮令人震惊。这场戏的所有情节都使人着迷，战争的场景也独一无二。剧本是用诗歌写作的，如果用散文的话，可能会事倍功半。但诗歌并不是悲剧唯一的技术手法。有一点要说明的是，埃斯库罗斯为自己写了墓志铭，从中我们可以看出，他希望被人缅怀——仅仅是因为他曾经作为步兵参加了马拉松战役。

## 索福克勒斯

索福克勒斯过去常常被认为是三大悲剧家中最真实的典范、悲剧智慧的化身，是居于埃斯库罗斯未经雕饰的庄重与欧里庇得斯的文学创造性之间的、能够控制激情的一位诗人。这可能是由于亚里士多德将《俄狄浦斯王》看作悲剧最佳典范的缘故。在索福克勒斯看来，悲剧诗歌的艺术已经"获得真谛"，不可能再有真正的发展。鉴于后来作品和演出的奢侈与铺张，当亚里士多德回望多年前的悲剧加以比较时，很自然地被索福克勒斯剧作的清晰和质朴所吸引。特别是《俄狄浦斯王》的结构像鱼的骨架一样清晰可见——事实上，这种清晰的结构增强了悲剧的力量。但是，现存的七部索福克勒斯的悲剧在结构上具有明显的差异，被安排在格律诗段落中和合唱颂歌中的诗歌风格，常常是凝练的和奇异的。

索福克勒斯从公元前496年活到公元前406年——也就是说，几乎经历了整个公元前5世纪。公元前468年，在他28岁时，他击败埃斯库罗斯、赢得了节日比赛。在他去世的那一年里，他还组织歌队哀悼欧里庇得斯的离去。他较为富有，多次参加公众活动。他崇敬神，同时又夹杂着苦痛、烦恼和非常直接的畏惧。因此，非常有趣的是，在现实生活中，他在对医神阿斯克勒庇俄斯（Asclepius）的崇拜传入雅典一事上起到了重要作用；第一座公立医院也因此建立起来。在剧场里，他对结果、对预言的实现都非常感兴趣。雅典童话或民间故事的一般结局似乎是"最终，故事变成了现实"。人们必须注意的是，在他强有力而又令人难忘的诗歌中，歌队的合唱或者那些或激昂或悲伤的言语所表达的东西，是与诗人本人的智慧密切相关的。

任何悲剧的发展势头都是要引向剧情的结束。在索福克勒斯的《特拉基斯少女》（*Women of Trachis*）中，剧情结束之后五分钟，赫拉克

勒斯被火烧尽后，又从火中完好无损地晋升为神。在《菲罗克忒忒斯》
（*Philoctetes*）中，结局在遥远的未来，还涉及了特洛伊的陷落。和解即
将到来，观众无须对此思虑太多，英雄伤口的疼痛是无法忘怀的记忆。
在《埃阿斯》里，英雄的自杀，从某种意义来说就是剧情的结束，它来
得早，但是这部剧的有力之处是自杀的影响以及英雄的葬礼。索福克勒
斯的《埃勒克特拉》（*Electra*）与《奥瑞斯忒亚》的第二部曲相吻合，
在开始和结束处都有相似的情节框架，但其中心和实质是关于女性的戏
剧，剧情的推进带来了巨大的张力。其中最别具一格的片断是对死亡的
长长的、令人战栗的描述。观众们知道这是一个谎言，一个欺骗性极强
的谎言。

> 看，这是奥瑞斯忒斯，他是因计谋
> 死去的人，也是靠计谋获救活着的人。

所有这些变化的结构都有共同之处，即它们都保留着线索的清晰；这
种清晰反过来也允许台词中充斥着大量的装饰性语言。如在《安提戈涅》
（*Antigone*）里：

> 她大声地呼喊，
> 像痛苦的鸟看见
> 空荡荡的鸟巢中，没有了雏鸟。

在同一部剧里还有：

> 我们是两姐妹，我们的两个兄弟
> 在同一天死在彼此手里。

在这些诗句里，有某种力量，来自于悲剧艺术的精华，也来自于神话传说的精华。尽管在翻译时我并无夸张，但它们与伊丽莎白时代诗歌的相像，的确令人震撼，可能是出于同样的原因。索福克勒斯之所以伟大并具有感人的质朴，还是出于同样的原因。例如，在《埃勒克特拉》里的一段祷告词中，抒情合唱这样唱道：

> 啊，复仇女神，神的可怕的孩子，
> 你们曾经看到那些冤死的人，
> 你们曾经看到那被污秽了的床榻，
> 快来吧，帮助我吧，为我报杀父之仇。
> 送我的兄弟回家。我无法再支撑这过于沉重的悲伤了。

W. B. 叶芝（W. B. Yeats）为索福克勒斯的两部悲剧做了绝好的翻译，他还为合唱歌词配了一些有趣的音乐。关于俄狄浦斯的两部悲剧，再加上《安提戈涅》，可称得上是索福克勒斯最伟大、对绝大多数人来说也最生动的作品了。《俄狄浦斯王》表达了一种愤怒和悲哀的激动情绪，搬上现代的舞台后，节奏的控制成为问题，常常变成俄狄浦斯的慷慨陈词。讲述俄狄浦斯之死的悲剧《俄狄浦斯在科洛诺斯》进入了神秘的中心，希腊人在潜意识里，相信惩罚、苦难、瘟疫、失明和疯狂都与某种特殊的保护和神对牺牲者的令人敬畏的祝愿紧密地联系在一起。也就是说，在某种程度上，苦难和堕落会变成禁忌、神圣，使人从中受益。这是一种无法用技术手段来解答的神秘，只有社会人类学才能对其有清晰的阐述。

> 为俄狄浦斯让路吧。所有的人都说
> "那是个幸运的人"；
> 而为何现在暴风雨般的灾难正打在他的头上？
> 不要说哪个没死的人是幸运的。

死亡才是对痛苦的解脱。

就这样，《俄狄浦斯王》在低缓的鼓点声中结束了。在另一首最后的合歌中，叶芝对同样的观点做了更为宽泛的概括。而更有趣的是，这些话可能不是索福克勒斯本人写的，似乎是从剧中随处可见的含义不明的台词中提炼出来的，并在后期的戏剧表演中凝聚成了一个结论。到那个时候，如果不是太早，观众们会期待一个信息，几乎可以算作悲剧智慧的一个启示。同样有趣的是，叶芝并不打算了解关于这些诗句真实性的讨论，而是把这些诗句进行了改动并用作自己的至理名言，正如系列抒情诗"一个既老迈又年轻的人"的结尾。尽管已有很多学究式的讨论，在这里仍有必要引用这些诗句，作为用英语写成的最具索福克勒斯风格的诗句。很多伟大的学者都认为这些诗句是原创的。

忍受神给的生活，不要再问了；

不要回想年轻时的愉悦，旅途劳顿的老人；

如果其他所有的渴望无济于事的话，愉悦就是对死的期盼。

甚至从愉悦记忆的宝库，

也生长出死亡、绝望、家庭的分裂，人类所有的纠缠，

正如那个流浪的老乞丐和这些神憎恶的孩子知道的那样。

在长长的、响着回音的街道上，欢笑的舞者蜂拥而至，

在火把的照耀下，在喧嚣的歌声中，新娘被带到了新郎的房间，

我欢庆无声的吻结束或长或短的生命。

从来没有出生是最好的，古人这样说，

从来没有过生命的呼吸——从来没有见过太阳；

而次好的是享受美妙的夜晚，然后很快离开。

　　索福克勒斯不可能给这些诗句以叶芝能给的那种浪漫的情感。如果英语里有一句完美的希腊悲剧诗句的话，那可能就是韦伯所写的这句话："无依无靠的、未被掩埋的尸体。"叶芝在翻译悲剧《俄狄浦斯在科洛诺斯》时做到了最好，但那是一个奇异和美妙的地方。这幕悲剧以科洛诺斯附近的圣林为中心，科洛诺斯是索福克勒斯的出生地。在那个树林里，神赐给了俄狄浦斯死亡，他消失在那里。接纳了俄狄浦斯的忒修斯告诉我们，俄狄浦斯的坟墓——无人知道它的具体所在——在雅典与其边界之间，将受到绝对的保护。众多的树构成了林，而树林本身几乎就是一个角色。

来赞美科洛诺斯的马匹，来赞美

茂密丛林的深紫色，

夜莺的叫声淹没在白昼中，

如果日光曾经光顾过那里。

那里阳光照不透，也不为暴风雨所侵袭，

不死的女神踏过这块土地，

鸣响着和谐的声音，

塞墨勒的儿子是愉快的伙伴。

　　叶芝改动了原文，也动了很多脑筋，在生动性上并不低于大多数翻译。在他的笔下，树是金光灿灿的。

……那天然播种的、自我生成的形状给了

雅典的智者以权威，

> 甚至灰色叶子的橄榄树，
>
> 从活石中奇迹般地生出；
>
> 没有和平也没有战争，
>
> 那个古老的奇迹将要凋落，因为
>
> 伟大的灰眼睛的雅典娜守卫在那里。

索福克勒斯强调的，但对现代观众意义不大的一点是，雅典人的橄榄树在小亚细亚或者在希腊南部是无与伦比的，任何敌人都无法摧毁它们。但是，当这幕剧上演的时候，斯巴达及其盟邦正围在雅典的城墙之外，他们出现在科洛诺斯的圣林附近。那时，索福克勒斯已经辞世了，这部剧是在他死后上演的。当然，最终这些树都被砍倒了。

据推测，索福克勒斯写了41部三联剧，在24次比赛中赢得了头奖，从来没有排在第二位以外。他对自己的评价是，早期风格中充满了埃斯库罗斯的庄重；在第二个阶段，形成了自己的风格，但他感觉过于矫揉造作，没有任何甜蜜可言；不过他最后阶段的风格是柔和的，更加符合每个人物的性格特征。他在剧场里头25年的剧本都没有保留下来；在《埃阿斯》里，以及在几年之后的《安提戈涅》（可能是公元前441年）里，他对悲剧已经有了决定性的把控。

从某种意义上讲，《安提戈涅》也是克瑞翁的悲剧。因为安提戈涅坚持在忒拜城内战之后，不止一次地试图埋葬自己的兄弟。这一点在希腊人的情感里以及在索福克勒斯笔下，是她绝对的天职，却被僭主克瑞翁处以死刑；他自己的毁灭就始于这一刻，剧的结局也更像一次大雪崩。我们要轻视的不是克瑞翁，安提戈涅那令人惊心动魄的形象属于一个绝对的世界，任何政治人物对此都不精通。索福克勒斯对他人少有同情。如果在公元前5世纪有一个重要时刻的话，那可能就是属于《安提戈涅》的时刻了，因为剧本编纂时正值帕特农神庙的建造时期。

## 欧里庇得斯

　　同埃斯库罗斯一样，欧里庇得斯也出生在乡下，在公元前5世纪早期（大约是公元前485年），这意味着他比索福克勒斯小不到10岁。他于公元前406年逝世，享年80岁。人们很容易把他的作品看作是悲剧发展的第三个篇章，一个新的时代。的确，当他走进剧场的时候，埃斯库罗斯已经逝世了。他首次获得成功是在公元前441年，此时他已有44岁。欧里庇得斯有17部悲剧完整地保留下来，还有一部值得单独讨论的萨提洛斯剧，另一部《瑞索斯》（*Rhesus*），一度被误认为是他的作品。数量众多的作品反映出，在雅典陷落很久之后的后期希腊世界里，欧里庇得斯深受诗人、学者的欢迎。他大约写了92部剧，但在他的一生中，仅赢得过4次戏剧节比赛。尽管如此，他仍然是最伟大的剧作家，在其剧作的每个发展阶段都充满着原创性。他的剧作在写作风格上富于变化，在结构上有着令人惊喜的创造，有些怪异的评论称其有愤世嫉俗的矫揉造作。他善于处理意想不到的情节，他使用的基本材料与其说是人物角色，不如说是记忆场景、自我牺牲的场景、争吵的场景等诸如此类的背景。在他后期的剧作中，惊喜通常是兴奋的和精心制作的。《酒神的伴侣》（*Bacchae*）是他最后一部作品，也是最伟大的作品，其结构大胆而简洁，处处保留着埃斯库罗斯的色彩。

　　《希波吕托斯》（*Hippolytus*，公元前428年）令人兴奋，很美，很和谐，悲剧性极强。这是欧里庇得斯最为满意的作品，也是为他赢得了同时代观众的少数成功的剧作之一。主人公是纯洁无瑕的。

　　　　噢，我的女神，我为您带来了
　　　　这只编好的花环，上面的花朵采自一片纯净的草地，

> 那里没有牧人放牧羊群，
>
> 亦不曾有镰刀刈割，只有春天的蜜蜂
>
> 飞翔在这片未经修剪的草地上；
>
> 处女喷洒着这片草地，用汲自溪流的水。

我发现，无法找到合适的诗句来翻译这最后一行。也就是说，"羞耻"或者"尊敬"，作为被拟人化的年轻人自尊与内敛的品质具有强烈的贞洁意味，她是草地的园丁，用河里或溪里的水浇灌着草地。在英语里没有准确的词与希腊语"Aidōs"相对应，这可能为我们了解希波吕托斯的世界带来了障碍。在这里，他向处女神阿耳忒弥斯献祭，却忽视了阿芙罗狄忒。阿芙罗狄忒因此设计让他在继母强烈的爱恋下垮掉，最后死于其父的恶毒咒语。在可怕而有力的风格变化中，该剧直到最后一幕都保持着内在的冲突，其中一个冲突存在于阿耳忒弥斯和希波吕托斯之间：女神首次说话，接着就有了死亡的场景，这是舞台上的希腊悲剧绝无仅有的。

> 我将坚强，我要死了，父亲，
>
> 快用您的袍子把我的脸盖上。

欧里庇得斯的另一部关于女性激情的杰作是《美狄亚》（*Medea*），这部剧非常可怕，以致只能以美狄亚这个女巫乘坐着龙驾驶的车飞离而去作为结尾。美狄亚出于强烈的愤恨杀死了自己的孩子，这是爱情被拒所带来的阴暗面，荣誉被玷污也是她杀死孩子的原因。这部剧的诗句非常有说服力，即使在今天，也能让人很容易地被带进这些场景中。无论怎样，谋杀者和女巫都比剧中那些不幸的男子更加鲜活。她的某些言辞具有奇异的现代性，有时被相当错误地归功于欧里庇得斯。究其实，这只是一种放纵不羁的热情推理，最为根本的是热情而不是论证。欧里庇得斯深思熟虑地为每个角色选择了论据和观点，并借助于戏剧的伟大魅力表达了出来。剧场求新，老故事需要新的理解，但是，热情的连贯性和对生活的热情理解都成为《美狄亚》的基础。

公元前415年，即远征叙拉古的那一年，雅典人对权力的渴求达到高潮；同时，人们对迷信的恐惧也与日俱增。这一年，欧里庇得斯创作了关于特洛伊战争的三部悲剧：第一部描写了帕里斯（年轻时的生活以及如何播下了特洛伊毁灭的种子）；第二部写了帕拉米狄斯（Palamedes），一个善于发明的希腊人，但是对这部剧的情节我们所知甚少；第三部是《特洛亚妇女》（Trojan Women），展现的是特洛伊城陷落之后的悲剧情景。在非凡的技术效果下，每部剧之间都有明显的不同，欧里庇得斯借用诗歌语言传达了一系列的重锤打击。这几部剧仅仅靠着黑色的哀悼、希腊传令官微弱的人道主义同情，以及几行奇异的关于希腊圣地的怀乡诗句彼此相连。有时，语言的壮美把火和硫黄放进了空气里；有时，铿锵的词句展现了一种锐利；有时，修辞的句式像瀑布一样倾泻下来。

> 噢，大地的宝座，你的宝座就是大地。
> 你到底是什么，我很难猜测，
> 你是自然界的神律，你是人类的心灵，
> 宙斯，我向你祈祷，你引领着人类
> 走向正义之路，不被谴责……
>
> 噢，凡间的傻瓜，你们摧毁了城市，
> 死者的神庙和圣地，
> 让所有的一切变成沙漠，然后死去……
>
> 把她用船带到她该去的地方……
>
> 引领我，我曾经在特洛伊城内轻轻地行走，

> 引领我这个奴隶，在崖石边，
>
> 地面陷落的地方，让我掉下去，
>
> 与泪水一起凋落死亡。永远不要说
>
> 现在的幸福就是幸福，直到我们死的时候。

《特洛亚妇女》的累积效果是强大的。它不是关于传奇王子的定了型的故事，更像是历史和生活的经历。

《酒神的伴侣》讲述的是，变身成自己祭司后又可怕地现出真形的狄奥尼索斯对国王彭透斯的惩罚，可能改编自埃斯库罗斯的一部失传了的悲剧。这是欧里庇得斯所写的最令人难忘的一部悲剧，它的诗歌是激烈的；与《特洛亚妇女》不同，如果它没有被写出来，它就是不可想象的。

> 我为你带来了他，他嘲讽
>
> 我和我的秘仪。实施你的报复吧。
>
> 当他说话的时候，一道可怕的电光
>
> 划过天空，击在大地上。
>
> 空气静默着。长满树木的山谷里，
>
> 树叶静默着。没有动物呼叫。

这些语言出现在悲剧可怕的高潮到来之前，即在彭透斯被自己的母亲和其他女人撕成碎片之前，只能说是极具戏剧性的。在希腊悲剧中，最具戏剧性的诗歌和最有效的舞台背景都是由传信人说出的——他们描绘了在别处发生的行为。从这个意义上讲，悲剧的诗歌应该是荷马史诗的延续。

## 悲剧诗歌（结论）

　　在欧里庇得斯的《酒神的伴侣》里，歌队几乎没有讲话，实际上它的表达都限定在歌唱中。这是一种现代的——即后欧里庇得斯的——技巧吗？这是因为他不再能忍受歌队的干扰了吗？在最早的悲剧和埃斯库罗斯的所有悲剧里，歌队有着十分重要的作用，第一个演员好像仅仅是迈出了歌队的行列，缺乏自信。甚至在老年公民作为歌队的一般特征里，尽管充满着谚语般的智慧和无望，目的也是为演员的讲话提供一种对比和转换；正如类似的语言有时在品达的合唱抒情诗中所起的作用，他们的出现对剧情的展开意义重大。他们就像小码头附近的那些黑衣女子，或者那些围绕在集市周围的黑衣农民，为突然的谋杀和神的复仇赋予其社会含意。悲剧的剧情使他们成为照相机上的闪光灯。

> 神的变形有很多，
> 很多事情他们能裁定而我们不能，
> 所出现的不是已实现的。
> 神从不可能中找到出路，
> 这就是事情如何终结的。

　　这些诗句正是对包括《阿尔刻提斯》（*Alcestis*）在内的大量欧里庇得斯悲剧的总结，它们的确反映了歌队对事件茫然、虔敬和有些负面的态度。我们应该小心地不把任何歌队等同于悲剧诗人——尽管有时他们也的确是在面向观众讲话，比如在《俄狄浦斯王》里。然而，歌队有着多种多样的功能。索福克勒斯在构建剧本的结构时，改变了歌队的作用。在《普罗米修斯》里，歌队是空气、风和神灵。在《阿伽门农》的结尾处，歌队预示着暴力。而在另一部剧中，歌队是请愿的女人。欧里庇得斯的合唱抒情诗通常是奇异的，但同时又是简单的。他们对地理的描述和某些其他暗示也是古怪的。从更权威的意义上说，埃斯库罗斯是个伟大的抒情诗人，他与品达是同时代人。但是与后期的解释和复兴相比，在古希腊悲剧发展的整个过程中，歌队保持了最庄严的克制。现在，它是不可再造的。即使所有的传统都能被发现并且被重新演出，但对我们来说，它们已不再是传统的了。

悲剧的文本通过记载和背诵被固定下来——尽管在这些文本中也会有演员自己的插入语，或者更差一些是记载者的插入语。有一句舞台指导的话在后来上演的《阿伽门农》中保留下来："战车、军队进入，毁掉特洛伊城。"这不是希腊悲剧诗歌的风格，悲剧诗歌仅仅在报信人讲话时、在构建观众的想象时，以及在某些合唱抒情诗里，用词才会丰富。情节被赋予了新的方向、新的含义，每一次新的处理都非常大胆；正如埃斯库罗斯和索福克勒斯所做的那样，欧里庇得斯在这方面也做了很多。

诗歌的魅力在于我们今天所指的修辞。无论何时当我们诵读悲剧的对话时，我们应该想到，台词中的含义和性格鲜明的虚构人物，都是对现实的模仿。适当地大声朗读，可能就变成了卖鱼妇之间的争吵：我的意思是希腊的卖鱼妇。不断加强的韵律和清晰的停顿，相互之间的模仿和讽刺，都令人有身临其境之感。后代教师提出的句法分类、辩论和劝说的技巧，不应该影响我们的观点。但是，只有在某种只可意会不可言传的感觉里，古代的悲剧诗歌才是符合修辞学的，每个伟大的诗人都是他自己的修辞学家。对一般修辞规则的机械运用开始于公元前4世纪，随之出现的是麻木的人物、愚蠢的情节以及僵化的悲剧诗歌。

公元前5世纪悲剧演出中的几个边缘因素也值得关注。其中很快被处理的一个因素与雅典的狄奥尼索斯剧场有关。先不考虑人们对升起的舞台、演员用的石头房子和供神现身的高地的种种讨论，所有这些硬件出现的时间都比人们通常认为的要晚，我们应该思考一下那块伸进表演空间、直到最后才被搬到建筑工地的巨石。雅典人如何认可了它？他们平静地接受它、改进它，然后使用它。它变成了普罗米修斯的崖石和其他著名的峭壁。他们使用它是因为它传承了广场上围绕船车进行的活动——正如他们的祖先曾经做的那样。在雅典，最早的属于埃斯库罗斯时代剧场的石头，现在保留下来的不超过七块。它们很难被找到，也很难被辨认出来——但只是它们的朴素就足以令人感动了。

在公元前5世纪，雅典还兴起了一种布景绘画艺术，这种艺术在两三个世纪之后，或许也在其他地方，发展成精美的透视绘画。这种艺术被应用到房间的壁画上，首先是亚西比德的房子，然后，像牛津的千里光草一样，在花园里消失了，却在墙壁上繁荣发展了几个世纪，这种新的布景艺术存在了很长一段时间。它的剧场起源解释了庞贝古城壁画中存在的连续的戏剧性暗语，而庞贝古城充分发展的透视画后来又被多次模仿。

## 萨提洛斯剧（Sartyr Plays）

萨提洛斯剧很容易被简单地看成乡村戏剧，但是它们并不是田园乡间里的宁芙女神和牧羊人的故事。这些剧的背景通常是乡间野外，由野蛮的萨提儿（Sartyr）组成歌队。萨提儿是一群无道德的、幽默的和伤感的生物，他们和人类一样有弱点，如在饮酒、性和自己的皮肤上。歌队的领队似乎是他们的父亲，但他们总是迷失，一直在寻找着主人狄奥尼索斯。除此之外，剧情就没有什么规则可言了。他们接受普罗米修斯盗来的天火，或者欢迎婴儿珀尔修斯（Perseus）降生在漂到海上的箱子里，或者在曾招待过奥德修斯的洞穴里被圆目巨人用作仆人。萨提洛斯剧的诗歌介于悲剧和喜剧之间，有喜剧的魅力，同时又少了阿里斯托芬喜剧的喧嚣。按惯例，每三部悲剧就要有一部萨提洛斯剧演出；很有可能，它们保留了古希腊戏剧表演的某些原初因素。悲剧的严肃性使其几乎不可能与一个动物歌队共同存在。

我们现有唯一完整的萨提洛斯剧是欧里庇得斯的《圆目巨人》，长度只有一部悲剧的一半，混杂着奇异的悲剧的、喜剧的、淫秽的和宗教的因素。

> 我在船头驾驶着这艘宽大的船，
> 我的孩子们在摇橹，
> 灰色的海水变成了白色的泡沫：
> 所有这一切都是为了寻找你，我的主人。
> 我们航行，靠近了南部的海岬，
> 来自太阳的风吹着大船，
> 把我们吹到了艾特纳殿的礁石上
> 来到了海神的独眼儿子的中间，
> 他们是荒芜岩石中的凶残的圆目巨人。

很明显，这种类型的诗歌旨在简单的娱乐。如果一个人能够听懂这段或者那段中的双关语的话，他就不会为自己感到羞愧了。后来，欧里庇得斯也同时表现出对人物喜剧特征的鉴赏力。圆目巨人为自己的食人行为和生活方式进行了辩护。

> 小人儿啊，财富是智慧的神，
> 此外都只是好话和大话罢了。
> 我父亲占着的海边的高峰，
> 那都去他的吧！为什么我要装假？
> 我不惧怕宙斯的雷电，我的朋友。
>
> 我看不出宙斯比我更强壮，

这就是我所关心的；你想知道为什么？

那么听着！当他降下倾盆大雨时，

我在岩石下有干爽的避身处。

我吃烤牛肉，我吃各种野味，

我躺下来，喝下整壶的牛奶，

让自己的肚皮湿润，我压紧皮衣，

像宙斯那样放出闪电。

当色雷斯的风夹杂着雪吹来的时候，

我用动物的毛皮包裹我的身体，

我生起了火，雪也不能把我怎么样。

大地长出了足够的青草，

不管它愿不愿意，都养肥了我的畜群。

我不为任何神献祭，只为我自己

和我的肚皮——这才是伟大的神。

　　圆目巨人是可笑的，结局是不幸的——当然，诗人的确给予了某些同情。至少他给了圆目巨人一些美好的诗句和一些有趣的言论。可能他的创作灵感很好地捕捉到了智者运动的突然兴起，在欧里庇得斯生活的时代，有大量的专业诡辩者和失意的哲学家来到了雅典。柏拉图的著作中也有大量的笑话和打油诗；我认为我们并没有远离他所处理的那种论证。

　　非常遗憾的是，埃斯库罗斯没有留下完整的萨提洛斯剧。他留下的《网——捕鱼人》（Net-Fishers）残篇是非常不错的。剧中，萨提儿捕获了达娜厄（Danae）和婴儿帕尔修斯（baby Perseus）。重建全剧的剧情十分困难，但是主要人物包括国王的哥哥奈特（Net）和岛上的一个老人，可能是一个神，也可能是老塞林诺斯，萨提儿的父亲，他拥有真正的渔网并且拥有网到的东西。岛的名字是塞利佛斯（Seriphos），被称为"奈特"的人物是故事里的传统因素，而最初可能并没有萨提儿。奈特是一个渔夫，埃斯库罗斯采用了他。残篇中最令人愉悦的是萨提儿教导孩子的抒情诗"亲爱的来吧"（他们使用了多利安式的小辞）。接下来是整行的"噗噗噗噗"的声音，现在这种声音仍然是希腊语表声音词库中的一部分。"快来吧，孩子们。来到我呵护的双手边，亲爱的。有黄鼠狼、小鹿和小刺猬同你玩耍，你睡在与你父母同样的床上。"这些话不像它们表现的那样纯洁：塞林诺斯没跟达娜厄商量就自命为父亲。从另外一行中我们知道，婴儿对萨提儿的勃起部位——这是他舞台装扮的一部分——感到非常惊异。"这个小家伙是一个爱小公鸡的人！"萨提儿说。遗憾的是，关于这部剧没有更多的残篇了；我们只能寄希望于纸草女神，在未来的某一天能够让我们获得这部剧的其他内容。

## 喜 剧

从阿里斯托芬开始，古希腊喜剧才被大量地保留下来。阿里斯托芬出生于公元前5世纪中叶稍后一点，是三大悲剧家之后很久的事了。他出生得太晚，以致我们无法了解在城邦管理喜剧之前喜剧歌队早期的喧闹情况。值得安慰的是，阿里斯托芬的壮年和写作高潮期都在公元前5世纪20年代；而且一直到公元前388年，他始终保持着旺盛的创造力。在阿里斯托芬的早期喜剧里，被称为"旧喜剧"的传统雅典喜剧已经有了充分的发展，正如亚里士多德对悲剧的评价，"已经达到了其本质"。歌队是十分重要的，像《马蜂》（*Wasps*）、《酒瓶》（*Wine-bottles*）、《云》（*Clouds*）和《毛虫》（*Caterpillars*）等剧中所展现的服装、舞蹈和音乐，也是比赛的关键。不是所有的歌队都扮成动物，甚至也并不以幽默为目的。《骑士》（*Knights*）和《阿提卡的城镇》（*Towns of Attica*）的演出目的就不仅仅是让观众发笑。

公元前5世纪的喜剧剧场充满着政治性，这一点与悲剧不同；喜剧的笑话具有讽刺性，这就意味着应该被严肃地对待。有时，阿里斯托芬会让歌队在剧中的某个时刻直接向观众致辞；有时歌队——鸟或者云或者马蜂或者蛙或者其他什么东西——似乎正在同我们讲话，有时诗人自己也通过它们向我们讲话。雅典政治剧场与直接民主之间的联系也是明显的。喜剧的想象大胆，其中的人物非常直率。在柏拉图《会饮篇》里讲话的阿里斯托芬与其真人很接近，但是阿里斯托芬《云》里的苏格拉底就不是这种情况了。在剧场里，个人模仿的风格是简单、生动且充满欢乐的，却不是自然的。

　　然而，真实的雅典人也被模仿，被指名道姓或者几乎不加掩饰，一些剧甚至冠以他们的名字。我们知道，政治家对此非常憎恨——这一点不足为怪，但是没有证据显示他们要把喜剧从公元前5世纪的民主政体下铲除掉。可能笑声更像锅下烧荆棘的哔剥声：很难将它们踩灭，踢走它们只能让它们更加分散。阿里斯托芬带着欢乐，准确地攻击那些能引发他兴趣的人和事。至于他自己的政治观点，很明显是民主的和具有爱国热情的。他致力于雅典的民主政治，喜剧剧场也是如此，可能在所有的民主机构中，剧场具有最为典型的民主特征。它从来都不是“普通人的剧场”，它根本不是如此安全的地方。它是活生生的，是真正民主的一部分。

　　喜剧有政治的一面也有庄严的一面。剧情是混乱的。正义能转向邪恶的一面，你也能坐在甲壳虫的背上飞上天空；但是神和人所涉及的下流不敬的行为，却以某种方式被限定在一个框架里，只是一个“笑话”。严肃的事情如和平、雅典城、雅典的女神及其形体的美，都被处理得既文雅又美丽。也有少量的怀旧诗句，和那些不期然地从喜剧表演中释放出来的萦绕于心的抒情诗，令人难以忘怀。阿里斯托芬试图用各种方法给人愉悦，他也做到了这一点。某些影射性的笑话转瞬即逝，只能让学者们疲惫的脸上泛起一丝微笑。不管怎样，某些双关语和猥亵的言语也会像与它们相应的现代语言那样令人难忘。但阿里斯托芬可能只希望他的抒情诗被雅典人牢记于心。很遗憾，这些抒情诗从来没有被很好地翻过，简直就像阿里斯托芬没有存在过一样。

在阿里斯托芬之前，我们了解最多的伟大喜剧家是克拉提努斯（Cratinus）。他们有重合的生活时代。年轻的阿里斯托芬曾攻击老克拉提努斯是放弃了诗歌的醉汉。第二年即公元前423年，克拉提努斯用一部喜剧做了回击。在这部剧里，诗人抛弃了妻子"喜剧"去嫖娼，他跟在一群叫"酒瓶"的男孩和一个叫"醉酒"的荡妇后面。在当年的比赛中，克拉提努斯获得了头奖，而阿里斯托芬的《云》仅获得了第二。因为正是在《云》里，阿里斯托芬攻击了苏格拉底，人们可能希望苏格拉底能以与克拉提努斯同样的精神接受它。我们知道，剧作的基本概念是克拉提努斯的强项；另外，他猥亵的语言也是非常有力的。与他相比，阿里斯托芬只是个苍白的作家，当然，他对伯里克利及其情妇阿斯帕西娅的攻击也是毫无顾忌的。在这个世纪的末叶，活力、猥亵以及对个人的谩骂，可能真的慢慢衰落了，尽管我们也看到还有些例外。

与阿里斯托芬最近的同时代人有欧波里斯（Eupolis）和一个叫柏拉图（Plato）的喜剧诗人。前者于公元前429年开始喜剧创作，在战争期间，年纪很轻就溺死在海里；后者更年轻一些，创作时间从公元前410年到前390年以后。欧波里斯为人们展现了一个戎装的狄奥尼索斯，符合严格的规则，而且《阿提卡的城镇》的框架既庄严又幽默，对阿里斯托芬的《蛙》（Frogs）剧产生了巨大的影响。在那些年竞争激烈的剧场里，不可避免地，出于对原创观念的渴望，剧作家每一年都想在上一年的成功中找到原创观念。阿里斯托芬和欧波里斯有着共同的目标，前者还公然谴责后者剽窃。在《阿提卡的城镇》里，死去的雅典人在冥界里讨论，应该派谁从冥界回到雅典以恢复那里的秩序；阿提卡的整个城镇似乎就是歌队。而在《蛙》里，争论的仅仅是让悲剧剧场恢复秩序。

《蛙》体现了喜剧的一个有些难解的特征：它对悲剧的模仿，有时是非常自觉的，仿佛喜剧就是悲剧的穷表亲。可能真是如此。这也是事实，两者的观众是一样的，两者也在同一个节日里上演。喜剧建立在模仿和嘲笑之上，舞台嘲笑着自身。然而在喜剧诗歌中，对古代观众有至深含义的所有因素中，有一个在今天是最不能引起我们发笑的，那就是对悲剧的模仿——一个显著的例外是《蛙》，这实在是奇异而有趣的事。

## 阿里斯托芬

　　阿里斯托芬的创作生涯跨越了希腊喜剧三个阶段或风格中的前两个。我们必须把西西里的埃匹卡姆斯（Epicharmus）放在考虑之外；在埃匹卡姆斯的时代，西西里和雅典是彼此独立的地区。但是，从公元前5世纪20年代开始，通过强有力而又可笑的滑稽戏，混杂着对政治家们的残酷攻击，他从诸如《蛙》（公元前405年）之类的结构较为糟糕、某些地方却更为庄严的喜剧，逐渐转向雅典衰落之后对喜剧的复兴。如果我们认为悲剧从没再繁荣过，可能是因为雅典的陷落恰好与欧里庇得斯和索福克勒斯辞世的时间相吻合，并且他们辞世时都已经八九十岁了。而喜剧的再次繁荣，可能是阿里斯托芬和喜剧诗人柏拉图都存活下来的缘故。

　　在阿里斯托芬现存的喜剧中，最早的一部就像是泼在脸上的一桶冷水。它不仅声明而且宣告了喜剧诗歌的主题：性、田园生活、美好的旧日时光、政治的噩梦、宗教的神奇以及城市生活的古怪方式。这部剧便是《阿卡奈人》（*Acharnians*，公元前425年）。次年上演的《骑士》混合了严厉的道德说教、激烈的言辞攻击以及一些抒情诗式的爱国主义政治言论。阿里斯托芬与克利翁的争吵开始得比较早，公元前426年就有过一次针对对方的猛烈攻击——在阿里斯托芬的第二部剧作《巴比伦人》（*Babylonians*）中，可惜这部剧并没有保留下来。克利翁就是一年前想要屠杀米提林居民的那些人的领袖，——在这件事情上，他几乎要成功了——而在《巴比伦人》里，阿里斯托芬让观众看到，雅典同盟中的其他城邦就是磨坊里磨面的奴隶。

我们不可避免地对阿里斯托芬对奴隶制的态度感兴趣。不带同情的笑声可能不存在，但是阿里斯托芬的确引进了喜剧奴隶的角色——尽管没有涉及种族喜剧的问题，因为任何人都可能变成奴隶。值得注意的是，阿里斯托芬在表现奴隶时，带着人道主义色彩，与其他角色相比，对奴隶并没有更多的鄙视。他真正憎恨的是什么？除了克利翁这类可鄙的人之外，还有江湖骗子、自高自大的人以及假的改革。但是与现代讽刺作家相区别的是，他有着强烈的道德标准，并且深深地扎根于他深切热爱的社会里。当然，作为一个诗人——可能还是一个伟大的诗人，他有着阳光一样开阔的胸怀。综合了所有这些矛盾，再加上一种喜剧天赋，就有了阿里斯托芬——但只是属于公元前5世纪的。为什么能出现阿里斯托芬？原因有很多，也都很具体，且不可重复，但最重要的是传统社会中的直接民主。

他的早期喜剧是政治性的，最后的喜剧开始具有了社会性。在雅典喜剧的第二阶段——阿里斯托芬是这一阶段我们唯一的目击证人——歌队衰落了，变成了一些在中间穿插的音乐，情节被编织成一个前后一致的整体，也增加了几分现实主义色彩。早期的情节像英国哑剧那样粗野，有着旺盛的精神活力。它们展现的社会是多样而且古怪的：几代人的重叠、既定的变化速度、雅典被困时多种范型的混合，都产生了大量似是而非的隽语以及激烈争论。但是到了公元前4世纪，某些类似于中产阶级的、更为中庸的东西开始出现了。这种东西在喜剧剧场里，不是很友善地被反映出来。在道德上、在对事物有限的看法上、在品位和野心上，它都是中产阶级的。毫无疑问，这类人才能被历史证明是正当的。阿里斯托芬不会喜欢他们，他的阿卡奈农民们也不会。他的《财富》（*Wealth*，公元前388年）只反映了这种变化。接下来的喜剧，正如现代世界已经了解的那样，开始于米南德。

作为一个想象力丰富的艺术家，阿里斯托芬在公元前5世纪20年代末已经非常成熟。在《和平》（*Peace*，公元前421年）里，他已经挥洒着丰富的想象、表达了对结束战争的渴望。公元前414年，《鸟》（*Birds*）一剧的主人公是两个对城市绝望的雅典人。他轻松地阐述着自己的观点，却取得了理想效果。

> 我们正飞离我们的家园，带着我们的双足，
>
> 不是因为我们憎恨那座城市，一点也不，
>
> 那座伟大的城市天生幸福，
>
> 为所有人提供慷慨的食物。
>
> 但是蟋蟀坐在树枝上唱歌
>
> 已有一两个月了；雅典永远做这件事，
>
> 在法庭里唱悼他们的生活。

雅典的生活不再值得过了，他们去咨询一位变成鸟的神秘英雄。这部剧的剧情是建立一个鸟的王国。其中最令人愉悦的是一首很长的独唱曲，这是由一个角色——戴胜鸟——唱的一系列引人入胜的韵律诗中的一段。戴胜鸟模仿各种鸟叫声，就像使用了捕鸟器一样，把其他鸟都召唤而来。除了《马蜂》——它们在沃恩·威廉斯（Vaughan Williams）[1]那里是悦耳的，但在阿里斯托芬那里则远非如此——外，这是我们得自于从阿里斯托芬的最早的一支动物歌队了。剧作对鸟的模仿令人印象深刻。当然，这些语句无法翻译过来，因为很多模仿用的是希腊语中的拟声词。对快乐轻柔的触摸的描绘，阿里斯托芬从来没有超越过当时的背景。

鸟们竖起了障碍物，阻断了凡人给神的献祭。剧的结尾同能想象得到的喜剧结局一样，是一个庆祝。神与鸟类、人类之间建立了和平，我们听到了献给宙斯的婚姻赞歌，看到了对胜利的呼喊以及在焰火鸣放中剧的落幕。那一年的戏剧节上，赢得头奖的是《狂欢者》（Revellers），《鸟》仅获得了第二名，第三名是《隐士》（Solitary）。这也是一部逃避者的

---

[1] 沃恩·威廉斯（1872—1958），英国指挥家和大提琴家。——译注

剧作。《鸟》剧中充斥着大量的喜剧人物创新，包括藏在伞下、躲过了其他神的普罗米修斯，在空中被鸟抓住的伊里斯（Iris），一个极其残暴的色雷斯的神，以及一个想变成夜莺的诗人。

按照现代人的标准，真正有趣的喜剧应该是公元前411年的《吕西斯忒拉忒》（*Lysistrata*）。此时，阿里斯托芬对改变事件过程的绝望更深了。他想表达的是女人的一个阴谋，她们拒绝与她们的男人过性生活以迫使他们同意和平。在希腊世界，这个阴谋是世界性的，策划阴谋的是雅典娜的祭司，似乎也是以真人为原型的。对来自希腊各地的女人的刻画令人发笑，展开的具体剧情也是如此。能吸引现代观众的古代喜剧很少，《吕西斯忒拉忒》就是其中之一。这也是最早的一部在相当有力的处理中也把同情传达给观众的喜剧。当老人在地上匍匐的时候，人们几乎要为这个贫穷的人感到难过了。阿里斯托芬的喜剧通常有一行或两行的插曲——其中，各种角色被攻击或赶走，人们通常并不为他们感到难过。可能《吕西斯忒拉忒》更接近于笑中有泪的感觉，使米南德成为可能，使旧喜剧成为不可能。我们不必视其为朝向更好的一种改变。

果真如此，我们就能够对《吕西斯忒拉忒》大部分残酷无情的内容感到满意。这不是阿里斯托芬唯一的女性戏剧，却是唯一将女性视为真正英雄的剧作。另外两部喜剧是《地母节妇女》（*Thesmophoriazousae*）和《公民大会妇女》（*Women in Parliament*）。前者与《吕西斯忒拉忒》同年创作，几乎完全是以关于欧里庇得斯的笑话为基础的；后者是公元前392年的狂剧，这一年恰逢雅典和斯巴达之间建立联盟。在剧中，女人接管了国家并宣布建立共产社会。剧情并不连贯，因为它缺少政治动力：阿里斯托芬仅仅把主题作为玩具，曾经迸发出令人惊异的想象力的政治幽默也已陷入莫名其妙的水平。《吕西斯忒拉忒》是强大的，因为它讲述了很多不可能，好像它们是真实的；它属于某些事还有可能、也许万事皆有可能的那一年。

公元前405年的《蛙》从某方面来说，是保留下来的阿里斯托芬喜剧中最悲哀的一部，因为它仅仅做到了使剧场恢复正常。然而剧本中并不缺少生动的言辞，结构上也不弱。它的确提出了一些问题，因为除非有两个歌队——这在我们的经验中是独一无二的——否则或者蛙们自己、或者被祝福的合唱队从没出现过。《蛙》最重要的情节是狄奥尼索斯这个带有很多人性弱点的神来到冥界，当他向喀戎（Charon）学习划船时遭到了青蛙们的嘲笑；他要寻找最伟大的悲剧诗人，并让埃斯库罗斯和欧里庇得斯进行了一场比赛，比赛中他们通过模仿和嘲笑来破坏彼此的诗句。这个过程是非常可笑的，也是（甚至是非常）有教育意义的，因为它告诉了我们有关文本和悲剧诗歌技巧的事情。此外，嘲笑的倾向是压制极端，阿里斯托芬采纳的诗歌观点太保守了，不可能是合理的。

　　他非常严肃地履行了作为一个诗人的使命——从某种角度来说，这并不为我们这个时代所熟悉。但作为雅典剧场中的喜剧诗人，他的责任远远大于任何一个现代作家。他说："我们必须讲那些美的东西，因为教育孩童的是学校里的老师，而教育成年人的是诗人。"他的第一部剧探讨了现代教育和旧式教育的不同，他的《蛙》包含了相当多有力的、甚少伪装的道德观念。从第一部剧到《蛙》，阿里斯托芬写了不少类似于我在这里引用的、对他来说是至关重要的诗句。埃斯库罗斯赢得了在冥界的比赛，索福克勒斯过于平和而没有参加这个比赛。在剧的结尾处，突然出现了这样的诗句：

　　　　体面的事情是
　　　　不要
　　　　和苏格拉底坐在一起聊天。
　　　　不要放弃缪斯，
　　　　不要放弃任何
　　　　伟大的悲剧艺术。

他想要更多的诗歌，更少的哲学家；尤其是，他想要更多的埃斯库罗斯。谁敢说他错了？苏格拉底会这样说吗？

他保留下来的最后一部剧作《财富》（*Wealth*）创作于公元前388年。财神是一个臭名昭著的盲人，把钱给那些不应该得到财富的人，因此阿波罗把他领到雅典的医神阿斯克勒庇俄斯那里进行医治。财神复明了，但是接下来对钱的重新分配却带来了有趣的混乱。富裕的老女人被她的小白脸甩了，因为他现在不用靠着她就有足够的钱了；赫尔墨斯也汇报着诸神之间的混乱。在他美好的旧日家园中，也就是在帕特农神庙西端的国家金库里，财神重新登上宝座。这部剧没有合唱抒情诗，也几乎没有歌队，它的辩论用的是社会性和哲学性而不是政治性的术语，幽默的成分常低于猥亵的成分，甚至最滑稽的插曲也开始被处理得更为文雅。

## 米南德

喜剧似乎从来没有僵化或者像悲剧那样突然早早地夭折、但我们再次看到健康的雅典喜剧，已经是在阿里斯托芬和喜剧诗人柏拉图去世很多年之后了。一代人走了，而活着的人很少能对公元前5世纪有认真的回忆。公元前342年，米南德出生了。他生活在亚历山大统治时期及其后的时代。希腊城邦失去自由的时候，他还是个孩子；亚历山大去世时，他20岁。他生活的雅典是一座大都市，非常拥挤，到处都在进行着与外国人的生意。但雅典还是无法掌握自己的命运，或者改变自己的未来。甚至在个人生活中，凡事也是听天由命的——是发生了什么，而不是你做了什么。伟大的城市同个人一样也有自己的幸运女神；在一个万事都不确定的世界里，人们关注于他们的个人生活。哲学多少是种安慰，它暗示着某种秩序。

这种背景下产生了具有社会目标但影响有限的风尚喜剧。风尚喜剧建立在叠加的惊喜之上，这些惊喜来自于命运车轮的扭转；而喜剧诗人的主要天赋也开始展现出某些现代侦探小说家所需要的技巧。剧场写作变成了一种经验和技术，而不再是一种神秘或是天分。喜剧创造出来的东西是令人惊异的。在近一百年，甚至在近三十年，大量的米南德纸草抄本得以重见天日，更使他的声誉日隆。与学者们常常期待的相比，米南德更加风趣，出手更快，也更有力。如果能更多地强调米南德与阿里斯托芬之间的黑暗间断，并忘记遗憾，把米南德的剧场诗看成是一个新创造的世界的话，就会更好地理解他。他的作品译本都不大理想。毕竟他是一个诗人，他的细微变化的诗句，需要比以往更多的理解。

毕竟，在一个演员们仍然戴面具的剧场里，人们很难超越神话中的英雄和喜剧的范型，尽管现在的面具更加逼真，服装和背景也是如此。令人惊讶的仍然是，那些类型化的角色能够表现如此丰富的内容。可能有人会问，我们这个时代的阿加莎·克里斯蒂（Agatha Christie）是否用到了别的东西？尽管她不是诗人，也不是米南德那样伟大的艺术家。

他的世界是这样的世界：被认为在亚洲战场上已经战死的士兵又"活了，得救了，就像之前什么事都没发生一样"，于是打乱了人们要继承其遗产的希望。从海里打捞上来一个箱子，一艘遇难的船靠岸了，或者在田地里挖出了宝藏。恋人之间的私通和主人信任的奴隶，使情节变得更加错综复杂。童年时代就被绑架的奴隶成了自由身。家庭成员重新团圆，不般配的婚事突然成为可能。对爱情的关注不是最主要的，相对于家庭内部的关系和运势来说，它是次要的。一名青年男子很容易迷恋上一个妓女，就像爱上一个能够维系长久浪漫关系的人一样。这是延续下来的惯例之一。

在《盾牌》（Shield）一剧里，第一场景后，幸运之神亲自上场向观众们解释将要发生的事。这也是一种被简单接受和客观对待的惯例。在预见的快乐和惊奇的快乐之间进行选择，似乎成为米南德剧场里最费精力的一个问题。无论如何，每场剧的结局都能预先知道：大团圆。古代的喜剧让人想起轻微骚乱的狂欢。《古怪人》的结尾是，伴随着笛声，人们在潘神洞穴附近舞蹈和野餐——在剧中，潘神代表着智慧而仁慈的神力。事实上，这个幸福的结局是《古怪人》最值得纪念的特征，在此之后只有掌声鼓励了。如果想笑得更响一些，那么最好去深入研究关于神附体场景的残篇，这一场景是两个被吓呆了的希腊人看到的，也可能是伪造的——这部剧便是《神灵凭附的女子》（*Theophoroumenē*）。

有些剧情被刻意弄得错综复杂；很难用短于原剧的篇幅把故事讲述出来。他们像是跳舞，舞伴反差很大，有的很合适，有的不合适，又有多种多样的联袂主演。在某种意义上，结局也像跳舞，魔幻般的，是阿里斯托芬的喜剧里所没有的感觉。常常在最后时刻，一切都恰到好处地神秘消散了，不管是否还有大量不幸的打击和未完成的计谋。

尽管如此，在米南德剧场效果的魔力圈里，和谐的骚乱与温和的暴力都旨在把黑暗的一面排斥在外，正如逃避的哲学家试图排斥黑暗一样。米南德与伊壁鸠鲁同龄，两人很可能一起在雅典的军队里训练。在米南德的剧作里，到处都有伊壁鸠鲁关于愉悦和谦恭的言论。至于外部世界，我们不知道米南德每部作品的具体时间，所以很难弄清他的诗歌或写作的发展脉络，也无法知道这些发展与某些具体历史事件的确切关系。他的诗歌犹如移动到草地上的一片阳光。他唯一的品质就是著名的仁慈，我们对计谋及反计谋了解得越细致，他温文尔雅的内涵和略带点甜味的哲学评论就会越多地呈现出来。

米南德剧情中一个非常奇异的因素是道德改革。当然，他承继了公元前5世纪喜剧的道德观。在公元前5世纪的喜剧中，人物会接受教训或者被喜剧蕴含的道德争取过来。但米南德想用哲学和道德来表达这些改变，同时也想把人物刻画得更加丰满和真实，结果就有了突然产生出很多高雅哲学思想的古怪人这样的角色。这个形象说明米南德观察细致，角色本身也很有说服力。仅仅强有力的行动是不够的：老人刚掉到井里就被救上来这一事件真正改变了他，但他仍然要用高尚的观点进行推理。人们很愿意说，在米南德的世界里，诗歌是属于孩子的；而对那些青春已逝的人来说，教育他们的是道德哲学家。

在另一部剧里，牧羊人和烧炭人捡到一个弃婴，并为此争吵不休。婴儿的身边有一些钱物，于是他们找到一位老人寻求裁定；老人却不知道这个婴儿就是自己的外孙——他的女儿在节日夜晚捅了个娄子，因为羞愧把珠胎暗结的孩子扔掉了。这是难以置信的计谋网中的唯一细节。最后，婴儿的父亲成为那位女儿的丈夫。人们能够认可19世纪德国学者的评论，如此不道德的喜剧最不道德的地方就是——它们都有一个圆满的结局。在希腊的喜剧剧场里，混乱之神还没有丧失其全部的影响力，喜剧荒诞的故事情节以及优雅的结构，都试图为观众带来愉悦——而它们也的确做到了。

## 喜剧的结果

如果没有喜剧，没有雅典喜剧的长期发展和改造，就没有田园诗或者与之相应的渔民们的歌。那些从戏剧和冒险的故事中最终产生的浪漫与新奇，深深扎根于喜剧剧场。这些东西在欧里庇得斯的作品里也可以找到，但那只是因为喜剧展现了欧里庇得斯能被改编和歪曲的事实。最奇怪的是，所有现存的希腊喜剧都是通过拉丁喜剧这样的分支，才得以在复兴的拉丁语中以及文艺复兴时代白话喜剧中保存的。细究起来，这一延续的脉络远比对悲剧的重新发现来得更为直接和容易。它有过很多次间断，部分是通过塞涅卡（Seneca）极度的夸张以及赫武德（Jasper Heywood）更加夸张的翻译延续下来的。后面提到的这位，是耶稣会会士，后遭逮捕，在疯狂中死去。

米南德的喜剧经过普劳图斯（Plautus）和泰伦斯（Terence）的提炼，告诉我们有关人的基本观念。它不仅通过那些精练且高尚的思想观点，像牵牛花一样在整个文明世界绽放、保留在格言书和各种警句书中，还通过我们对都市人、文明人及其局限的看法，不断传播。这显然是因为米南德对个体的浓厚兴趣以及他对各种范型的恰当处理。当个人生活和家庭野心在中世纪晚期时成为知识阶层新的兴趣点时，古代的喜剧自然成为他们的榜样。米南德是圣保罗文化的一部分：他谦逊的高贵、人道主义的格言，更重要的是他的普世性和模糊的同情都融进了道德氛围里。文雅和自由变得不可分割。中世纪和拜占庭的讽刺是蒸汽机发出的鸣叫声。贺拉斯的讽刺平静且充满仇恨，它来自于雅典，通过伏尔泰和狄德罗，几乎传到我们这个时代。在拜占庭时代，能有什么样的喜剧？只有恶毒的宫廷蔑视或者大众的喜剧，水平之低足以令人将其忽略，比如卡拉姚吉斯（Karaghiozis）的皮影剧。令人钦佩的是，在喜剧诗歌成为一种艺术之前，它属于"志愿者"的喜剧。而雅典民主政体最勇敢也是最鼓舞人心的举措是，让喜剧成为一项国家活动——在这项举措出现之前，喜剧业已存在，喜剧的观众也已经出现了。

## 进一步阅读

Albin Lesky，*History of Greek Literature*（London，1966）讨论了所有的希腊戏剧作家以及他们提出的普遍问题。即使你不同意作者的某些观点，这本书也非常实用。同一作者的 *Greek Tragic Poetry*（Yale，1983）对每一部剧都有相当详细的介绍。更富有挑战精神的是Brian Vickers，*Towards Greek Tragedy*（London，1973），使用了人类学和莎士比亚的资料来刻画神话和悲剧中受难的实质。

A. D. Trendall and T. B. L. Webster，*Illustrations of Greek Drama*（London，1971），这本书对希腊戏剧的所有早期作品进行了重新归类，并且极为清晰地展示了视觉艺术的证据。A. W. Pickard-Cambridge，*The Dramatic Festivals of Athens*（2nd edn.，revised by J. Gould and D. M. Lewis，Oxford，1968），是这一话

题最可靠的指导。

O. Taplin, *The Stagecraft of Aeschylus*（Oxford，1977）为阅读和理解埃斯库罗斯的悲剧开辟了一种新的、也更为清晰的方式。同一作者的：*Greek Tragedy in Action*（London，1978）有效地呈现出阿提卡悲剧在表演和场面上的意义。还有几本关于索福克勒斯的书非常精彩：Karl Reinhardt's *Sophocles*（英文版，Oxford，Blackwell，1978）；*Sophocles: an Interpretation by R. P. Winnington-Ingram*（Cambridge，1980）以及B. M. W. Knox，*The Heroic Temper: Studies in Sophoclean Tragedy*（California，1966）。这些著作很好地展现了索福克勒斯世界的本质及其作品中的主要人物的才干和处境。Gilbert Murray，*Euripides and his Age*（1913，Oxford，平装本，1965年）是一本经典著作，仍然值得阅读。还有一本精彩的法语书：J. de Romilly，*L'évolution du pathétique d'Eschyle à Euripide*（Paris，2nd edn. 1980）。E. Segal 主编的平装本*Oxford Readings in Greek Tragedy*（1983），收录了很多再次发表的有趣文章，有些是从其他语言翻译过来的。

Richmond Lattimore，*The Poetry of Greek Tragedy*（Baltimore，1958）和*Story Patterns in Greek Tragedy*（London，1964），这两本书虽然简短，却比很多大部头更清楚地说明了我们最想了解的问题。

Hugh Lloye-Jones，*The Justice of Zeus*（California，2nd edn. 1984）和E. R. Dodds，*The Greeks and the Irrational*（California，1951），也经常谈论悲剧，他们的著作对这一问题及其他问题都是必不可少的指导书。

T. B. L. Webster，*Introduction to Menander*（London，1974）一书做了很多有用的观察，合乎情理也比较全面，尽管F. H. Sandbach的一般性图书*The Comic Theatre of Greece and Rome*

（London，1977）更为感性一些，也更好一些，容易阅读。K. J. Dover，*Aristophantic Comedy*（London，1972）这本书比较可靠，如果有时过于简洁，也是令人钦佩的精确处理；另外，Kenneth McLeish，*Theatre of Aristophanes*（London，1980）是一本生动的书，充满真知灼见。它是令人陶醉的、浪漫的，引人入胜。

Hugh Lloyd-Jones翻译的*Oresteia*（London，1979）对这三部剧写了新的导言，这是目前希腊戏剧最好的英译本和文学介绍。诗人中最成功的翻译是叶芝译的俄狄浦斯剧，以及庞德（Ezra Pound）译的Women of Trachis，怪异却有很多闪光之处。对绝大多数的悲剧和喜剧来说，没有完全令人满意的英译本；尽管Dudley Fitts对阿里斯托芬的喜剧做了富有影响力的改编，而且企鹅丛书对阿里斯托芬的翻译也有不少可取之处（由D. Barret和A. H. Sommerstein翻译的）。

Louis MacNeice和Rex Warner翻译的悲剧令人印象深刻，这些译本在二手书店里仍然能够找到。

| 第八章 |

# 希腊历史学家

奥斯温·穆瑞（Oswyn Murray）

## 历史学的诞生

　　许多社会都有专司记录者：祭司或官员，他们记录那些被认为延续社会价值所必需的传统；许多社会也有祭司或官方所做的记录，意在帮助调控或安抚神灵和人类的世界，不过也能被现代学者解读为历史。然而作为一种独特文化行为的历史撰述，其起源似乎并不依赖于这些天然的社会态度，而是一种罕见的现象。实际上历史的撰述只在三个不同的社会独立发展起来：犹太、希腊和中国。历史学的特性在每个社会都截然不同：历史学不是一门科学，而是一种服务于社会需要的艺术形式，因而也受到了其起源社会的影响。

　　希腊的历史撰述传统就是我们的传统，我们通过与另一种深刻影响我们的传统——保存在《旧约》中的犹太历史书写——相比较，就能很直观地感受到它的特性。希腊人和犹太人各自独立地产生了历史学，但时间大致相当，也是为了应对相似的压力，即：在中东庞大帝国面前建立和支

213

撑一种民族认同感。就像犹太历史撰述产生于和亚述竞争、被掳巴比伦、返回应许之地的过程中一样，在抗击波斯的战争中激发的民族认同感，也促进了希腊历史撰述的产生。但是这两种历史传统写作的前提和材料是迥然相异的。对犹太人来说，历史是上帝与他的选民之间契约的记录，其成功或失败取决于他们遵从其命令的意愿。因此，历史只是一个仅属于上帝的故事：不同的元素和个体作者（并非总是成功地）被铸进一个连续的记叙中。然而，希腊的历史学能够在人类事务中认可某种道德范式，认为这些事务处在人类的控制之中。历史是对人类伟大事业的记录，并非是对神之宽恕或愤怒的记录。对这些伟大事业的记叙就是历史。因此，一个希腊历史学家，就是那位在其作品的第一句"署名"的人——"哈利卡纳苏斯的希罗多德，他研究……""雅典的修昔底德写了关于这场战争的历史……"这一规则最大的例外恰好是为了巩固它。一些人，如想要继续修昔底德未竟之业的色诺芬，选择了不显示他们的身份：色诺芬以"一些天以后"开始他的创作，没有提到他自己的名字——尽管他使用第一人称表达观点的风格远比修昔底德更明显。我们甚至根本就不知道另一个（也是更好的那个）修昔底德续篇作者的姓名——虽然这一续篇部分通过纸草留存下来，作者是"奥克西里库斯史家"（Oxyrhynchus historian，这一称呼来自其文献抄本所发现之处的埃及乡村）。后来一代代的基督教人士，实际上在努力将这种个人主义的历史撰述类型转变成一种"旧约模式"的叙述历史传统，并且通过本能或者经济的作用在选择一个"历史的链条"方面取得了成功。因此，每个时代只有一种历史记叙留存下来，这些记述展现了一个关于古代世界的相对连续的叙述性历史。但一个关于希腊历史撰述的恰当历史，必须既关注到散佚了什么、又关注到幸存了什么。

犹太和希腊历史撰述的另一个区别在于，它们的史料来源以及对待其来源的态度。犹太的历史叙述建立在一种事件的多样性上，这种多样性颇受现代历史学家赞誉，包括三个基本类型——事件（习俗、禁忌、仪式，以及对这些事件的阐释），口头传统（颂歌、诗歌、预言、神话、民间故事），以及书写传统（法律、官方文件、王室和僧侣编年史、传记）；并且倾向于引用诸如档案类的证据和证物。而希腊历史学家最初采用的史料来源与之相比要简单、基础得多。希腊人更为关注文学，而非历史方面的证据。因此他们很少引用文献。然而悖论出现了：希腊的历史撰述传统在从虚构故事中分辨事实的能力上，要高于犹太传统；上帝伪造历史的能力，远比历史学家个体通过自己的道德偏见伪造历史高明得多。实际上，希腊人教会了西方人如何在上帝之外创造和写作历史。

希腊人和犹太人都学习来自同一种源头的字母，即腓尼基人所创造的字母。希腊的书写出现在公元前8世纪，但希腊仍长期保持着一种口述文化传统。在这种口述文化中，人们说话用散文，创作用韵文。诗歌与散文的区别就是后来神话与历史相区分的一个标记。然而我们所知最早的散文作品，是有关哲学而非历史的，并与一种以某种周密精确的形式表述和传达思想的需求相联系；约公元前550年，哲学家、米利都的阿纳克西曼德（Anaximander of Miletus）撰写了一本《论自然》（*On Nature*），探讨物质世界的基本结构及其可见形式，包括最早关于大地和天空的地图及其描述。约50年以后，米利都的赫卡泰奥斯（Hecataeus of Miletus）创作了一部相似的、同样带有一幅地图的《世界概览》（*Description of the Earth*）；分成两卷，一卷写欧洲，一卷写亚洲，记录了从他自己和从其他旅行者那里收集得来的信息。在希腊人的历史观中，地理学和民族志是其重要的组成部分。

赫卡泰奥斯另一部称作《谱系志》（*Genealogies*）的作品，常被认为第一次展示了批评调查的精神，这种精神是西方历史撰述的基本特征。因为其作品开篇便说："米利都的赫卡泰奥斯谨申：我之写作，在我看来是真实之事；希腊人的许多传说，复杂纷纭，在我看来多荒谬可笑。"（FGH[1] 1，F. 1）该书实际上似乎是一部英雄神话和英雄谱系集，通过将

---

[1] 即《希腊历史残篇》（*Die Fragmente der griechischen Historiker*），版本信息见本章附录：《进一步阅读》。——译注

其合理化，有意识地将那些英雄还原到一种伪历史叙述中去。对历史学来说，这个起点显得奇妙又不真实——一方面想确认在理性的范围内理解过去的愿望，另一方面又采用了根本不适宜的神话材料。这表明了一种将历史从神话中剥离出去的愿望，但同时又对区分二者感到无能为力。

## 希罗多德

批评家们不时地竭力寻找那些在赫卡泰奥斯之后的时代籍籍无名的历史学家，以解释历史撰述下一个发展阶段的状况。但是这些看法基于不可靠的证据和一种错误的理念，即当地的历史学或专著必须在拥有一个重大主题的一般历史之前出现。哈利卡纳苏斯的希罗多德确实担当得起古已有之的"历史之父"的称号。他的作品是保存完整的最早的希腊散文，有约600页或者9"卷"之多。开篇第一句话就开宗明义："在这里发表出来的，乃是哈利卡纳苏斯人希罗多德的研究成果。他所以要把这些研究成果发表出来，是为了保存人类的功业，使之不致由于年深日久而被人们遗忘；为了使希腊人和异邦人的那些值得赞叹的丰功伟绩不致失去它们的光彩，特别是为了把他们发生纷争的原因记载下来。"

我们肯定这部作品符合上述理论的最根本的正当理由，是其对希腊和波斯战争的记述，尤其是最后三卷描述的公元前480年薛西斯对希腊的远征。这是个关于一支（依其记载）拥有1,700,000人和1200艘战舰的军队如何被分散的希腊力量击败的故事。希腊人在没有战事时只能召集40,000人和378艘战舰；我们可能会质疑波斯军队的人数，但是希腊人的策略表明，我们不能怀疑在每个战役中希腊的人数都远少于敌人的事实。来自希罗多德家乡的一支舰队曾站在波斯一边参加战斗，因此他最早的记忆之一可能就是重大远征的起航或者返回的场面；他伴着爱奥尼人在解放事业中的欢乐和痛苦成长，也体验了被胜利的雅典海军征服的感受。对希罗多德这一代人来说，父辈们的伟大成就创造了他们生活的世界，就像从巴比伦之囚返乡之事创造了以斯拉（Ezra）的世界一样。在他作品的最后一卷，希罗多德极尽美好之词句，渴望给这新一代英雄们恰当的纪念，"使人类的功业不致由于年深日久而被遗忘"。

这次战争的中心主题需要希罗多德回到事件的起源："谁是事实上最早侵犯希腊人的人"。因此他的作品以爱奥尼希腊人与吕底亚王国之间较早的冲突开端，然后才转到波斯强大的原因以及居鲁士大帝的故事，再叙波斯远征埃及、北非和黑海沿岸，直到我们看到的与希腊那场不可避免的战争。

但这一中心主题只是这部作品的一个方面；还有另一个至少同样重要的方面，那就是希罗多德"调查"或"研究"的记述（实际上这是"历史"一词的最初含义和第一次有记载的用法）。与赫卡泰奥斯一样，希罗多德也是一个旅行者。在前四卷中，战争的主题是次要的，甚至在其后的部分也常常如此；贯穿其中的线索是一系列从不同地方搜集的事件或故事。与这一线索平行的是一些有关著名人物形象的故事（如神话诗人阿里昂或波斯宫廷医生克罗同的德摩克迪斯），以及一些城市兴衰的真实历史（如雅典、斯巴达、埃及的瑙克拉提斯）；最后是关于各文明的地理和民族的全面记述，篇幅最多的是埃及，占据了整整第二卷。

结果，这部作品远非对一场纯粹冲突因果的解释。毋宁说它是一幅已知世界的图画。在这幅画上，每个民族的地理、风俗、信仰和纪念建筑，至少是同样重要，哪怕它们与战争的联系经常难以捉摸。正是这些内容，为希罗多德的记述增加了深度和厚度，使之成为一部伟大的艺术作品和一部关于一场战争的信史。这场战争不仅仅是两个民族之间的战争，还是两种社会形态之间的战争——地中海地区信奉平等主义的城邦与近东的东方专制主义国家。这也使希罗多德在他的治史方法上比任何其他古代作家都更具现代性，已经接近于整体历史的观念了。

实际上，希罗多德对其他文明的开明态度，使他被称为一个"偏爱蛮族者"（barbarophile）。这在某种程度上反映了一种源自探险时代的旧式爱奥尼观点，这一观点可能通过希罗多德自己的哈利卡纳苏斯共同体传统得以强化。哈利卡纳苏斯是一个希腊人和卡里亚人（Carian）混居的城邦。但在对文化和自然、习俗与自然关系新的智者式兴趣的影响下，这些态度已经被系统化了。"对任何人来说，不管是谁，如果有机会在世界一切民族的风俗中选择在他看来是最好的，那么在经过检查之后，他一定会把自己民族的风俗习惯放在第一位。"希罗多德通过一个希腊人和印度人在大流士国王面前对比的故事来说明这一观点：印度人厌恶听到希腊人火葬他们死去的父亲的尸体，希腊人则惊骇于印度人竟然吃掉他们父亲的尸体："我们可以看到，这些习惯是这样地根深蒂固，因此我以为，品达说习惯乃是'万物的主宰'一点没错。"

这部作品的两个方面在某种意义上反映了两种主要文学倾向的影响，一为荷马式的战争与冲突的世界，一为赫卡泰奥斯式的宽容与和平的世界。它们可能还反映了希罗多德作品按年代顺序发展的过程。起初，他似乎是一位外族文化专家、旅行的博学者，讲述世界的奇闻异事；直到后来，才将他的调查研究置于一个统一的主题之下。尽管现代有诸多争论，但这似乎仍然是为何该作品中有诸多难解之处的最令人满意的解答了。

希罗多德如何获取信息？某些信息可能来自前人的文学作品，但希罗多德只提到了赫卡泰奥斯，我们找不到确切的证据说明他运用了更早的书面记述。希罗多德能够引用诗歌和神谕，有时他的信息可溯源至一些东方的文献资料；但他显然不将书面文献视作一种重要的信息来源，实际上他除了希腊语以外不懂任何其他语言。在希罗多德那里，有关其信息来源的描述总是相同的，与他给出的信息类型协调一致。他声称重视实践历史学的训练、口传史学、收集和解读关于某个人的现存口头传统，这些大多数属于现代性的内容。其史料来源于"视力和听力"方面，即他自己的所见所闻。这两种来源相互关联，因为历史纪念和自然现象保存了口头解释、也需要口头解释。他的足迹所至，包括北非的埃及和昔兰尼、腓尼基的提尔，远及巴比伦的美索不达米亚、黑海和克里米亚，以及爱琴海北岸除了小亚细亚和希腊的主要城市之外的地区。他最终在南意大利（尽管在《历史》一书中几无踪迹可寻）定居。每到一个地方，他似乎都能找到"深谙传统之人"的特殊群体，如译员、祭司或者公民领袖，并且在可资利用的口头传统中只记载其中一种说法——这种说法可能经常是片面、带有偏见或者非常琐碎的。只有在不同说法来自不同地方之时，他才予以比较。写作口传历史的困难在今天已经得到公认；然而在记述有关埃及、波斯等主要文化之时，希罗多德展示了他从那些从事此类口传资源传递工作的人们那里获取良好信息的能力。

在《历史》一书中，希罗多德展示了其艺术风格中最重要的方面。关于希腊大陆，他的信息似乎来自于城市中的上层政治群体；关于斯巴达，他给出了一种官方信息；关于雅典，他的版本至少部分是基于特殊的贵族传统。他的叙述关涉历史大事件和战争，语气是理性的而非具有某种道德或宗教色彩的，并以此来有意识地提升或证明某些特殊群体的地位。在德尔斐，有另一类型的传统可资利用，那就是祭司讲述的一系列与圣地纪念和供奉有关的故事。这些故事包括了很多民间传说主题，有着强烈的道德说教色彩，如英雄从兴盛走向不幸，成为神灵嫉妒的牺牲品。这种伦理教化无关贵族传统，而属于一个神灵的圣地，他的神庙上刻着的箴言曰："认识你自己""适可而止"。同样的故事范式在爱奥尼也占据支配地位——希罗多德对他家乡地区的历史叙述，相较他对希腊大陆的叙述来说，远非"历史的"或政治的态度。譬如，关于萨摩斯的历史，他经常被认为拥有独特的优质史料来源，因为他在这里度过了青年时代的大部分时光。然而，他对只比他早两辈人的僭主波里克拉特斯的记载，就已经倾向于一种民间故事的叙述风格了。

希罗多德的爱奥尼史料来源，展示了一种通俗的、非贵族化的故事叙述传统，这种传统与希罗多德的成就有直接联系。在希罗多德所构建的整幅历史图景里，爱奥尼与德尔斐的传说故事体现了同一种道德范式。波斯战争的故事讲述了"神怎样用雷霆打击那些高大的生灵，使它们不能自我炫耀，同时也不让那些幼小的生灵激怒它们。你会看到，他的雷电总是摧毁最大的楼房和最好的树木"。通过一系列设计——预兆的梦境、对英明的建议者置之不理、循环的故事模式，创造了这样一个源自民间故事艺术的预言。就像在荷马背后存在着一种由职业的游吟诗人吟唱口头诗歌的长期传统一样，希罗多德背后也有着一种故事讲述的爱奥尼传统，而他自己则是最后的也是最高明的大师。

因此，希罗多德的信息收集工作并不是在任何系统的质询精神引导下进行，也不是随意的好奇心的产物。他收集的故事从一开始就伴随着"逻各斯"（logos）原则广为人知。他把所有工作、其中的主要部分（埃及或吕底亚的逻各斯）以及其中的每一个故事，都归于"逻各斯"一词。很明显，他将自己当成一个逻各斯制造者，就像他认为赫卡泰奥斯是神话讲述者、伊索是动物寓言的创造者一样。但修昔底德实际上将他从一个"逻各斯作家"的位置上拉了下来。在这一语境下，"逻各斯"一词可能经常和英语里的"故事"（story）相差无几。但如果我们记得每个故事都有一种形态、一个目的，并不是为了自己的缘故而保存下来的孤立事实，这便可能是事实，也非常有意思。希罗多德的成就在于运用逻各斯制造者的技巧来描述战争与和平中的人类社会。

从他与诗人索福克勒斯的友谊可以知道，希罗多德在公元前5世纪的最后40年里已经是一个活跃的演讲者了。他的《历史》发表于公元前425年之前不久，这时候阿里斯托芬在喜剧《阿卡奈人》里滑稽地模仿了他对波斯战争起因的叙述。此时的希罗多德似乎已经过时了，因为宽泛的、爱奥尼式的对文明互动的回应，已经被一种狭隘的、只关心希腊城邦及其利益的态度所取代。历史成为城邦的历史，并且有了新的发展方向。

## 地方志与编年史

这一类型的文献最早出现在一个希罗多德的残篇中；其中有一些概要性的观点，关于怎样系统地开发利用事件发生地的传统以及那些更为重要的地方档案。这种当地或族群的历史，满足了一个当地听众对他们自己城邦历史的兴趣。因此只要城邦存在，整个古代世界的历史就得以持续编撰。所有这类史书现皆已散佚，不过奥古斯都时代的批评家哈利卡纳苏斯的狄奥尼修斯（Dionysius）描述了其一般特征：

> 这些人在选材方面相差无几，彼此之间的才能也并无多大差异，有些人写希腊人的历史，有些人写蛮族人的历史，相互间完全没有联系，而是按照民族和城邦分类、分别写作；所有作品都只有一个且是同一个目的：不论口头传统是保留在当地民族中还是城邦中，不管文献是保存在圣殿还是档案馆，将它们带到每个人面前、使之获得普遍注意，就像它们被当作标准认可一样，既不增加也不删减其内容。（《论修昔底德》第5节）

在希腊，这一潮流第一次将书写记录作为历史的原始资料，与口头传统相提并论。最早阶段的两位代表能够说明这一特征。约公元前5世纪末，旅行在古代城市间的博学者和演讲者、埃利斯的西庇阿斯（Hippias of Elis），发表了奥林匹亚赛会的胜利者名单，以四年为周期按照时间顺序一直回溯到公元前776年。这成为希腊历史纪年的基础，就像罗马人以他们建城之日纪年、早期希腊人以亚伯拉罕的诞生纪年、我们以基督诞生纪年一样。编年史，即对人类历史事件进行年代定位和排序，是历史学的基本原理。西庇阿斯开启的这一传统，一直持续到整个希腊化时期，并在古代世界后期催生了现今流传下来的、由基督教作家尤西比乌斯（Eusebius）和圣哲罗姆（Saint Jerome）编撰的神圣和世俗的历史年表。

同样，在公元前5世纪的最后30年里，莱斯博斯的赫拉尼库斯（Hellanicus）出版了一系列完整的地方历史与编年史（至少28卷），极少部分是基于档案研究。其中有关于雅典最早的历史以及在埃及发现的亚里士多德关于雅典政治的散佚作品纸草（写于公元前4世纪后期），使我们得以从某些细节出发、重构一个城邦历史的发展过程。在赫拉尼库斯开创的《阿提斯》（Atthis，或《雅典历史》）这种非雅典人的作品、处于一个更广泛的传统影响下。后来的作家主要是雅典人，通常出自祭司家庭，如克雷迪姆斯（Cleidemus）；或政治家，如安德罗提昂（Androtion，亚里士多德的大量依据出自此人）；或者两种背景兼具，如斐洛克罗斯（Philochorus）。他们的作品从一开始就表现出两方面的特征，一方面对当地神话有着强烈的兴趣，另一方面又有固定的年代顺序：按照雅典的名年执政官[1]或执政官的序列安排历史事件（可能有某种程度上的任意性）。这样的序列被刻在了石头上。实际上，我们已经在雅典市政广场发现其残篇，时间是公元前5世纪20年代。此类公共记录几乎就是城邦对赫拉尼库斯的作品深感兴趣的证据，其作品激励雅典人将他们的成就进行有序展示。这是公民荣誉感与历史撰述相互影响的极好例证。因此，这种传统深受城邦利益、当地祭仪习俗和政治控制也就不足为奇了。

---

[1] 名年执政官：古雅典建国初期的最高领袖。

## 修昔底德

修昔底德也是城邦世界高度发展的产物，与第一批方志历史学家大致属于同一时代，然而他开篇第一句就申明他有意与希罗多德进行竞争：

> （本人）雅典的修昔底德在伯罗奔尼撒与雅典之间的战争刚刚爆发的时候，就开始写作这一部战争史。我相信这次战争是一次伟大的战争，比过去曾经发生过的任何战争更有叙述的价值。这种信念是根据下列事实得来的：双方都竭尽全力来准备；同时我发现，希腊世界中其余的国家不是参加了这一边、就是参加了那一边，有的是立即参战，有的权衡之后即参战。

作品的主题立即出现：在对这场伟大战争的描述上，与希罗多德截然不同；对同一时代记录的宣言，对证实自己观点的强调，对自己是一个作家而不是口头传统的表演者的自觉宣称——所有这些，都在一部极其深刻和睿智的散文作品中表现出来。修昔底德记述的是雅典与斯巴达之间伟大的伯罗奔尼撒战争，这场战争从公元前431年到前404年，整整持续了一代人；其间只有公元前421年到前416年短暂的官方和平，但是随即被打破；最后以雅典战败及其帝国瓦解而告终。修昔底德身前并未能完结他的作品：在第8卷第411行叙事的进程突然中断；而第6卷和第7卷关于雅典向西西里的扩张，似乎是一个已经发表的艺术作品；第5卷和第8卷则有明显未完成的痕迹。修昔底德本人在战争中的活动，由他自己作了最好的描述：

> 我一直在战争中生活着，我的年龄相当大了，我了解事物发展的意义，我专心研究事实的真相。我在指挥安菲玻利斯的

军事行动以后，曾被放逐而离开母国二十年：我看见了双方的一切行动，尤其是伯罗奔尼撒人的行动。由于我流亡在外，闲暇的时间给了我特殊的便利，使我能够深入研究一切。

修昔底德首先是一个"史家之史家"：他一直受到方法论的困扰。为了证明他所经历的这场战争有多伟大，他用一个关于先前历史的冗长补记来说明早期战争之不足道和先前居民有多贫困；同时，他全面质疑希罗多德所提出的关于证据的标准。他精确划定了所述战争的起点和终点，谨慎地论证所谓的和平时期其实是这场战争的一部分。像同时代人一样，他也热衷于编年史，但是他拒绝使用他们的名年官序列，认为其不适合战争的历史，而代之以战役季节的时间——"夏季和冬季"。他批评其他人在探知事实真相时缺乏批判性，并且宣称他不会听信于任何单个目击者的解释，而是努力在不同参与者的不同证据中寻求关联，作出评判。即便是他作品中所用的演说词，他也在一段著名的争议段落中宣称，"使演说者说出我认为每个场合所要求他们说出的话语来，尽量保持实际演讲的大意"。他所认可的这些原则，可能会降低其作品的文学魅力——不过没有关系，因为他的目的是科学的，是要"垂诸永远，而不是迎合一时的听众"。从这种态度来说，我们认为他是第一个批判性的历史学家，西方传统史学的奠基人。这样说可能非常奇怪，因为修昔底德本人根本没有想要成为一个历史学家。他宣称不可能完全准确地写出过去之事，他的方法和关于证据的标准只适用于当前。他是一个社会科学家，一个当前世界的学习者，而不是一个历史学家。直到19世纪档案的发现和史料批评方法的发明，才使得过去的历史学家相信他们能够满足修昔底德提出的标准。甚至直到20世纪，F. 雅各布（F. Jacoby）汇集、出版了一些希腊历史学家散佚的残篇后，这些标准才能应用于希腊历史研究。

在一个方面修昔底德已经很好地超越了希罗多德——对战争原因的叙述。同一时代的人发现，希罗多德热衷于劫掠与反劫掠的神话，从伊翁到特洛伊的海伦。虽然他把故事讲得很热闹，但没能注意到是文化的冲突最终导致了一场战争。而战争的原因不可能是孤立的，必然与上述社会性质有内在的联系。但就希腊城邦来说，已经建立起了有关多边关系的规则：一种侵略或对正当诉求的拒绝行为，是导致战争的原因，战争具有明显的政治性质。修昔底德的高明在于，他不仅仅停留在这种权利诉求和反诉层面，反而在两段插话中细致分析了那些公认的导致战争的原因，探讨一种"很少被清晰地提出过的真实原因"。有两段军事冒险的情节提及雅典与斯巴达的主要盟邦科林斯之间的利益和军事力量冲突。"真实原因"的性质难以界定，实际上修昔底德最终以个人理解作出了解释——"雅典强盛起来引起了斯巴达的恐惧，迫使他们要与之战斗。这是一个社会心理学的声明？抑或是关于必然性的论断？他没有提及的情况是怎样的呢？他将战争的责任置于何方？这些问题已经被无数次地争论过了。这里我们只须注意到修昔底德对处世之道探究视角的老练，并坚信有两种类型的力量在起作用，导致战争爆发肯定有两个层次的原因。正是这种抛弃显而易见的、只有一个或一种类型的简单原因的观念的做法，是我们理解人类事务中的因果关系的决定性的一步。

修昔底德的方法来自何处呢？这一时期的政治和社会理论尚处于幼年期，同时代的智者都没有能与之相比的深刻性。医学作家以刨根究底的态度来处理疾病及其致病因素，这一点很像修昔底德。他们还发展了一种理论与实践观察相结合的科学，也与修昔底德的做法类似。但我们只有在读了修昔底德第二卷关于雅典大瘟疫的叙述后，才能见其高明之处。即便描述一个医学现象，也没有任何一个同时代的医学作家能够如他这般清晰地描述过传染和免疫这两种重要的医学观念。事实上，我们完全可以有信心说，修昔底德关于社会和历史研究方法的观念就是他自己的创造。修昔底德的问题本质上在于他的独立性。

若是考虑到修昔底德的文学风格，这一结论会更坚实。其风格的终极源头是与其同时代诡辩演说家完全不同的时代，而这些因素已经交织在一起，呈现出一系列破坏性的对立面和不相称的对应物。这里没有一个单词是清楚明了的，每个句子的出现都出人意料。其缺陷是简单变复杂，复杂变为不可理解；其优点不在于其精确性（因为是一个错误的精确），而在于其方式，打动读者——甚至是同时代的希腊读者——去仔细考量每个单词的意义及其位置摆放。没有任何一个希腊人曾像修昔底德这样写作或思考。

当然，他也有其局限性。修昔底德将军的沉默让我们难以参透。我们无法知道他为什么不提那些他没有提到的内容，或者有多少内容是他没有提到的。我们不能通过他来构建历史，只能接受或拒绝他的结论。这一点与他是否如很多人相信的那样，是一位优秀的历史学家并无关联。但是我们有理由怀疑，他在某些时候会因为个人偏见而摇摆不定，他对伯里克利的记述明显褒扬过甚，对克里昂的记述遗漏了许多关键事实。再者，最根本的问题是演说词的呈现，如果没人曾经那么讲过，那些词汇和思想还会如此紧密联系吗？他在哪里遗漏了对决策的记述？此外，他阐释的辐射力如此之强，使其周边其他的重要事物陷入了日珥般的黑暗之中，他有系统地忽视了波斯的影响——这场战争只是希腊城邦之间的战争。但他是否曾经面对过这样的事实：是波斯的金币最终打败了雅典吗？

许多这样的局限性折射了他作品的目的——"如果那些想要清楚地了解过去所发生事件和将来也会发生类似事件（因为人性总是人性）的人，认为我的著作还有一点益处的话，那我就心满意足了。"修昔底德在这里申明的并不是简单的循环论，而仅仅是研究人类社会的运作。但这是一个什么样的社会呢？很明显不是波斯的类型，但或许又不仅仅完全等同于希腊——更恰当地说，应该是一个自觉的政治社会；在这个社会中，决策的制定基于理性和公开的讨论，并与理性原则相一致。这就是为何从马基雅维利（Machiavelli）以来的政治学者将修昔底德当作理想的历史学家，托马斯·霍布斯（Thomas Hobbes）则称他为"有史以来最具政治意义的编年史作者"。

　　智者派对修昔底德的政治理论有明显的影响。关于人类社会，修昔底德似乎将"强权就是公理"当作一个普遍事实接受了——社会实际上是以自利原则为依据组成的，城邦行为与自利原则一致。修昔底德的作品很少有情感流露，即便偶尔出现，也是不成功的表达。雅典依靠暴力维持其帝国，"过去取得这个帝国可能是错误的，但是现在要放弃它一定是危险的"（伯里克利的演讲）。这种观点的哲思性论述莫过于雄辩家色雷斯马库斯（Thrasymachus）在柏拉图《理想国》第一章中的表达。因此，就社会性军事行为来说，没有人是永远正确或永远错误的。即便斯巴达对雅典的恐惧是单方面的，但战争的爆发是"自然而然"的事情。我们知道，这种关于社会的观点在公元前5世纪并不是很流行，甚至很可能不是主流观点；但这无疑是一种有影响力的观点，修昔底德不可能被指控为一个唯我主义者，或完全伪造政治争论的性质的人。很多演说词以相互对立的姿态出现，而不是一般性的争论，这很明显说明他没有对决策程序给出过一个完整的记述。实际上，很多演说词更多是作为一个表达修昔底德政治理论逻辑的媒介，而非它们实际所讲内容的精确记述。修昔底德试图在两个场合保持他政治分析的一贯性，但结果并不成功：对伯里克利死后雅典政治领导地位发展的记述，以及对战争期间涉及科西拉并以其为例证的政治革命性质的讨论——这些在纷繁复杂的历史背景中强加一个线性进程的尝试，都不能令人满意。

　　尽管不愿意接受这类社会理论，修昔底德还是十分关注其结果，尤其是作为其结果而产生的道德问题。他对这类理论给内部政治带来的影响尤感兴趣。第二卷中著名的伯里克利关于雅典阵亡将士的葬礼演说，描绘了一个没有冲突和紧张、团结在对同一个理想的追求中的社会，与科西拉这样一个受困于内部冲突纷扰的病态城邦截然不同。一般来说，他收集的是那些以其最重要的形式提出这类问题的事件。如在第三卷中，有三个重要情节——雅典人会如何惩罚反叛的密提林人（Mytileneans）的问题，斯巴达会如何处置被俘的普拉提亚人的问题，以及科西拉反叛的故事。第一个问题中，帝国的新道德得出的结论是：仁慈的统治比残暴的统治更有利；第二个问题中，旧道德的代表拒绝一种情感的呼吁；第三个问题中，修昔底德论证说，当一个社会完全被新道德统治，就会导致信任和社会秩序的崩溃，而唯一愚蠢的行为就是做个温和派。

第3卷是修昔底德原创历史的中心内容，记述了战争的第一个阶段，直到第5卷第24节结束。修昔底德对他所描绘世界真实性的希求，在他自己那里都显得十分矛盾。其作品的后半部分，这种不安和"以修昔底德反修昔底德"的味道愈加明显。其原因就在于事件的逻辑性：如果修昔底德所接受的政治律法即自然规律，那么它们的全部悲剧性就会在最伟大的悲剧中阐明——修昔底德自己的城邦雅典的毁灭。历史学家对人性的悲观主义认识在这次毁灭中最终得到证实。有很明显的迹象表明，修昔底德在《伯罗奔尼撒战争史》的后半部分，开始以一种悲剧观念进行清晰的论述。第5卷中，雅典人无缘无故发动对米洛斯岛的攻击，当米洛斯人以一份对话体形式的演说来质疑他们行动的道义性时，雅典人则以一个"僭主"城邦的傲慢来回应。修昔底德作品中的插叙，深受希腊戏剧文学形式的影响，也体现了他为代表雅典而骄傲的事实——正是这种骄傲——带来了第6卷和第7卷对西西里远征这场灾难的记录。修昔底德对远征本身的讲述，充满了感情和艺术性；在叙述的过程中，他相信这便是战争的转折点。不过他本人仿佛也卷入了事件之中，更好地掩饰了这种感情倾向。我们不知道修昔底德打算如何结束他的故事，尤其不知道他如何解释斯巴达为何没有完全摧毁雅典——而按照他的理论，斯巴达这样做理所当然。历史学家的问题在于，历史不能成为一个艺术的统一体，它总是被事件所伪造。修昔底德的历史，一方面展现了作为一个亲历事件的当代作者的道德倾向，另一方面又说明客观的历史学之不可能。

修昔底德的历史观是古代世界的主流观点，在今天也是。每一个社会都有其应有的历史类型。马基雅维利主义或者实权政治似乎仍然是政治领域唯一的理性回应，即便在当其导致自我毁灭之时。因此修昔底德对历史的塑造曾经属于政治和战争范畴，也无可非议。教训已经发生在修昔底德自己那里，一个以这种标准孤立存在的社会，将不可避免地走向毁灭。

## 色诺芬

历史在继续，历史学家也不断涌现，这是公元前4世纪的事。事实上，修昔底德一开始没有完成其作品，反而使得为之增加续篇更为容易。就像他的续作者所展示的那样，人们可以简单地以"若干天以后"开始，至少可以努力达到同样不带感情的精确记述标准。奥克斯里库斯的史家（Oxyrhynchus historian）做到了这一点，色诺芬在他的《希腊史》（*Hellenica or Greek History*）前两卷中也几乎做到了。这部作品继续叙述伯罗奔尼撒战争，直到公元前404年结束。但是他晚年延伸了修昔底德书写的历史，直到公元前362年的曼提尼亚（Mantinea）战役，包括了斯巴达在希腊的领导时期、斯巴达的衰落、忒拜的短暂领导。他的记述尤其粗糙、失衡、充满偏见，若不是因为其叙述是现存唯一的同时代作品，没人会严肃地对待它。尽管他申明自己写的是回忆录，而不是历史，可这终究不能作为一个借口，因为遗漏的部分远比其记录的部分有趣。不幸的是，色诺芬也践行了修昔底德的标准，作为一个目击者并参与了这些事件，但是又完全缺少了悲剧主题——即斯巴达人生活方式为何失败，而这恰恰是他自己完全有能力解释清楚的。不过，色诺芬清新平易的风格、对于美德和恶行的坦率观点、对斯巴达绝对的赞赏，使之较其前辈的古板形象有了一种积极的改变。

适合于学童的风格和道德内容，使得色诺芬在整个古代世界都非常受人欢迎，并确保了其全部作品得以留存下来。其中许多作品都与历史沾边。《远征记》（*The Anabasis*）是一个青年男子的冒险故事——10,000名希腊雇佣军穿越波斯帝国腹地的远征，是由这次行动的一位领导者讲述的。《阿格西劳斯传》（*Agesilaus*）实际上是一篇讣告，赞颂了色诺芬终生的朋友和保护者、斯巴达王阿格西劳斯光辉的一生；《回忆苏格拉底》（*Memoirs of Socrates*）展现了一个色诺芬可能从来没有相遇过的名人的私人形象，这种文学回忆录的传统可一直追溯到公元前5世纪。色诺芬的另一部作品——《居鲁士的教育》（*Cyropaedia*），堪称第一部历史小说：篇幅很长，完整虚构了波斯帝国的创建者居鲁士大帝的教育和征服的过程。这部作品对王公贵族的借鉴作用及其对道德领导力的强调，使其在王权退出历史主流舞台之前，一直是欧洲最为流行的书籍之一。在古代世界，它曾激发了大量半历史类作品，叙述自亚历山大大帝以来的英雄教育。但是《东方人》（*East*）更倾向于对异国情调的描述而不是道德说教。公元前4世纪早期，阿塔薛西斯二世（Artaxerxes II）的宫廷医生、奈达斯的科特西阿斯（Ctesias of Cnidus，同色诺芬参加远征一样，他也参加过库纳克撒战役，只不过是站在敌对的一方）撰写了一部异常流行且充满奇思怪想的波斯历史（已散佚），其中提出了关于波斯内情的权威观点，认为波斯"呼吸着闺房和太监的香水，混杂着血腥的污臭"（爱德华·迈耶尔语）。永远不要相信一个医生的历史作品，这样的作品来源于爱奥尼流行的口传故事，在希腊化时代的传奇小说里还有延续。

## 《希腊史》

希腊历史撰述的主流，依然是修昔底德式的关于城邦斗争的历史，但是开始有了一系列与《希腊史》相关联和比较的标准。在作品已散佚的公元前4世纪的历史学家中，有两位十分突出。库麦的埃弗鲁斯（Ephorus of Cyme）写了一部30卷的希腊史，从一开始就试图取代所有的竞争者。该书以赫拉克勒斯之子的返乡为开端，结束于公元前341年。其吸引人之处在于，他试图将历史从神话的领域划分出来。正因为这种方法，在一系列维护历史统一性的独立章节的前言中，他的研究显得更为宽泛。作为伊索克拉底（Isocrates）的学生，他开启了修辞学与历史学之间的危险关系，并有以牺牲真相来满足效应的倾向。还有一些其他缺陷：他眼光敏锐，能将诗歌用作历史的证据，但在利用之时很少加以甄别。他试图通过将事实和人物"现代化"来掩饰自己对早期历史学家的依赖，并在必要之时依势"创造"历史细节。他的风格和完整性不幸使他流于通俗，不过，在那些思考过历史应该为何服务，且至少得出错误结论的人之中，他是一个杰出者。

就现代的眼光来看，伊索克拉底的另一个学生、开俄斯的狄奥庞普斯（Theopompus of Chios）更有魅力。他也写了一部《希腊史》，也是修昔底德的续篇；他的另一部作品《腓力王纪》（*Philippica*），其书名暗示了历史已经向着一个新的方向发展，这部书也可称作腓力的历史，因为这位马其顿王在其中处于核心地位。这些作品毫无顾忌地揭露了各个时期雅典政治家的虚伪、阴暗、堕落与腐败，以及希腊新的马其顿统治者之粗鲁、野蛮。反历史、对恶行和无能的揭露，总是令人感兴趣的，狄奥庞普斯用写作戳穿了大人物的自负。但他也预见了世界对一种新的历史叙述模式的需求，就像其《腓力王纪》的书名所示，历史是为了支持（或者反对）一个由王权统治的世界。

## 为国王而作的历史

亚历山大大帝是第一个严肃的挑战者，因为清楚自己正在创造历史，所以他谨慎地挑选历史学家来记载自己的功绩。然而他的选择却令人遗憾。亚里士多德的侄子卡里斯提尼，在展示了一种阿谀和沉闷的混合风格后，开始试图篡改王室记录，尔后不得不被销毁。亚历山大的历史学家实际上是一群小丑——这从他们的作品残篇便可以判断。颇具讽刺意味的是，征服世界这样伟大的历史事件，在罗马帝国之前竟然没有连续的记载留存下来。一流的历史作品写于400多年以后，作者是阿里安，一位罗马官员。他选择了两位当事人的叙述作为材料，当然有其可信度。其一是阿里斯托布鲁斯（Aristobulus），一个建筑师；其二是托勒密（Ptolemy），一个下级指挥官，后来成为后续的埃及王国建立者。其他作品诸如狄奥多罗斯的，用了克雷塔库斯（Cleitarchus）所写的一个更为通俗传奇的材料，而克雷塔库斯是一个不能确定其生活时间的模糊形象，也不一定是当事者。还有很多人陆续用不同的文学形式记述了亚历山大的远征。其中最天才的是亚历山大的舰队司令尼尔库斯（Nearchus），他于公元前326—前324年期间穿过印度河流域的旁遮普（Punjab），以及荒无人烟的莫克兰（Makran）海岸，到达了底格里斯河口，并以此写了一部希罗多德式的作品。这成为阿里安描述远征印度的重要材料。但是关于亚历山大大帝的事业，流传最久的是亚历山大罗曼史的传统。这些可能在世界文学史上最为流行的书籍。在古代世界后期，它们由各种不同的希腊化时期的线索编纂而成，诸如一部充满幻想的传记以及一些伪造的书信和文章集。其结果当然是完全神话风格的，如幼发拉底河和底格里斯河流入了尼罗河；亚历山大由一条埃及的蛇所生；拜访无头人和印度婆罗门教徒（最后一个是真实的情节）；用一个潜水钟来到海底；在一个狮身鹫首怪兽驱动的篮子里飞行等。

# 希腊化时代

因此，历史上的亚历山大做出的挑战没有得到回应。我们就有必要问：为何不管是亚历山大时代还是希腊化时代，都没能产生一种新型的政治历史？为何没有出现国王或王朝的历史传记传统来记载这些大帝国和诸王国？原因之一是，产生于城邦时代的历史撰述的传统之强大；另一原因是，希腊缺乏一种真正的传记传统。正因如此，帝国历史和政治传记的魅力就留待罗马人去发掘了。希腊化时代最为成功的那些政治历史学家继续写作《希腊史》，但通常是他们自己时代的编年史，仅仅是将新的希腊化王国合并到旧的体系中去。

这些历史撰述中最好的是卡狄亚的希罗尼姆斯（Hieronymus of Cardia）写的，后来成为狄奥多罗斯第18—20卷的蓝本，他是几个王国的公共事务管理者，成年生活经历了三代人，从亚历山大到公元前260年；是年，在104岁高寿仍大权在握之时去世。因此，他的历史著作篇幅如此之长，"没人能通读到底"也就不足为怪了。但这仍然是一部了不起的、准确且平衡的作品，记述了一个由政治和战争活动贯穿始末的时代，范围是从印度河到尼罗河及多瑙河的世界。特别值得一提的是，狄奥多罗斯从这些作品中写出了甚至比修昔底德还好的军事历史。希罗尼姆斯从亚历山大帝国的分裂和后续王国的产生中得出的教训，可能是历史上所有真理中最重要的教训——是偶然的机遇而非人类的技能支配着人类的事务。命运女神提刻（Tyche）主导着帝国的历史，并且支配着其继任者们，直到波利比阿（Polybius）出现——机遇是随机降临的，却会为那些有准备的人所用："在人类事务之中存在着规律。"

政治历史的另一种主要的发展模式，经由波利比阿与其前辈们的辩论而为人熟知，我们可以贴切地称之为"情感历史学派"。历史与巧言令色交织其中，并通过对过去的哀怨、悲怆的情感重建自身。这种为了垂训而轻易牺牲真实的学派，是否以亚里士多德"悲剧的历史"理论为基础，仍有争论；然而这类历史学家的主张预示了贝奈戴托·克罗齐（Benedetto Croce）理论的某些方面，即一切历史都是当代史，对过去经历的再现都与当前有关。

早期希腊化时代也见证了希罗多德传统的复兴。像尼尔库斯（Nearchus）这样的作家，已经认识到希罗多德与他们经历之间的关联性。当新的王国开始考虑他们本国的历史撰述主题时，他们感觉到需要理解这些外来的传统，从而为新的王国创造出某种认同感。结果就是希罗多德的"逻各斯"以一种系统的科学——民族志的形式复兴，它通常由国王资助，可能由非希腊的专业人员写作，依据公开记录和内在知识，按照标准形式——神话和宗教、地理和博物学、政治历史、社会习俗——进行排列。这些作者中最早的是阿布德拉的赫卡泰欧斯（Hecataeus of Abdera）。他为埃及的托勒密一世写作，其作品成为狄奥多罗斯第一卷的来源。他之后的第二代作家是埃及祭司马涅托（Manetho），他的编年史仍然是埃及历史的基础。塞琉古王朝时期，能说两种语言的巴力（Baal）祭司伯罗苏斯（Berossus）写了一部巴比伦史；塞琉古王朝派往印度旃陀罗笈多（Chandragupta）的使节麦伽斯提尼（Megasthenes）写了一部生动翔实的有关孔雀王朝开端的历史。历史与地理的关系在民族志中的复兴，无疑是亚历山大远征最重要的文化成果。一个短暂时期后，希腊人能够再次向外部世界展示他们自己和他们的城邦，让周围的世界感到惊奇。

在犹希迈罗斯（Euhemerus）和伊安布里库斯（Iamblichus）的想象世界中，城邦迅速地再次找到自我，并且将民族志引进乌托邦哲学的虚构领域中。这时不断涌现像埃拉托提尼（Eratosthenes）和斯塔拉波（Strabo，他的作品得以留存）这样优秀的地理学家，某些时候也会出现一个重要人物，将历史的主线连接起来。其中最重要的是哲学家、博学家阿帕梅亚的波塞冬尼乌斯（Posidonius of Apamea），他的散佚作品接续波利比阿，并记载了罗马共和国后期帝国主义倾向发展的严酷现实。但是波利比阿描绘了前进的方式，即罗马在地中海的出现，赋予修昔底德的政治历史传统以一种新的统一和方向。因此，希腊历史撰述这一传统的顶点在罗马历史中再现，其重要性将在第二卷第十章[1]中再行阐述。

公元前末期，百科全书式撰述的倾向开始出现，也预示着一种文化传统的终结。对我们来说，这种倾向的重要性在于，许多这样的大部头作品在前辈作品散佚之时得以留存，提供了重建历史传统的证据。后期希腊

---

[1] 指本系列第二部《牛津古罗马史》。——译注

化世界是一个大部头书本和极其自负的小人物的世界。哈利卡纳苏斯的狄奥尼修斯（Dionysius of Halicarnassus）在他的《罗马古代史》（*Roman Antiquities*）中为罗马写作了一部值得尊敬的、如一个特定希腊城邦一样的地方志。同一时代的狄奥多罗斯的《历史文库》（*Historical Library*）也很重要，不仅因为其通过将所有文明（不仅仅是所有希腊人）纳入历史的领域来努力扭转埃弗鲁斯（Ephorus）的倾向，还因为它是散佚的历史学家作品的存储之所——这部作品实际上是一座图书馆，是对其他人作品的一系列缩写。

在350年间，希腊历史撰述传统创造了我们今天仍在实践的大部分历史体例，并且努力分析大部分我们今天仍然面对的政治、社会问题。它建立了准确的标准和一系列方法论，使之明显优于其他历史传统。如果说它有什么缺点，那也是我们现在仍然有的缺点，即不能在历史中处理神力影响的问题。幸运的是，我们这个时代可以无视神。希腊化时代结束之际，出现了一种新的宗教，希腊传统和犹太传统融合成一种新的历史形式，神对人世的拯救也开始出现。马加比家族（Maccabees）和约瑟福斯（Josephus）的作品，是这种文化传统融合后产生的遗存，指出了通往尤西比乌斯（Eusebius）的《教会史》（*Church History*）和拜占庭基督教世界的道路。

# 进一步阅读

## I

关于现存的主要作品，希罗多德、修昔底德、色诺芬的《希腊史》和《远征记》、亚里士多德的《雅典政制》，以及阿里安的《亚历山大东征记》有优秀的企鹅丛书译本，导言均由最重要的当代学者所作。然而，最好的修昔底德译作仍然是R. Crawley（1876, often reprinted in Everyman's Library, London and New York）所作。色诺芬以及其他作家（狄奥多洛斯、哈利卡纳苏斯的狄奥尼修斯、约瑟夫）的次要作品最容易在劳易布丛书（Loeb Classical Library）中找到，都有原文与译文的对照。应该特别提到的是新版两卷本劳易布丛书阿里安的作品，其导言、注释和附录非常重要，由P. A. Brunt（Harvard 1976, 1983）所作。由K. von Fritz and E. Kapp翻译和评注的*Aristotle's Constitution of Athens and Related Texts*（New York, 1950）是卓越之作。

散佚的希腊历史作家残篇由Felix Jacoby搜集，他毕生奉献于此项事业，其不朽之作14卷本：*Die Fragmente der griechischen Historiker*（Leiden, 1923—58）是20世纪关于希腊历史最重要的作品。Jacoby在其未竟之际仙逝。此部作品按照历史的类型编排，涉及的主要领域有地理、文学、哲学史以及传记，包括每位历史学家的生平介绍、作品残篇，以及大量的德文或英文评注，没有译文。

## II

关于希腊历史撰述，最具启发性的作品要属莫米利亚诺（A. Momigliano）的他最重要的论文收集成两卷，*Studies in Historiography*（London, 1966）和*Essays in Ancient and Modern Historiography*（Oxford, 1977）。关于希腊和其他历史传统的关系，颇有意义的是Herbert Butterfield的未竟之作：*The Origins of History*（London, 1981）。关于地中海和中东的概览，亦可见J. Van Seters, *In Search of History*（Yale, 1983），主要关注

的是犹太传统。关于希腊历史撰述开端的概览，见L. Pearson, *Early Ionian Historians*（Oxford，1939，repr. Connecticut，1975），R. Drews, *The Greek Accounts of Eastern History*（Harvard，1973，须谨慎对待）。关于希罗多德面对的问题，最好的介绍是人类学家Jan Vansina的概要性作品：*Oral Tradition*（Harmondsworth，1973），亦可见A. Momigliano, *Studies*，chs. 8 and 11。近来最好的概要性作品是J. A. S. Evans, *Herodotus*（Boston，Mass.，1982），其他作品带有更多偏见。

关于地方志的讨论，见Momigliano, *Studies*，ch. 1；关于雅典的本土历史学家，有Jacoby的精妙之作：*Atthis*（Oxford，1949），他所作关于这些作家的英文评注见FGH III b补遗；亦见P.J. Rhodes, *A Commentary on the Aristotelian Athenaion Politeia*（Oxford，1981）。关于修昔底德，有三部各有所长的优秀作品：F. M. Cornford, *Thucydides Mythistoricus*（London，1907），J. De Romilly, *Thucydides and Athenian Imperialism*（Oxford，1963），and G. E. M. de Sainte Croix, *The Origins of the Peloponnesian War*（London，1972）。修昔底德还是一部五卷本大部头评注的主题，由A. W. Gomme发起和计划，由A. Andrewes和K.J. Dover完成（Oxford，1945—81）。

关于色诺芬，见J.K. Anderson, *Xenophon*（London，1974），以及G. L. Cawkwell为两卷本企鹅版所作的导言。关于埃弗鲁斯，见G. L. Barber, *The Historian Ephorus*（London，1935）；关于狄奥庞普斯，见Gilbert Murray, *Greek Studies*（Oxford，1946），ch. 8，以及W.R. Connor, *Theopompus and Fifth Century Athens*（Washington，DC，1968）。所有关于亚历山大大帝的研究，都在研究其生平的历史资料上花费了大量时间，最完整的研究是L. Pearson, *The Lost Histories of Alexander* the Great（New York，i960）。W. W. Tarn的研究*Alexander the Great Volume II: Sources and Studies*（Cambridge，1950）颇有争议。关于阿里安，见Brunt的劳易布丛书（前文），以及P. A. Stadter, *Arrian of Nicomedia*（North Carolina，1980）; A. B. Bosworth, *A Historical Commentary on Arrian's History of Alexander*，vol. I（Oxford，1980）。

Jane Hornblower, *Hieronymus of Cardia*（Oxford，1981）是对那些散佚名著的杰出再造，也是关于狄奥多洛斯写作方法的最好概论。关于其他民族志传统下的早期希腊化历史学家，见O. Murray, *Herodotus and Hellenistic Culture*，Classical Quarterly 22（1972），207 ff。关于约瑟夫，见T. Rajak, *Josephus*（London，1983）。

# 第九章

# 古典希腊的生活与社会

奥斯温·穆瑞（Oswyn Murray）

## 社 会

到公元前5世纪和前4世纪的古典时代，有成百上千个希腊人的共同体社会散落在地中海的沿岸，正如柏拉图形容的"宛若池塘边的青蛙"。从爱琴海中心的岛屿共同体、土耳其沿岸的城镇以及东部和南部希腊，不断扩展至希腊北部、黑海沿岸和俄罗斯南部，以及西西里和意大利南部，最远到普罗旺斯、西班牙和北非。这些共同体自认为互相之间基本相似，都生活在城邦里，这是真正文明生活的唯一方式。当然，其社会和经济生活在很多方面又有所不同：有些城市拥有广阔的农业土地或者大量的奴隶人口，另一些城市主要从事贸易活动，经营谷物、橄榄油、干鱼、葡萄酒、金属、木材等原材料和奴隶贩卖；或者从事手工产品的交换，这些产品或是当地生产的，或是从东方或其他文化引进的。在某些地方，希腊产品也大量向外输出，同时向外输出的还有医生、石匠和职业雇佣兵等有技术的劳动力。各城市的经济差异很大，其功能也是如此：有些城市本质上是城堡，另一些则是以宗教圣地为基础的；但是绝大多数城市都有港口，所有城市都拥有一些土地并建立了管理中心。从理论上来说，重新构建一个典型的希腊城市的社会和经济生活是可能的，柏拉图在《法律篇》（*Laws*）、亚里士多德在《政治学》（*Politics*）的最后两卷里也都认为，在不甚令人满意且种类繁多的真实城市的背后发现一个理想的城邦，是可能的。

我们无法令人满意地做到这一点的原因，与其说是缺乏资料，不如说是资料完全集中在两个不具有代表性的城邦上了。只有雅典提供了充足的各种史料，让我们能够详细地了解人们的生活方式；从史料中我们看到，雅典根本不具有典型性，在与其他城邦的相互关系中，雅典的行动更为多变也更加系统。事实上，雅典也比绝大多数城邦——如果不是其他所有的城邦——更为先进。相比之下，斯巴达被雅典作家描绘成雅典的反面，所以我们只能看到斯巴达与雅典组织中那些不同的侧面。秩序和服从，与无序和自由相对照；农业经济与贸易和手工业相对照；女性的自由，与雅典对女性的限制相对照。而那些不反映对立情况的史料却沉默着：我们的主要作家色诺芬，在他论述斯巴达的小册子里，没有提及斯巴达的奴隶希洛人——因为奴隶制是一种普遍的现象；我们也没听说过大规模生产武器的工场——而斯巴达军队使用的标准武器肯定是由这些地方提供的。在这两个城邦之外，我们只有一些分散的信息和偶然的发现，比如在克里特岛上的小邦格尔蒂（Gortyn）发现的大型法典。

所以，雅典注定成为焦点。一是我们知道，我们所描绘的其他城邦的生活仅限于它们与雅典相似的情况下；二是我们相信，至少在基本的社会和经济关系上，希腊城邦彼此之间的相似性，要远大于它们与周围部落和非希腊地区的联系。然而，甚至对一个单独的社会，我们也必须认识到：没有唯一的观点，每一个独立的目击者所描绘的世界都是不同的。柏拉图的对话用生动细腻的语言把雅典描绘成一个这样的世界：青年人和神一样的知识分子聚集在私人居所内谈话或宴饮，在郊区的公园里徜徉，或者走到皮拉奥斯庆祝节日，或者聆听那些来自希腊各地、精通修辞和哲学的著名学者讲学。甚至当苏格拉底被判死刑、关在监狱里时，当局也允许苏格拉底的朋友成群地去监狱看望他，并和他讨论诸如他是否该逃跑以及死后生活的本质等问题。最后，苏格拉底饮下了鸩酒，在平静而理性的谈话中，他的肢体慢慢失去了知觉。

但是在柏拉图所描绘的时代里，大部分时候，雅典都正经历着长久而血腥的战争，至少有一半人死掉了。其中很多人死于那场令人极度恐惧的大瘟疫，甚至幸存者身上也留下了瘟疫的创伤。瘟疫是不良卫生条件的结果，大量公民集中宿营在城墙内的所有空地或圣地内，起初是在炎热的夏季，接着后来的一整年都是如此。事实上，旅行很危险，而且受到很大的限制，去往皮拉奥斯的路一定是肮脏污秽的，散发着臭气，像今天加尔各答的贫民窟一样拥挤。雅典监狱的条件也不像柏拉图描述的那么充满人性或者那么干净；鸩酒的药效也不仅仅是肢体的麻木——还包括窒息、言语模糊、抽搐和无法控制的呕吐。

柏拉图的雅典是一个理想的印象，它对真实的反映与帕特农神庙里的裸体人像所反映的盯着他们看的穿着破衣、脸上有麻子的农民一样多。而我们需要知道一个社会为它自己设定的理想。阿提卡喜剧出于自身目的抓取了日常生活的某些侧面，为了达到喜剧效果而对之进行夸张。但是让我们再次思考，在一个女性处于严格隐居状态的社会里，猥亵的言语和对肉体功能的经常提及，是否是这个社会的特征，而不是剧场所特有的一种仪式性的发泄。在舞台之外，类似于痛打父亲或者女性醉酒的事情经常发生吗？女性真的梦想过要接管国家吗？

早在公元前6世纪，广场已经被清理出来，沿着广场的西侧建造了一些公共建筑物，后来又修建了赫淮斯托斯神庙。在早期的建筑物里面，有庄严的廊柱、管理宗教事务的执政官（archon basileus）的官邸；也有议会大厅（bouleutērion）、档案室（在metrōon里）、官员聚集厅（tholos）等，它们都以古典形式展现在这里。北面有绘画的廊柱里保留着古典早期波力诺塔斯（Polygnotus）和米孔（Micon）的绘画作品。泛雅典娜大道穿过广场，从一个城门（迪普利翁门）直通向卫城。在南面，是公元前6世纪的喷水房以及国家铸币厂。围绕广场的廊柱——商店和办公室——修建得比较晚，阿塔鲁斯廊柱（Stos of Attalus）是帕加玛国王的礼物，如今重新修建，成了阿哥拉考古发掘的博物馆和工作室。

法典再次告诉我们，只有在边界地区，犯罪和惩罚是可以想象的，而正常的或禁忌的东西是不可想象的。那么，雅典律师的言论就涉及了富人这一特殊群体，也涉及了有争议的遗产或者能引起纷争的商业利益的情况。在这些言论背后，隐藏着一个正常活动的世界。对于史料的所有生动性来说，我们处理的是一系列陈规和偏见，它们只能间接地告诉我们：雅典人可能是什么样子的。

城邦在本质上是男性的集体：男性公民聚在一起制定和实施那些影响共同体的决定。毫无疑问，这一活动的起源根植于军事环境以及武士们所拥有的赞同或拒绝其领袖决定的权力。城邦的发展就是这一实践在社会生活各个层面的拓展，除了一部分宗教领域。政治，即在讨论之后直接参与理性选择，于是成为所有雅典城邦的中心内容。在雅典和斯巴达，所有男性公民至少在理论上都平等参政；在其他地方，特权可能被局限于特定人群，富人或贵族，所以必然在公民集体内部产生冲突和权力的分层。然而，政治生活的形式——大规模的公民大会、小规模的议事会及年度执行官员——都是普遍存在的，尽管各种因素下的权力和特性存在很大差异。

非常明显，如此发达的组织形式，一定与其他的更"自然的"和被推测为更早的组织形式有联系，它们大体上被现代人类学家描绘成血缘组织。绝大多数的希腊城市将他们的公民划分成世袭的"部落"；多利安人的城市在传统上有三个部落，爱奥尼人的城市有四个部落，但是政治改革者们乐于操纵这些组织，雅典的克里斯提尼把部落的数量从四个变成十个（大约在公元前507年）。这些城市部落和过去的真正部落之间缺少有机的联系，表现在它们仅仅作为城邦共同体中的社会分区而存在，希腊北部真正的部落地区则没有它们的身影。事实上，它们是出于军事和政治目的对公民群体进行划分的。传统允许，国家宗教崇拜对此也有所强化。

在雅典，克里斯提尼改革也是以地域为基础重建了组织。村庄或德谟变成了一个管理单位，地方官员和地方议会控制地方政府的所有事务，其中最重要的是保管公民名单。雅典有一套复杂的程序来保证公民名单的注册登记；如被拒绝，还可到法律机构进行申诉。由于与公民权相联系，德谟的成员是世袭的。不管他实际的住所在哪里，每个雅典公民在政府事务中都要求陈述他的德谟。所以苏格拉底的正式名字是"苏格拉底，埃罗派克（Alopeke）德谟的苏佛罗尼库斯（Sophroniscus）的儿子"。但是，不管人口流动有多频繁，对绝大多数雅典人来说，德谟一直是地理中心，因为他们就居住在那里。对普通的雅典人来说，比这些中央和地方的政府组织更重要的是胞族（*phratria*），即一群兄弟们（*phrateres*）。这个希腊语单词的词根与绝大多数印欧语的词根相同，例如，在凯尔特语里是"*brathir*"，德语是"*bruder*"，英语是"brother"，拉丁语是"*frather*"，法语是"*frère*"；在希腊语里，它指"非家族"型的"兄弟关系"（对有血缘关系的兄弟关系还有另外一个完全不同的词）。这些兄弟关系最初可能是贵族武士团体，民主国家把他们重新组织起来并将其对所有人开放。每个雅典男子都属于一个胞族，控制其社会生活的，也正是胞族。在传统地区举办并由地方胞族掌控的年庆节日上，每个胞族都崇拜一个男神和一个女神——宙斯·弗拉提欧斯（Zeus Phratrios）和雅典娜·弗拉提娅（Athena Phratria）。这个糅杂了统一性和伪造的多样性的混合体强烈地反映出，在某个特定时间里对古老习俗的重塑。雅典青年男子人生中的各种仪式都与这个节日有关：在幼时，他来到宙斯·弗拉提欧斯的祭坛前，被父亲和亲戚介绍给胞族；对他首次献祭的接受，标志着共同体对他的接受。在青春期，他再次出现在胞族面前，为神献上一缕剪下的头发；兄弟们（*phrateres*）于是投票允许他成为胞族的一个成员，并把他的名字刻在胞族的名单上。是兄弟们见证了神圣的订婚典礼，这是雅典人婚礼上的重要社会活动；也是兄弟们参加了由新郎准备的宴会，以此来庆祝他最终的美满。所以，胞族参与了一个男人一生中所有重要阶段，是他社会和宗教活动的中心；当他遇到困难时——例如需要法律上的证人，他首先会求助于他的兄弟们。雅典的胞族唯一不涉及的领域是死亡——尽管在其他地区，这也是胞族功能的一部分。

这种类型的社会组织在希腊世界是非常普遍的，在不同的城市里也有不同的发展目标。斯巴达是最突出的例子：男性公民集体被分成"斯氏提亚"（*syssitia*）或共餐团，整个社会的和军事的组织都以此为基础。在这里，希腊世界的正常实践活动发生了改变，产生了一个军事集团。从7岁开始，男孩要接受国家组织的培养，被编入不同的年龄组。从12岁开始，他们过集体生活，学习各种有助于自救和生存的技能；他们缺衣少食，却以此来磨炼坚强的意志。在20岁时，他们加入共餐团，生活至30岁。甚至此后，他们仍然需要每天都来吃那些共餐。共餐的食物来自于每个公民的份地，这些份地由国家奴隶耕种，而奴隶实际上是邻近地区被征服者的后代。他们经常反叛，因此需要不断地对其进行镇压。这种解决方法在理论上颇为精致（士兵产生奴隶，奴隶产生士兵，奴隶需要士兵来镇压），并以传统的希腊社会习俗为基础，对古代政治思想家产生了深刻的影响，提供了一种与雅典民主政体相对的理想模式。这两个城邦的例子告诉我们，相似的组织在不同国家有着多么不同的发展，由此也产生了特征完全相反的社会。

由于存在着归属的需要，使得在像雅典这样开放的社会里，大量的社会群体几乎都被整合进国家。贵族宗教群体，被称为"氏族"（*gennētai*），宣称他们来自于一个共同的祖先，垄断着城市中主要崇拜活动的祭司职位。在较低的社会等级中，还存在着其他宗教群体，关注于一些次要的神和英雄的崇拜，但在宴饮和互助上有着强烈的社会目的；贵族酒会群体，有时甚至被用作政治目的，但更为经常的是，他们沉溺于酒后莽撞的破坏以及对无辜路人骚扰的快乐之中；白天，同一个年轻人也会在其他的群体里出现，这些群体与各种各样的体育馆或竞技场有关。雅典还有各种利益社团、葬礼社团以及与个人的贸易和活动相关的社团。也存在着宗教或秘仪派别以及知识分子的组织，如柏拉图和亚里士多德的哲学学园。这些组织的特征是：某一种崇拜的中心、共同利益的财产拥有者、与官方签订的正式法令和能获得正式决定的方法，经常被刻在石头上，以及浓厚的共同宴饮的因素；其特征还包括，这些社团全部是男子，从事的也是男性活动。偶尔，我们也听说同样具有排他性的女性组织。这些组织通常与仅限女性参加的具体崇拜有关，但是这些组织常常被看成是男性世界的简单延伸。雅典的相关法律对这类组织的范围有说明："如果一个德谟或一个胞族或英雄的崇拜者或氏族或宴饮群体或葬礼群体或宗教行会或海盗或贸易者，在其社团内部订立规则，那么这些规则是有效的，除非它们与公共法律有冲突。"

　　发达的希腊城市是各种社团组成的网络，正如亚里士多德看到的那样，正是这些社团产生了共同体的感觉、归属的感觉，而这正是城邦最本质的特征：血缘纽带与多种形式的政治、宗教和社会团体相适应，也与为了某种目的——无论是航海还是宴饮抑或是葬礼——而结成的伙伴关系相适应。公民的概念甚至在内战时期仍被援引：公元前404年，当雅典的民主派和寡头派进行斗争的时候，厄琉西斯（Eleusinian）秘仪的祭司，一个出身于贵族家庭，但立场是民主派的人，发出如下呼吁：

　　　　公民同伴们，为什么你们要把我们赶出这个城市？为什么你们想杀死我们？我们从不曾伤害过你们。我们与你们共同分享着最神圣的仪式、献祭和辉煌的节日；我们与你们在歌队里共舞，一同上学，一起战斗，为捍卫我们共同的安全和自由，我们曾一起勇敢地面对来自陆地和海洋上的威胁。以诸神

的名义，以我们父母的名义，以亲戚关系、婚姻和伙伴关系的
名义，这些都是我们双方中的大多数人所共享的群体，我恳请
你们在神和人面前感到羞愧，停止对我们祖国的伤害。（色诺
芬，《希腊史》）

在这样的世界里，可以明确的是，多种多样的关系限制了个人自由。
的确有一种重要的感觉，即在希腊人的思想里，个人脱离集体自治的概念
是不存在的；希腊人的自由是社会化的，被具体化在谈话和行动里。自由
就是从这样的事实中获得的：同一个人属于一个德谟、一个胞族、一个家
庭、一个亲属群、一个宗教组织；而且，居住在这个由冲突的群体和社会
责任组成的复杂世界里，他拥有在各种需求间进行选择的自由，因此能够
逃避某一社会范型的统治形式。这就解释了在古典时期的雅典，集体心理
能与惊人的创造力和自由思想共生的原因：产生于对很多地方都有归属感
的自由，绝不比产生于对任何地方都没有归属感的自由少；而其创造的社
会，只能按照自己的脉络统一起来。

# 家　庭

希腊家庭是一夫一妻制家庭，也是核心家庭，基本上是由丈夫、妻
子以及他们的孩子组成的。但是希腊作家倾向于把家庭等同于作为经济单
位的家庭，所以也把一些附属的亲戚和奴隶看作是家庭的一部分。除了经
济作用外，家庭还履行很多社会职能。家庭是新公民的来源，在古典时
期，国家插手进行干预，为公民权以及子女的合法性建立了越来越严格的
规则：一个公民必须是两个雅典公民的合法婚姻带来的孩子，他的父母必
须都是公民。这种越来越严格的定义，必然排斥以前那种较为灵活的婚姻
结合。对一个雅典人来说，与一个外邦人结婚或者为在其他类型的关系下

出生的孩子求得认可，是不可能的。将农民占大多数的社会准则在贵族身上强制执行，这种发展在本质上是民主的，他们此前的行为与准则完全不同——他们经常与共同体之外的人通婚，对合法性有着自己的标准。事实上，第一个公民权法的作者伯里克利本人的经历就证实了改革中的痛苦：他合法婚生的孩子在瘟疫中死去后，他被迫请求公民大会允许他与阿斯帕西亚（Aspasia）——他的米利都情妇——的孩子成为合法的雅典公民。其他一些贵族出身的人也发现，自己在这个过程中被重新划成私生子，既失去了公民权也丧失了继承权。

家庭的第二种功能是财产继承权，与公民权密切相关。总体来说，希腊社会并不实行长子继承制，而是把财产以抽签方式平等地分给所有在世的儿子们，所以"继承"的传统单词是指一个男子的"*klēros*"，即运气。这是雅典家庭不稳定的一个重要原因，因为每个家庭仅能维持到家长在世的时间，一旦家长去世，财产就会被重新分割。当然，这种方式也有其有利之处。家庭小块土地上的共同墓地是家庭中数代人的中心——至少对那些能够承担可观土地和雄伟墓碑的费用的人来说是这样的。墓碑是家族群体墓地的一个特征，这种现象可能是富裕公民对贵族葬礼的一种模仿。婚姻，甚至是在最高的层次上，是同族结婚，被限制在一个封闭的亲戚圈里，这是为了保证家庭财产不被分割。更为普遍的，也是出于同样的原因，限制家庭规模也很常见。这也经常会造成由于死亡而没有男性子嗣继承财产的情况——那么财产就会在更大的亲戚群中进行重分，这些亲戚也有责任起诉谋杀者。但总体来说，几乎没有证据表明大家庭在古典时代十分重要。

家庭的另一职能提出了一个对我们理解雅典的社会价值来说至关重要的问题：家庭显然是保护和禁闭女性的手段。女人是公民，某些宗教崇拜仅限于她们，但不允许外邦女性参加。仅仅出于婚姻和生育的目的，她们是公民；除此之外，她们缺少所有独立的身份。她们不能参与任何价值超过一麦地姆诺斯（*medimnos*）[1]大麦的交易；她们不能拥有任何财产，依照习俗，只有她们的衣服、个人的首饰和奴隶算是例外。她们总是处于监护人（*kyrios*）的保护之下：如果她们未婚，监护人就是父亲和关系最近的男性亲属；如果她们已婚，监护人就是丈夫；如果她们是寡妇，监护人就是儿子或其他有姻亲关系的男性亲属。女人总是从属于一个家庭，并且在家长的合法保护之下。

女性能够参与财产交易的两种情况类型，说明了这种保护的实质。第一种与嫁妆有关。为家里的所有女人提供一份嫁妆，是监护人的责任，缺少嫁妆证明这个家庭非常贫穷，甚至可能让人怀疑这场婚姻根本就不是合法的。在订婚典礼上有一句惯用语：

> "为了生育合法的孩子，我给予这个女人。"
> "我接受。"
> "和（例如）三塔兰特[2]的嫁妆。"
> "我同意。"

接受了嫁妆，才被认为有婚嫁的发生。嫁妆伴随着女人，但并不属于她。嫁妆全部受她丈夫控制；但在离婚或者丈夫死亡的时候，女人可以要求收回嫁妆；一旦女人有了男性继承人，并且成为她的监护人，嫁妆就必须交给他控制。

一个女人在没有遗嘱或者没有适合的男性继承人时，也能成为财产的持有人。在这种情况下，她就成了一个女继承人（*epiklēros*）：她的名字将在公民大会上公示于众，她和她的财产被裁决给一个准备娶她的、与死者关系最近的男性亲属，通常是她父亲一方的叔叔。这是一套成熟的程序，士兵能因此获得特殊的假期来实现自己的主张。为了能娶到女

---

[1] 麦地姆诺斯，阿提卡地区的谷物计量单位，约合5斗。——译注
[2] 古代中东和希腊—罗马世界使用的质量单位。——译注

继承人，申请者有权与自己的妻子离婚，甚至还可以把这个女继承人从她丈夫身边带走——如果她已经结婚却还没有孩子的话。"很多结了婚的人，自己的妻子却被别人带走了。"一个演讲者如是说。他解释道：是因为他父亲没有对一份属于他母亲的遗产提出要求，因此担心母亲的某个亲属会通过婚姻占有她。

法律和私人财产的体系反映了产生这种体系的社会偏见，雅典体系之所以在古代希腊异乎寻常，仅仅是因为它更加系统化。但对其他城邦来说，有不同的发展是可能的。例如在斯巴达，妇女的自由是众所周知的——有些哲学家对此并不认同，他们从其他方面把斯巴达理想化了。在斯巴达，妇女也有权继承土地；到公元前3世纪，已经有五分之二的土地在她们手中，还因此引发了政治革命。雅典的妇女地位则可能需要进一步的说明。

雅典人对妇女持两种不同的态度：第一种是民主政治对妇女地位的影响。贵族妇女至少在以前比较自由，但是民主制的到来意味着她们要被迫接受多数人的社会准则。许多农民社会把很高的价值标准强加在女性身上，同时又对她们极不信任。公元前6世纪，阿摩格斯岛（Amorgos）的西摩尼德斯（Semonides）按照动物的特征，描绘了诸神所创造出的作为男人负担的女人的可怕类型。只有一种类型稍好一点，像一只蜜蜂："她让他的财产不断增加，她与丈夫一起变老，他们彼此相爱，她是这个声誉良好家庭的母亲。在所有女人中，她最引人注目，神样的美女在她身边玩乐。她对坐在那些讲爱情故事的女人中间不感兴趣。"这种态度中，既有对女人非理性和热情天性的恐惧，也有对她们品德和远离公众视野重要性的夸张认识。在农业社会里，这些态度由于需要女性在田间劳动而受到抑制；随着城市生活的出现，妇女被限制在家里，不断增加的财富甚至使她萌生了从家庭责任中解放出来的愿望。在色诺芬的对话中，苏格拉底处理了一个朋友的问题。由于政治动乱，这个朋友和14名女性亲属住在他家里，这些女人都养尊处优，过去没有从事过任何工作。苏格拉底规劝他，还是应该让这些女人做些适合的工作，比如纺线。当她们的性情有了很大改善后，唯一的问题是，她们现在抱怨其监护人太过懒散了。但苏格拉底说，他的责任就是保护，正如牧羊犬照看羊群一样（色诺芬，《回忆苏格拉底》）。

在完全不同的层次上，类似的态度也出现在知识分子中间。哲学家们（柏拉图是一个高尚的例外）都认为女人被赋予的理性远低于男人——正如亚里士多德所指出的，"在奴隶身上，根本就没有思考能力；在女性身上，思考能力是不起作用的；在孩子身上，思考能力还没有发育完全"；家庭是一种涉及统治者和被统治者的自然关系，"至于男性和女性，这种优劣关系是永恒的"。悲剧诗人和喜剧诗人刻画的女人比男人更生动、更有特色：希腊悲剧中最强大的人物都是女人。究其原因却是：女人被认为更易于产生极端情绪进而带来暴力行为。悲剧家表达了对女人困难处境的深刻洞察：

> 但是现在，离开了我父亲的家，我什么都不是。是的，我经常审视女人的天性，我们什么都不是。我认为，年轻的女孩在父亲的家里，有着凡人所知的最甜美的生活，因为天真无邪让孩子们永远安全和幸福。但是当我们进入青春期，明白事理后，我们就被赶走、被卖掉、远离了我们的神，远离了我们的父母。有些女人走进了陌生人的家，有些走进了外邦人的家，有些走进了没有快乐的家，有些走进了充满敌意的家。所有这些，一旦第一夜我们被戴上枷锁、拉到我们的丈夫跟前，我们就被迫赞美并且说这一切都是好的。（索福克勒斯，《忒瑞斯》，残篇，583）

但是这些真知灼见隐藏在骇人听闻的暴力故事中。在这部现已散佚的索福克勒斯的悲剧里，普若克涅（Procne）正准备杀死她的儿子，以此来报复她丈夫对她妹妹的诱奸。在宗教氛围里，妇女也被认为与男人不同，因为她们更适合于信仰与仪式中那些黑暗的、非理性的和狂欢的层面。尽管有很多迹象反映了对女性处境的同情，结果仍然是强化了社会对女性的态度：即女人需要保护，以免遭受她们自己及外部世界的伤害。

这样的态度仅涉及雅典的妇女：

> 这就是娶个女人做妻子的含义：让她生孩子，让儿子们成为胞族和德谟的成员，将女儿许配给她们自己的丈夫。我们要妓女（*hetairai*）是为了愉悦，要情妇是为了每天放松我们的身体，但是娶个妻子是为了给我们生育合法的孩子并且忠实地照顾家。

所以，一个雅典演说家请求陪审团要牢记雅典女人和其他人之间的区别。

一个陌生人走进一间有女人在场或可能在场的房间，会引来愤怒——除非他受到了主人的邀请。雅典住宅的结构布局实际上反映出，甚至在一个住宅内，在女人区和男人的公共房间之间也有严格的分隔：在大宅院里，女人区坐落在远离街口的地方，而街口一般都有奴隶门童把守。在乡下，农舍的主要特征是庭院，女人和孩子白天在这里活动；庭院的四周是平房，角落里有一座坚固的储物塔楼，当有陌生人造访的时候，女人可以到塔楼上回避。在较小的城市住宅里，男人住在一楼，女人区在楼上。有一个著名的谋杀案件，被告声称，他年轻的妻子要与他交换睡觉的地方，这样她能离井近一点，以便给婴儿洗澡——也能让她和情人约会。但是这个情人是怎样做到与一个有夫之妇交往的呢？他在一个葬礼上注意到她，买通了她的女奴隶为他传信，在地母节这个女性节日的掩护下——只有在这种情况下，她才能离开家——他们相见了。这个丈夫带着一帮邻居、当场抓到了妻子的情人并杀死了他。当然，这是合法的：原告只能宣称，杀人者是出于其他原因事先计划好的行凶。女人离开家通常是有人陪伴的；一个女人在外面劳作则表明，要么她非常穷，要么她不是公民。

不管这种对女人的态度在农业社会多么普遍，只要我们把希腊人理想化成西方文明的鼻祖，我们就很难认同这种态度。

在雅典，这种态度的影响再加上对男性社会群体的强调，构建了作为城邦中心的公共生活：古代雅典的重心从家庭转移到城邦集体，所以就有了辉煌的节日和展示，以及用于宗教和政治目的的大型公共建筑。在阿哥拉，也就是在被这些大型建筑围绕的广场上，雅典男子度过了他们的一生。相比之下，他的家是寒酸的，不起眼的：在民主制下，炫耀与其他公民不一样的生活方式是危险的——不管怎么说，男人的生活是在公共空间而不是在私人空间里度过的。雅典能够展现这个古代城市理想典范的成就，存在着根本原因：家庭的磨蚀，是雅典人能够成功逃避部落和亲缘纽带关系进而建立新型社会和政治组织所付出的代价。

## 经　济

把古代经济与现代经济进行比较和对照太过简单，而且很容易陷入古代经济就是原始的、农业的误解中，仿佛农业经济天生就是简单的。雅典的例子对此是一个有益的矫正。阿提卡的土地基本上不适合简单经济：它的面积大约为1000平方英里，由山脉、高地的丛林、草场，以及小块的耕地组成，而大部分耕地只适合种植橄榄；这样的地理限制意味着，大量完全不同且高度专业化的农业活动，要由一个用于交换的中心定居区进行协调。最近对公元前6世纪末克里斯提尼建立起来的政治体系的研究有一项奇异的成果，即我们能够计算出古典时代初期阿提卡人口的分布，因为每个德谟都按照其人口比例提供议事会成员。最肥沃的土地是厄琉西斯（Eleusis）平原、刻菲索斯（Cephissus）河谷以及马拉松

（Marathon）平原。在这里，农业种植和葡萄栽培一定是最主要的，土地比较肥沃的摩索吉亚（Mesogeia）地区仍然是松香酒（restina）生产的中心。这些地区生活着五分之二的人口就毫不奇怪了。而城市本身集中了手工业、贸易和服务活动，构成了人口的另五分之一。可能值得注意的是，在高地以及在多岩石的劳里昂（Laurium）半岛上，存在大型定居点的证据。这里的主要活动是在可能的地方种植橄榄，不然就是放牧——主要是山羊和绵羊，以获取羊毛和奶制品（在希腊世界，肉类总是要留待节日期间和祭祀时才能享用），当然还有林业。即使在今天，阿提卡地区依然林木茂盛。因此，尽管这些地区总人口密度较低，却拥有不少大型定居点；其中最大的一个德谟是阿卡奈（Acharnae），拥有的代表人数约相当于其他类似德谟的两倍，相当于雅典城本身代表人数的一半以上。阿卡奈又以木炭工业闻名：在使用煤之前的时代里，木炭是主要的家用和工业用燃料，熔化金属、做饭和城市取暖都需要大量的木炭。

古典时代没有类似这样的资料。但是，阿提卡在城市化充分发展之前，就已经存在着复杂而多样的农业经济。还有一点比较清楚的是，作为一个拥有卫星城的大都市，雅典很早就需要大量进口谷物，对谷物进口的关注可以追溯到公元前7世纪晚期。保护谷物（贸易）路线，尤其是保护来自黑海的谷物（贸易）路线，在整个古典时期一直是雅典公共政策的决定性因素。雅典的成年男性公民的人口，从大约30,000人增长至公元前5世纪的40,000人；然后在公元前317年的人口统计中降至21,000人，其中人口的减少主要发生在伯罗奔尼撒战争期间。这次人口统计还涵盖了10,000名外邦人。

如果要说明自由民家眷人数，那么这些数字乘以四就应该非常接近了，还应该加上约100,000名的奴隶。公元前4世纪雅典的谷物产量数据显示，为了养活这些人口，至少一半或者可能近80%的谷物——即主食，不得不依赖进口。因此，贸易成为雅典经济中重要的组成部分。谷物贸易被严格管理：雅典居民禁止运送谷物，不过运送到皮拉奥斯的除外。法律禁止谷物的再出口或囤积，有专职官员管理市场。混合贷款、利润分享和保险制度似乎主要是为谷物贸易设计的。凭借这样的制度，个人以高额的利率把资本借给船主进行特定的航行：只要航行圆满完成，贷款就可以还付了。不过，雅典还给予外邦人快捷出入雅典法庭的权利，公正对待外邦人，鼓励外邦人在雅典定居，以此来促进其他贸易地区的发展。公元前5世纪早期，狄米斯托克利在皮拉奥斯建立了城垒和良港，为雅典的贸易霸权奠定了基础。公元前457年，老城和港口随着它们之间的长城的建立而联结在了一起。到公元前5世纪末，雅典成为希腊的主要贸易中心。雅典在内战中的失败以及雅典帝国的崩溃，并没有影响其贸易地位。但随着亚历山大的征服，东地中海与新希腊化城市周围的中东地区完成了统一，经济中心由此发生了转移。只是在这种情况下，雅典才开始失去了贸易霸权。

在雅典，第二种类型的经济活动源自公元前5世纪中期由伯里克利发起的公共建设项目。保存下来的账目记录涉及建筑的后期阶段、修整工作以及技术工匠进行的雕刻装饰活动；劳动者中混杂着雅典人和外邦人、自由民和奴隶；每种类型的工作、工资都是一样的，不分社会阶层。早些时候，一定也需要大量没有技术的劳动力挖掘地基、测量工地，进行建筑物主体的建设。而建筑项目本身首次大规模使用潘提里库姆山（Mount Pentelicum）大理石采石场的石料，同样带来了对劳动力的大量需求——采石场以及到雅典的石头运输都需要劳动力（在古代和中世纪的建筑作业中，运送石料一直是花费最多的部分）。在缺少大量奴隶劳动力的情况下，几乎可以确定的是，贫穷的公民从这项工作中获益最多。在公元前5世纪的公共雕刻和公元前4世纪末的私人墓地纪念碑之间，有着深刻的联系：神庙建设停止后，雕刻家们或者去希腊的其他地区，或者转移到私人领域。类似的还有那些没有技术的劳动力。值得注意的是，在雅典，除了战争期间和金融危机时期，民主国家一直支持重大公共建筑规划。公元前4世纪末期的巨大边境堡垒和昌库古斯（Lycurgus）建设规划，都是借公共建筑提供国家就业政策的直接延续；而这种政策早在公元前6世纪的雅典僭主时代就已经开始实施了。

其他经济活动主要以工艺技能为基础，因此不需要雇用大量的劳动力，但总的来说，他们对创造活跃而多样的市场是相当重要的。公元前5世纪，雅典成为希腊高品质绘画陶器的中心。直到公元前4世纪，雅典一直保持着这种优势地位。彼时，由于亚历山大的征服活动，可用的贵重金属不断增加，从而转移了人们对艺术陶器的需求。雅典城内最有名的一个区域被称为"凯拉美科斯"（Kerameikos），即陶工区。据计算，在雅典工作的瓶画师的人数在从来不超过100人，陶工的人数也是一样。然而，想想制陶过程的每个阶段，从挖土、燃料提供到作坊雇工及最后将产品卖到远至埃特鲁里亚和西班牙的商人网络——我们便会明白，这是一项重要的经济活动。

有些工艺超越了手工作坊阶段，发展成以使用奴隶劳动为主的手工工场。政治家之父德摩斯提尼（Demosthenes）拥有两个工场，一个用30名奴隶生产剑，另一个用20名奴隶生产卧榻；吕西阿斯（Lysias）的盾牌工场是已知最大的工场，用了120名奴隶。古典时期，大量著名的政治家似乎都从这样的企业中获得了相当多的红利。这是根据喜剧诗人对他们职业的评论所做出的推断（例如，对喜剧诗人来说，富有的克里昂是鞣皮工）。工场的发展有两个原因：一是政府契约的存在，特别是在武器装备部门；二是大城市更普遍的需要。

必须提及的是财富的最后一项来源：银矿的开采。公元前5世纪早期，在劳里昂山上发现了一条新的银矿脉；于是在整个古典时期，人们持续而集中地进行银矿开采，只是在动荡时期有过短暂的中断。国家授予雅典的企业或企业联合特许权，这些企业则用大量的奴隶进行开采。利润是巨大的，国家从银矿中得到的税收总和，与谷物贸易的总消费相当，每个特许权在三年的时间里能够带来多达100塔兰特的收益。公元前5世纪的政治家尼西阿斯（Nicias）用另一种方式获利，即为银矿提供劳动力：他有

1000名奴隶被放出去在银矿劳动，每年能得到10塔兰特的收入，资本回报率为33%。柏拉图的《普罗塔哥拉篇》和色诺芬的《会饮篇》，都以贵族卡里阿斯（Callias）的家为背景；而卡利阿斯家族是公元前5世纪最著名的政治家族之一，其庞大的财富基本上来自于银矿。

与从事直接的经济活动相比，富人更愿意以租金和利润为生。但正是古代哲学家的偏见——即认为土地的拥有是唯一值得尊敬的财富来源——把我们骗进了这样的想法。税款申报和继承目的证明了财富来源的多样性，这些财富种类都以标准的形式登记在册：农业财产、城市财产出租、手工工场和作坊、私人产业、现金、储蓄或借贷出去的钱。我们所知道的那些声明，列出了这些种类中所有的或者绝大多数的资本和收入。

在雅典平民中，那些有地的人主要从事农业生产，也有很多人依靠其他生产活动为生；他们的富裕程度不同，但几乎没有迹象表明存在社会隔阂。古代卫城上某些最引人注目的供奉对象都是工匠，尤其是陶工和雕刻师具有很高的社会地位。然而的确存在着一种偏见：除了国家雇佣外，其他的雇佣劳动是被人看不起的；只有在特殊情况下或极端贫困时，雅典人才会为别人长期工作。这可能是奴隶制带来的主要后果，没有人愿意为主人工作，因为这样做就等于把自己置于奴隶的地位。于是，奴隶制一方面造成了劳动力市场的缺口，另一方面又填补了这个缺口。

有三分之一的自由民不是公民。外邦人则被称为"麦提克"（metoikos）。在雅典，他必须要找一个公民保护人，并且在当局登记，缴纳小额年税。作为回报，他能够在法律上获得全面有效的保护；但也须承担公民的大部分责任，比如捐献公共基金，为节日和军事服务提供资金。他不只是不能与雅典公民通婚，也不得在阿提卡拥有地产。公民和麦提克之间的界限，只有在特殊的情况下才能被跨越。后代作家经常把希腊城市的排他性与罗马的宽容相对比，断言这就是希腊帝国如此短命和不得人心的原因。但是事实上，整个古典时代，在雅典的麦提克人口众多，生活富裕，对雅典忠诚，也以自己的身份自豪。他们集中在皮拉奥斯，很自然地在非农业领域，在手工业、技能工艺、贸易和诸如银行业之类的贸易企业中表现尤其出色。有一个例子能够说明麦提克融合的程度。叙拉古人凯法鲁斯（Cephalus）受伯里克利的邀请来到雅典：他拥有一个正履行政府合同的大型盾牌制造厂；他在皮拉奥斯的家是柏拉图的《理想国》的背景，对话开始于他同苏格拉底讨论他对巨额财富的态度。他的儿子波利马库斯（Polemarchus）和吕西阿斯（Lysias）都是激进民主的坚定支持者。公元前404年，在亲斯巴达的寡头派统治时期，波利马库斯被处决，财产丧失殆尽。吕西阿斯则成功出逃，长期流亡异乡；等到返回雅典时，他因忠诚而赢得了公民权，尽管这种授予很快就失去了法律效力。吕西阿斯于是变成了法庭演说稿的主要撰写者，直到约公元前380年他去世为止。由于所有的诉讼当事人都不得不为自己辩护，雇用专业人士只是为了撰写演说稿而已，因此，作为一个非公民，他不能在法庭上讲话这一事实已也没什么要紧了。很明显，凯法鲁斯和他的家庭与雅典的贵族和知识分子精英能够自由地交往，他们自己就是雅典社会的重要成员，并坚定不移地忠诚于它——即使他们并没有公民权。

与雇佣劳动不同，在古代地中海世界里，奴隶制是一种自然的剥削形式，尽管我们没有准确的数字，但很可能阿提卡的奴隶数量大体相当于自由居民的人数，在100,000人左右。作为一种社会身份，奴隶身份是没有疑义的：用亚里士多德的话来说，奴隶是"会说话的工具"，主人可以随意对待他们——尽管只有傻瓜才会虐待自己的工具；他人对奴隶造成伤害的话要对奴隶的主人进行赔偿。但雅典的法律规定，奴隶的证言只有在他受到酷刑的折磨之后才可被采信——原因显而易见；为了把一个奴隶从对其主人的恐惧中解放出来，必须代之以更大的恐惧。

让我们从数字谈起。有大量的证据表明，最穷的人是没有奴隶的——这被看成是巨大的不幸，所有人都渴望至少拥有一个奴隶——这一点类似于现代欧洲人对拥有汽车的态度。不过，同其他耐用消费品一样，对财产的需求，提高了个人所能承担的上限。每个上战场的士兵都带着一个奴隶，这通常意味着还有其他的奴隶留在了家里。在社会等级的顶端，一个真正的富人可能拥有50个以上的奴隶，有的在手工工场里，也有的在家里。除开采银矿需要大量奴隶这种特殊情况外，大规模的奴隶劳动依然是罕见的。我们发现，从事不同工种工作的奴隶数量（陶工、护士、教师、女仆、厨师等）可与维多利亚时代社会各阶层家庭所使用的用人数量相提并论。农业奴隶制由于经济上的考虑而受到限制：一般与自己的家庭成员在自家土地上劳动的农民，要养活一到两个以上的奴隶是不可能的。但是那些有足够土地、不用劳动就可以生活的人，亟须一个奴隶监工和最少四五个农工，也可能多达十五个。

关于数字的问题的探讨是重要的，因为它有助于证明，在绝大多数经济领域里，奴隶和自由民是如何在一起劳动并且如何在同样条件下工作的：实际上，有一种奴隶能作为工匠真正独立地工作，然后把挣得的一部分收入交给他们的主人。这种工作关系解释了为什么雅典社会明显是一个拥有奴隶的社会，同时又在很多方面缺乏奴隶经济的特征，奴隶制特殊的剥削方式在这里并没有得到发展。从真正意义上说，奴隶制是对雇佣劳动的替代，这意味着二者的社会条件属于同一类型。一个反动的雅典评论家以夸张的描述反映了这种情况：

> 至于雅典的奴隶和麦提克[1]，他们过着一种最没有修养的生活；打他们是不被允许的，但奴隶对你却可以极端漠视。让我来解释一下为什么吧。如果法律允许自由民打奴隶或麦提克或被释奴的话，他会经常发现自己误将一个雅典人当成奴隶而殴打他。因为仅就穿衣和外貌而言，普通人看起来和奴隶、麦提克一样。（伪色诺芬，《雅典政制》）

---

[1] 外邦人。——译注

只在一种情况下，真正的奴隶经济才发展起来：在组织开采银矿的人力时，会避开对自由劳动力的需求，因为没有自由民能忍受矿井的条件。奴隶主在合同中要求填充所有死去奴隶的数量，以保护自己免遭损失，然而这种合同却几乎不能对奴隶提供保护。奴隶主获得的利润着实丰厚，三年就能让他买得起新奴隶。矿井的框架，生活在300英尺的地下的坑道内，仅仅在通风井半腰生的火堆产生的向下气流带来赖以为生的空气，矿井出口处的看守房间、非常狭窄的坑道，矿工在工作时必须爬行或跪着，所有的搬运工作都由儿童来做——这一切都揭开了矿井的真相。几乎没有雅典人来参观他们投资的劳里昂银矿，因为矿上已雇用了专门的监工。甚至在地面上，矿工也要被拴着锁链。尼西阿斯的财富都来自童工的劳动，但他却被认为是那个时代最具道德感、最虔诚的人。这真是对雅典人的冷漠的严酷证据。

# 文　化

文化需要闲暇和场合：在前工业世界，或者在人们工作是为自己而不是为别人的地方，闲暇通常不是一个问题。在古典世界里，有两种主要类型的场合，私人的和公共的，酒会（*symposion*）和节日。

酒会或是男性宴饮群体，属于前面已经描述过的社会群体，本质上体现了一种在古典时期仍然存在的贵族文化形式，只是不再占据优势地位。较早的时候，希腊诗歌、希腊音乐和希腊陶器的大部分都是为这样的群体创造的；在希腊各地，这些群体保持着非常明显的一致性。虽然艺术的创造力衰减了，但酒会仍然是社会生活的焦点。酒会在"男人的房间"（*andrōn*）里举行，房间通常是专门设计的。门在偏离中心的位置，里面放着供参加者躺卧的卧榻；一两个人共用一张卧榻，左臂支撑在榻上。在他们前面的矮桌上，摆放着清淡的点心。房间大小因卧榻的多寡而定：或两三张或十二张又或者更多——因此，酒会的规模相对来说不大。在房间里，有一个大的调酒罐（kratēr），葡萄酒要按一定的比例兑上水，通常是加上两三倍的水，酒精度大约与现代啤酒相当；斟酒人是年轻的男女奴隶，通常因貌美而被挑选来。参加者有时用金属器皿喝酒，但更多时候，他们使用精美的带绘画的陶器，这是雅典的特产。他们的行为举止要遵循复杂的社会习俗，并在一个领导者的指导下进行。尽管没有像阿那克里翁（Anacreon）或阿尔凯奥斯（Alcaeus）这样伟大的诗人了，但仍然有诗歌表演。那些能够确定时间的无名宴饮（skolia）发生的年代大部分非常早；被认为由忒奥格尼斯（Theognis）[1]创作的短歌集似乎也可以溯源至这个时期的宴饮歌集。酒会中有大量游戏（kottabos，把酒弹向靶子，是其中最成熟的一项游戏），以及后来逐渐增加的、由男女奴隶表演的专业娱乐活动。柏拉图和色诺芬对古典时期酒会的文学再现，表现出两个基本特征，第一个是秩序和次序的因素：同喝酒一样，讲话是有次序的——每个人轮流讨论选定的主题；第二个是爱情和性的重要性：这些自然的情感被排斥在家庭环境之外，却在酒会的群体中找到了自己的位置。这也是同性恋在古代希腊十分重要的主要原因，因为酒会为"尘世的"和"精神的"两种类型的结合提供了交点，不论是涉及饮者同伴还是涉及奴隶男孩：对这些情感的理想化，也激发了欧洲文学中对爱情的最高表达。雅典女人从不参加酒会，但妓女却很常见，奴隶经常被一个或几个男人所共有，作为娱乐的一部分陪伴他们。"被告内亚厄拉（Neaera）在很多男人面前喝酒吃饭，就像一个妓女做的那样"——她不可能是雅典公民。瓶画最为清晰地描绘了酒会的行为范围。在文学作品里，色诺芬是最好的指导者，他轻松愉快地叙述了关于爱情的谈话，关于卡里阿斯对他的某个客人的儿子的迷恋，以及关于两个专业奴隶表演者献上的既惊险又色情的

---

[1] 忒奥格尼斯（约前585—前540），出生在麦加拉，是古希腊诗史上著名的贵族。——译注

娱乐节目。晚会结束后，参加酒会的人经常在大街上借酒闹事，无辜的路人可能会被痛殴，甚至还会发生凶险的事件。比如在公元前415年5月的一个漆黑夜晚，就发生了雅典公民家门外的赫耳墨斯雕像被毁事件。据称，很多躲在私宅里的聚会故意亵渎了厄琉西斯秘仪。

这些活动都属于贵族阶层：这种社会差距在阿里斯托芬《马蜂》的一个场景中得到了说明。在一个场景中，"贵族"儿子试图教他"劳动者阶级"的父亲如何举止得当：

> "来，躺下来，学一学在酒会和聚会的场合怎么做。"
>
> "然后，我怎么做呢？得了，告诉我吧。"
>
> "文雅一些。"
>
> "你这是什么意思？"
>
> "哦，不。"
>
> "然后怎样？"
>
> "把膝头伸直，把自己放在卧榻上，像一个运动员那样流畅。"
>
> "然后赞美一只铜盘，观看天花板，欣赏大厅里的挂毯。"

不用说，这个老头以丢脸的行为结束了酒会，他偷走了一个吹笛女孩，又因打人行为被愤怒的公民追击。

酒会是青年文化的一部分，这种文化也在体育场（gymnasion）里得到了表达。希腊社会是我们所知道的最早严肃对待体育的社会。有顶级运动员参加的国际节日的联赛（奥林匹克运动会仅仅是最著名的一个）在公元前6世纪就设立起来了；运动员在他们的城市里都是著名人物，在为他们的胜利举行的庆祝和宴饮上，品达这样的诗人都会为他们献上颂歌。然而令人惊讶的是，尽管竞技以及其他活动中的群体非常重要，却没有团体项目。年轻人在体育场花费了大量时间，他们裸体训练，追求自己所爱，或者在谈话中消磨时光。两个著名体育场的名字"阿卡德米"
（Academy）和"吕克昂"（Lyceum）后来成为两所著名哲学学校的名
字，分别是柏拉图和亚里士多德的学园。这一点也不让人感到意外，因为
这些哲学家规定的活动有意接近于体育训练的原理。

节日是民主文化的中心，在节日里，人们沉浸在公众宴饮、宗教体
验和大型艺术之中。我们在其他章节也会探讨节日的剧场（第7章）和宗
教（第11章），而在这里，只要记住节日不同的层面是不可分割的就足
够了。在大狄奥尼索斯节上，剧场表演的前一天，多达240头的公牛按照
仪式被宰杀、被吃掉，然后是酒后的狂欢，许多人整晚睡在大街上，悲
剧观众的经历一定包括鲜血凝干后的恶臭以及难以忍受的宿醉。从文化
角度看，公众节日所蕴含的资助方式的转变是一个重要方面：制作伟大
艺术作品的人不再是僭主或贵族，而是作为整体的民众。艺术创作要满
足于更加公开、更加多样的娱乐需求：以适合于宗教节日的歌队舞蹈的
传统为基础，产生了真正的大众艺术。但是艺术家和赞助人之间的密切
关系仍然不可忽视，这对伟大的艺术来说是必不可少的。因为人们"认
识到，在支持歌队或戏剧节日或体育比赛或装备海上战舰等事情上，是
富人提供了金钱，而普通人则享受着节日和比赛；他们的三列桨战舰也
有人提供装备"。事实上，法律要求富人承担公共的"捐助"，并在人
民面前竞相展现他们的慷慨。

# 教 育

希腊字母，即英文字母的本源，是在公元前8世纪从腓尼基字母发展
而来的，为文字的广泛传播创造了前提条件。到了公元前5世纪，一个男
性公民能读会写被认为是理所当然的事情，这就使我们很难确定文字是怎
样传播的。但是某些事实还是比较清楚的：读写能力在希腊从来不是一种

只被专家占据的职业技能；从一开始，写作就被用于大量的活动中，从写作诗歌到咒骂敌人，从公布法律到投票选举，从雕刻墓碑或题词到书写商品目录。目不识丁被认为是愚昧的、没有教养的。然而我们的资料也显示，写作、拼读和语法知识的掌握，也存在水平等级：只有文化普及的社会才能提供这样的从半文盲到文盲的证据。当然，没有迹象表明，女性被期待和被鼓励去阅读，尽管她们中的不少人有这种能力。为谨慎起见，我们应该说，在雅典这样的城市里，有半数以上的男性能读会写，希腊城市在古典时期和希腊化时期的文化水平，要高于20世纪之前西方文化的任何阶段。但是，由于多种原因，希腊文化仍然是一种口传文化；人们喜欢的交流方式是口头的，而不是书面的——记住这一点也很重要。

文化普及意味着学校教育的普及：有组织的学校最早在公元前6世纪末就出现了。教育是要付费的，但是费用很低，因为学校教师通常被人看不起。雅典法律规定了开学和放学的时间、允许上学的男童数量和年龄，并建立了对教师的国家监管——很明显这是一种为了使孩子免受教师侵害的道德保护；那些能花得起钱的孩子上学时则由奴隶陪伴。学校教育从7岁开始，无疑对很多人来说，在学习基本技能所必需的三四年之后，不能继续学习。但人生的下一个阶段被认为是从18岁开始的，所以我们必须设想很多人有10年的学龄。教育在传统上被分为三个领域，由三个不同类型的老师进行传授：文学、体育和音乐。文学从阅读和写作、语法和语言工作开始学起，也包括背诵诗歌（特别是荷马史诗），吸纳道德内容，讨论有限的文学作品和作者提出的其他问题。教师十分强调呆板的练习和写作；为了弥补自己较低的社会地位，他们会通过体罚学生建立纪律约束。学生们不学习散文作品，也不学习数学或者任何技术性的科目：希腊人总体上认为诗人有益于指导实践，他们的道德价值反映了他们的教育实践。体育教育是在摔跤场上完成的，有专业老师指导。至少有一部分体育教育是公开的，包括在希腊从事的基础运动，这些都是个人的而不是团体的项目。音乐在古典时期似乎已经丧失了原有的地位，包括歌队舞蹈和乐器演奏。

我们很容易看到，这种教育起初是贵族的，提供的基本文化和体育技能是为了满足在运动场和酒会中的炫耀的需求。但是在古典时期的雅典，很多迹象表明，教育是为了满足更广大群体的需要，这也能解释阿里斯托芬《云》里的几种教育类型之间存在的明显冲突。到公元前4世纪末，雅典体制已经足够标准和普及，由国家对青年人的训练体系进行完善。所有成年人从18岁开始，要在专门任命的官员指导下，在体育场内和军事训练中度过两年的时间，这种被称为"埃菲贝亚"（*ephēbeia*）的组织，在希腊化时期成为一个希腊城市的标志，也是公民和非公民之间的主要区别。

然而，阿里斯托芬的《云》的焦点是展现了一种存在于初级教育和高等教育之间的不同的冲突。这部剧写作的时代是公元前5世纪20年代，此时已形成系统的高等教育，试图训练年轻人参与公共生活。巡游的讲演者展示着对古文物学、人类学、数学或语言学等神秘学科的知识。特别是公共演说的技巧，是公元前5世纪的生活中已被普遍接受的一部分，它反映了交流的便利以及对知识分子演说技巧的高度重视。雅典的发展吸引了大量的讲演者会集于此。柏拉图就对大量名人的造访感到非常兴奋，这些人包括利昂提尼的高尔吉亚（Gorgias of Leontini）、阿布提拉的普罗塔哥拉（Protagoras of Abdera）、凯奥斯的普罗迪科（Prodicus of Ceos）、兰普撒库斯的阿纳克萨哥拉（Anaxagoras of Lampsacus）、厄里斯的西庇阿斯（Hippias of Elis）以及（还应该加上）哈利卡纳苏斯的希罗多德（Herodotus of Halicarnassus）。柏拉图也在这些被称为"智者派"的人与雅典的苏格拉底之间建立了对照：他们传授各种知识，而苏格拉底声称自己无知；他们在公众演说中炫耀自己的技能，而苏格拉底只能提出问题、拒绝准备好的现成答案；他们教学生、让人变得更好，而苏格拉底只是要确认人类的无知；他们收取高额的学费，而苏格拉底是免费的。但是，在诸如《普罗塔哥拉篇》（*Protagoras*）和《高尔吉亚篇》（*Gorgias*）这样的对话里，主要的冲突没有反映当时的观点，也没有区分苏格拉底和那些智者的行为。智者派的观点在其他章节中也有讨论，但是，对阿里斯托芬来说，这些人在怀疑论和道德相对论方面、在对金钱的热爱和对知识主张的自命不凡上都非常相似，反映了普通雅典人的偏见。他们使人们对诸如神的存在和服从法律的责任之类的基本社会道德观提出了疑问，有些人甚至鼓励自己的学生认为政治体制是没有意义的。如果说他们教了什么有用的东西的话，那就是"把坏说成好的能力"。公开演讲技能意味着辩论基本理论的发展、对劝说心理活动的了解，以及视修辞艺术独立于真理信仰之外的意愿。这套技巧的结果似乎有点用处，例如，在公元前5世纪末的匿名课本《双重论证》（*Dissoi Logoi*）里，有辩论和反辩论的目录；在安提丰的《四部曲》（*Tetralogies*）里，也列出了对虚拟谋杀案的对立双方的辩论。但是，如果一个人学习了对一个案例两方面的辩论，他怎么能知道哪一个是正确的呢？

公元前5世纪末，智者派对贵族青年的影响是巨大的：新一代政治家出现了，他们更老于世故，也更愤世嫉俗，与蛊惑民心的政客的粗鄙态度形成对立；他们卷入了这一时期各种各样的寡头政变，使宣称政治是一种艺术的企图受到怀疑——至少在现实世界里是如此。但显然，在公元前4世纪的两个伟大教育家柏拉图和伊索克拉底（Isocrates）的指导下，智者派教育体系朝着两个方向发展。在柏拉图的对话所展现的公元前5世纪这一虚构世界的背后，存在着日益有效的公元前4世纪的教育机构，试图为新的哲学时代创造领袖，几乎系统地研究了从数学到形而上学的哲学的各个分支。伊索克拉底是天生的教育家，却堪称雅典最乏味的作家；非常不幸的是，他竟然活到了98岁高龄。他推进了智者派运动，为学生提供毫无内容可言的技巧训练——于是，修辞学成为一种普遍的艺术，不仅用于公开演说，还适用于各种语言场合。他还提供了一种普及的文化教育，据说许多著名的演讲家和文化名人都跟他学习过；但是他的理论缺少让人深入思考的动力。尽管如此，这些方法依然非常适合作为高等教育框架的标准模式。柏拉图和伊索克拉底的冲突，发展了逻辑学和修辞学的系统理论——这一点我们在亚里士多德的著作里是能够感觉到的——也发展了哲学和修辞学之间的对立。而正是这两种适合成人心智的精神活动形式，在古代世界的文化中占据了首要地位。

受许多相同趋势影响的医药行业的发展，成为与修辞学和哲学并行前进的一个现象。希腊医生早在公元前6世纪就因其医术而闻名，能够在希腊僭主或者波斯国王的宫廷中获得高薪；同时作为国家付费的城市医生，则拥有显赫的地位。他们的科学理论来自于爱奥尼的哲学家，他们的技术来自于学徒经验、祖传和实践。在公元前5世纪，在意大利南部和爱奥尼的两个城邦科斯（Cos）和奈达斯（Cnidus）出现了更加稳定的、可以确证的医生团体。到了公元前4世纪末，科斯和奈达斯建立了具有明确传统的医学院，与同时代的从巡游智者到哲学和修辞学学校的发展有着明显的相似之处。这一发展过程在《希波克拉底文集》（*Hippocratic Corpus*）中得到了体现。科斯的希波克拉底（Hippocrates）是苏格拉底的同时代人，很可能生活在公元前430年到前330年之间。《希波克拉底文集》则收集了他写作的医学论文。这些文章显示出一个经验数据的既定体系，涉及医学的各个方面：解剖学、生理学、妇科医学、病理学、流行病学和外科手术。其中很多观察涉及医学的普遍理论，比如四种心情的理论。希腊的医学对饮食和养生多有强调；自然地，在这样的科学里，药理学和外科手术所起的作用就比较小了。许多早期的论文也反映出，医生们努力把自己的职业同自然哲学家、智者派和"非理性医学"——魔术、巫师和江湖郎中——区分开来。尽管他们认为自己是在医神阿斯克勒庇俄斯（Asclepius）庇护下的一个行会，但实际上，他们对疾病或治愈并不求助于神圣的解释。在医生职业和各种治疗崇拜（包括宿庙求梦、梦疗法、咒语、祈祷、圣水和各种非理性的治疗形式）之间，还留有一个谜团，后者通常与阿斯克勒庇俄斯或其他有治疗功能的神有关，对医学的两种态度可能也共存共生，非常类似今天的正统医学和顺势疗法——更理性地说，科学医学似乎远比信仰低效，它能在这个世界上生存下来，倒是令人意外。

希波克拉底的誓言体现着新医学的准则，也揭示了它的组织形态：

> 我像尊敬父母一样尊敬我在医学上的导师，与他分享我的生活，偿还所有我欠他的债务。我视他的儿子为我的兄弟，教他们医学知识，如果他们想学的话，无须付费或签合同。我要把戒律、讲义和所有其他所学传给我的儿子，传给我导师的儿子，传给那些正式学徒的学生，绝不传给其他的人……

医学作为一种技艺，是一种能被学徒学习或者继承的概念，与医学作为科学知识的体系和作为一种道德生活方式的概念融合在一起。所以，这一誓言以及它所神化的态度，能够一直作为医学实践的中心内容传承到今天，毫不奇怪。

社会是由彼此联系的现象构成的，研究它们如何彼此协调令人着迷，可能这就是我写这一章的充分理由。然而社会历史也可以被看作是人们创造艺术、文学和思想体系的背景，理解它们是至关重要的，但解释它们却是不可能的。古典希腊世界最独一无二的是它的文化成就。如果我们能停下来问一下这些成就是怎样形成的话，我认为，至少在雅典，存在一种传统社会与公共生活、私人生活的复杂性之间的严重冲突。而这种复杂性在将个人从传统的束缚中解放出来的同时，并未让其失去社会身份。事实上，我们谈及的严重冲突普遍存在于希腊城邦，只不过在雅典这一典型中展现出来——雅典堪称城邦潜在动力发挥作用的典范。

## 进一步阅读

本章提到的古代作家的作品在洛布丛书里都可找到，最令人感兴趣的文章是色诺芬的《会饮篇》和《经济论》，亚里士多德的《政治学》第一卷，Lysias, *Oration* 1中的谋杀审判和德摩斯提尼（Demosthenes）的*Oration* 59（反对内亚厄拉）。《格尔蒂法典》（*Gortyn*）在R.F. Willetts, *Aristocratic Society in Ancient Crete*（London，1955）中有讨论。关于阿里斯托芬的说明，参见V. Ehrenberg, *The People of Aristophanes*,（2nd edn. London，1951）。苏格拉底之死和鸩酒的作用也在C. J. Gill, 'The death of Socrates', *Classical Quarterly* 23（1973），25—8 中有讨论。

T.B.L Webster, *Athenian Culture and Society*（London，1973）对雅典的文化和社会有着生动的概述。关于斯巴达社会，最出色的探讨是W. Den Boer, Laconian Studies（Amsterdam，1954），Part III; E. Rawson, *The Spartan Tradition in European Thought*（Oxford，1969）。

H.W. Parke, *Festivals of the Athenians*（London，1977）描绘了雅典的宗教年；D.M. Macdowell, *The Law of Classical Athens*（London，1978）是对雅典法律复杂性的最好介绍。K.J. Dover, *Greek Popular Morality in the time of Plato and Aristotle*（Oxford，Blackwell，1974）论述了雅典的社会价值。关于亲属关系、女人和家庭，参见：W. K. Lacey, *The Family in Classical Greece*（London，1968）；S.C. Humphreys, *The Family, Women and Death*（London，1983）。关于妇女，最好的一般性介绍是：Sarah B. Pomeroy, *Goddesses, Whores,*

*Wives and Slaves*（New York，1975）；David M. Schaps，
*Economic Rights of Women in Ancient Greece*（Edinburgh，
1979）；R. Just，*Women in Athenian Law and Life*（London，
1989）。

关于雅典的经济，最好的一般性介绍是：S. Isager and M.
H. Hansen，*Aspects of Athenian Society in the Fourth Century
B.C.*（Odense，1975）；而完全不同的观点体现在M. I. Finley，
*The Ancient Economy*（London，1973）。具体的著作参见
A. Burford，*Craftsmen in Greek and Roman Society*（London，
1972）；J.S. Boersma，*Athenian Building Policy from 561/0 to
405/4 B.C.*（Groningen，1970）；C. Conophagos，*Le Laurium
antique*（Athens，1980，这是一位参与发掘工作的专业采矿工
程师的精彩论述）；D. Whitehead，*The Ideology of the Athenian
Metic*（Cambridge，1977）。关于奴隶制，最好的一般性论述
是Y. Garlan，*Slavery in Ancient Greece*（Cornell，1988），M.
I. Finley 编辑的：*Slavery in Classical Antiquity*（Cambridge，
1960），其中收录了很多优秀的论文，还有他自己的关于现
代学术研究史的论文集：*Ancient Slavery and Modern Ideology*
（London，1980）。

关于体育运动，参见H.A. Harris，*Greek Athletes and
Athletics*（London，1964），以及同一个作者的*Sport in Greece
and Rome*（London，1972）。Michael Vickers关于希腊的酒会
有一篇有趣的讲稿，是由伦敦古典教师联合会出版的，没有日
期。K. J. Dover，*Greek Homosexuality*（London，1978）讨论
了同性恋。关于教育，参见：H.I Marrou，*History of Education
in Antiquity*（英译本，New York，1956）；G. B. Derferd，*The
Sophistic Movement*（Cambridge，1981）。关于雅典识字的范

围，在F. D. Harvey，'Literacy in the Athenian Democracy'，*Revue des Études Grecques* 79（1966），585—635 这篇重要的文章中有讨论，但是，W. V. Harris，*Ancient Literacy*（Harvard，1989）所持的观点正好相反。关于口头文化向书写文化进展的结果，参见J. Goody（ed.），*Literacy in Traditional Societies*（Cambridge，1968）；E. A. Havelock，*The Literate Revolution in Greece and its Cultural Consequences*（Princeton，1982）。G. E. R. Lloyd，ed. *Hippocratic Writings*（Penguin，London，1978）是一部出色的文集，另外参见同一作者的论文：*Magic, Reason and Experience*（Cambridge，1979）和E.D. Phillips，*Greek Medicine*（London，1973）。

任何对古希腊思想自由和宗教信仰的基本问题的讨论都开始于E. R. Dodds的著作，最著名的是：*The Greeks and the Irrational*（Berkeley，1951）中的第6章和第7章以及专著：*The Ancient Concept of Progress and other Essays*（Oxford，1973）。

# 第十章

# 古典时期的希腊哲学

朱利亚·安纳斯（Julia Annas）

## 背景：公元前5世纪的哲学

当柏拉图开始写作的时候，希腊哲学已经有了悠久而令人瞩目的发展史。柏拉图在他早期的对话里，批判的就是这一历史。对我们来说，把柏拉图看成哲学新起点的标志是很有诱惑力的，而鼓励我们这样做的原因是：他的著作是我们能进行哲学讨论的最早的完整作品，无须经过拼凑零散片断和分解后期作品的预备工作。但是柏拉图的整体著作，最好是放在他所发现的哲学传统背景中来看待，对亚里士多德来说则更是如此。亚里士多德实际上为我们描述了这种传统，他的著作深深地打上了他与前辈思想者之间交流和传承的烙印。

柏拉图的对话写于公元前4世纪，但绝大部分的戏剧背景都放在公元前5世纪。对话所描写的苏格拉底正在雅典实践着哲学。那时，雅典已经成为希腊世界的文化中心，哲学活动令人兴奋且丰富多彩。

希腊的哲学开始于宇宙哲学，以统一的和简化的原则来解释宇宙，让各种现象变得易于理解。我们发现，到公元前5世纪这种活动仍在继续，只是它的地位发生了变化。有一些人如阿波罗尼亚的第欧根尼和雅典的阿尔凯劳斯（Archelaus of Athens），在对新出现的形而上学关切给予例行关注后，依旧提出了传统的宇宙论。但他们现在只是代表了一种选择，一种在已经意识到有其他选择的世界里研究哲学的方式。解释自然慢慢变得只是哲学的一部分。

从柏拉图的《泰阿泰德篇》（*Theaetetus*，179d—180c）中我们看到，在公元前5世纪，哲学家们就已经意识到了哲学的另一个传统，一种可以追溯到赫拉克利特的完全不同的哲学传统。在这篇文章中，赫拉克利特的追随者被痛斥为傲慢自大、执拗的利己主义者：尽管带有敌意，却承认了提升自我理解的传统，承认了转向内在寻求的重要性——这种内在寻求，是我们每个人只能根据自己的情况去做的事情。赫拉克利特鄙视寻找真理的传统方式，包括其他学者所研究的宇宙哲学。他通过自己的言论，以谜一样的风格，试图鼓励我们每个人都去寻找内心的觉悟。这种寻找也将引导我们获得明智（*sōphrosynē*）的卓越（或者说"美德"，*aretē*），或是心智的健全——即一个人对自己的清醒认识，使他能恰当地对待别人。按照柏拉图的说法，赫拉克利特的追随者们已经堕落成自命不凡的精神导师；到了苏格拉底的时代，思想家们已经引入了这样的观念，即人类在智力上和其他方面的卓越，不在于对我们周围世界的求知探索，而在于对自身理性能力的正确使用与合理安排。

在公元前5世纪的哲学探讨中，比赫拉克利特的影响更显著、更广泛的是埃利亚学派（Eleatic）的思想家巴门尼德（Parmenides）和麦里梭（Melissus）提出的观点。他们凭借一个无可挑剔的论证，证明了一个没有人会相信的结论：尽管似乎对我们来说，我们指出了有限和变化着的物体具有复杂性（plurality），但实际上，所指的只有一种东西。以任何方式将这种东西设想成有限制的、分裂的或多元的，都意味着荒谬。在柏拉图和亚里士多德之前，没有人挑战其实质的论证。但是他们所造成的、存在于推理结果和经验总结之间的冲突，以两种方式为人们所关注：首先，传统的哲学思考（主要是被解释世界所主导）受到了震撼，它进入了自觉意识之中，思考现实和表象的问题，以及相关的推理和经验的问题。公元前5世纪的宇宙论，对事物最终成分以及我们对其解释所给出的理由，一直表现出持续的信心；但是，对所解释的现象已经丧失信心。按照埃利亚学派的观点，经验的世界被认为仅仅是表象，理论第一次变成了还原论：他们告诉我们什么是真实的存在（例如原子和虚无），我们的经验世界仅仅被神秘地归结为习俗。阿纳克萨哥拉（Anaxagoras）批评常识性的认识——事物产生然后灭亡——是错误的。没有哲学家的理论，我们就无法获得真理。如今被认为理所当然的是，哲学思考揭开了这一矛盾：通过理论所展示出的真理，对立于显现在我们面前且先于反思而被接受的世界。然而我们发现的是这个谜题的记录，而不是解决方案。在柏拉图之前，这个问题不是任何一个思想家的主要兴趣点。

埃利亚学派得出的结论令人无法容忍，于是又有了哲学上令人瞩目的发展：对辩论本身及对其的使用和滥用都有了新的自觉。埃利亚的芝诺（Zeno of Elea）出于对巴门尼德的捍卫，写了一本书，其中充满了独一无二的论证，这是一次创新。更具有创新意义的是，利昂提尼的高尔吉亚（Gorgias of Leontini，约前485—约前380）也写了一本书，通过论证提出：世界上什么都没有；如果有的话，我们也不能理解它；如果我们能理解它，我们也无法表达它。我们一方面钦佩高尔吉亚论证的独创性，但对于他所坚称的观点，无论就有效性还是结论的真实性来说，都还无法确定。

在当时，如此疏离感还很新鲜，所以很容易让人震撼，留下不负责任的印象，实际情况也确实如此。到阿里斯托芬的《云》上演时，辩论中的狡猾已经令人们心生畏惧了；作为一种值得怀疑的才能，它可能被认为对争论中的真相漠不关心。这很可悲，主要是因为对论证之实质的混淆，而这一问题直到亚里士多德才最终解释清楚。但经常受到的怀疑可以从像公元前5世纪的《双重论证》这样的文本中反映出来。其中，在若干命题下分别列出了支持和反对的论据，有趣的论据和无力的谬误被毫无区别地堆积在一起，并没有尝试去理解其背景、论点或命题之间的相互联系。

高尔吉亚是最早的"智者"之一。智者是周游于各城市之间，以收取学费为目的，提供唯一"高等教育"的教师。其他著名的智者包括普罗塔哥拉（Protagoras，约前490—约前421）、普罗迪科（Prodicus，约前460—前4世纪90年代）、西庇阿斯（Hippias，大约与普罗迪科同时代）、安提丰和特拉西马库斯（此二人的生活年代很难确定，但都活跃于公元前5世纪晚期）和阿尔基达玛斯和吕克弗隆（Alcidamus and Lycophron，公元前5世纪晚期，前者是高尔吉亚的学生）。与数学等学科的进一步教育一样，智者教授"修辞"———一种使论证更有信服力却不考虑其主题的艺术。他们的教学深受欢迎，因为在城邦高度公开的辩论场所里，驳倒别人的艺术十分有用，所以他们常常得意于辩论中的技巧，却并不想弄清楚哪些来自于修辞学上的欺骗，哪些来自于严肃的哲学观点。柏拉图把他们描绘成傲慢自大的人，只对他们所使用的技巧和论证有一点点理解；尽管我们因依赖于间接的传统而处于不利地位，却依然能确定这样一种印象，即：他们享受提出逻辑难题和诡辩的严格训练，但是对如何系统地理解这些难题，却没有任何强烈的动力。

然而，他们的贡献并不都是反面的，他们发展了此前一直处于哲学边缘的研究：对道德和政治学的研究。那些在各地以传授成功方法为生的人，必定要关注各城邦在政治机构和伦理规章上的差异。普罗塔哥拉从中得出了相对性的结论，他自己也因此而闻名；柏拉图在《泰阿泰德篇》里认为，普罗塔哥拉的相对论毫无特征且混杂不清，而我们无法知道这种评价是否公平。而且，有一个观点也越来越流行，即宣称人类制度事关"*nomos*"（法律、规则，被越来越多地解释为任意的约定），而无关于"*physis*"（自然）。基本观点很清晰：与自然法则不同，人类制度是可以改变的，以便服务于不同的目标。但是模糊不清的比较带来了大量不同的观念，产生的困惑远多于启迪。柏拉图《高尔吉亚篇》（*Gorgias*）里的卡里克勒斯（Callicles）就是一个例子，他卖弄了"*nomos*"和"*physis*"的对比，却没有弄懂这一问题。卡里克勒斯也描绘了一种普遍的趋势，从"*nomos*"与"*physis*"模糊的有限对比中，得出了（大部分是未被证明正确的）"*nomos*"之非道德的结论，他不仅拒绝既有的习俗，也拒绝任何形式的法律或准则，仅仅把这些东西看作是随意和不值得尊重的。

苏格拉底意识到了哲学传统已多元化。在传统的宇宙论继续发展的同时，伦理学和推理艺术也有了新的发展，形而上学和知识理论也吸引了人们的兴趣。特别是在雅典，个人的确定性动摇了，不是因为意识到了生活方式的改变——生活方式很少更新，而是因为一种不断增强的感觉，即含混不清的传统现在需要合乎逻辑的辩护。对辩论能力的尊重，产生了为所珍视之物提供理由的需求——但这种尊重是不辨善恶的，辩论的本质被曲解了，结论也常常纠缠不清。这就是一个强有力的人物在进行哲学革命时，这门学科本身的状态。

## 苏格拉底

苏格拉底（前470—前399）是雅典的一个普通公民，不属于任何哲学派别。他最初可能对宇宙论感兴趣，即便如此，他后来也放弃了。他述而不作，我们对他的了解，来自于描述上差异巨大的资料（柏拉图、色诺芬和阿里斯托芬的作品）。然而，如果我们的兴趣点在哲学上，那么，我们别无选择，只能追随柏拉图的理解；尽管我们一直不得不记住柏拉图的苏格拉底是柏拉图个人的创造，但是我们依然能形成对历史上的苏格拉底的某些认识。正是这个苏格拉底引导着柏拉图把自己作为表达柏拉图个人观点的主要代言人。关于苏格拉底的最重要的事实是，他是坚定地为哲学而活的人，他是以反知识的理由被判处死刑的，罪名是引进新神和毒害青年人。很可能隐藏在这一判决后面的是不言而喻的政治目的，因为苏格拉底与很多推翻民主制的贵族有联系，但这种敌视也有一部分是真正反哲学的。对柏拉图来说，苏格拉底就是无条件地忠诚于哲学之人的原型和典范；柏拉图的哲学观点是不断变化的，但是，他对苏格拉底这一榜样重要性的坚定信仰却始终不曾改变。

后来的学者对苏格拉底有一种陈腐的认识，认为是他使哲学从科学变成了伦理学，但是当时已经有很多对道德和政治的追问了。他所做的是使哲学再次变成了个人的。他不理会普罗塔哥拉关于社会的理论，同样也不理会阿纳克萨哥拉关于物质的理论；相反，他到处批评别人，向他们提出各种各样令人尴尬的、不受欢迎的问题。"你理解你正在说的话吗？"这种质朴的，对根据表面意义判断哲学和其他专门知识的直接拒绝，标志着对赫拉克利特关注点的回归：科学和社会学上的追问被拒绝了，直到我们具有自知之明，能够理解对结果的恰当使用。而不是向外，直到我们做到为止。对每个人来说，最迫切的任务就是转向内心而不是向外。为了与这一点协调一致，苏格拉底拒绝以任何方式写下自己的学说或谈话。赫拉克利特认为自己找到了通往真理的道路；与他相反，苏格拉底把自己看成是一个无知的人，只是在辩论的技巧和自我意识方面有优势。他说，他只是一只牛虻，不断地叮咬人们，让他们去掉自身的自鸣得意。但是，与赫拉克利特相比，他有更多的关于理解及其需求的知识观念。他认为，人们应该认识到他们的观点是多么不堪一击。他的追问只有在对话者为其观点进行理性的论证时——也就是能够"给出一个解释"时——才能停下来。实际上，我们在苏格拉底身上能看到一种趋势，即要求更多的知识表达，而不是在他所感兴趣的道德和实践问题上举措适当。他要求包括美德在内的实践能力，应该以一种行为人能做到并能为之辩护的理性表达方式，而实现全面通透，但这似乎是一种含混的要求。传记传统从很多方面把苏格拉底描绘成了一个怪人和一个冷漠的人，他对自己和他人提出了很多就人性而言很过分的要求，这也加大了我们的不安。（但是我们几乎没有机会发现这些故事背后的历史真相——如果有的话。）

## 柏拉图

柏拉图（约前427—约前347）是雅典的贵族，他以苏格拉底为榜样，将自己的一生奉献给了哲学。但由于个人的经历，他并没有像苏格拉底那样拒绝永久的文字记录。然而，尽管他撰写了大量作品，却保留了苏格拉底对写作的一些怀疑：《斐德罗篇》（*Phaedrus*，274b—277a）是非常著名的篇章，他在其中警告我们说，写下来的文字是死的，不能获得回应，然而真正的哲学一直都是活跃的行为和思想的交流。柏拉图的早期著作试图避开这些危险，他避开了已有的散文（或诗歌）的表述方法，选择了在当时必然令人惊讶的形式——对话。在此之前，对话只被用于相当低级的娱乐。苏格拉底的其他学生，如安提斯提尼（Antisthenes）和斯斐图斯的伊斯金尼斯（Aeschines of Sphettus），也写了苏格拉底的对话，但只有柏拉图才让我们看到其被用于哲学时的形式。他利用对话展示出哲学的争论，在某种程度上，激励了听众对讨论的参与，而不是让听众被动地背诵教条。柏拉图自己从不现身说法——这也不可避免地造成了某种疏离，我们不得不尽自己所能去想象苏格拉底辩论时的情景。没有信息强加给我们，但是我们却被迫地意识到一个问题，以及为了处理它是多么需要思想和辩论。

具有这些特征并在传统上被认为是早期对话的有：《申辩篇》（*Apology*，独白）、《克力同篇》（*Crito*）、《游叙弗伦篇》（*Euthyphro*）、《伊翁篇》（*Ion*）、《小希庇阿斯篇》（*Lesser Hippias*）、《大希庇阿斯篇》（*Greater Hippias*）、《拉克斯篇》（*Laches*）、《吕西斯篇》（*Lysis*）、《梅尼克齐努士篇》

（*Menexenus*）、《普罗塔哥拉篇》（*Protagoras*）、《欧蒂德谟斯篇》（*Euthydemus*）、《卡尔米德篇》（*Charmides*）、《爱人》（*Lovers*）、《西帕库斯篇》（*Hippaparchus*）和《阿尔喀比亚德前篇》（*First Alcibiades*）。（自19世纪以来，最后三篇已经被柏拉图的"正典"排除在外，但理由并不充分，所以也有很多其他篇章的真实性更难以确定。）

组成"中期"对话的通常包括：《高尔吉亚篇》（*Gorgias*）、《美诺篇》（*Meno*）、《斐多篇》（*Phaedo*）、《会饮篇》（*Symposium*）、《理想国》（*Republic*）、《斐德罗篇》（*Phaedrus*）、《克拉底鲁篇》（*Cratylus*）。在这些对话里，有人还加上了《蒂迈欧篇》（*Timaeus*）和《克里蒂亚篇》（*Critias*）；还有人把这两篇放进了"后期"对话里。"后期"对话还包括：《泰阿泰德篇》（*Theaetetus*）、《巴门尼德篇》（*Parmenides*）、《智者篇》（*Sophist*）、《政治家篇》（*Statesman*）、《斐利布斯篇》（*Philebus*）和《法律篇》（*Laws*）。对话经常被按照时间顺序、显著的风格特征进行排序，避免了间断。但是当一个有自觉意识的文学艺术家校订他的著作时，排序带来的帮助就太过微弱了。不管怎样，我们对柏拉图的风格还没有适当的统计分析，但是可以做大体的归类：中期对话和后期对话与早期对话有很大的不同。它们很长，更缺乏戏剧性，特别是在对苏格拉底这个人物的使用上，而最为重要的是它们具有说教性。风格的变化反映出对苏格拉底所探究的切身需求的偏离：从中期对话开始，我们毫不怀疑柏拉图有了自己的观点，苏格拉底这个人物的作用仅仅是在场。当他给我们讲解社会理论（在《理想国》里）或宇宙论（在《蒂迈欧篇》里）或一大套对埃利亚派的观点（在《巴门尼德篇》里）时，对话这种形式的作用仅仅是使讨论更易进行。但对话也不是总能做到这一点，有时在论证或说明之间也会有不恰当的随意转移。随着柏拉图越来越多地参与到直接的、通常是与当时名人的哲学讨论中，对话形式以及对苏格拉底形象的使用最终成为一触即发的引线。尽管如此，柏拉图从未完全放弃对话，他显然对它的抽离性及其所需要回避的东西继续保持重视，而不是着眼于一种调和的技术化和不同立场的系统化。

他的追随者和解释者——也有诸如持怀疑态度的新学园（New Academy）等少数例外——大都展现出不同的精神。对话形式通常被作为同一思想体系内不同部分之间进行交流的手段，是哲学家们能够安全地忽视的一种纯文学手段。这样一种方法并不灵巧，而且对各自独立的不同对话之间的区别也不敏感。我们在柏拉图的著作中能轻易发现他对某些主题的持续关注，但是建立一个柏拉图学说体系是在做他自己从未做过的事情。他从来没有使自己致力于任何通常被认为是柏拉图学说的学说，也很少告诉我们他所讨论的观点中哪一个对他来说是最基本的，以及这些观点之间存在怎样的联系。试图绕到难以捉摸的对话形式背后，从中找到柏拉图思想与个人或许更真切的历史发展——这种做法也颇为危险。"传记"传统是不可靠的，它只是回到了后来对对话的解释上。也有几封声称是柏拉图写的"信件"，其中第七封经常被认为是真的。但伪造的"信件"也是名人的标配。"第七封信"具有特殊的哲学性，因此，若把它作为一种基础来解释对话里的哲学，则违反常情。而且总体来看，它非常不可信，很多学者对它的接受，我们最好视为表达了他们的强烈愿望，即想要在对话的抽离性背后找到点柏拉图直接认可的东西（不管是什么）。柏拉图自己则认为，挫败这种愿望非常重要。

对于因素（factor）的追寻——它把"认知"和其他状态区别开来——且不管这一因素到底是什么，这种追寻吸引着无数哲学家，也以不断变化的方式吸引着柏拉图。在早期对话里，他关注于个人对其所作所为的理解。苏格拉底批评这样一些人：他们的行动是基于二手的理由，随便就采用了一种未经反思的行动方式：他们认识不到，对传统（甚至是好的传统）的被动追随，会让一个人在行动时，对这个行为无法完全理解，也无法捍卫。荷马史诗的著名表演者伊翁（Ion），一位勇敢的将军拉克斯（Laches），宗教人士游叙弗伦（Euthyphro），以及很多其他的人都让我们看到，他们不知道自己行为的真正原因。早期对话内容多变，但都是讨论同一主题，存在很多令人不满意的地方，因为从中我们几乎看不出下一步要做什么。但很可能柏拉图认为，一旦剥夺了矫饰，每个人都会实现对自己的理解，除此之外大体上没有什么可说的。这一点，与一些早期对话中对自我认识重要性的莫名坚持相吻合。在《阿尔喀比亚德前篇》中，在受诘难者认识到自己缺乏知识的场景后，紧跟着是一种劝告：关注自己的内在、自己的灵魂，在那里发现理解。毫无疑问（这种方式让人想起赫拉克利特），每个人都必须按照自己的方式获得自我认识，这种自我认识积累成明智（sōphrosynē）的美德，这种心智正常保证了一个人能对自己同他人的关系有恰当的认识（在《爱人》138b里，这种美德与正义是一致的）。

强调自我认识是一个人理解他人的基础，这一点颇具启发性，但并没有贯彻始终。我们可以从《卡尔米德篇》中找到其中一个原因。由于没有连贯性，该篇对自我认识的讨论越来越少。问题似乎存在于这样的假设中，即：知识必须有一个独立的目标；而"自我认识"不管怎样解释，都无法提供这样的目标。这一假设的出现非常重要。对个人自我理解的关注，被证明是一个错误的开始，以及获得知识的模式也不相同：对真理体系的掌握是客观的，独立于个人之外的，且能够被传授的。

在《美诺篇》（82b—86c）中，有一个著名的段落，苏格拉底让一个不懂得几何的奴隶男孩通过了测试——通过这种方式，他能够看到正确的答案是什么，他能够为自己找到为什么结果必须是这样的原因。苏格拉底从中得出了乐观的结论，即：知识实际上是对灵魂已知东西的"回忆"（所以，在我们的肉身之前就知道了）。在这里，我们清楚地看到，知识涉及论证和证明中的合理根据——因此，我们如何能够获得从经验中就轻易找到的知识，就不太清楚了，比如，到拉里萨（Larissa）的路。毫无疑问，柏拉图认为这样的推理是客观的，它揭示出什么是真的，正如一个几何证明所做的那样。我们的推理能力与灵魂一致，被断然地与我们认知的经验方法分隔开来。《斐多篇》通过两种方式发展了这个概念。灵魂，即领悟现实的推理能力，甚至更为彻底地与身体分开，被理解成非纯粹推理的所有事物。柏拉图更多地意识到推理系统化的需要，做了一些模糊的暗示，也讨论了论证的结构和测试（100a，101d-e）。

在《理想国》的核心章节里，这种知识模式（很显然受惠于数学）得到了全面展示。现在，只有在经过多年数学学科（反复灌输对论证而不是对经验的依赖）的预备训练，以及在"辩证法"或哲学推理（关于现实本质的"假设"被提出来，并且通过提问被不断试验，直到它们得到了完全而清晰的论证）之后，才能获得知识。知识是系统的、分层级的：一个人的信念只有在他明白了这些信念在真理系统中所处的位置——哪里是基本的，哪里是衍生的——然后才能被理解。被这样理解的知识还有两个特征：它能够被传授，但需要时间和努力；只有那些真正理解背景的人才能学到，而其他人只能领悟那些不完整的片断。这毫不奇怪，知识是只有少数人才能获得的东西；而大多数人的意见，尽管都能很好地被逐一描述，却不值得认真对待。从这样的观点出发，它并没有说我们不能由此系统地理解我们所经验的物质世界，但（虽有些误差）柏拉图对纯粹推理的强调，的确不给这一思路留下空间。

知识作为对一个客观的、共享的和完整的分层级真理系统的把握，对其强调得越多，我们就越怀疑柏拉图最初的想法；它提醒我们每个人把个人的理解当作行动的基础。在《理想国》里，柏拉图仍然坚持认为，个人洞见非常重要；也认为知识以善为终点，并且是善的结果，因此具有实践上的重要性。但是大多数读者恰恰对柏拉图为这一坚持所持有的充分理由并不满意。在苏格拉底辩驳背景中活跃起来的关于知识的最初问题，现在已经丢失了。

在后期对话中，我们发现，尽管柏拉图继续宣称知识需要理性的基础，却似乎对中期对话失去了信心。这一主张从来没有被明确地反对或替代，但是也没有再被使用过。柏拉图关于知识的最后思想是没有结论的——在杰出的对话《泰阿泰德篇》中，柏拉图没有给出知识的模式，相反在最后变成了去询问什么是真正的知识；并且正如此后的很多问题一样，针对这一询问的答案始终模糊不清。

但是，《理想国》的模式普遍存在于对柏拉图的解释中，一部分原因是它令人印象深刻，尽管它含糊不明且从来没有被精准使用；另一部分原因是，它很自然地与模糊的、却也让人印象深刻的实在（reality）携手同行，与知识相应的正是实在。

早期对话中，对话者所缺少的知识，是对所有存在疑问的美德基础的掌握。他们不能作出"解释"，而这些解释将界定构成各种道德现象的真正本质，它们也将解释和更正我们的日常信念。有理解力的人之脱颖而出，就是知道对于勇敢、美、正义或所有正在讨论的东西，什么是真实的和客观的。这就是柏拉图称之为（非技术性的，也有各种词汇）"理型"（Form）的东西，是类似于美德之类的属性的真正基础；只有那些思考过和推理过的人才能掌握，而那些盲目地为自身经历争辩却不反思的人，是得不到的。知识越来越被看成是系统化的纯粹推理，与之相应的是，理型也被认为是纯粹思想的客体，以一种神秘的方式与我们的经验相分离。

人们常说，柏拉图有一套关于理型的"理论"，这一理论甚至支配着他全部的工作。事实上，理型很少出现，也一直以非技术性的方式被讨论；它们回应各种需求，这些需求从来没有被系统地组织在一起；它们只是在早期对话和中期对话里非常突出，朝着永远宏大且包容一切的形式概念方向不断发展。它们是纯粹思想的客体，因此与我们的经验分离。然而，它们以一种奇怪的方式激励我们去掌握它们，使我们脱离对日常生活的关注。在《斐多篇》《会饮篇》《理想国》和《斐德罗篇》里，柏拉图对这种思想进行了著名的诗性表达，即我们的推理部分会趋近理型，既经过严格论证，也通过一种神秘的交流。而且通过比较我们发现，余生是毫无价值的，仅仅是一种消遣。

如果我们问"什么是理型"？我们会得到各种各样的回答。它们是知识的对象（所以，正如我们看到的那样，也是推理对象）。最主要的思想是，理型F是具有F属性（quality）东西的本质，这是最能论证理型的证据的核心，它以多种方式不断地重现（《斐多篇》74—6；《理想国》475—80，523—5）。当我们提到经验中那些正义或平等的东西时，出于各种理由，比如应用不同的标准，我们能平等地为这些东西赋予彼此对立的属性。据说，上述可能性显示出，在我们的经验里，有的事物不美但是也不丑，有的行为不正义但是也不是非正义。所以（除非我们推理说，即这些术语的使用一直与某些标准相关，但柏拉图从未这样做过），如果对立面的可能性没有在我们的经验里应用的话，那它们也不能被应用。然而只有理型，理型F在本质上是F，从来不会是非F，在我们的经验中，F的事物或行为"分有"（在我们能正确地称它们为F的范围内）同时也"缺席"（在我们也能说它们是非F的范围里）。这一论证仅适用于有对立面的术语。所以，当它服务于早期对话中柏拉图所运用的术语时，比如"正义""美"和"平等"时，就不会显示出存在着方形或三角形的理型，以及诸如像人或桌子这样的物体的理型。柏拉图是否曾严肃地认为，这些东西应该也有理型——这一点还存在着争论。如果他是这么想，那么动机是什么？在《理想国》第10卷里，我们找到了著名的"床和桌子"的理型，但是在《巴门尼德篇》（130b—d）里，年轻的苏格拉底却说，他甚至连各种物体是否有理型也不确定。柏拉图也从未触及另一问题的根本：鉴于上述论证，为什么他下结论说，它们只是好事物的对子的理型，而不是丑、非正义等其他东西的理型。大多数情况下他忽略了这些，尽管在一个段落（《泰阿泰德篇》176—7）里，他承认存在着邪恶和否定的理型，邪恶和傲慢的人则是该理型的表征。

在我们的经验中，属性一直受对其对立面的可能的应用的影响。作为属性实质上的承担者，理型的作用就解释了它们的部分用途，例如，在《斐多篇》（第100节及以次）里，它们很好地解释了为什么我们经验中的事物具有其特性。但某些理型的作用并不明确，例如，有时它们被认为是稳定的和不变的对象，与我们经验中不断变化的对象截然相反。不过，我们偶尔会发现理型成为物体的模式。最重要的是，理型与假想的具体物体拥有某些特性的缺陷方式形成对照；但有时，则是对象或行为的类型提供了这一对照。然而，有时它们与具体对象本身形成对照——后者的缺陷被认为是变化，或者甚至是它们有很多个而不止一个。囿于对话的形式，柏拉图从未说过关于理型的哪个论点是最基本的，以及它们之间有什么联系。由于论点和讨论的背景在程度与结果上差别过大，理型的基本动机是什么，始终没有弄清楚；理型的范围、它们主要反对的对象（细节、类型、特性的体现）是什么，也都没有弄清楚。理型的"理论"根本就不是一个理论，只是想象着把我们在不同文献中看到的不同观点整合起来，却没有机会回答关于理念总体结构的问题。该"理论"吸引了对上述问题毫不关心却能在想象中进入其精神的人。但就是在以下这些人当中，也发现这个理论引人入胜：他们想追究上述问题，并且想看当严密组织这些问题时，是否有一个融贯的理论存在。在这些人中，亚里士多德是最重要的一位。他在《论理型》（*On the Forms*）中对有关理型的不同观点及解释做了区分，并总结道，柏拉图没有一个前后一致的理型理论（尽管他发现它们足以激发他提出自己的形式理论）。

在最近的柏拉图研究中，争论最多的问题是，柏拉图自己是否在后来批评了他早期对理型不加区别的接受。在《巴门尼德篇》的第一部分，年轻的苏格拉底提出了类似于中期对话中的理型概念，却被巴门尼德和芝诺这两个非历史的、纯象征的人物驳得体无完肤。在其他的后期对话里，有很多论据在事实上批驳了柏拉图早期对理型的使用。这看起来肯定是一种自我批评，但是柏拉图没有给出明确的训示。他在热忱信念中暂时统一起来的观念，也就静静地再次土崩瓦解了。在后期对话里，他的兴趣点已发生转向，于是不再进行雄心勃勃的综合。

后期对话是彼此不相干的作品集，也没有什么吸引力。在这些作品中，我们再也看不到强大的总体观念，比如理型或中期对话中的知识模式。我们发现的是对具体主题细致而丰富的调查，但这些主题不适宜于综合或者进行个别的总结。哲学家们常常发现这些对话是最有益的——这当然大部分取决于这样一个事实，即我们发现柏拉图已回到传统哲学问题上，而这些都是他在早些时候不屑于讨论的。（现在这一点就像它们被书写下来时那样真实。早期对话吸引的是非哲学家，而只有哲学家才能读懂《巴门尼德篇》和《智者篇》）。柏拉图不仅更加严肃地重视传统的哲学问题——可能这些对话写作的时间正是在柏拉图建立"阿卡德米"（Academy）哲学学园的时候——更是在这时他开始认为，哲学思想是不能传授的东西，是一项齐心协力的和发展中的事业，而不是强烈的个人洞察力。随着柏拉图越来越多地涉及宇宙论传统、对社会的研究和对论证的考察，尤其是涉及埃利亚学派的论证，苏格拉底越来越成为一个不太合适的、时间错乱的发言角色。

在这些对话里，我们不断发现，早期的不妥协态度得到了修正，柏拉图更愿意讨论和重视他人的哲学观点。《斐多篇》里的苏格拉底把宇宙论仅仅看成是一个错误；但是在《蒂迈欧篇》里，柏拉图认为它是哲学推理的一部分，并对物质世界提出了他自己的解释（非常怪异）。在《高尔吉亚篇》里，修辞被愤怒地拒绝了；在《斐德罗篇》里，修辞则是一个优秀的哲学理解能被很好运用的领域。在《巴门尼德篇》和《智者篇》里，柏拉图对埃利亚派问题的结构和来源给予了细致的关注，他正是曾试图通过雄心勃勃的实在理论来对此做解答。在《克拉底鲁篇》（具有很多后期对话的特点）里，他讨论了当时关于语言和词义的理论。最引人注意的也许是，他对伦理学和政治学的兴趣发生了相当本质的变化。在早期对话里，他关注个人美德的实现，这也是最有名的中期对话《理想国》的主题。在那篇对话里，他将兴趣充分延伸到社会，是为了解释被置放于正义社会背景下的公正之人——但是很清楚，这是一个存在于理想的正义社会中，而不存在于政治实践操作性的理想。然而，在后期对话里，我们看到柏拉图终于并且几次回到伦理学和政治学问题上，视角也发生了变化。这种视角，与之前被轻视的普罗塔哥拉及其他智者的方法有很多共同之处。

在《政治家篇》《克里蒂亚篇》和《法律篇》里，他回到了关于社会起源这一公元前5世纪的问题上；他重视历史和史前史，从多个角度调查研究关于社会组织实际运作和建立功能稳定的真实社会的问题；他研究伦理学和政治学的角度，不再是关注个体如何成为正义的人，而是从调查者外部的视角来研究，客观且具有历史感。（正如我们所预见的，尽管基础更坚实，也毫无疑问更加有益，但是结果却更加无趣。）

后期对话显示出对苏格拉底曾经漠视的传统问题有了相当全面的重新思考：宇宙论、埃利亚学派的论证、对推理和修辞的兴趣、对社会进行历史和政治的研究。而且，后期对话很有可能是在哲学学校的论坛上，柏拉图教学和与学生讨论的成果。我们甚至听说柏拉图提出了"未成文学说"，听起来像是毕达哥拉斯学派的理论。这是一种奇怪的数学形而上学，其中，宇宙的内容"派生"于太一和不定的二。（这一点的主要有趣之处，包含在亚里士多德于《形而上学》的M和N卷中对它的批评。）柏拉图从苏格拉底那里出发，在历经了漫长的回归后，终于与传统重新结合。

然而，如果把这点视为核心点或者原初创意的失败，那就错了。柏拉图与哲学模棱两可的关系，正如他发现的那样，引发了他对其所回归的传统的丰富和改变。同他与写作的模糊关系一样，这一点也使其创作出前所未有、别具魅力的文集，其中对当时问题的讨论从不流俗，也从不是拾人牙慧的产物。如果没有苏格拉底对他的影响，或者对他的影响要更透彻些，那柏拉图就不会成为伟大的哲学家。

## 亚里士多德

亚里士多德（前384—前322）是"阿卡德米"学园的学生。他18岁时来到学园学习，直到柏拉图故去。他来自希腊北部的斯达奇拉（Stagira），出身于一个与日益强大的马其顿宫廷有联系的医生家庭。在离开学园之后，他在小亚细亚的阿苏斯（Assus）宫廷里待了一段时间，接着成为亚历山大大帝的导师——这只是一个插曲，对两人的影响都非常小。大约公元前335年，他又重回雅典，建立了自己的哲学学校吕克昂（Lyceum）学园。为了躲避人们对亲马其顿人的敌意——这种敌意直到亚历山大逝世后才消除，公元前323年，他离开了雅典；第二年，他在优卑亚逝世。同柏拉图一样，我们对亚里士多德个人的情况知之甚少；就他的情况而言，"传记"传统甚至更加不可信，其中充斥着敌意和有成见的资料。我们对他人格魅力的印象，来自于他的一个保存在第欧根尼·拉尔修（Diogenes Laertius）《名哲言行录》（Life）里的心愿。

同柏拉图一样，亚里士多德著述颇丰，为公众撰写了大量对话为形式的著作。这些著作仅有残篇保留下来，我们所读的"亚里士多德文集"由学园的课程讲义和笔记组成。后来又有人将其编纂成册，就是我们现在读到的《形而上学》（Metaphysics）、《物理学》（Physics）、《工具论》（Organon）等——但很多迹象表明这些编纂都是伪造的。我们发现对同样的问题有不同的处理：令人迷惑的相互矛盾、后来插入、水平不一的润饰风格。论据通常很密集，并且作为讨论的基础被明确使用，读者很少能毫不费力地弄懂书中的思想，必须不断地停下来慢慢（理解）。对那些寻找纯粹文学感染力的人来说，亚里士多德没有吸引力；但是如果一个人对努力工作与合作有正确期待的话，亚里士多德无疑是一个令人兴奋和能给予丰厚回报的作者。

与柏拉图不同，亚里士多德从未离开过传统。在传统中，对自然世界的研究及其系统解释，都是一般的哲学任务。《物理学》、《生灭论》（De generatione et corruptione）和《论天》（De caelo）以高度理论化的原则解释了自然活动，描绘了宇宙的结构和物理构造。但亚里士多德旺盛的求知欲并没有到此为止，而是进入了更为现实的层面。例如，在《天象论》（Meteorologica）中，他提出了（可理解为原始的）地质学、气象学和化学；在《论感觉》（De Sensu）第三章中，我们找到了关于颜色的理论。然而，生物在最大限度上吸引了亚里士多德的兴趣。《论灵魂》（*De anima*）和《自然诸短篇》（*Parva naturalia*）是开创生物心理学的论文。之后他对动物（包括人）的各个方面进行了大量的研究：《论动物繁衍》（*De generatione animalium*）讨论了动物的繁衍，《论运动》（*De motu*）和《论动物前进》（*De incessu animalium*）讨论了动物运动的方式，《论动物的部分》（*De partibus animalium*）讨论了动物的组成部分和结构。《动物志》（*Historia animalium*）是对动物行为习惯的记录——这一定是与他人合作共同编纂的，尽管错误百出，有时又人云亦云，却仍不失为经验科学发展史上的里程碑。亚里士多德是世界上第一个生物学家，至今仍然被生物学家所尊敬。他竭尽全力亲自观察生物，获得与他的探究相关的数据和观察资料，而不是随意使用已有的报告。既投身于理论的物理学，又致力于经验的生物学，是亚里士多德的一个特点——而用一种宽阔的视角同时评估这两个领域，在今天已经不可能做到了。

> 在自然创造的物体中，有些是非生成的、不死的和永恒的，有些是生成的和有死的。与前者有关的，具有价值——实际上是神圣的——但我们能做的研究很少，因为对源头的探究和我们渴望了解的事物的可供观察的表象不多。但是在获得关于有死的植物和动物的知识方面，我们就可以有所作为了，因为它们就生长在我们身边……这两种研究都具有吸引力。尽管我们对前者的了解很少，我们获得的愉悦仍然远远超过了从周围万物中获得的快乐……（不过因为后者）离我们更近，更符合我们的本性，因此在同与神圣事物相关的哲学进行比较时，他们有自己的平衡……甚至在对感官没有吸引力的动物研究中，创造它们的自然也会带来无法估量的快乐……对那些能够剖析原因并且本能热爱智慧的人来说……因为所有自然的物体都是神奇的。（《论动物的部分》1.5；Balme英译本）

当然，亚里士多德的方法不同于任何现代科学（由于这一点，他受到了相当不恰当的批评）。尽管他对数学有一种哲学上的兴趣，却没有将之系统地运用到物质现实的研究中；在他的物理学里，性质的变化是基础，而他并没有试图给出更为基本的定量分析，因为他没有足够的理由这样做，他所知道的物理现象的数学模型，从柏拉图到毕达哥拉斯学派，都是想象的和不真实的。实际上，尤其是在能够说明问题的领域内，他应用了数学模型，特别是几何模型，来分析颜色的层次或者将肉体运动的模式缩减至最基本程度。他经常遭到的另一项指控是，他没有使用实验，显然对在经常变化的条件下研究某种现象不感兴趣。但这应该归因于直到相当晚的时候才被质疑的一个假设：在真实世界中，而不是在人为制造的世界里，物体在通常的环境下展现了真实本性。在物理学和化学这样的领域里，这个假想被发现是无效果的。亚里士多德的著作过时了，但在诸如动物学和行为学等领域里，它依然有效，现代的科学家仍然认为，在自然栖息地的狮子要比在实验室或动物园里的狮子能更好地揭示出物种的实质。

亚里士多德是事实的收集者，但他远远地超越了这一角色。在所有主要著作中，他对事实的处理反映了他对哲学问题的自觉——也正是从这一点来说，他最多地意识到了哲学悠久传统的归属，并进一步发展了这种传统。他搜集书籍并全面地反复阅读，他非常熟悉他的前辈（包括柏拉图）的作品，也因此常常提出直接的批评。他经常更倾向于从哲学史的角度指明和拓展讨论的内容。对他来说，在开始一个讨论之前，浏览其以往的状态并指出其中哪些具有系统性的前景、哪些是错误的，是一种学术规范。他经常因此受到攻击——似乎他为了自己的观念而傲慢地评价了之前的哲学观点，但这是错误的。事实上，他展现出知识分子极其谦逊的态度：

> 没有人能充分地获得真理，另一方面，我们也没有集体地失败。但是每个人都在谈论物体本性的真理，我们每个个人贡

献得很少或者全无贡献；但是作为一个整体，我们贡献的数量是巨大的。（《形而上学》999a 31–b 4，Ross英译本）

不管是在风格上还是在目的上，亚里士多德从不试图与他所知道的不断累积和发展的哲学思想主体决裂（实际上，他对柏拉图的处理，通常没感到柏拉图已经与该传统进行决裂的程度）。他把自己看成是联合企业的合伙人，能够改进前辈所做的基础性工作。最初的成就不仅存在于对无助者的推进，还存在于对他人所提供的观点进行理智的运用：

> 我们必须首先考察别人的意见，如果他们有说得不恰当的地方，我们不应该像他们那样提出异议，但如果他们的某些意见与我们的相同，我们在这件事情上就不必再费周折了。因为一个人应该对陈述某些观点时优于他的前辈感到满足，而在陈述另一些观点时做到至少不比前辈差。（《形而上学》1076a 12—16，Ross英译本）

亚里士多德的哲学方法论是细致的，避开了在一个领域使用仅适合其他领域的方法的陷阱。"这是一个受过教育的人的标志：追求每一种类事物的精确性，只要在事物本性所允许的范围内。"（《尼各马科伦理学》，Nic.Ethics 1094b 23—5）

在《物理学》和《伦理学》里，他十分明确地指出，对一个问题恰当的处理就是能公正地对待表象或者"现象"。这涉及两种"事实"，一为世界出现在我们面前的方式，一为它激励我们做的观察和解释。他对现象不会盲目地尊重，但他认为没有寻找理论解释的迫切需要：以他对哲学史一贯的熟悉，可以得出这样的理论很容易走进死胡同。开始，他展示了要介绍的各种观点，比如关于时间、空间或意志的弱点；接着分析产生的问题和矛盾冲突。他自己的回答则试图理解和合理调整这些材料，表明为什么我们会倾向于某些观点，又为什么在接受另一些观点时犯错。这并不意味着是对常识的适当尊重：他的回答经常有很高的技巧，暗示我们所相信的很多都是错误的。［例如，我们试图相信存在着这样一种"空"（void）或空的空间（empty space）；但亚里士多德的分析令人惊讶地显示出，这些不可能存在，我们关于"空"的概念从根本上就是混乱的。］重要的是，他的分析能够解释这种现象：他旨在向我们说明的不是正确答案是什么，而是为什么我们在推进问题的同时也会犯错。

亚里士多德的著作就是以这种方法论产生的答案为特征的。他的风格细致而微妙，常常为了获得精确的结果而使用技术术语。他的思想进程很难追随，因为他更愿意对问题进行没有结论的讨论，而不是得出一个清晰却华而不实的结果。他所有作品都带有在适当处理所观察的复杂事物与为迷惑带来清晰哲学解释之间平衡的印迹。他一直努力到达普遍且适当的水平，既能说明问题又不过于简单化。

他的最引人入胜的著作《物理学》完美地展示了这一点。它不是现代意义上的"物理学"。而是一本这样的书：在书里，他论证和提炼的分析概念帮助我们理解物理世界，特别是理解时间、空间、无限、进程、行为和变化。例如，在深思熟虑之前，我们发现有一点是毫无疑问的，即事物是变化的；但是，弄懂哲学上变化的意义，就会遇上似乎是不可能的哲学难题。亚里士多德分析了难题的来源，表明按照他对变化的分析，这些难题并不亟待解决。这一分析聚焦于：一个物体具有了以前所没有的性质。可以说，他的范式限制过多，使他没能看到其他变化类型的重要性。在他的范式里，我们似乎不能合理地找到一个具有特性的物体。但正是这种分析，使我们对那些被自然地看成是变化的基本案例，有了更深入的见解；它为我们提供了具有理论基础的视角，让我们明白为什么以那种方式去理解世界是对的。

同样，他对解释本身（所谓的"四因说"）的分析也极具特色。在《斐多篇》里，柏拉图不耐烦地拒绝了对形式的所有其他解释（aitia）。

而在《物理学》第二卷里，亚里士多德对四种相互间不可约的解释类型进行了细致的分析："形式"或定义的特征；"质料"或成分；运动的来源（离我们的"原因"最近）；目标或目的（目的论解释）。哲学史中充满着要将所有类型的解释减至一种令人满意的解释的（失败）尝试；亚里士多德很明确地拒绝过于简单化，拒绝仓促地统一具有根深蒂固复杂性的现象。解释有许多类型和层次，它们相互之间也并不排斥。亚里士多德能够自成体系。他最系统化的著作是《后分析篇》（*Posterior Analytics*），雄心勃勃地要把知识的各个分支按类别构建成柏拉图式的等级体系，从基本的真理中衍生出不同领域内更为具体的真理。但是亚里士多德的体系更为现实。每种科学都有自己的基本原理，不是从单一的源头衍生来的；系统本身作为调整的典范，代表着整体科学的有秩序状态——当然，这是我们现在所没有的。

从很多方面来说，亚里士多德的"形而上学"都是他的《物理学》的延续。他提出了形式和质料、实现和潜能、实体和属性等概念；作为解释的工具，诸如过程和变化这样的概念被经常使用。他相信，有一些东西具有形而上学的基础性，它们独立于、基础于且也能解释其他东西。这一观点也经历变化。在通常被看作是早期作品的《范畴论》（*Categories*）里，具体的个人，如苏格拉底和考瑞克斯（Coriscus），就符合上述条件，并被称为"第一实体"（first substances）。在《形而上学》里，特别是在那些难以理解的核心卷目里，实体似乎不是个体而是其形式；鉴于形式还有其他形而上学的作用，于是，出现了无法清楚解决的难题。对于亚里士多德在此处的观点，有多种解释和评价；相比其著作的其他部分，这里更为明显地指出，他最关切的是找到难题的根源，而不是为最初提出的问题给出一个简单的答案。有一点他从未动摇过：反对柏拉图"理型"（或数字或其他抽象的物体）——这一理型被认为独立存在于这个世界之外，可以看成是与我们所处世界的分离。要了解这个世界，理型是至关重要的。亚里士多德认为，将我们与使世界变得可以理解之物割裂的理论，一定是错误的。

亚里士多德对论证本质的伟大阐述，使其哲学遗产得到极大完善，并且这也是他明确宣称要创新的唯一实例。《论题篇》（*Topics*）和《辩谬篇》（*Sophistical Refutations*）是他研究"如何有效论证"的早期记录；但他真正的突破是在《前分析篇》（*Prior Analytics*）里。这是第一部关于形式逻辑的著作。通过使用字义图解，他首次提出了逻辑形式的概念；并系统地对有效论证的形式进行了分类，或许也是他第一次把论证的好处与其说服的力量区分开来。在《修辞学》（*Rhetoric*）中，亚里士多德还完成了一个补充任务，对论证中说服力的各种来源进行了分类。如此严格可靠地从公元前5世纪甚至柏拉图时代的混乱状态中，筛选出"论证艺术"的各个方面，堪称一项惊人的成就，展现出亚里士多德的强大的逻辑思维能力，以及从多方面把握分析对象的能力。直到12世纪，在对亚里士多德的评价中，逻辑和修辞的著作仍然是最享有盛誉的；而逻辑学的新发展表明了亚里士多德的逻辑学具有相当明显的局限性，修辞学不再是一门严肃的研究。因此，我们很容易低估这项亚里士多德时代的（对亚里士多德本人也是如此）、前所未有的成就。

亚里士多德将大部分哲学精力投入对社会中的人以及社会生活的各种现象的研究。有时是柏拉图已抨击过的行为，比如戏剧和艺术。在《诗学》（*Poetics*）里，亚里士多德关于各种文学类型细致而复杂的理论，可谓将它们从柏拉图毫无必要的过分抨击中拯救出来了。但大部分情况下，他直接就把柏拉图拿过来用——其中一项就是柏拉图晚期对话中对社会的重要研究。有若干作品被编纂成现在的《政治学》（*Politics*），还有三部关于伦理的著作，《尼各马科伦理学》（*Nicomachean*）、《欧台谟伦理学》（*Eudemian ethics*）和《大伦理学》（*Magna moralia*）。（前两部之间的关系未有定论，第三部著作的真实性也存在争议。）通过阐明当时的政治分类，亚里士多德加深和推进了柏拉图在后期对历史的研究：他组织了大量对希腊城邦政体的历史研究［其中《雅典政制》（*Constitution of*

*Athens*）得以保留至今］，并使对体育胜利者的重要公共记载在年代顺序上有了改进。他关注点的分布，准确地反映了我们在物理学著作里的发现：全面的研究是至关重要的，但常常需要清晰的理论指导。（历史学家对他著作的评价差别很大，取决于他们对自己学科的概念有着怎样的理论水平。）亚里士多德不是出于历史的考虑才对历史产生哲学上的兴趣，正如我们从《诗学》中一句插入语那里看到的那样：诗歌比历史"更具有哲学性，也更重要"，因为它不关心纯粹的残忍事实。但哲学家仍然能对历史和人类实践活动的其他形式进行有益的分类和分析，尽管是偶然的和特殊的。尤其是《尼各马科伦理学》，理所当然地吸引了持久而细致的关注。因为在书里，实践生活问题——卓越、最好的生活，实践推理——都进行了某种美好而适当的、严格和抽象的分析。例如，"美德在于中庸"的理论，展现了我们行为意向的结构，并对它们做了澄清，同时却没有使它们成为过于简单的人工模板。在实践的推理上，很少有哲学家能对这个话题说出既真实又发人深省的观点，而亚里士多德的论述无疑是这个领域内最好的。它为我们展示了看似混乱的日常思考的结构，却没有难以置信地把我们对行为的所有推理简化成关于如何到达固定目标的计算形式。解释而不是拒绝表象的工作，在这里达到了最可理解和至今依然相关的形态。伦理学著作尤其以一种愉快的方式，展现了亚里士多德为阐明某个主题而给出解释、从而运用适当方法的天才般的能力——以这种方式阐明，也并没有使我们疏远了主题的最初观点及其引发的困难。

亚里士多德自始至终属于更为外向（outward-turning）的哲学传统，从一个观察者的角度强调对物质世界和人类社会的解释。他似乎缺少柏拉图和赫拉克利特那种对内心的关注，即在哲学上寻求个人的证悟。事实上，这种对比很容易被夸大。在亚里士多德那里，有一种强大的神秘倾向，但它的表达是不带个人色彩的。在《论灵魂》卷三和《尼各马科伦理学》卷十中，在那些简短的、难懂的和不成熟的段落里，亚里士多德展现了人类在抽象思想方面的最高成就，这种抽象思想与它们的客体融为一体。亚里士多德宇宙的第一推动者，是通过《物理学》卷七和卷八里的冷静技术论证建立起来的；它在《形而上学》的卷十二中被等同于神，并且在难懂和严密的段落里，被等同于对这类抽象的思考——也就是说，在神那里，是对"思考的思考"；这种思考远离了我们认知活动的世俗局限，常常寻求一个独特的对象。很明显，这些简短而神秘的段落，包含了对亚里士多德来说相当重要的观点；但他在表达时却不带任何个人情感——也许因为，他怀疑这一点，所以不像柏拉图那样去激发读者的想象。

很快，把柏拉图和亚里士多德进行对比、并且宣称他们的"体系"在各方面都彼此敌对，成为一种标准。（只有小部分人认为，他们只是对同一真理有着不同的研究方法。）他们之间的确有明显的差别，从他们的风格开始——但是概括性地总结他们的风格并不容易——如果我们对柏拉图后期对话给予应有的关注，并且牢记他们在阿卡德米学园共同度过了漫长的哲学生活的话。柏拉图在整个古代一直保有广泛的吸引力，部分是因为他的文采，部分是因为在中期对话里，他吸引了我们中间那些喜爱令人兴奋的概括的人。尽管柏拉图的描绘更为生动，但亚里士多德所关注的却没有失去日常经历的复杂性和精妙之所在——然而这只能以艰苦细致的工作为代价，也无助于著作的普及或文学的魅力增加。特别典型的是，亚里士多德关于灵魂或普绪喀（*psychē*）的讨论，在《论灵魂》和其他著作对人和动物的心理学研究中表现得十分细致，以及在对这些著作的理论推理中也颇具启发性。哲学家们发现，这着实令人振奋，却也因为太难理解而无法具有广泛的吸引力。柏拉图写到灵魂时，采用的是高远而发人深省的方法，吸引了诗人、宗教思想者和很多其他对哲学没有兴趣的人。但哲学家们认为，这种方法不能令人满意，也经常由于柏拉图没有明确给出肉体和灵魂这一对立的重要区别而受挫。

作为从对话中提炼出来的一套学说，"柏拉图主义"比亚里士多德的观点具有更广泛的吸引力。柏拉图的学校也更幸运一些，尽管部分是出于历史的偶然。阿卡德米学园和吕克昂学园都是备受尊敬的学术机构。

但是，阿卡德米学园在柏拉图的后继者斯派西普斯（Speusippus）和色诺克拉底（Xenocrates，卒于公元前314年）领导之下，致力于数学的形而上学研究，之后又在克雷特斯（Crates）、克兰托尔（Crantor）和波勒摩（Polemo）领导下，研究伦理学教育。吕克昂学园则致力于科学研究，狭窄的兴趣点和战争的创伤都令它的发展障碍重重，因为学园的资料、仪器设备和建筑物很难得到保护。阿卡德米学园继续发展，复兴为新阿卡德米学园。但是亚里士多德的学校，作为活跃的发展中的哲学团体所代表的精神，很快便衰落了。亚里士多德的后继者提奥弗拉斯图斯（Theophrastus）写出了在很多领域都堪称非凡的作品，他的后继者斯特拉波（Strato）也因科学研究而闻名于世；但是此后，吕克昂学园的领导人就转而研究一系列既不是原创也没有任何价值的问题了。对亚里士多德思想的兴趣仍然存在，不过越来越多地成为一种无益的形式，即只是在他那里寻找一套能被机械运用的学说。在这种形式下，"亚里士多德学说"存在了很久，但这却是与亚里士多德最不相称的一类。

# 进一步阅读

## 智者和背景

全面论述的专著包括：W. K. C. Guthrie, *History of Greek Philosophy*, vol. Ill（Cambridge, 1971）；还有两卷本的平装书：*The Sophists*和*Socrates*。G. B. Kerferd, The Sophistic Movement（Cambridge, 1981）这本书并不厚重。

希腊语文本、翻译及出色的评论可以在平装本的G. S. Kirk and J. E. Raven, *The Presocratic Philosophers*, 2nd edn, by M. Schofield（Cambridge, 1984）里找到。

## 柏拉图

大部头著作：*The Collected Dialogues of Plato*，ed. E. Hamilton and H. Cairns, Bollingen Series 71（Princeton，1973）包括几乎所有的对话，译文很好。它所忽略的有争议著作被收录到劳易布丛书里，包括：*Charmides, Minos, and Epinomis*（ed. W. Lamb, London and Cambridge, Mass., 1964）。

关于柏拉图的二手文献有很多。下面的著作将会引导读者关注特别的领域：I. Crombie, *An Examination of Plato's Doctrines*, 2 vols.（London，1963）；G. Vlastos, *Platonic Studies*, 2nd edn.（Princeton，1981）。

还有一些不错的论文集：R. G. Allen（ed.），*Studies in Plato's Metaphysics*（London，1965）；G. Vlastos（ed.），Plato I（关于形而上学和认识论的论文），II（关于道德、政治、艺术哲学和宗教的论文）（London，1972）。

Guthrie的《希腊哲学史》（*History of Greek Philosophy*）的第四卷和第五卷也详细地论述了柏拉图和早期学园的情况。

## 亚里士多德

*The Oxford Translation of Aristotle*，revised by J. Barnes，2 vols.（Princeton，1984）包括对所有现存著作的翻译和一些遗失著作的残篇的翻译。

J. Barnes, *Aristotle*（Oxford，1982：大师系列丛书）关注于科学和逻辑著作。G. E. R. Lloyd, *Aristotle: The Growth and Structure of His Thought*（Cambridge，1968：平装本）重建了亚里士多德的学术发展历程。关于伦理学的著作有：*A. Rorty, Essays on Aristotle's Ethics*（California，1980）。

还有一组论文集：J. Barnes, M. Schofield, R. Sorabji

（eds.），*Articles on Aristotle*（London，1975—9）：1. 科学；2. 伦理学；3. 形而上学；4. 心理学和美学。

Guthrie的《希腊哲学史》（*History of Greek Philosophy*）第六卷（最后完成的部分）也论述了亚里士多德。

# 第十一章

# 希腊宗教

罗伯特·帕克（Robert Parker）

## 神和人

如果非常笼统地将希腊宗教与罗马的、埃及的、古代印度-伊朗的，以及古代近东地区的绝大多数宗教相比较的话，它属于古代多神教。其中的诸神都有各自确定的影响范围。正常的崇拜者并不在诸神中间进行拣选，而是对所有神表达尊敬。忽视一个神（如阿芙罗狄忒）意味着拒绝人类经历的某一领域。单个的希腊共同体会给予某一个神特殊的尊崇（也就是说，神在某个特定的圣所内"享受最大的快乐"），但并不排斥其他的神。比如，雅典娜是雅典的保护神，赫拉是萨摩斯（Samos）的保护人。公元前405年，庆祝雅典和萨摩斯合作的雅典法令上描绘着这两位女神热情握手的浮雕，不过，赫拉在雅典也是一位受到尊崇的女神，而雅典娜在萨摩斯的情况也一样。

主神的数量一直很有限。荷马史诗显示了10个重要的神（宙斯、赫拉、雅典娜、阿波罗、阿尔忒弥斯、波塞冬、阿芙罗狄忒、赫尔墨斯、赫淮斯托斯和阿瑞斯），这些神与德墨忒尔和狄奥尼索斯共同组成了"十二主神"，这个约定俗成的数字是从公元前5世纪以来被认可的。除了他们之外，还有数不清的次要神灵；有些很模糊，但有些——如潘神和宁芙女神——在崇拜中的重要性堪比十二主神中较次要的神赫淮斯托斯和阿瑞斯。尽管谱系有变化，但这12个神却经常被说成是姐妹兄弟或者是宙斯——"诸神与人类之父"——的孩子。在人们的想象里，绝大多数神都生活在奥林匹斯山（Olympus）上宙斯的宫殿里，这是一个成员众多的庞大家庭。（有时，他们也被想象成居住在他们喜欢的城市里。）所以，他们是奥林匹斯神。与他们形成对照的是定义不甚清楚的冥界之神（chthonians），这是一群围绕在死亡之神哈得斯及其不幸的妻子珀尔塞福涅周围的土地神和阴司之神。既然庄稼是从土地里长出的，那么冥界诸神也并不仅仅是天上诸神的反面，甚至奥林匹斯神之首也有在冥界的对应神，比如"地下的宙斯"。

这一有限的主神阵容，如果加上特定的称号，就会在实际崇拜活动中发挥出近乎无数角色的作用。阿提卡的一个宗教日历规定，在不同的日子里，为不同称号的宙斯献上供奉："城市的宙斯""和善的宙斯""审视人类的宙斯""愉悦的宙斯""边界的宙斯""山顶的宙斯"。实际上，宙斯有几百个诸如此类的称号。称号有时候说明了崇拜者向神祈求获得的力量：很明显，"将军"宙斯赠予的财富不如"富有的"宙斯多。有时，似乎称号的主要作用仅仅是说明在全希腊共同的万神殿里的地区差异。毫无疑问，一个村子的人在知道他们的宙斯或雅典娜与山那边村子所崇拜的宙斯或雅典娜不太一样时，是应该高兴的。

"在不死的神和行走在土地上的人之间，从没有平等可言。"荷马史诗中的阿波罗说。神有人的形体，他们是被生下来的，可能也有性生活，但是他们不吃人类的食物，也不会变老或者死亡。品达说，神和人都来自大地母亲，但是"被存在于万物的力量差异分开：一个微不足道；而对另一个来说，坚实的天庭是他们的固定居所"。神是"有福的""有着最好的力量和荣誉",而人是"不幸的""无力的""一天的生物"。在黄金时代,人与神一起宴饮,但是后来"分开"了;这种分开发生在第一次祭祀时,随后的每次祭祀都是对人类的一种提醒,即他不再与神一起宴饮,而是要在遥远的地方为神献祭。只有(很少有例外)在特别伟大和辉煌的日子里,神才会造访凡人妇女,然后生下似神的儿子。

在神和人之外,还有第三个领域,那是属于英雄的。"英雄"这个词在希腊宗教里有一种技术性的意味:英雄的能力逊于神,却是人们崇拜的对象。他一般被认为是死去的凡人,这种崇拜典型的地点是坟墓。然而,形形色色次要的超自然神灵也被并入到这一类型——正如在对赫拉克勒斯的崇拜中,英雄和神的区别是很模糊的。仅在阿提卡,已知的英雄就有数百名;有些有名字,甚至还有传说,而另外一些仅仅被确认为"盐坑旁边的英雄"或者其他类似的名称。(在这种情况下,可能是一座著名墓地的存在,引发了人们的崇拜。)这些崇拜里的英雄,并不等同于史诗里的,比如(这是荷马的用语)阿喀琉斯、奥德修斯以及其他人。但这两类英雄也不是完全分得开的。很多史诗里的英雄,得到崇敬,原因之一肯定是人们认为他们要比一般人更强壮、更辉煌,正如荷马曾经描写的那样。巨大的迈锡尼墓地,作为曾经富庶的明显标志,经常成为英雄崇拜的中心。甚至历史上那些曾表现出卓越能力的人物——武士、运动员、殖民地的建立者——也能成为英雄。正是英雄崇拜的地域性,才使他们受人欢迎,这或许才是更重要的原因。英雄保留了对自己尘世生活有限且偏执的兴趣,愿意帮助那些生活在他坟墓周围的人,那些属于以他为奠基人的部落的人。神要与世界共享,但一个村庄或者血缘群体对一个英雄享有专有权。(具有泛希腊影响的赫拉克勒斯是一个少见的例外。)因此,英雄崇拜是某种特殊忠诚的最佳体现,英雄总能造福一方,特别是在战场上,这是他们的天然属性。

希腊宗教有多个源头。希腊人是印欧人的一支,定居在非印欧人的爱琴海地区，于是他们与古代近东许多先进的文明有交往。源于所有这些文明源头的因素，促成了希腊宗教这一混合体。只有一个神具有一个能够被明确解释的名字：宙斯（*patēr*，"父亲"）等同于罗马的朱庇特（Diespiter，即Juppiter）、印度的天父（Dyaus pitar），都是源于印欧文化的天神。特征上的而非名称上的相似，表明某些次要神灵的印欧起源，太阳、黎明，尤其是狄奥斯库里（Dioscuri）——卡斯托尔和波吕克斯（Castor and Pollux）[1]——让人想起另一对神圣的孪生兄弟，他们是印度早期诗歌中的双马童（Asvin），与马术有着特殊的联系。另外，与阿芙罗狄忒最为接近的神也存在于近东地区的爱神概念中，如苏美尔人的伊南娜（Inanna）、闪米特人的阿斯塔特/伊斯塔尔（Astarte/Ishtar）。这就意味着，阿芙罗狄忒具有东方特征，却不是完全起源于东方的：个体的神时常表现为一个混合体，这一点不亚于作为整体出现的万神殿。阿尔忒弥斯也有一部分近东的特征，属于"动物的女主人"的类型；但是在阿波罗和赫淮斯托斯的身上却没有非印欧人的特征。赫西俄德讲述的神话"诸神的王权"，也是一个特别明显地借用了近东神话的例子。

多亏线形文字B[2]在1952年被破译了，我们才能对公元前1400年到前1200年的希腊宗教的情况作一些描述。线形文字B泥版揭示出，米诺斯—迈锡尼文明的万神殿，在很大程度上已经是古典希腊的万神殿了。宙斯、赫拉和波塞冬这些伟大的神都已经被证实在当时是存在的；同样，阿尔忒弥斯、赫尔墨斯和狄奥尼索斯的存在也有不同程度的可能性。"雅典娜女神"毫无疑问就是雅典娜的前身，几个次要的神也出现了——分娩女神爱勒提亚（Eileithyia），战神埃尼阿利奥斯（Enyalios）——后来他降为阿瑞斯的一个称号，医神派阿翁（Paiaon）也同样被阿波罗吸收了。到目前为止，阿芙罗狄忒、阿波罗和（除了很不清楚的）德墨忒尔还没有被证实，但他们未必不为人所知。以及在诸神中〔比如，谁是宙斯之子德里米

---

[1] 狄奥斯库里（Dioscuri），是对宙斯的双生子卡斯托尔和波吕克斯的总称。——译注
[2] 希腊语的一种古代形式。——译注

奥斯（Drimios）？］以及在宗教实践和组织上，亦有更多内容我们尚不了解。这一时期的艺术展现出，前希腊的自然女神仍然在宗教中占统治地位。这可能一定程度上被文献中出现的大量匿名"女神"所印证，但总的来说，米诺斯-迈锡尼的神圣世界现在看起来，似乎比仅有几个艺术证据时具有更多希腊特征。

公元前1200年左右，随着迈锡尼文明的没落，希腊再次进入无文字时代。当书写随着腓尼基文字在公元前9世纪或前8世纪的引进而复兴时，已经出现了从迈锡尼宗教向希腊宗教的关键转折。新的文字被用于记载荷马和赫西俄德的史诗——这是关于希腊宗教最早的文本资料，因为在之前的几个世纪里，我们只有一些零散而模糊的考古学资料。在黑暗时代，很少有迈锡尼的圣地被连续地作为崇拜地使用。而关于这个时期东方文明影响的资料却不断增多，可能最初是通过塞浦路斯，而后又通过在叙利亚的阿尔米纳（Al Mina）商站传到希腊的。例如，自公元前8世纪起，典型的宗教崇拜地由一个独立的神庙及其前面点火的祭坛组成，神庙里面安放着神像——这种构造似乎来自近东而非迈锡尼文明。在公元前8世纪，阿波罗和宙斯被描绘成赫梯-叙利亚的战神。直到黑暗时代早期，对阿芙罗狄忒的崇拜可能才从东方引进（或者展现出东方特征）；而直到这个时代晚期，关于诸神的王权的神话才被翻译成希腊语。基本上可以确定的是，在黑暗时代，两个外来神在希腊宗教的边缘赢得了一席之地：阿芙罗狄忒的情人阿多尼斯（Adonis，对应闪米特语的单词"主人"adon），和大山的母亲库柏勒（Kybelē/Kybēbē，Kubaba是安纳托利亚的女神）。赫西俄德的《神谱》中，"献给赫卡忒的颂歌"令人瞩目。赫卡忒最初似乎是小亚细亚的女神，赫西俄德的颂歌则可能反映了希腊人对进入希腊的新崇拜的宣传。［希腊宗教从未放弃对外来神的开放姿态：例如，在公元前5世纪末，有两个新神来到了雅典：弗里吉亚（Phrygia）的萨巴兹俄斯（Sabazius）和色雷斯女神本狄丝（Bendis），尽管萨巴兹俄斯局限在私人领域，但本狄丝在公共崇拜中仍占有一席之地。］但对这一时期回应社会变化的宗教的内部发展，我们却一无所知。英雄崇拜似乎在黑暗时代就已兴起，可能开始于公元前10世纪，然后在公元前8世纪普及开来（或许是在史诗的影响下）。从史诗来判断，这个时期的共同体在防御上主要依赖于个别英雄，如荷马史诗中的赫克托尔，他"以一己之力保证了特洛伊的安全"。贵族勇士在生活中的声望，非常有助于巩固继续在墓地保护其人民的英雄崇拜。然而现在考古发掘的证据年年都有变化，解释新事物（如果它果真如此）的理论也不断增多。

为了理解宗教在希腊社会中的地位，我们必须忘记我们自己的主要宗教机构——教堂。在希腊，宗教事务的权力掌握在那些有世俗权力的人手中：在家庭里，就在父亲手中；在早期共同体里，就在国王手中；在发达的城邦里，就在执政官或者甚至在公民大会手中。在雅典，一个执政官要专门装扮成狄奥尼索斯，完成重要的"圣婚"仪式；而如何使用圣钱和圣地的问题，要由民主的公民大会决定。（所以，诸神发现，不管愿不愿意，自己都在资助雅典人在伯罗奔尼撒战争中的行动。）每个神都有自己的祭司，但是担任祭司是一个兼职活动，既不需要专业资格，又不需要训练，也没有任何组织机构将这些祭司组织成一个具有自身利益的阶级。在希腊，唯一真正的宗教专业人士是先知。他们是重要人物，因为在众多公共活动——比如派遣殖民、发动军事战争或者参战之前都要进行占卜。作为对神意的解释者，先知可能会与军事指挥官、政治家发生争执，反对他们的世俗计划。这种紧张关系在文学作品中有一定的反映［比如，在《伊利亚特》中的赫克托尔和波吕达玛斯（Poulydamas）、阿伽门农和卡尔卡斯（Calchas）之间的冲突；在悲剧里，先知提瑞西阿斯（Teiresias）和多个国王之间的冲突］。然而，他们争论的焦点不是虔诚和爱国主义，而是如何找到最佳途径来确保城邦的最终利益，因为在城邦之善和"城邦供养"的神之间不存在利益冲突。然而，这些各持立场的吵闹先知，并没有实际权力。经典文学中，先知总是正确的（因为"宙斯的才智在任何时候都高于人类"），但这类主题具有强烈的悲剧色彩，因为先知无法执行他的观点。先知知晓未来，做决定的却是统治者。现实生活里，一个普通人甚至能够挑战并击败专业人士。公元前480年，德尔斐神谕建议雅典人在抵抗波斯的威胁时，"要相信他们的木墙"——专业的解释者认为，这是让人们躲在城墙里的指示。但政治家狄米斯托克利反对他们的说法，认为神谕指的是舰队。狄米斯托克利的解释获胜了，因为最后的决定权不在先知手里，而是在公民大会的掌控之中。

因此在希腊，没有宗教机构传播道德说教、发展教义信条，或者施加正统观念。在此背景下，宗教信条的存在是不可想象的。希罗多德在其作品的著名段落里，将两个诗人视作希腊的神学家：

> 可以说，直到前天，希腊人才知道了每个神的起源、他们是否一直存在着，以及他们长的什么模样……是荷马和赫西俄德为希腊人建立了神谱，赋予神各种称谓，为他们划定了各自的领地，规范了职责，并描绘了他们的容貌。

毫无疑问，荷马史诗和赫西俄德史诗的威望，在很大程度上巩固了希腊人对神的概念。但每个人都知道，激发诗人灵感的缪斯女神讲真话也说谎话。实际上，在神谱的很多细节上，荷马的叙述和赫西俄德的叙述上有矛盾之处。但这种矛盾不会带来任何焦虑，在怀疑或就传统神话进行争论之前，人们也无须拷问自己的良心。这里没有异教徒，因为这里没有教堂。仅有的宗教犯罪是引起一般公众愤恨的行为或态度，最明显的是各种形式的亵渎神灵（包括亵渎秘仪）；另一种则是苏格拉底被指控的罪行，即"不承认城邦承认的神"——这意味着把自己以某种方式置于社会规范之外，因而是不可容忍的。但是在欧里庇得斯的《酒神的伴侣》中，我们能够看到宗教的灵活性及其关键之所在。国王彭透斯的幕僚催促他去结识狄奥尼索斯，他们将各种伪装下的神的样子告诉他。如果彭透斯不相信有关狄奥尼索斯的神话，难道他不能把狄奥尼索斯看成酒的神圣本源吗？如果那样也做不到的话，难道他就不能至少像别人那样，相信他姨母塞墨勒生下了一个神吗？但是，彭透斯拒绝任何妥协，所以他被神毁灭了。

## 崇 拜

"认识神"主要是关于其崇拜的问题。虔诚，通过人们的行为、通过他们尊崇神的行动表达出来。（一个社会学家可能会说，希腊人重视的是"仪式主义"，即正确的行为，而不是"正统"。）宗教无关内心，也不在于个人与神之间的交流。但这并不意味着希腊人缺乏极度的虔诚，没有强烈的归属感以及爱戴的情感。宙斯是一个"父亲"也是"一个王"；向"亲爱的"神祈求是十分寻常的事情。在文学作品里，我们经常看到存在于人和某个神之间亲近且自然的关系［史诗《奥德赛》中的奥德修斯和雅典娜，萨福和阿芙罗狄忒，欧里庇得斯的悲剧《伊翁》（Ion）中的伊翁和阿波罗，欧里庇得斯的悲剧《希波吕托斯》（Hippolytus）里的希波吕托斯和阿尔忒弥斯］。然而，虔诚（eusebeia）的字面意义是"尊敬"而不是爱。如果没有奉行仪式，甚至最温暖的关系也会很快变味。作为一种个体表达独特认同的方式，希腊宗教却从来不是私人的。没有一个希腊人曾想过要保留一份宗教日志。确实，各阶层的希腊人的大部分宗教活动由别人替自己完成：父亲为了家庭的利益进行献祭和祈求福佑，执政官和祭司则是为了"人民"（"和他们的妻子和孩子"，最后还要加上雅典人）做同样的事情。总而言之，这种宗教反映并支撑了希腊文化的总体精神。它不鼓励个人主义、关注内心状态和信念甚于行动，它强调对共同体的归属感和适当遵守社会习俗的需要。

那么，什么才是正确的行为？对那些熟悉基督教的人来说，希腊宗教似乎是奇怪且没有道德感的。而希腊人认为，人类不是一群需要救赎的有罪的人，虔诚也不是在良心的监督、指导下永远的道德努力。诸神在力量和能力方面，明显强于他们朴素的道德。实际上，他们在神话里的行为经常是可耻的：

你可以看到神以各种各样的形态
干着纵情欢闹、乱伦和强奸的勾当

　　但是，这些逍遥自在的统治者也强调（尤其是宙斯）某些行为规范——没有这些规范，人们的生活就会进入野蛮状态。他们惩罚那些伤害父母、客人/东道主、乞援人和死者的罪行。他们尤其憎恨那些违背誓言的人，会毁灭他，并"株连其九族"。这样的人可能看起来已经逃走了，但他从来都逃不掉——他的孩子将承受神的惩罚，或者他自己在冥界也会受到惩罚。因为誓言伴随着人们生活中几乎所有重要的交易行为（例如合同、婚姻、和平条约），"誓言的宙斯"也必然成为社会道德的守卫者。宙斯实际上经常被说成是正义的保护者——这种流行的观念也有一个基本的假设，即实质上，神是站在好人这一边的。当一个坏人遭到报应时，希腊人会简单地大声呼喊"有神在"。行为的规范是清晰的，因此希腊人不存在一不小心就滑进罪恶的危险。但如果他不遵守这些规范，那他就会丧失未来的"美好愿景"了。

　　然而，所有这些只是通过仪式来赢得神恩的前提条件，并不能替代仪式。正式的崇拜仍然是必不可少的。最重要的崇拜形式是献祭。典型的牺牲是一只动物；但是有时在动物之外，也会增加"无血的"或"纯净的"的祭品——谷物、糕饼、水果或其他类似的东西，有时这些东西也会完全取代动物牺牲。希腊的宗教日历就是一份献祭的目录，保留下来的几个日历告诉人们，在哪一天，什么神或英雄要接受什么样的供奉。最普通的形式是，在为神而设的高耸的祭坛上焚烧裹着肥肉的动物的大腿骨，而肉煮熟后被参加祭祀的人吃掉。这样的献祭就是"给神的礼物"。神接受所有人类产品中属于他们的份额——丰收的第一批水果、酒会的奠酒、一小部分猎物、一小部分战利品，以及诸如此类的东西。这样一来，神实际得到的份额就相当少了，因为献给神的只是动物身上不能食用的那部分。喜剧诗人嘲笑这种不公平的分配，赫西俄德来对这件事也颇为费解，因此他用一个故事来解释：当神和人类第一次要对祭品进行分配时，帮助人类的普罗米修斯欺骗了宙斯，让他做出了错误的选择。仍然是在这种方便的假想下，这些无用的部分就被认为是神可以接受的礼物了。于是，人类盛典、公众会餐的基本形式就被神圣化了，并且成为与神沟通的一种方式。

祭祀是一个能够表现微妙变化的主题。祭祀的神或与之相关的节日不同，牺牲的性别、年龄和颜色也会随之发生改变；至于谁应该参加，每个人应该分到多少肉，也都有一定的规则。在另一种重要的形式里：动物被按住，接近地面，它的喉咙被割破，血滴进地里。接下来似乎是，动物的尸体一般在靠近地面的地方被全部焚烧掉。这种仪式特别适用于对英雄的和对与土地有关的神灵的崇拜（尽管他们也接受其他形式的祭祀），这种仪式可能源于对死者的崇拜。对奥林匹斯神的献祭仪式与这种只在地面上进行的仪式之间的对立，通过多种方式表现出来：一方是高高的祭坛、升入空中的袅袅烟体、淡色的牺牲、奠酒（正常文明生活中）、众人分享肉类；另一方则是低矮的祭坛或土坑、流进地下的血以"满足"在地下的神灵、暗色的牺牲、无酒的祭奠、销毁未被吃掉的牺牲。（这种奢侈肆意的销毁是葬礼的习俗，可以在《伊利亚特》里帕特洛克洛斯的葬礼上看到。）杀死动物是重要的宗教行为，因此有更多的仪式开发了这一力量源泉，尽管这些仪式并不是给哪个神的献祭。例如，对谋杀者的净化、对某个誓言的神圣化，或者在交战前进行占卜，都会以多种象征形式对动物进行宰杀。相比之下，人祭在历史上并不为人所知。在神话中，人祭普遍存在。但就史前时代的情况来看，神话的内容无法证实，令人震惊的可怕之事或许从未发生。不过，人祭也可能真实发生过，最近，在优卑亚的拉法坎狄（Lefkandi）出土了一座公元前10世纪的武士墓，墓里一个女人的头颅旁，赫然放着一把祭祀用的刀。这个女人究竟有过怎样的命运呢？

我们不能让仪式的暴力和某些神话的野蛮误导自己，认为这种宗教是充满恐惧的、自我折磨的与无法言说永远对抗的。的确，有一些仪式被故意弄得让人害怕，有一些节日或者节日中的部分内容笼罩着阴暗和苦修的氛围。雅典人的宙斯节（Diasia）就有"一定的阴暗面"，泛希腊的女性节日地母节（Thesmophoria）要求禁食一天。甚至在很多爱奥尼城邦里，都有一种驱逐（尽管不是杀死）替罪羊的仪式，体现了真实残酷的一面。但希腊仪式的主导风格是盛典和庆祝。希罗多德在提到希腊人花时间"进行献祭并享受美好时光"时，就表达了这种看法。游行是很常见的，从单个家庭的游行（阿里斯托芬的《阿卡奈人》里就有这样的游行）到整个城邦的人都参加的泛雅典娜游行，游行的规模不一而足。我们从帕特农神庙的雕带上或者从埃斯库罗斯的悲剧《复仇女神》的结尾处，都能感受到游行的辉煌和盛大。神喜爱美好之物：一个人献给神的应该是他能得到的最可爱的东西，神像的希腊语单词是"*agalma*"，意思就是"喜爱的东西"。看到人们以他们的名义进行各种欢乐的活动时，神也是幸福的。歌队里的歌唱和舞蹈是崇拜的一种基本形式，体育竞技是另一种形式。泛希腊的比赛和伟大的雅典戏剧节已经远离了它们的起源，但仍然保留了很多宗教仪式。必须把最好的一面展现给神。当色雷斯的女神本狄丝在公元前5世纪末被雅典人接受时，人们不是通过火炬手的接力赛（在当时已经老套过时了），而是通过把火炬放在马背上的特殊接力赛来表达对她的尊崇。从没有人反对过，也没有人像纽曼（Newman）[1]反对那不勒斯的嘉年华那样，认为"宗教变成了纯粹世俗快乐的场合"。在诸如狄奥尼索斯和德墨忒尔之类的乡村神的节日上，娱乐甚至不要求保持洁净。这些节日上有不少猥亵的笑话、手势和物品（尽管不是一般行为）——所有被学者们定义为"仪式的淫秽"的东西（好像这样定义就能减少它的乐趣似

---

[1] 纽曼·约翰·亨利（1801—1890），英国高级教士和神学家。——译注

的）。神是光辉的、优雅的、无忧无虑的，劣质的和不快乐的表演不能实现节日意在取悦于神的功能。

仪式伴随着祈祷。在进行严肃的祈祷时，不做任何形式的供奉（一次献祭、一次奉献或至少一个奠酒仪式）或者不许诺祈祷实现之后的供奉，都是很少见的。根据著名的"互惠"原则，即"我给你，所以你能给我"，崇拜者借助自己的礼物，提出了索要回应礼物的要求。在他们的祈祷中，希腊人经常明确地提及人和神之间的这种互惠的责任义务关系：

> 如果我出于对你的尊敬，焚烧了油腻的牛腿和羊腿，请满足我的愿望。
>
> 女神（雅典娜），泰勒斯诺斯（Telesinos）在卫城为你献上了这个雕像。愿你喜欢它，并且允许他再奉献另一个（如果你让他长寿并且富裕的话）。
>
> 保护我们的城市。我相信我所说的是我们的共同利益。因为一个繁荣的城市可以荣耀诸神。
>
> 女神（雅典娜），墨南多斯（Menandros）出于感谢为你献上了这个供物，完成了一个誓言。保护他，宙斯的女儿，出于对此的感谢。

如此一来，神就被带进了社会关系可以理解的范型中。正如一个古老格言所说，"礼物说服神，礼物表达对国王的尊敬"，在荷马所在的社会，送礼恐怕就是处理社会关系最重要的技巧了。人们似乎要遵循这样的观念，即最富有的人才能得到最神圣的恩宠，犯罪了可以通过礼物赎买。富人和坏人有这样想的自由，但他们的臣民和受害者可能会有另一种想法。总有一些人坚信，神拒绝那些违背誓言的人的献祭，无罪的人最朴实的供奉要比无法无天的富人献上的百牲祭更能取悦于神。一个人供奉的是他所拥有的东西中能拿得出的那部分。一个希腊人向神诉说，如果自己再富有一些的话（财富就是神的礼物），就能给神带来更多的供奉——这样说的时候，他一点也不觉得惭愧。"互惠"原则的真正心理作用不是带来行贿的希望，而是它让崇拜者感到，他与神已经建立了一种有序的、持续的双边关系。

## 宗教和社会

经济历史学家发现，"自治经济"这一现代概念不适用于古代的社会，有数不清的社会限制影响着那里的经济活动。为了描绘古代的情况，他们提出了"嵌入式"经济（embedded economy）的概念。我们也需要为希腊人提出一个类似的"嵌入式宗教"（embedded religion）的概念。宗教是一种社会的、实践的日常事务。每个正式的社会群体——从最小的到最大的——也是一个宗教群体：家庭是在同一个"庭院的宙斯"祭坛前进行崇拜活动的一群人（以雅典的情况为例）；而希腊人作为一个民族，是在泛希腊的圣所和节日上崇拜相同的神的那些人。属于一个群体，意味着能"分享净化仪式用的水"（用于祭祀之前的净化）。泛希腊的圣所是巨大的聚会场所，在这里，一个人可以在来自全希腊的观众面前炫耀。最重要的圣地可能是德尔斐，坐落在希腊中部的帕纳索斯（Parnassus）山的巨大峡谷里。它的声誉最初来自于阿波罗的神谕圣所，荷马史诗中已有提及；此外，它也因其盛大的体育节日而闻名。能与德尔斐相提并论的是奥林匹亚，是献给宙斯的，位于伯罗奔尼撒的厄里斯（Elis）城邦的领地，一直最负盛名的奥林匹克运动会就发源于此。

宗教是这样嵌入的，于是社会和宗教的历史变得几乎不可分。例如，在雅典，民主制的发展也引起了宗教生活形式的改变。原本由贵族家庭控制的崇拜，被纳入城邦的公共日历中；新的公共崇拜建立起来，并摆脱了贵族的影响；在传统的人口划分之外，德谟或村庄的地方群体以血缘为基础，在宗教事务上发挥了重要作用，正如他们在政治上的作用一样。甚至个人选择进入的组织（希腊化时期的社团、哲学学园）一般也要为他们崇拜的某个神进行献祭。相比之下，因为奴隶没有作为一个群体的社会身份，也就没有独特的奴隶宗教。既然这样，他们就作为卑微的一员参与主人家庭的崇拜活动，或者参与很少的几个由家庭崇拜发展成的公共节日。

宗教的目的是实用的和现世的。宗教的一个重要功能当然是指引个人按照适当的仪式顺利地跨越人生中重大的转折点：出生、青春期、结婚和死亡。在全希腊，很多公共节日都是为男孩成为武士、女孩成为母亲而进行的准备。宗教的另一为数众多的类型，包括谷物女神德墨忒尔的节日和酒神狄奥尼索斯的节日中的绝大多数，都与农业生产活动有关。宗教还有为政治秩序庆祝的功能，例如，雅典的泛雅典娜节（"所有雅典人的"节日）和雅典"统一节"（政治统一，变成一个城邦）。像航海和战争这样危险的活动，需要得到神的特殊庇佑，因此也有大量宗教仪式与此相关。甚至在历史上，人们还时常认为，神或英雄能够出手救起一艘船，或者支援一支情况危急的军队。工匠们向他们的保护神祈祷。在社会、司法甚至在商业生活中，通过献祭仪式，呼唤神来为誓言作证，是非常普遍的现象。尤其是有两种实用的东西是每个希腊人都想得到的：神谕的劝告和治疗疾病。神谕可以从诸如德尔斐的阿波罗神庙之类的神谕圣所获得，可以从云游的、手拿预言书的神谕贩卖者那里获得，也可以从先知那里获得——这些先知能够从祭祀动物的内脏和鸟的飞行路线中看出征兆。正如以上我们看到的，宗教在公共生活中十分重要。至于对个人的神谕咨询，我们从多铎纳（Dodona）获得了不少宙斯的神谕，因为一些刻有问题的铅版被保留下来了：

> 赫拉克雷德斯（Heracleidas）问神，他现在的妻子能否给他生下孩子。
> 吕萨尼阿斯（Lysanias）问奈奥斯之宙斯和狄俄涅（Dione,

宙斯在多铎纳的伴侣），孩子阿尼拉（Annyla）是否怀孕（向神灵求助启示，用现在时比用将来时更捉摸不定）。

克莱欧达斯（Cleotas）问，养羊能否让他获利。

至于治病，在希腊各地，有许多能为人治病的神和英雄。与天主教圣徒的圣地一样，他们的圣地堆满了感恩的病人带来的祭品（通常是染病器官的泥雕）。最普遍的治疗方法是宿庙求梦：病人在神庙里过夜，神会出现在他的梦里，完成神奇的治疗，或者至少开一个治疗的处方。最成功的是在伊庇达鲁斯（Epidaurus）对医神阿斯克勒庇俄斯（Asclepius）的崇拜，那里保存下来的一篇铭文记载了神奇的疗效。一个典型的样本这样写道：

> 一个人作为乞援人来到神面前，他的一只眼睛瞎了，只剩下眼皮，眼皮下面什么都没有，完全空了。有些圣地的人取笑他，认为他太蠢了，他除了空有眼睛的位置外，什么都没有，竟梦想自己能看见。他在神庙里入睡，进入了梦境。蒙眬中，神似乎在熬药，然后拉开他的眼皮，把药倒了进去。当天亮他醒来时，双眼都能看见了。

这就是实用的宗教。希腊人很少表达对不实用的宗教以及对这个世界之外的另一个世界的关心。按照荷马的说法，人死后，灵魂就会消失在冥界，是一种没有欢乐、平凡的和没有意义的影子般的存在（福佑只留给很少几个被拣选出来的英雄）。所以，在葬礼的柴堆之上，没有任何有价值的东西能永远保留下来。古典时期，给死者献上食物和水是很正常的（实际上，在雅典，这是遗产继承的一个条件，当一项遗产存在争议时，就会发生不怎么体面的悼念竞争），但是却没有清晰的与来生相关的理论为死者辩护，也没有实质性的希望建立在他们身上。我们经常看到雅典演说者非常谨慎的惯用语，"死去的人，如果他们泉下有知的话，会想……"
关于在冥界得到惩罚和奖赏的说法流传已久，却令人将信将疑。整个问
题是开放式的，正如苏格拉底在柏拉图的《申辩篇》（*Apology*，41）中
评论的那样。在涉及某些"秘仪"或秘密的仪式时，即通过"入会仪式"
（不是一种苦难的折磨，而是持续数天辉煌而感人的仪式）才能参加的仪
式，出现了一些更为坚定的论断。最重要的秘仪是在雅典附近厄琉西斯的
德墨忒尔和珀尔塞福涅的秘仪，它许诺了死后的好运气（也许是永恒的宴
饮），同时对那些未入会的人来说，"死后的一切都将是不幸的"（到公
元前5世纪，还为这些人设计出具体的磨难形式）。厄琉西斯秘仪在整个
希腊世界都享有盛誉，人们提到它时带着尊重，也带着道德的敬畏，这显
示出秘仪远远不止是用来赎买死后幸福的一种技巧。但是，这种经历对希
腊人的启示，最多止于"好运气"这个层面。尽管很多雅典人参与了秘
仪，但正如我们看到的那样，在雅典，人们对来生的一般态度仍然是不确
定的。

厄琉西斯秘仪被并入雅典城邦的公共宗教里。在古风时期，还有一些
更加激进的宗教运动反对这种合并。公元前6世纪末，毕达哥拉斯宣称，
人死后，灵魂会转移到别人或别的动物身上，因此食肉是令人憎恶的、是
同类相食的行为。作为一个素食者，他的门徒被排斥在社会生活的主要
组织之外，他们生活在自己的封闭群体里、遵守严格的行为准则。可能
在同一时期，假托传说中的歌手俄耳甫斯（Orpheus）名字的诗歌开始，
被创作出来。"俄耳甫斯教"宣扬人是有罪的和被玷污的。人类作为一个
整体源于"不义的祖先"，即罪恶的提坦，他们肢解并吃掉了年轻的狄奥
尼索斯。同毕达哥拉斯学派一样，对俄耳甫斯教来说，吃肉是每天都在重
复的进一步玷污。灵魂需要从这些污染中得到净化，否则就会在下一次转
世或者在来生受到惩罚。在这两个相互联系的运动［哲学家恩培多克勒
（Empedocles）在诗歌《净化》（*Purifications*）里为我们作了最好的描
述］里，我们发现了一系列不具备希腊宗教典型特征的现象：苦行、对来

生的关注、对世俗社会的拒绝、特殊宗教生活方式的概念，以及关于罪恶和救赎的教义。希罗多德认为，毕达哥拉斯的学说是从埃及引进的，不能排除来自外部的影响；而另一个重要的因素无疑是，古风时期，个人主义在希腊社会中的增长使传统的亲缘关系变得疏远，同时又鼓励了个人对救赎的追求。有些观念似乎影响了厄琉西斯秘仪，而毕达哥拉斯对柏拉图也有重要的影响。但是，只有在希腊世界的外围地区，特别是只在意大利和西西里，此类宗教运动才拥有众多信徒。它们始终是边缘现象。

　　狄奥尼索斯崇拜（欧里庇得斯的悲剧《酒神的伴侣》对此有很清晰的描述）的几种形式，为现世生活而不是死后生活提供了一种非同寻常的方法，尤其是对妇女来说。在神话和文学作品中，狄奥尼索斯是个外来者，从吕底亚来的陌生人；学者们过去认为，狄奥尼索斯崇拜是在民间记忆里的某个时候被引进希腊的。线形文字B的破译表明，早在迈锡尼时代，他就已经为人所知了。现在看来，有关狄奥尼索斯到来的传说，应该不是对历史事实的回忆，而是表达其本质特征的一种方式。巴库斯之狄奥尼索斯被迫表现为一个陌生人，因为他令妇女们表现出的那种癫狂般的不负责任，在希腊宗教中是绝无仅有的。所有女性节日都是对家庭限制的一种释放，绝大多数女性都需要对男性权威进行短暂的拒绝（阿里斯托芬喜剧《地母节女人》中的想象是有现实基础的）。然而，女性节日的内容经常是严肃的，一般与女性作为生育人的正常功能有关（通过感应作用，女性能够提高农作物的繁殖力）。而与此相对的是，巴库斯之狄奥尼索斯的信徒放下了纺织活计，扔下了孩子，追随漂亮的神来到山间。在那里，作为"狂女"，她们舞蹈、狂欢，甚至（据说）撕碎动物，生吃它们的肉。在希腊，逃进山里并不是常见的事情，但妇女们为了尊崇狄奥尼索斯而进行的疯狂舞蹈的确发生过。如果这是一种解放的话，那也只能是暂时性的。并且它也确实在某种重要层面上加固了相关事物之间的联系。因为它确定了这样一种观念，即：女人是易变的和非理性的动物，是需要严密控制的。因此疯狂仪式很容易被纳入到公共宗教里。而另一方面，男性的巴库斯狂欢，似乎在很长一段时间内都被局限在名声不好的私人组织里（最后，另一种边缘的宗教运动——俄耳甫斯教接受了它，并赋予其新颖的末世论含义）。

太过依赖那种挑选出来的资料了的话，很难概括希腊人对神的态度。书面类型的资料主要提供了一种悲观的观点。他们经常强调，在快乐的神与渺小的、必死的和忍受痛苦的人类之间存在着不可逾越的鸿沟。神对凡人的关注必定是有限的，他们统治世界是为了自己的便利而不是为了我们的幸福。苦难甚至降临至最强壮、最明智和最虔诚的人身上，人们很少知道为什么，但是"没有一件事不是宙斯的"。诗人这样写不是为了说神的坏话，而是为了描绘人类生活处于极限时的状态。神可以对人漠不关心，因为生活本身就是残酷的。对希腊人来说，没有与神截然不同的力量，没有能为过错负责的魔鬼。但不是每个人都如此密切地关注生活中最坏的可能，因此，较为乐观的态度总是存在的。按照《奥德赛》里宙斯的说法，人类应该为自己的不幸负责；神非但不伤害他们，还要尽自己所能帮助人类拯救自我。这一令人舒心的说法，被雅典政治家和诗人梭伦采用，并成为雅典城邦宗教的基调。不管在剧场里听到了什么，在日常生活中，雅典人一般都不会怀疑神是站在自己这一边的。对他们自己的女神雅典娜，雅典人经常会由衷地感觉到温暖。喜剧诗人甚至可以开某些神的玩笑。当看到赫尔墨斯在神话里快乐地偷着胭脂，又或者看到他的雕像仅仅是一个巨大的竖起的阳具时，一个人怎能不对他忍俊不禁？这些笑声不是没有宗教意味，它表达了一种轻松和不受威胁的虔诚。正如我们已经看到的，崇拜的氛围一般都是欢庆式的，而供奉则表达了感激与信任。例如，公元前7世纪的一个献词，来自萨摩斯的赫拉圣地，就是为了"回报伟大的仁慈"而作。文学作品中，神圣的光辉在人类的阴暗衬托之下，得到了突出，并因此而得到赞美。在艺术和诗歌（尤其是《荷马颂歌》）中，很清楚的一点是，希腊人因为神的光辉和优雅而欣喜。他们是神奇的，他们的行为和爱情，像电影明星那样令人着迷。悲剧不是简单地表达人们普遍接受的悲剧世界观（当然，在悲剧里的态度也是复杂多变的）；相反，悲剧经常使用那些流行的、乐观的信念来检验极端的事件，比如相信神的公正，以此来增加自己的影响力。在欧里庇得斯的《希波吕托斯》里，当面对最有德行的人倒下的时候，歌队评论说：“想到神对人的关注，我就有了摆脱痛苦的最大安慰。在我的内心深处，我有理解的愿望；但是当我环顾四周，看到其他人的行为和遭遇时，我却不能理解了。”

人们认为，诸如希腊宗教这样传统的、地方的和神话的宗教，很少有生存的力量。以书本和教义为基础的、劝服他人的世界性宗教，给了它们沉痛的打击。然而，希腊宗教能持续1000多年，主要是因为希腊宗教在教义上缺乏准确性。对希腊宗教的批评，开始于公元前6世纪的色诺芬尼，他说：“荷马和赫西俄德把所有那些在人间也被认为是可耻的和丢脸的事情，都归因于神：偷盗、通奸和互相欺骗。”但这种异议很容易被驳斥，比如重写那些令人尴尬的神话（如品达在《奥林匹亚颂》里所做的），用寓言来进行解释，或者直接拒绝相信它们（柏拉图是这样做的）。色诺芬尼继续批评神人同形同性的概念：埃塞俄比亚人会按照自己的模样创造出皮肤黝黑、鼻子扁平的神，如果牛有手，它们会描绘出像牛一样的神。他宣称，神实质上就是脱离肉体的灵魂。其他的前苏格拉底哲学家已经含蓄地放逐了同形同性的神——对他们来说，神就是世界的第一动力或原则——也准备用自然法则来解释所有可观察的现象，于是，宙斯的闪电被剥夺了。自此之后，似乎没有哲学家相信诸如荷马史诗中的那些表面真实的神，：他们有神的形体，做事却飘忽不定。然而，没有迹象表明，哲学家的这些想法被首次提出时引起过公愤。但是在公元前5世纪末，雅典出现了宗教危机。智者毕达哥拉斯宣称：“关于神，我不能说他们存在还是不存在。”另一些智者也在思索人为什么相信神的问题，很可能那个时代最主要的科学家阿那克萨戈拉斯也是一个无神论者。人们开始关注科学家对世界的物理解释中所包含的道德意义，这种道德意义使神无力干涉和捍卫他们的宗教仪式了。在阿里斯托芬的《云》里，传统的宗教感受到了威胁，更重要的是，传统的社会道德也是如此。后来的一些资料提到了这个时代对知识分子的迫害，虽然细节还很不清楚；但对苏格拉底的一项指控非常具有代表性，那就是"不承认城邦承认的神"。

不过，危机被战胜了——我们不知道这是怎么实现的。露骨的无神论基本上不为人所知。科学的追问被看作是一种威胁而停止了：纵然宙斯不是用手挥舞着雷电，难道他不能通过物理学家所设想的方法来工作吗？哲学家不能接受神话里臭名昭著的奥林匹斯神，因为现在有一点已经不言自明，即神必须是智慧的和善良的，但是他们并不希望摒弃神（有影响力的和保守的柏拉图至少如此）。因此，妥协是可能的。一个人可能不相信传统的神就是他们被描述的那个样子，但他能够相信神并且表现得十分虔诚，没有理由不对由传统神化了的崇拜中的神圣原则表示尊敬。许多哲学家甚至与同预言一样存疑的传统信仰达成妥协。

对统治者的崇拜经常被认为，是宗教衰败的一个征兆。据我们所知，最早的是公元前5世纪末萨摩斯人对斯巴达将军来山德（Lysander）的崇拜，然后是对亚历山大和许多希腊化国王的尊崇。这肯定是一个重大的变化，但是它的真正前提是信仰的缺失，而不是政治的自由。在自治的民主政体或寡头政体下，神化了的人是没有位置的。被神化的国王没有取代旧神，只是在他们身边占据了一个位置；他们与旧神——比如说阿斯克勒庇俄斯——之间没有什么共同之处，但与宙斯王或者拯救者宙斯之间的差别并不大。诸神继续存在。传统宗教直到公元2世纪仍然赢得了像普鲁塔克这样的知识分子的真情信仰。但最终，古老的宗教还是被基督教击溃了。

# 进一步阅读

幸运的是，最近有一本生动的著作对这一问题进行了研究，这就是W. Burkert, *Greek Religion*, trans. W. Raffan（Oxford, 1985）。几乎本章讨论的所有问题，这本书都提供了最好的基础性知识。比较短的概括性研究是W.K.C. Guthrie, *The Greeks and their Gods*（London, 1950）；也有对某些侧面的简明介绍：M.P. Nilsson, *Greek Popular Religion*（Columbia, 1940, 平装本是Greek Folk Religion）；H.W. Parke, *Greek Oracles*（London, 1967）。P. E. Easterling and J. V. Muir（eds.）, *Greek Religion and Society*（Cambridge, 1985），是一本引人入胜的论文集。

资料书：D. G. Rice and J. E. Stambaugh, *Sources for the Study of Greek Religion*（Decatur, 1979）；古典时代之后的资料有：F. C. Grant, *Hellenistic Religions*（Indianapolis, 1953）。两个重要的文献，赫西俄德的《神谱》和《荷马颂歌》都有散文译本：H. G. Evelyn-White, *Hesiod, the Homeric Hymns and Homerica*, Loeb Classical Library（Harvard, 1914, 多次重印）。

有些著作在方法和视角上非常具有启发性：W. Burkert, *Structure and History in Greek Mythology and Ritual*（Berkeley, 1979），讨论了仪式的心理动因，探究了与动物祭祀的相似性；E.R. Dodds, *The Greeks and the Irrational*（Berkeley, 1951）是涉及面很广的经典著作；P. Friedrich, *The Meaning of Aphrodite*（Chicago, 1978）；J. Griffin, *Homer on Life and Death*（Oxford, 1980），第一、第五、第六章；H. Lloye-Jones, *The Justice of Zeus*（Berkeley, 2nd edn., 1984）；W. F. Otto,

*The Homeric Gods*, trans. M. Hadas（London, 1955），有力地说明了希腊宗教的本质和价值；由R. L. Gordon编辑的论文集：*Myth, Religion and Society: Structuralist Essays* by M. Detienne, L. Gernet, J.-P Vernant, and P. Vidal-Naguet（Cambridge, 1981），以及以上这一学派学者的其他著作。E. Rhode, *Psyche*, trans. W. B. Hillis（London, 1925）研究了灵魂、神和狄奥尼索斯，目前大部分在理论上已经过时了，但在知识和活力上仍然无人超越。最近两本有价值的著作描述全面而细致：J. D. Mikalson, *Athenian Popular Religion*（North Carolina, 1983），研究的是态度，而不是行为；另一本是W. K. Pritchett, *The Greek State at War*, Part iii, Religion（Berkeley, 1979）。关于对神的态度的最好的介绍是：A.D. Nock, 'Religious Attitudes of the Ancient Greeks', 收录在他的论文集*Essays on Religion and the Ancient World*, ed. Z. Strwart（Oxford, 1972）中。关于科学和宗教，也有出色的研究：G.E.R. Lloyd, *Magic, Reason and Experience*（Cambridge, 1979）；B.F. Meyer and E. P. Sanders（eds.）, *Jewish and Christian Self-Definition* iii: *Self-Definition in the Greco-Roman World*（London, 1982），这本书包括了关于俄耳甫斯/毕达哥拉斯运动和狄奥尼索斯崇拜的专业论文。

关于特定内容的作品还有：

J. Bremmer, *The Early Greek Concept of the Soul*（Princeton, 1983）.

W. Burkert, *Homo Necans*, trans. P. Bing（Berkeley, 1983），关于献祭。

E.R. Dodds, edn. of Euripides, *Bacchae*（Oxford, $1960^2$），关于狄奥尼索斯。

E.J. and L. Edelstein, *Asclepius*（Baltimore, 1945）.

L.R. Farnell，*The Cults of the Greek States*，5 vols.（Oxford，1896—1909），以及*Greek Hero Cults and Ideas of Immortality*（Oxford，1921），都是有价值的参考作品。

A.-J. Festugière，*Personal Religion among the Greeks*（Berkeley，1954）.

W. K. C. Guthrie，*Orpheus and Greek Religion*（London，1935）.

D. C. Kurtz and J. Boardman，*Greek Burial Customs*（London，1971）.

I. M. Linforth，*The Arts of Orpheus*（Berkeley，1941）.

G. E. Mylonas，*Eleusis and the Eleusinian Mysteries*（Princeton，1961）.

M.P. Nilsson，*The Minoan-Mycenaean Religion*（Lund，19512），这是在线形文字B破译之前的一部综合性著作。

M.P. Nilsson，*Cults, Myths, Oracles and Politics in Ancient Greece*（Lund，1951）.

H. W. Parke and D. E. W. Wormell，*The Delphic Oracle*（Oxford，1956）.

H. W. Parke，*Festivals of the Athenians*（London，1977）.

Robert Parker，*Miasma: Pollution and Purification in Early Greek Religion*（Oxford，1983）.

H. S. Versnel（ed.），*Faith, Hope and Worship. Aspects of Religious Mentality in the Ancient World*（Leiden，1981），包括关于祈祷和供奉的论文。

G. Zuntz，*Persephone*（Oxford，1971），研究了在意大利和西西里的希腊人的末世论观念。

*Le Sacrifice dans l'antiquité, Entretiens sur l'antiquité*，xxvii，Fondation Hardt（Geneva，1981），有些论文是英文的。

# 第十二章

# 希腊的艺术和建筑

约翰·博德曼（John Boardman）

## 导言：希腊性

西方世界的艺术由希腊艺术所统领，甚至欧洲凯尔特人或亚洲草原的艺术中也渗透着古典艺术的意象。尽管我们很容易找出希腊艺术区别于其他同时代的或在其之后的文化的艺术特征，但却有可能因此更加难以评估它自身的标准，难以判断它的作用和欣赏者的反应，也难以公正评判其深刻的创新性。定义这些特征的企图，也使我们不能恰当地对待其他与众不同的现象——如从本质的抽象到现实主义的快速发展过程。如果艺术的历史可以用这种大胆的标准来定义的话，我们可能会忽略另外一些本质特征——它不同寻常的主题（对古代来说）、它对形式和比例的关注。

本质上说来，希腊艺术的主题是男人（其次才是女人）。甚至在近于抽象的几何图形中，艺术家的主要对象也是人。当艺术家的技法使他能逼真地模仿甚至超越自然时，同样如此。在希腊艺术里，男人的行动和愿望，更多地是通过神和英雄而不是凡人的形象来表达的。尽管他们吃穿用度都属于其所处时代，展现的却是遥远的英雄时代。他们的祖先是神灵与英雄。他们长得像人，行为举止也同人一样。英雄神话的画面承载着简单的叙事信息，可能也同样反映了凡人当时的问题、展现了他们的功绩。正如阿提卡的剧作家们通过戏剧版本的特洛伊神话或英雄故事来揭露现实社会问题一样。希腊艺术中的神，有着最佳运动员的身体和举止仪态：女神就是美丽或至少是坚毅的、充满母性和睿智的女性。超自然的形态——喷火、多爪和杂种的特征———一般遭到弃用，只是在描述无时间概念的传说中才可能出现。怪物则很受欢迎，我们可以相信存在着半人半马怪。尽管令人恐惧，但他们在那里在等着挨揍，而不是要去威胁或恐吓。令人恐惧的戈耳工（Gorgon）的头，从东方的狮子面具演化成能使人毙命的蛇发美女。动物是从属、装饰性的，或者最多表达出人类对家畜兴旺的依赖，或者被用于凡人行为的寓言故事中——阿喀琉斯是一头狮子的形象以及伊索的动物形象，在艺术中和文学中一样为人们所熟悉——尽管不是那么为人所接受。在这样的艺术中，背景并不比家具更重要。让我们把所有这些希腊艺术的特点与充满神意、宫廷仪式、神庙或墓地的埃及和近东艺术相比较，来判断它们之间的不同。

直至公元前500年，在大约不到200年的时间里，希腊艺术家对人的形象的展现已经从几何图形的组合发展到与埃及或近东一样细致且惟妙惟肖的雕像了。基于模板和他们所学的展现人的方式制成的雕像，正随着他们当下关注的或刻意复制之物改变，这些雕像被注入了灵魂。曾经提供自然界象征符号的艺术，正被模仿着。想象开始替代了传统符号：艺术家开始熟练地创造人像，就像诗人剖析他的恐惧和希望一样——针对的是那些发现了欺骗欲望的哲学家的痛苦。

雕像是男人的，男性身体，通常为裸体。在古典希腊，运动员裸体训练，武士们作战时也近乎裸体，日常生活中，裸体的年轻人一定是常见的风景。艺术家们无须为他们理想的运动员形象去寻找裸体模特，他们本身就是在一种男性裸体司空见惯以及好身体受到赞赏的社会里成长起来的。

其他国家的人觉得这种行为令人恶心，他们的艺术家主要在表达宗教、色情或可怜的诉求时才会刻画裸体。希腊艺术家对裸体男性的兴趣，可能夸大了他在生活中所看到的形象，但是对他来说，这并不是一种有意识的美学手段。"裸体英雄"的雕像可能起源于古典希腊，但这一观念并不是在该时期产生的。后来的希腊人和罗马人把希腊裸体模型用于被英雄化和被神化的凡人。而自从新古典主义复兴以来，在有关伏尔泰到拿破仑、贝多芬到墨索里尼的主题中，我们对这种类型最熟悉不过了。裸体在我们生活中是非自然的，然而我们却通过艺术学会了接受它。在古典希腊，裸体在生活中是自然而然之事，艺术中它同样不需要任何理由和说明。

我们仔细度量周遭的世界，包括我们自己。人的身体，是计量的天然公共参照物。非希腊世界设计了非常复杂的测量体系，涉及手指、手掌宽度、前臂和脚的长度等接近自然的比例和倍数关系。比如，在真人变成模特之前，如果一个艺术家希望以某一比例画一幅人像，为制作雕像做准备，他应该求助于一整套方法。在埃及，它被合理地置于一个简单的网格里，依靠这个网格便能够描绘出栩栩如生的人物形象。这一点也吸引过希腊人，但他们很快就对绝对理想化尺度失去了兴趣，转而关注比例，寻求表达这一理想的理论基础。公元前5世纪的雕刻家波利克里托斯（Polyclitus）写了一本书，通过一个雕像（他的《持矛者》或者《标准》）阐述了这一问题。该书表达了他关于对称的观点，即人体各部分的协调和对称。观念似乎是呆板的，但他的人物雕像——我们所知的只有复制品，很明显比同时代其他雕像更加生动。希腊艺术中的决定性原则，也同样精确地出现在建筑中。陶器的形状、清晰的瓶画装饰、人物尺寸的大小及其在背景中的姿势等，都体现了这一原则。它决定了公元前8世纪几何陶瓶的形状和装饰，同样，也决定了帕特农神庙的三角楣饰。希腊艺术带来的挑战保证了它的发展和进步——试图将无法调和的对立、对图案和比例的本能直觉，以及日益涌现的、以更精准的自然形象进行表达的意识相协调。

## 动因和起源

对过去的认知与理解，是发展的最强动因，也是对未来的信念之源。公元前9世纪的希腊人生活在人烟稀少的乡间，生活条件十分简陋；但在他们周围，已经有了先祖即青铜时代的迈锡尼人和米诺斯人留下的文明。城堡上巨大的石头是巨人们所立。被遗弃的废墟和墓穴里发现的黄金和象牙制品表明，这些地方是神与人曾共同行走过的，应该被继续崇拜。青铜时代的王朝崩溃之后，曾经的技术也消失殆尽。不过还是有一些物质和文化遗存保留了下来，尤其是在那些未被破坏的古老世界里的，比如克里特。但从总体上来说，他们过去的遗存与其说是可供复制的模型，不如说是一种挑战——尽管我们能够在迈锡尼文明中看到一些区别于其后希腊艺术的特征。实际上，这是一个新的开始，一次复兴。它受到主要源自古老题材的正式范型的哺育，在实践中又增加了新的原则、带来了新的平衡。青铜时代的希腊艺术开了个并不好的头，这要归因于非希腊的米诺斯人——是他们的主要艺术模式导致了这种结果。不过，好在后来希腊的新几何艺术对来自外部的灵感有着与之前不同的反应，并能从中受益。

艺术风格在瓶画上有最好的表现，在金属作品上也是如此。原型几何陶艺家（主要是公元前10世纪）使过去自由的曲线图形服从于界限的权威。垂直线条的图案——回波形饰、之字形、十字形——提供了几何陶艺的主题（公元前9—前8世纪），旁边匍匐着简单的人物形象——一个墓地陶瓶上的哀悼者、一匹马的著名标志和动物的图案带。在对人物场景——有些是活动场景——试验了将近一代人的时间后，雅典工匠狄庇隆（Dipylon Master）才能在他的陶瓶上对几何陶艺进行经典表达。原来作为整体的图案，现在被分解为殡葬准备及葬礼仪式上各种哀悼者和死者的形象。无须证明这些场景，肯定就是当时的实践活动。通过姿势或绘画上的细微差异，几何图案组成的人物轮廓能够超越人的符号，表达他的行为举止。但还是需要更多的东西将这种艺术转化成叙事表达的媒介。

与地中海东部地区的联系可能从未完全中断过。塞浦路斯—克里特航线似乎非常畅通。毫无疑问，通过塞浦路斯，地中海东部的探险者带来的新奇事物，甚至在希腊的原型几何陶时代就已经出现了。公元前9世纪，腓尼基人在塞浦路斯岛上建立了城市希提昂（Citium）；为了保证与爱琴海之间的贸易，在这个世纪末，腓尼基人还在叙利亚（即阿尔米纳）的奥伦特河口（Orontes）建立了自己的商站。但似乎把希提昂给了来自优卑亚和诸岛的希腊人。在意大利的伊斯齐亚（Ischia）和埃及的瑙克拉提斯（Naucratis），他们继续沿用了这种贸易模式达几个世纪之久。

东方的商品和工匠（因为有一些成熟的技术不能只通过观察产品就可以掌握）给希腊带去了异域风格以及长久失传的处理珍贵原材料和象牙等异国材料的技术。整个公元前8世纪，在希腊，尤其是在雅典和克里特，土著几何陶不断发展的同时，东方化的工艺也发展起来——但彼此混杂的作品还很少见。然而渐渐地，为克里特的伊达山洞（Idaean Cave）制作的东方风格的青铜盾牌采用了希腊的主题；渐渐地，阿提卡以及克里特的珠宝形状和图案变成了几何形；渐渐地，东方的技术和图案被纳入土著的形式中，同时东方的主题也被希腊化了，比如阿提卡的象牙裸体女神（阿斯塔特，Astarte）就有了回纹波形的帽子和苗条的希腊体形。

东方赠予希腊艺术家的礼物是丰富多样的。一种致力于表现人物和动物装饰的艺术，其仅有的样本可能会鼓励艺术家在本土的几何风格中发展出人物装饰，不过这些笨拙的造型对东方艺术来说一点都不违和。有刻饰的东方青铜器和象牙显示出，在人物轮廓上可以做得如此细致，这使更准确地定义服饰和举止成为可能，进而也使区分超越性别差异的人物形象成为可能。公元前8世纪末，在瓶画上产生了科林斯黑像陶的微雕技术；但是在阿提卡和诸岛上，一直坚持用线条描画更大人物轮廓的作品主要来自公元前7世纪。

对希腊人来说，东方人的动物和动物雕带装饰并不陌生；在某些中心，它们甚至会取代人像或抽象装饰，占据主要位置。动物雕带一直以来都是东方风格的标志，甚至在它们的起源被遗忘了很久之后，依然如此。直到公元前6世纪，这些动物形象还出现在科林斯、后来的阿提卡以及希腊东部的瓶子上。野生动物形象也十分常见，但有一些在青铜时代以后就已脱离了题材库。在希腊大陆，可能除了最北方，雕塑中已经看不到狮子了——同青铜时代的希腊艺术家非常熟悉的斯芬克斯或传说中的狮鹫一样，狮子也被看成是怪物。此外，还应该加上希腊的半人半马怪物和源于东方神话的新怪物——喷火的妖怪、戈耳工——来描绘歌唱故事里那些没有形象的怪物。

在希腊人乐于用几何图形雕带或护墙板的地方，东方人曾使用了曲线或花卉图案。这种新的、迅猛的发展，从来没有完全取代几何图形形式。在整个公元前7世纪，这种发展本身也服从于希腊的标准，直到莲花和棕叶饰的雕带的出现。这种雕带上交叠着树叶（变成蛋和镖的形状）和缆绳状图案，成为从珠宝装饰到神庙建筑的希腊古典设计中不可或缺的一部分。更重要的是，新的技术产生了叙事性的活动场景，不仅能描绘凡人的仪式或冒险，还开启了以画面描述神话的方式。

尽管影响逐渐减弱，东方化的刺激因素在公元前7世纪和前6世纪仍一直产生着独特的影响。腓尼基人扮演的角色以及他们从更远的东方带来的艺术，被埃及的、亚述的、巴比伦的和波斯的艺术作品所取代。有时，它们没有产生任何影响，或者只是提供了原型，并非是要加速新模式的发展；但他们不仅仅是一种催化剂。在这个形成阶段，艺术家通过对大量日渐熟悉的新模式、新技术和新材料的取舍，使希腊艺术自身固有的、自然的特点清晰地展现出来。

## 古风时期的风格

　　希腊艺术中的古代风格，一直延续到公元前5世纪早期。整个过程发展迅速，除了某些艺术利用了不同寻常的材质外——如瓶画和建筑雕刻，该过程与其他文化的发展过程并非完全不同，而且，它对未来的发展也几乎没有明确提示。从今天的角度看，我们可能会确定公元前5世纪宣告的革命是不可避免的。种子已在那里，但是也在亚述人和埃及人的艺术里。希腊人已经在其他领域，例如在叙事和抒情诗方面，开辟了新的天地。艺术家可能要落后于诗人和哲学家。然而，也在同一种追问精神的鼓舞之下，无论艺术家放弃古风时期的传统是必然的还是偶然的，有一点非常清楚，即：这一点变化在希腊可能要比在古代世界的其他地区更让人能够接受。

　　古风时期的希腊艺术是高度程式化的，许多传统在不同程度上依赖外来艺术。总的来说，这些严格的东方化尝试的进程非常缓慢，变革的动力极其微小。以金属作品为例，浇铸了动物形附件的圆形东方鼎，要比之前几何风格的大三足鼎（希腊保留下来的几何陶器是作为供奉和奖品使用的）流行得更为长久。装饰在很多鼎上的狮身鹰首兽的头，成为希腊圣所中最受欢迎的供奉，在希腊人的手中又平添了一份新的盘旋式的优雅；不过仍然可以看出，它们是公元前8世纪末来自东方的动物。然而，这些器具促使希腊艺术家为陶瓶和器皿发展出其他类型的浇铸附件，也因此带上了些许异域风格，成为一种兼具更多可能性的类型。

　　还有一种雕像类型也来自东方，以其正面形象和假发为特点。现代学者误将其称为代达罗斯（Daedalic）风格。与这种风格相伴而来的，还有批量生产人像和饰板的模具使用方法，这是另一种不利于变化的技术。即使如此，希腊人也以这种风格在不同的材质上发挥着自己的想象力：通常是用陶土做人物和饰板，在陶瓶上画人物，也用石灰石做真人大小的雕像，用黄金和象牙做微型人物。

来自东方的第三件礼物，是在陶器（这是东方所没有的）上和金属作品上雕刻人物的轮廓的技术。公元前7世纪，科林斯开始制作黑像陶；到公元前7世纪末，这项技术已被雅典人采用。公元前6世纪，其他的希腊作坊也纷纷效仿。关于人物的轮廓有一些固定不变的东西，尤其是在浅色黏土（科林斯用的是暗黄色黏土，雅典用的是橙色黏土）有光泽的黑釉上面作画时，划过黑色釉面的刻痕非常清晰，露出了黏土的本色——但总的来说并不精细。上色仅仅是轻轻涂抹了白色和红色——真正的彩绘属于古风早期的岛屿派别，在黑像陶里很少见。尽管艺术家们是在更为大胆地实践饰板或壁画（比能让我们信服的少量现存的例子更普通）的地区成长起来的：例如，在公元前6世纪移民至埃特鲁里亚的希腊东部画师，上色依然存在着在技术上的困难，东方的动物雕带风格长久地吸引着画师。不过后来有些艺术家能够突破他们技术的局限，制作出在质量、线条和色调上引领古典风格的作品。雅典就是这样的引领者。

在雕刻上，多种多样的海外因素激发了艺术上的变革，一种传统被另一种传统所取代，但都为发展提供了一种新的可能。在埃及，公元前7世纪中叶及之后的希腊人看到了在硬石头上雕刻的巨大作品，学会了以如此规模展现人物形象的技巧（他们已有的工具，比还未使用铁器的埃及人要好）；回到希腊后，他们先是在纳克索斯（Naxos），然后在帕罗斯采掘了更好的、更坚硬的白色大理石。在后来的希腊艺术中，真正的巨人像一般都是神像；但是在早期，新的大理石作坊也生产大型作品，作为祭品或墓碑。站立的青年裸体雕像——《库罗斯》（kouros），是新出现的最重要的类型。起先，人物雕像十分规矩，表面细节符合人体解剖学；但是相当呆板，雕刻得方方正正的。试验和对更生动形式的自然选择，引导着艺术家们。到了古风时代末期，雕刻已粗略具有了现实主义的风格，尽管人物的面部、头发、肌肉和姿势仍然受到模式的束缚。色彩，不会使雕像显得更为真实，此时它已经丧失了活力。然而，色彩自豪且永恒地向外界宣示着人在世界中的位置——不是国王、祭司或权臣，而是祭祀神或祭奠死者的公民。

与库罗斯相对的青年女子雕像《科瑞》（*korai*）是穿衣服的，其着装样式对艺术家的考验，正如库罗斯的骨骼对他们的考验一样。对样式的兴趣，再次对现实和服装制作提出了挑战。如果我们能复原脱落的颜色的话，我们会看到这是线条、褶皱和曲线的耀眼的组合。科瑞雕像的不同在于，它是用于圣所而不是墓地。

埃及也教会了希腊人如何使用石头雕刻立柱和建筑装饰。到了公元前7世纪后期，希腊人才在建筑时使用砖、木头和未加修饰的石头。直到公元前7世纪，黏土烧制的砖开始取代茅草和泥巴成为屋顶的原料，主要的大型建筑只有神庙（*oikoi*），是放置神像的房间。建造神像对雕刻的早期发展影响甚微，但神庙的需求促进了建筑的发展。到了公元前6世纪，除神庙外的公共建筑物开始使用建筑装饰。可以预见的是，希腊人对使用有刻饰的石头的反应是：为此建立新的标准。在平面图中，这意味着对早期基础形式的大厅和门廊进行规范，某些地区已经有了环绕的柱廊；在立视图中，这意味着对柱廊和建筑物上部进行装饰。到公元前7世纪末，多利安柱式（Doric order）出现在希腊大陆，其复杂而庄严的典范是以早期结构中的木支架为基础的。之后不久，希腊东部又出现了以东方风格的花卉和涡卷形装饰图案为基础的爱奥尼柱式（Ionic order）。与雕刻艺术一样，大型建筑也没有消失。公元前6世纪，爱奥尼人的僭主在萨摩斯、以弗所、米利都和迪迪玛建造了希腊世界最大的神庙，都是双柱式的。上述两种风格的发展十分缓慢，就某些方面来说，通过平面图和立视图的比例、柱子和横饰带的比例断定一个建筑物的年代，要比通过脚线和柱头的细节来断定年代更容易。神庙上装饰着雕刻：屋顶有山花雕像座（*akroteria*）；多利安建筑的山形墙上有浅浮雕或立体的人物形象——这在填充空间方面给艺术家的技艺带来严峻挑战；多利安建筑的排档间饰或者爱奥尼式的横饰带都有浅浮雕。这些是展现宗教和国家宣传的重要场所；与之风格完全不同的近东宫殿以及神庙上的墙壁浅浮雕和绘画，也具有相同功能。

大约公元前530年，在雅典，红像陶制做这一新技术的发明，解决了瓶画艺术中黑像陶难以操作的问题。现在是先画出轮廓，涂黑背景，把人物形象保存在黏土上，再在以前用刀刻的地方改用画笔描绘细节。用画笔代替刻刀，使艺术家能够画出更精细的线条，并拥有了线条表达的新范围。很快，人物形象颜色逐渐开始变淡，古老的区分性别的方法——白色等同于女人，黑色等同于男人——也被弃用了。但到了公元前6世纪末，画家中的先锋派试验引进了解剖学的方法，而雕刻家只是后来才在三维空间里模仿了这种方法。这种风格肯定接近于壁画和护墙板上的绘画，但似乎直到公元前5世纪才变成主要的艺术形式。

古风时期雅典雕像制作的规模巨大。而实际上，这一时期希腊的每个主要城市都有自己能够使用大多数材料的工作室。在瓶画上，地区风格之间的差异非常明显；而在雕刻上，希腊东部地区在科瑞和库罗斯雕像的制作上，也有着自己的风格，能使雕像更为完美，体形更为丰满，甚至让他们穿着衣服。希腊的殖民地也参与其中。在西部地区，尽管没有白色大理石，却发展出赤陶雕像技术或石灰岩雕刻技术。艺术家们的迁移，也带动了风格的迁移。公元前6世纪中叶，波斯对希腊东部的压力，迫使艺术家们背井离乡，把爱奥尼风格带到了阿提卡和埃特鲁里亚，这决定了古风时代后期埃特鲁里亚艺术的发展进程。

雅典是黑像陶佳作的故乡，也是红像陶瓶画的发明地。他们的雕刻质量上乘，我们对此也更为熟悉：一是因为雅典人在墓地里使用了库罗斯和浅浮雕墓碑；二是因为埋藏在地下的卫城大理石纪念碑，这是公元前480/479年波斯劫掠雅典后推倒的。在这些雕刻中，有一件作品生动地展现了已经发生并曾被瓶画家预言的雕刻革命。"克里提斯男孩"雕像（Kritian boy）放弃了库罗斯雕像那种方方正正的站姿。他自然站立，身体放松，全身的重量主要在一条腿上，他的臀部、躯干和肩膀随着站姿有所变化。这是古代艺术史上的重要创新——生活在这里被观察、理解和复制了。于是在他之后，一切皆有可能了。

## 古典风格

　　雕刻家将一旦决定去"看"就能获得的理解，继续表达在男性站立像上。这种承继性是清晰的，从早期古典的阿波罗，到波里克力托斯（Polyclitus）的《持矛者》，再到公元前4世纪吕西普斯（Lysippus）的《刮汗污的运动员》。这些仍然是纪念性雕像，不是（像古风时期库罗斯雕像那样的作用）去标记坟墓或者供奉在某一个圣所里，而是作为更明确的个人——运动员或武士，它们或是为比赛或战争的胜利而作，或是为更自觉地（如波里克力托斯的作品）展现比例和技巧而作。这个过程是缓慢的，然而是确定的，影响了人体在雕刻的重量和平衡上的变化，又或者使人体部分地依赖独立的基底。这或许根本不够，但却是新的，可能在那些技艺不佳和缺乏感知力的人手中变得怪异和不恰当。对作战的人物或锻炼的人物的刻画通常不够精细，但就他们所展现的对生活的观察而言，并不失之于准确，在米隆的《掷铁饼者》和吕西普斯的《刮汗污的运动员》之间有一个试验的阶段；前者实质上是一件独立的浮雕，而后者似乎想让观者从各个角度来赞美运动员。正面描述法很自然地被古风时期的艺术家所继承，并得到建筑雕刻和大多数雕像背景的鼓励。雕塑艺术中对暗示框架和背景的弃用，在绘画艺术中得到了一种新空间感觉的回应，这种感觉也需要在组合中得到平衡。

　　雕刻是一门古老艺术，我们对它了解太少。很少有佳作保留下来，保存完好的通常是青铜的，而建筑雕刻也几乎没有质量上乘的（幸运的是，还有帕特农神庙的雕刻）。其他原作有装饰性的或纪念性的，如墓碑浮雕，但高品质的不多。我们有罗马时代对古典作品的复制品，从后来的文献中我们确认了它们的作者。这些可能反映出作品的主题和一般外观。以此为依据，我们构建了我们所认为的米隆、波里克力托斯和吕西普斯的风格。但是当第一流的原作当真出现的话，如在意大利附近的遇难船上发现的里亚切（Riace）青铜雕像，我们便开始发现漏掉了多少东西，而像"德尔斐的驭手"这样我们熟悉的杰作，可能不那么完美。

很多人认为，里亚切青铜雕像是公元前5世纪中叶雅典人为纪念马拉松战役胜利而献给德尔斐的贡品。我们可按自己的意愿去理解那个性格外向的青年男子及其恬静而成熟的伙伴（这个雕像群可能还有更多的人）。除了这类作品外，雅典在大约50年的时间里并没给我们留下什么。公元前500年左右，雅典人不再装饰墓地，并且曾决定不再重建被波斯人毁掉的神庙。但在奥林匹亚，宙斯的新神庙正拔地而起。一位雕刻家为他的团队创建了一种风格——对我们来说，这代表了大约在公元前5世纪的第二个25年（神庙完成于公元前456年）间的早期古典风格。西面的山形墙展现了古朴风格的活力（与半人马怪物的战斗）；东面的山形墙则展现了古典风格的宁静，这也是一种充满反思和预兆的、意味深长的静默。对解剖学或服装合理样式还有待学习时，工匠们已经成功地把握了年龄和情绪上的细微差别，摆脱了古朴风格中相当夸张的传统。

他们的继承者包括论述人体比例的伯罗奔尼撒人波里克力托斯和伯里克利统治时期的雅典人菲迪亚斯（Phidias）。此时，伯里克利决定撤销雅典不再重建神庙的决定。我们从雅典和阿提卡的建筑雕刻上分辨出了菲迪亚斯派。这一派别不追求对奥林匹亚主人的细微表达，没有波里克力托斯的成见，却发展出一种理想化的而非个性化的纯古典风格。在希腊艺术史上，没有哪个时期的神的形象如此像人，而人的形象又如此神圣。人物的平静，甚至在充满活力的举止或情绪激动时也能够表现出来。平静并不意味着没有头脑，而是带有一种超脱凡俗的意味。正如要理解人体一样，也要理解服装，后者在表达人物行动或静止的形式上同样起到了作用。实际上，到公元前5世纪末期，流行的是被风吹起的衣服或"湿"衣服，紧紧贴在身体上，与自由低垂的暗影或飞舞的褶皱形成鲜明的对照。凭借"古典"风格，菲迪亚斯工作室几乎成了希腊的学校，而这种风格是评价后来雕刻作品的依据，被早期罗马的艺术家们再次利用。

瓶画变得日渐烦琐和陈腐，开始衰落，但仍然吸引着一些优秀的画师。阿提卡的红像陶风格，传到了意大利南部的希腊殖民地，兴旺一时。至于古典时代早期的壁画，要从类型进行判断。德尔斐和雅典的公共建筑物的墙壁上，波力诺塔斯（Polygnotus）绘制了巨大横饰带，上面挤满了各色人物；尽管没有使用透视法，却依然展现出特洛伊战争史诗般的场面和冥界的场景。稍后的米孔（Micon）则大胆地构思出为自由而战的马拉松战役的画面；其风格肯定还是属于古风时期，虽然获得后世的极大的赞誉，却并没有被模仿。他们的后继者最终尝试使用了透视法，更重要的是，采用了写实的明暗法和染色法。他们更愿意使用较小的护墙板而不是巨大的墙壁构图，后者是希腊人最为接近东方或埃及墙壁的处理方式。一些奇闻异事曾提到过宙克西斯（Zeuxis）或阿佩利斯（Apelles）的某件现实主义作品——鸟去啄画上的葡萄。而这拉不开的画幕则显示出，西方绘画的真正传统由此开始了。这就是罗马墙壁上复制出来的风格，这就是我们自世纪末以来保存的珍贵原作样本，它们的风格与意大利文艺复兴的风格可谓惊人地相似。

公元前4世纪，直到希腊化君主们的赞助和抱负改变了希腊人生活、思想和艺术的中心，雕刻家们才开始谨慎地探索，试图超越菲迪亚斯派或波里克力托斯的古典主义。普拉克希特斯（Praxiteles）在表达优雅曲折的女性线条方面臻于完美。裸体女性最终走进了西方艺术史。斯科帕斯（Scopas）头像阴郁的眉头，标志着向希腊化时期夸张表现主义迈出了重要一步。吕西普斯对理想的人体比例有了新的观点，以全面的三维方式进行构思以及塑造他的人物形象——这一点无疑在人物背景以及观者反应和行为上产生了变革。所有这些，促进了对现实主义可能性的进一步探索。与画家们的步调一致，对现实主义表达的进一步开发成为必然。这不是对具体类型、年龄或情绪的表达，而是对具体人物的表达。早期运动员或将军的纪念性雕像表现的是一种理想形式，很少带有个人特征。或许令人惊讶的是，雕像艺术在从对类型的观察和表达转向对个人的观察和表达上，花费了很长时间；尤其是，献祭的实践和希腊个人的荣耀，为此提供了一次次机会和鼓励。把个人的特征置于具有概括性的或理想化的人物——他们是人和神的模特——身上，一定也遇到了某些潜在的抵制。但希腊人越来越意识到人身上的神性，视死去的人为英雄，并很快宣称某些受欢迎的或强大的人具有神性。因此，那个时代真正的雕像与其说是对死者的理想特征的研究，不如说是公元前4世纪向西方艺术献上的另一种赠礼。

　　普拉克希特斯是一个雅典人，而斯科帕斯来自盛产大理石的帕罗斯岛，吕西普斯来自西西昂。希腊不再有主要的流派或展示场地。公元前4世纪艺术家的杰作都遗失了，甚至奥林匹亚的普拉克希特斯的赫耳墨斯雕像还不如一件上乘复制品。我们不得不评判一些次要的艺术品（仅仅是在尺寸上显得次要）；或者那些专为蛮族人制作的作品，比如卡里亚（Caria）的摩索拉斯（Mausolus）陵墓及其巨大的雕像和浮雕横饰带；或者在墓葬环境得以完好保存地区的作品，例如马其顿的维吉纳（Vergina）的腓力二世墓地。后面即将论述的这一情况将使我们得以了解支配希腊艺术未来的、新的赞助人。

## 个人的和公共的赞助人

　　在埃及和东方，绝大多数的艺术作品是为神庙、宫殿或者王室陵墓制作的。尽管在黎凡特地区（Levant）一些高雅的家居用品、雕刻的印章或圣甲虫以及类似小饰品十分普遍，满足大众娱乐的装饰艺术却甚少流传。在希腊，没有我们这个时代的豪华建筑项目，却有大量国家或宗教工程令艺术家们非常忙碌。在现存的作品中，有极高的比例是供社会中大多数人使用的。不少带绘画的陶瓶在酒会（symposion）中使用。酒会是一种集体的宴饮，在让人们娱乐和享受美食的同时，发挥着重要的社会作用。还有一些陶瓶用于祭祀，通常是家用的，或者最终也被用于献祭或墓葬。事实上，绝大多数作品的存留得益于面向伊特鲁里亚的活跃的出口贸易，也得益于伊特鲁里亚的葬礼习俗——这种习俗保证了器物的完好无损。个人也可以完成献祭，费用来自从一些成功交易中抽取的小部分佣金，或者为得到某些被认为是神赐的利益而做的谢恩捐献。如果不是带绘画的陶瓶的话，就可能是青铜器皿——它们也可用作奖品，还可能作为在比赛或剧场获胜后的献祭品。而对穷人来说，陶土雕像或木头雕像就足够了。最好是献祭雕像或雕像群，比如奥林匹亚的运动员雕像，以及墓碑上的雕像和浮雕。

贵重金属的价值在于，可以变成首饰来佩戴或者变成银制器皿来使用。但是在神庙的库存记录里，此类献祭的价值仅仅是纯金属，并没有附带工艺的价值。希腊的首饰通常在色彩上朴实无华，甚至很少金银并用，然而在工艺上堪称完美——希腊艺术的特质绝不是要展示精美的微雕（首饰，玉雕）和突兀的宏大。

国家赞助人主要热心于公共建筑物及其装饰，也热心于纪念性的献祭。这些活动通常在诸如奥林匹亚和德尔斐之类的主要国家圣所里举行，因此这些地方成了希腊艺术品的展示橱窗。此外，国家赞助人对铸币也充满热情。古典时期的民主制在提升国内外形象上的野心，丝毫不逊于古风时期的僭主。资金的来源大体相似——战利品、税收、矿产所有权，而且在公共项目——甚至舰船和军队以及宗教——上的开支也没有明确界限。实际上，宗教资源（包括艺术作品）在危急时刻能被政府用来资助舰船和军队。

神庙除了展示虔诚外，还是展示国家财力的最主要的地方（帕特农神庙的密室就是金库）。从某种角度看，神庙也是最早的博物馆，是展示珍贵战利品（赫拉克勒斯的酒杯、亚马孙女王的腰带等）和峥嵘岁月的地方。古风时期的爱奥尼僭主们追求无可比拟的绝对规模（古风时代晚期，以弗所的阿耳忒弥斯神庙的占地面积为115.14m×55.10m）。这是在西部殖民地如叙拉古或阿克拉加斯（Acragas）的暴发户僭主坚持的传统。然而帕特农神庙的存在表明，民主制同样试图以庞大的规模（69.50m×30.88m）树立影响。这些工程的后勤保障可能暴露出更多的人力资源问题而不是资金问题。在重建雅典时，搬运材料的过程中可能会使用奴隶；不过为了达到更高的工艺水平，伯里克利穷尽了整个希腊的工匠——尽管公民的智慧似乎是一座巨大的宝库。

甚至在民主政体内，也公开鼓励人品杰出的公民大兴土木。波斯入侵之后，客蒙及其亲属在雅典为忒修斯建造了神龛（里面有奖品展示以及英雄本人的尸骨）和画廊，即后来闻名的斯托亚画廊；其护墙板上的绘画混杂着国家宣传和神话描述。

伯里克利使用同盟为抵抗波斯缴纳的战争贡金重建雅典的决定，宣告了希腊历史上最重要的国家赞助项目的诞生，只有后来希腊化君主们的都城建设才能与之相提并论。直到公元前5世纪末，工程才得以完成——而最后一个阶段是顶着军队被不断削弱以及战败压力完成的。不过，最后增加的部分也可以看作是整个项目不可缺少的一部分。卫城需要一个新的或重新设计的神庙，以替代被波斯人推倒的那座未完成的神庙。帕特农神庙与其说是宗教崇拜地，还不如说是战争纪念地，献给雅典和雅典人的荣誉的供奉，与献给雅典娜的一样多。修建帕特农神庙时，在雅典和阿提卡乡间，同样设计和建设了一些神庙，有些直到公元前5世纪后期才建成。这一时期，卫城增加了一个新的纪念性前门（即山门，Propylaea，公元前430年）和放置古老神像的厄瑞克忒翁神庙（Erechtheum，大体是在公元前421—前406年间完成的）。伊克提努斯（Ictinus）、穆尼西克里（Mnesicles）和那些设计了绝大多数乡间神庙（以及雅典的赫菲斯托斯神庙）的建筑师们，改进了多利安建筑的比例原则和细节，采用了新的精美线条，避免了较为原始的结构设计带来的呆板效果。从总体设计到金库天花板的细节，每个阶段的设计和施工都达到了最高水平。不厌其烦并不总是大多数艺术的特征，在某些艺术中，无疑表现了一种敌意，但它却是希腊艺术和建筑本质的一部分，是一种提升而非消遣。

国家还参与了其他公共设施的建设，比如做行政或商业机构之用的柱廊、议事会大厅以及具有社会和宗教功能的剧场。本邦之外，僭主或国家也通过在国家圣所内进行盛大的献祭活动来宣传自己。在古风时期，这些献祭可能多以建筑和雕刻精美的金库形式存在。在德尔斐，我们知道锡夫诺斯（Siphnos）金库（约公元前525年）就有繁琐的建筑装饰，这得益于岛上的金银财富。在奥林匹亚，也有一系列由意大利南部和西西里岛上的富裕殖民地献祭的金库。在德尔斐，雅典竖立了青铜群像以庆祝马拉松战役的胜利，但很多城邦的献祭是为了纪念对其他希腊人征战的胜利。圣所内对城邦内部矛盾斗争的纪念，远远超过了对共同合作、抗击外敌的纪念。

一般来说，铸币从一开始就承载着对国家认同和国家作为担保人的宣传重任。钱币的两面一旦被印上图案，就是在表达政治或宗教的重要意义。钱币一旦在各城邦之间流通使用而不是仅仅用于地方交换（用于服务、罚款、税收等），它们就成了铸币城邦的"大使"，就如同可能在奥林匹亚或德尔斐进行的献祭。铸币的模具须由有才能的艺术家完成，其中一些人甚至会在他们的作品上签名。

从宽泛的意义上讲，很多希腊艺术品都是实用的。艺术家们的作品都有相当明确的目的。因此，了解那些刺激生产和建设的人的动机与背景相当重要，这能使我们以一种更公正的方式对其进行评判。

## 艺术中的叙事

关于希腊神话，艺术史家与希腊文学研究者的观点有着细微的不同。大多数幸存下来的是神话场景，它们数量巨大，出现在日用物品上，或者至少不像神庙雕刻那样具有特殊用途。大多数希腊人是从丰富且变化无穷的口头传统中了解神话历史的。我们的古典研究始于文献资料，而希腊人却不是。我们夸大了他们的文化水平（很多显而易见的迹象表明，尽管有70%的人不能读写，今天印度次大陆的文化水平仍然高于古代希腊）。大多数艺术家所表达的故事接近于那些众人都能读懂的故事，通常是没有逻辑的、矛盾的，或者在世代口口相传中被扭曲或改进了的。诗人的故事更自觉地适应于其诗歌或剧作的背景，适应于他为之写作的赞助人的胃口，又或者适应于社会——他们希望在用作寓言的神话中获得道德寓意。有时，艺术模仿文献；而有时，文献效仿艺术。我们这个时期的某些场景，谨慎地效仿了文献，尽管可能比一般想象的要少一些。同作家一样，艺术家也有修改故事的自由，但是他受到的限制更多，甚至在表达的内容上也受到工艺规则的限制。例如，他不能连续叙事，题记所能解释的东西十分有限。在很多方面，他也比诗人更为保守。他不像我们这个时代以作为样本的书籍为指导，而是以特定主题和一般场景约定俗成的条件为准则。然而，除了真正的雇佣文人外，艺术家们避免了重复自身——不是故意为之，而是没有这样做的需要和动力。

最早的图画是葬礼或战争等当下事件的符号，也是引导艺术家形成一种能够表达历史（对我们来说是神话）故事具体细节的东方风格典范。最早的神话场景就是依照受到东方艺术启发的规则制作的。除了与荷马史诗分享了同样的口传资源，以及比荷马更具有探索性地运用了同样的隐喻语言外，这些神话场景在本质上与荷马的丰富视觉意象没有任何共同之处，尤其是在他的爱奥尼家乡。

希腊艺术家没有连环画式的叙事方式，被迫把故事的叙事和内容压缩在一个场景中。古风时期的艺术家一般会选择某一高潮时刻；而古典时期的艺术家以观者对故事的了解为基础，有时能够顾及故事的开端和结局，更具有心理上的和戏剧化的生动性。但这两个时期的艺术家对人物的认同都依赖于传统的服饰、特质和姿态。很少有场景能通过题记展现；而与对话相比，人物更容易被插入场景中。对姿态细节或特质的依赖，也使得艺术家通过对过去和未来的暗喻，采用了一种连续叙述的方式。后代的理论家为这一过程起了显赫的名字，好似这是个多么慎重的创造一般。在那个数码相机还不为人所知的时代，可用材料仅有单一的护墙板或横饰带组合，不像埃及和近东那样有神庙地产和宫殿的墙壁。

一个经典的例子是约公元前560年的科林斯巨爵，上面描绘了安菲阿剌俄斯（Amphiaraus）在踏上命定的攻打忒拜的征程（与七雄一道）之前的告别场面。他的妻子厄里费勒（Eriphyle）站在左边，离他很远，拿着那串用于行贿国王、劝他参战的项链。在他身后是将要为他报仇的儿子阿尔克美昂（Alcmaeon）。右边是他的先知——先知的姿势表明，他已知道远征的结果。画面上还有许多动物出现，这毫无疑问都是征兆。更为细致的是，在奥林匹亚宙斯神庙的东面山形墙上，描绘了宙斯对未履行诺言的人的无情惩罚，这是对阿特柔斯（Atreus）家族的追击，但这一惩罚不是由任何主要情节引起的，而是在立下誓言的那一刻，在珀罗普斯和俄诺玛俄斯（Oinomaos）比赛之前就预设了。似乎在公元前6世纪末，出现了在不同故事情节中涉及同一个人物的场景并置，随着雅典新的忒修斯系列故事而被引入；后来又被应用到"赫拉克勒斯的功绩"的系列故事中，同样取得很好的效果。

在诸如瓶画之类的大众艺术中，一般来说，对主题的选择似乎是艺术家的事情。艺术家当然了解市场，特别是那些用于献祭或其他场合的作品，一般都能根据它们并不典型（对艺术家来说）的主题，辨别出是某位艺术家的作品。艺术家的选择主要受传统影响。公元前4世纪的意大利南部，在某些时期，人们也有意寻找戏剧主题。公元前5世纪雅典的瓶画上，有时也可发现对戏剧场景的效仿。例如新的忒修斯系列故事，或者对某些应和了国家宣传的故事的强调，都很快在大众艺术中得到反映。与在艺术中一样，忒修斯在新生雅典民主政治中的角色，在文学中也有足够清晰的展示。在他之前，正是在艺术中，我们特别清楚地看到了一种新的处理，即把赫拉克勒斯及他的保护神雅典娜作为雅典国家的象征，特别是僭主家庭的象征。新的崇拜——雅典对厄琉西斯秘仪的接受或者医神阿斯克勒庇俄斯（Asclepius）的到来——都在大众艺术中得到体现。几乎被仪式化了的日常生活的某些方面——可能其意义超越了对周围世界的世俗兴趣，也使艺术家们异常忙碌，展现出独具特色的形象表达传统：酒会、年轻人的相爱、竞技和婚礼筹备。这一点就如神话所表现的一样。

在主要艺术类型即壁画和神庙雕刻方面，也表现出人们的其他考量。尤其是在它们被用于公共展示时，就不再是短时间的消费，况且这些昂贵耗时的工程也不是适宜的实验对象。帕特农神庙是异乎寻常的，其雕刻主题与雅典娜、雅典城邦及其辉煌的历史——传说中的和晚近的历史，以及雅典人都有着密切的联系。其他神庙的主题的关联性有时并不是很明显，我们可以想象，这是由执政官委员会以及祭司，而不是艺术家来决定的。各种来自赞助人的、政治的和宗教的要求都应该予以满足。

神话中的个体形象，怪物或英雄，似乎主要用作装饰功能。一般来说，希腊艺术是在讲述一个故事或者设置一个场景。风格研究者可能会发现没有关联的主题，而神话作者可能低估了传统的力量——或者从技术和惯例的角度说，低估了神话表达上的可能性。然而，对希腊艺术的研究，却能使艺术的主题像其风格或目的一样，不再被人忽视。

## 宗教艺术

大多数埃及艺术、印度艺术以及美索不达米亚的大量艺术作品都是宗教性的——也就是说，它们被设计出来是为了吸引神或取悦神，为了激励或恐吓崇拜者，为了对冥世生活提供保证。真正的希腊艺术几乎与这些无缘，它考虑的是人与神之间的关系，很少受到绝对宗教需要的支配。在相对较低的层面上，也有把艺术作为近似于巫术来使用的现象。在一些避邪的用具上可以看到，通常有动物或者怪物，有时是人的眼睛或者男性的阳具。但是诸如此类的天然象征，在希腊艺术中并不占主导地位。毫无疑问，斯芬克斯或墓地纪念碑上的狮子守卫着坟墓，正如早期山形墙上的戈耳贡的头守卫着神庙（但从何时开始的，我们却不得而知）一样。古代希腊人思想中的非理性因素，肯定不比其他文化的少；虽然它在文学中得到表达，却很少在艺术中加以体现。在希腊艺术里，甚至怪物和恶魔都有令人瞠目的、貌似的合理性。

艺术家基本上从未被要求将自己的技艺用在仅为墓地所使用的物品上。在雅典，在大约两代人的时间里，人们制作专供墓地摆设的油瓶（*lekythoi*，白地长身细颈瓶）。古风时期的墓碑以匿名的方式对死者进行理想化的描述，而古典时期的墓碑表达的仅仅是面对生者和死者的一种平静——仿佛后者仍然活着，没有恶魔、没有冥府的神、没有威胁、没有剧烈的悲伤；更多地体现了人的尊严甚至骄傲，而非忧伤或无声的接受。希腊艺术的理想品性，完美庄严地表达出了这些态度。

用神像或描绘神力的场景作为奉献能够取悦于神，但是它们经常是为神服务的凡人形象（古风时期的科瑞和库罗斯像）。如果描绘的是献祭者本人，也不会是一种卑屈的神态，而是表达他对自身职业——士兵、运动员或公民——的骄傲。尤为引人注目的是，在祈愿浮雕上，有可能描绘崇拜者及其家人同神在一起的场景——只是他们的尺寸要小一些，以此来表达他们与神在地位上的悬殊。

祭仪和牺牲的场景，是对行动的简单陈述，神经常作为凡人的旁观者现身。狄奥尼索斯的疯狂祭仪，古代文学对此几乎没有记载，却在艺术家的手中被仪式化成舞蹈和神话。狄奥尼索斯努力把自己从乡间的丰产神变成了奥林匹斯诸神中的一员；艺术家们也就依照他所在的新背景，规定了他的相貌和举止。但狄奥尼索斯比其他神更具有人性，主要是因为他给人类带来了礼物——葡萄酒，这一点在陶器上得到了出色表达，很多这样的陶器是为酒会制作的。在陶器上，狄奥尼索斯的侍女扮演疯狂的凡人信徒，而自然的神灵萨提儿也加入其中，表演凡人的渴望——酒、女人和歌唱都能刺激这种渴望，这成为希腊艺术家最具魅力的一项创造。其他神秘宗教或信仰，如毕达哥拉斯派或俄耳甫斯教，像希腊化的外来精灵如拉弥亚（Lamia）一样，几乎没有在希腊艺术中得到反映。

作为神在神庙里现身的标志，神像具有更清晰和更明确的宗教目的。最早的神像从古代遗物（如"天上掉下来的"之类的）而不是从他们的外貌中获得了神圣的力量。有时，神像只是一段木头，被盛装打扮，或者手拿武器出现在节庆的场合。当古老的神像被新的神像替换或补充时，艺术家们也会通过艺术手段寻找和表达具有同样魔力的东西。但是，除了特征、服饰和超大尺寸外，神像很难在外貌上区别于凡人的雕像。在公元前5世纪，艺术家们试图通过规模——奥林匹亚的宙斯如果站起来的话会穿过屋顶——和材料，即用黄金做衣服，用象牙做皮肤，来强化效果。有柱子的神庙内部，阳光只能从前面的门和窗照射进来。在奥林匹亚的帕特农神庙里，地板上设置了一个宽阔的浅水池，可以反射光线，这些环境背景都能提升神像的外观。对很多后代作家来说，思考的应该是菲迪亚斯制作的奥林匹亚的宙斯的精神层面意义。这个时期，菲迪亚斯的帕特诺斯之雅典娜（Athena Parthenos）似乎在材料的使用上引发了更多关注；伯里克利也向雅典人指出，雅典娜身上的黄金可以剥下来用于支持战争。剧场的经历，以及针对剧场的艺术经历，可能对艺术家的设计及其工作环境产生了影响，但艺术家并没有制定特殊的规则，使之充满对神既敬畏又向往的感情。

完成宗教主题的作品时，希腊艺术家依然在他所受训练的框架内工作，但却能充分地发挥自己的想象力。限制是技术上的，而不是心理上的，他对形象的选择并不依赖祈祷和冥想——这一点与其他时期和其他地区的情况不同。诗人、演员、乐师、舞者甚至历史学家都有自己的缪斯，但艺术家没有。

## 艺术中的装饰

可能除了巨大的裸体雕像，没有什么能比诸如回纹波、卵锚饰和棕叶饰之类的装饰更容易激起希腊人的民族认同了。附属的装饰同主要设计一样，受同一规则的制约。在某些时期和材料上，我们能够找到完全服务于图案的对象。横饰带或护墙板的需要，使东方化的花形得到了发展。这些花形采用东方艺术中的棕叶和莲花，创造了新的但可能在植物学上并不存在的图案。一种装饰布局得以建立，该布局直到公元前5世纪才让位给更真实的、观察细致入微的花朵，以及虽枝繁叶茂却仍被严格控制的蔓藤花纹。很多图案是属于木制品的，但被移植和扩大到了石质建筑上。仔细观察会发现，线角的轮廓与它的装饰是相匹配的。东方的螺旋形树（volute-trees）在尺寸上得以调整，或用于爱奥尼式柱头，或用于家具或器皿的细节装饰。

诸多艺术品为了使形象更生动，将人或动物的特征附着在具有不同功能的构建上。但希腊人并不热衷于此，也没有使之成为作品的主导。在古风时期，只有为数不多的器皿采用了完整的动物或人的形象：把手能够从运动员弯曲的身体或跳跃的狮子的形象中创造出来，人头可能从附带的把手中钻出来，而脚变成了狮子的爪，卷曲的末端长出了蛇头——比如雅典娜的盾牌、赫尔墨斯的手杖、吐火兽的尾巴。希腊人把陶瓶的各部分描绘成人体的各部分，这和我们的做法是一样的（嘴唇、脖颈、肩膀、脚、耳朵＝把手）。主要是在古风时期，通过描画或浇铸的附加物——弧形把手下方的眼睛——实现了这种幻想表达：当把带有耳朵把手和喇叭脚（像一张嘴）的眼睛杯举到饮者的唇边时，整个杯子看起来就像是一张面具。

希腊艺术中的色彩问题，是一个难题。地中海太阳下的建筑，一般采用简单、清晰和明快的形式，细部填充颜色，面积并不大。在希腊建筑上，建筑物上部细节的色彩，几乎无助于表达清晰的雕刻形式。只有在古风时期屋顶的黏土护墙里，似乎曾存在过绚丽夺目的色彩。至于雕刻，似乎要借用色彩增添逼真性，但是我们对使用色彩的浓淡情况知之甚少。新古典版的希腊雕像，添加了颜色，却令人不安——我们早已习惯于鉴定那些不让人分心的色彩雕像了。保留至今的上了色的大理石，只有很少几件。就像庞贝出土的雕像，看起来更像是未加工的玩偶。似乎没有迹象表明建筑物的外墙上色了；至于内壁上的任何绘画，人物的或装饰性的绘画，我们都没有证据。新的发现会极大地改变我们的观点。作画用的灰泥掉下来的碎屑显示，公元前7世纪的科林斯附近，位于地峡的波塞冬神庙，有些地方就设置了巨大的动物雕像（尽管没有真的那么大）。我们或许是低估了希腊艺术中色彩的价值——但在希腊人的语言里，他们对颜色的定义本就相当含混不清。他们的首饰长期弃绝彩色石头的背景；在建筑中，他们对暗色石头的低调使用，与罗马人对色彩驳杂的大理石的迷恋形成了鲜明对比；他们的瓶画从四种颜色的黑像陶发展成两种颜色的红像陶；而据说最著名的古典画家（似乎也是真的，从与其相近时期的马赛克艺术中可以判断）在工作时只使用四种颜色。

如果不是在色彩上，那至少在形式上有一种倾向，要达到我们认为的美轮美奂。当制作和设计达到完美时，某种程度的精美是可以接受的——这使笔者想到了古典时代后期那些镂刻和铸造异常精美的青铜器皿和银器。如果技艺粗劣，或者材料让人缺少灵感，这样的作品应该很难进入某人的画室——笔者想到了公元前4世纪在意大利南部的那些巨大的、过度装饰的陶瓶。知道在哪里停下来，才是伟大艺术家的标志。不是所有的希腊艺术家都令人崇敬，他们顾客的品位也不总是无可挑剔。

## 艺术家

希腊艺术在古代远不像在今天这样，是一项庞大的产业。一些轻便的作品，比如首饰和金质餐具，非常贵重。值得注意的是，我们对它们的发现，绝大多数来自希腊世界之外——从塞纳河到波斯波利斯（Persepolis）——这些物品当时是作为当地王国的礼物、战利品或宫廷家具出现的。实际上，精美红像陶瓶的价格不会高于一个工人一天的薪水。一些陶工，特别是公元前6世纪的雅典陶工发现，面向埃特鲁里亚的出口市场相当便利，足以专业化地出口那些形象为他们熟知、装饰风格为大众接受的模具。如被称作第勒尼安双耳陶瓶（Tyrrhenian amphorae）和尼克斯提尼（Nicosthenes）作坊出品的产品，回报无疑是令人满意的。一些陶工或陶器作坊主能够负担雅典卫城上的雕刻奉献。古典时期，雕刻和壁画领域的能工巧匠能得到很高的报酬，也有不少人为得到他们的服务而激烈竞争。但这些人是自由的行者，会在任何能雇用他们的地方工作。只有在雅典的陶器贸易中，可能也在其他地区（科林斯、斯巴达）的金属作坊里，似乎存在不单单为当地市场服务的手工业。针对国内或国际市场的专业地方性手工场在希腊还很少见——就这一点而言，艺术家们是鞋匠还是木匠，在地位上没有什么不同。实际上，在古代，对那些我们称之为"艺术家"的人，没有专门的区分——他们都有技艺（technē）。只是因为菲迪亚斯以及越来越多的后继者，一些有成就的艺术家才拥有了特殊的社会地位——尽管早在古风时期，他们也曾在僭主的宫廷里受到礼遇，比如乐师、舞者和医生。

　　还有一种在家中完成工艺品的趋势：一个师傅最理所当然的学徒应该是他的儿子。陶器生产和雕刻行业都存在这样的例子，但也有其他情况。通过一两个陶瓶，我们获知了一些最好的瓶画师，而他们可能同时也是护墙板绘画师。一个雕刻家可能喜欢塑造青铜雕像甚于雕刻大理石，但是多数时候，他只在不同尺寸的一种材料上工作。他可能也是一名建筑师（斯科帕斯）或者是一名画师（欧弗拉诺）。某些工匠易于流动，比如珠宝商和模具雕工，甚至还有一些雕刻家要从家里赶到采石场，在现场完成工作。家族事业有助于地方风格和传统的建立；流动意味着新思想和新技术的快速传播；而主要的圣所作为画廊，展示着杰出的旧作与新作。

　　名字出现在厄瑞克忒翁神庙上的雕刻家，有半数以上都是雅典公民。但是在早些年，雅典陶瓶上的陶工和画师的签名却显示，相当多的签名不属于雅典人，甚至不是希腊人的，或者只写了分不清民族的绰号。在更简单的技艺方面，毫无疑问，迁移的希腊人（外邦人）或非希腊人在作坊里或在斯巴达这样的国家里发挥了重要作用——但这并不能削弱古风时期斯巴达艺术强劲的地方特色。据说在公元前6世纪早期的雅典，梭伦鼓励艺术家移民；紧接着，僭主宫廷也开始赞助艺术的发展——这些都可以很好地解释为何此后雅典的艺术事业如此繁荣兴盛。

　　从古风时期到古典时期，艺术家签名的数量是希腊艺术的另一个特色。这些签名出现在大约公元前700年，绝不仅限于主要作品或主要艺术家。瓶画师在自己作品上签名的渴望似乎是少见的，因此签名时就显得相当随意。有些画家在大约50个瓶子上只留下一个签名，而绝大多数画家根本没有签名。作为一种宣传方式，签名根本起不到什么作用，其动机可能就是朴素的自豪感。签名通常是不显眼的，但也并非总是如此。古风时期的墓碑上，艺术家的签名与死者的名字同样突出。在公元前6世纪晚期雅典的红像陶上，就有所谓的"先锋派"大胆挑战同行的作品或提到他们名字的铭词。单从他们的陶瓶和铭文中，我们就能够重建一个生动的、自我意识极强的艺术家群体。这些铭文颇具文学性，甚至可能包含了社会主张。尽管如此，铭文的内容与当时英俊高贵的青年男子未必总是联系紧密（如"卡罗斯"铭文，就与其相配的场景并无关联），它们很多都是二流工匠的较差作品。艺术家之间的竞争精神似乎也被赞助人开发了出来，然而关于这些竞争的记载，就同对以弗所的亚马孙人的记载一样，可能都受到了歪曲。在以弗所，每个艺术家都把自己的作品放到首位——所以，荣誉归于大家一致同意的第二位，即波里克力托斯。地方导游在使用伟人名字和讲故事时，经常自由发挥——正是这些故事造成了事实的歪曲。

与其他古代文化相比，希腊艺术具有独一无二的自然特征——对于这一点，我们在本章的开始就作了陈述。对人的关注，对神在凡人世界中适当地位（而不是相反）的关注，也是希腊作家思考的问题。希腊艺术家为他所生活的社会服务，他对社会更广大群体的满足超过了对祭司和管理者的满足，在人类历史上第一次证明了真正的大众艺术在超越巫术需求或身份展示之外的巨大潜能。于是，为艺术而艺术的观念，在那个时代是不为人所知的，也没有什么必要。

## 进一步阅读

M.Robertson，*A History of Greek Art*（Cambridge，1975）以及他的：*Shorter History of Greek Art*（Cambridge，1981）可读性强而且资料丰富，讲述了希腊艺术从青铜时代到希腊化时期的发展。G. M. A. Richter，*Handbook of Greek Art*（London，1974）是篇幅较短的指南手册，按照主题进行了分类；J. Boardman，*Greek Art*（London，1985）则按照时间叙事。

分阶段的研究有：J. N. Coldstream，*Geometric Greece*（London，1977）；J. Boardman，*Greeks Overseas*（London，

1980）和*Preclassical Style and Civilization*（Harmondsworth, 1967）；J. Charbonneaux, R. Martin, and F. Villard, *Archaic Greek Art and Classical Greek Art*（London, 1971, 1973）。

有关雕刻：A. Stewart, *Greek Sculpture*（New Haven, 1990）；G.M.A. Richter, *Portraits of the Greeks*（Oxford, 1984）；B. Ashmole, *Architect and Sculptor in Ancient Greece*（London, 1972）收录了关于奥林匹亚、帕特农神庙和摩索拉斯王陵的重要论文；另外，他还有专著*Olympia*（与N. Yalouris合著，London, 1967）。J. Boardman, *Greek Sculpture: Archaic Period and Greek Sculpture: Classical Period*（London, 1978, 1985），是有大量插图的指导书。J. Boardman and D. Finn, *The Parthenon and its Sculptures*（1985）以及R. Lullies and M. Hirmer, *Greek Sculpture*（London, 1960）书中均有精美的图片。C. Rolley, *Greek Bronzes*（1986）。

有关建筑：当代没有此类的指南手册，但W. B. Dinsmoor, *The Architecture of Ancient Greece*（London, 1952）仍然有益，前提是与A. W. Lawrence, *Greek Architecture*（Harmondsworth, 1983年重新修订）这本书一起阅读的话。其他方面的著作有：J.J. Coulton, *Greek Architects at Work*（London, 1977）；R. E. Wycherley, *How the Greeks built Cities*（London, 1962）和A. W. Lawrence, *Greek Aims in Fortification*（Oxford, 1979）。

有关瓶画：R. M. Cook, *Greek Painted Pottery*（London, 1972），是一本基础性的指导书。图片方面有：P. Arias, M. Hirmer, and B. B. Shefton, *History of Greek Vases*（London, 1961）。对不同阶段进行全面图解研究的有：J. N. Coldstream, *Greek Geometric Pottery*（London, 1968）；J. Boardman, *Athenian Black Figure Vases*（London, 1974）和*Athenian Red*

*Figure Vases: Archaic Period*（London，1975，1989）；A.D. Trendall，*Red Figure Vases of Sicily and South Italian*（London，1989）；T. H. Carpenter，*Art and Myth in Ancient Greece*（London，1991）。

其他艺术方面：R. A. Higgins，*Greek Terracottas and Greek and Roman Jewellery*（London，1963，1961）；J. Boardman，*Greek Gems and Finger Rings*（London，1970）；D. Strong，*Greek and Roman Gold and Silver Plate*（London，1966）；C. M. Kraay and M. Hirmer，*Greek Coins*（London，1966）。

这里提到的著作有很多也涉及了希腊化时期的艺术。

| 第十三章 |

# 希腊化时期的历史

西蒙·普利斯（Simon Price）

希腊化时期是指马其顿的亚历山大大帝（公元前336—前323年在位）和罗马第一个皇帝奥古斯都统治（公元前31年—公元14年）之间的300年，通常被认为是希腊历史上乏味且混乱的一个时期。身处两个"中心"阶段——雅典的古典时期和罗马的西塞罗或奥古斯都时期——之间，这一时期似乎只能是希腊城邦衰落之后一个颇为悲哀的阶段。其间，希腊诸城邦先是被迫臣服于亚历山大及其继任者，继而又成为罗马人的附庸。

事实上，希腊化时期的一切都具有紧密的内在联系，同时也非常值得探讨。该时期的主要特征是，由亚历山大及其继任者建立的希腊君主国，控制了从希腊到阿富汗的广大区域。这些君主国对希腊世界的影响便是本章的主题。我首先简要概述亚历山大的统治和四个主要希腊化君主国的历史。随着亚历山大征服的推进，新的王国巩固了希腊世界的扩张性：国王们建立了新的城市，确保了希腊文化对当地文化的优势地位。政治权力和文化优势之间的显著联系，与欧洲文化向殖民地的推广，有着极为有趣的相似之处。君主国之间的竞争，刺激了管理和军事上的重要发展，进而巩固了王权。国王们统治着众多希腊城市，但他们对这些城市产生了何种影响？附属于强权之下又意味着什么？归根结底，在这些城市内部，人们的生活因君主制的发展而发生了变化。

## 希腊化王国

亚历山大大帝是浪漫主义的原型之一，从古代到玛丽·瑞瑙特（Mary Renault）[1]，亚历山大传说的强劲生命力证明了这一点。亚历山大效仿荷马史诗中的阿喀琉斯，以其军事天才和骁勇无畏赢得了巨大声誉。他身上被赋予了诸多离奇的故事。例如，他的御用历史学家卡里西尼斯（Callisthenes）曾讲述了大海是如何从亚历山大的道路上后退的，又是如何在他面前臣服的。尽管很多类似的故事让人将信将疑，但早在亚历山大活着的时候，这些故事就开始流传了。这也反映出，他取得的成就之巨大，着实令人难以置信。

他的父亲腓力（Philip）遇刺后，亚历山大继承了马其顿的王位，也继承了刚刚控制住希腊大陆事务的整个王国。他精力充沛地发动了对波斯的战争，以报复约150年前薛西斯对希腊的侵略。这是希腊的鼓吹者一直以来呼吁的事情，实际上早在腓力统治时期就已经开始实施了。不到一年，亚历山大就控制了土耳其西部的希腊各城邦，兵锋直逼格尔迪乌姆（Gordium）。格尔迪乌姆当地有故事提到过一个神谕：谁能打开把轭架绑在格尔迪乌姆古代国王战车上的绳结，谁就是亚洲的主人。亚历山大砍断了这个绳结。这个浪漫的故事有可能是真实的。仅仅一两个月后，亚历山大在伊苏斯（Issus，公元前333年）击败了波斯国王大流士。大流士逃走了；亚历山大却得以转向南方，控制了腓尼基和埃及。他从那里开始长

---

[1] 玛丽·瑞瑙特（1905—1983），英国作家，《亚历山大三部曲》作者。该书是描写亚历山大大帝生平的经典历史小说。——译注

途跋涉，向西穿过沙漠来到了宙斯·阿蒙（Zeus Ammon）的圣所。这次远征没有任何战略目的，不过亚历山大向神灵提出了一个问题——我们既不知道这个问题的内容也不知道它的答案。他在圣所被称呼为"阿蒙神之子"，这是对他神圣身份诸多暗示中的一次。在如此鼓励之下，他继续向北和向东进军，抵达美索不达米亚。在高加米拉（Gaugamela，公元前331年），他再次击败了大流士，取得了决定性的胜利。曾经威胁希腊人200多年的波斯帝国，已然成为亚历山大的囊中之物。

亚历山大不只征服了波斯帝国，他继续把战争推进到波斯东部地区，在那里镇压起义，建立新城。在遥远的东北部，索格底亚那（Sogdiana）的抵抗异常猛烈，但亚历山大仍然攻下了最后一个要塞，俘获了美丽非凡的女人罗克珊娜（Roxane）。他爱上了她并娶她为妻。当然，他还着手做了其他事情。他穿越了阿富汗，进入旁遮普，并在那里击败了印度国王。唯有一次军中骚乱才阻挡了他继续东进的脚步，于是，他取道巴鲁齐斯坦（Baluchistan），率兵返回西方。这是一次灾难性的行军，让人想起拿破仑从莫斯科的撤退。两年之后，即公元前323年，他在巴比伦去世，年仅32岁。

亚历山大留下的不仅有征服的土地，还有君主制。君主制是马其顿的国家传统，直到腓力统治之前，马其顿始终处在希腊世界的边缘地位；而亚历山大成功地将其变成了中心，成为后来一系列希腊化国王的典范。王冠，即亚历山大佩戴的朴素的束发带，则成了君主制的标准象征。"国王"的称号，可能是亚历山大对希腊人演讲时开始使用的，被所有希腊化统治者所使用。正如我们将看到的，此时，接受这一头衔的条件已基本成熟。亚历山大的故事显然让人们对后来的国王怀有某种期待——即国王在接待来客时，应有令人瞩目的相貌、尊贵的举止——或者不好听地说，要有傲慢的装腔作势和无礼的盛气凌人。无论你喜欢与否，王权模式终得确立。

亚历山大的后继者渴求的，不仅是他的理想还有他的土地。在他死后的20年里，他的亲属和部将为了成为仅有的继承人，彼此间进行了残酷的战争，但这些企图最终都失败了。到了大约公元前275年，地中海东部地区出现了三个王国，他们的统治一直持续到罗马人的到来。首先，是埃及。亚历山大临死前将埃及托付给托勒密（Ptolemy），后来托勒密成功建立了王朝、对埃及进行统治，直到其最著名的后代克里奥帕特拉（Cleopatra）被奥古斯都击败（公元前31年）。托勒密王朝在相当多的时候，还控制着埃及以外的土地：利比亚、叙利亚南部、塞浦路斯、土耳其南部的部分地区以及爱琴海上的岛屿。

其次，是亚历山大征服的东方地区。公元前312年，塞琉古（Seleucus）占领巴比伦，标志着塞琉古王朝的建立。塞琉古王国在全盛时期的疆域，远大于任何一个希腊化王国；它以叙利亚为中心，从土耳其西部延伸至阿富汗。然而它在东方和西方的领地不断丧失。在东方，有两个问题。多山的巴克特利亚省（Bactria，阿富汗）变成了独立的希腊王国（公元前256年），新出现的非希腊人的王国帕提亚（Parthia，大约公元前238年）有效地阻断了塞琉古与东方的交通。

在西方，塞琉古王朝也丧失了领地。一个新的希腊王国阿塔利德（Attalids）建都帕加马，从塞琉古的领地中割走了土耳其西部。最早的两个阿塔利德国王（公元前283—前241年）还只是部分独立于塞琉古王国，但是到了阿塔鲁斯一世（Attalus I）打败加拉太人（Galatians，约公元前238年）之后，就已经具备了夺取国王名号的能力。公元前2世纪，在罗马的帮助下，阿塔利德王国的势力又有所增强。最终，在其末代国王在位时，将国家馈赠给了罗马（公元前133年）。到了公元前1世纪，塞琉古王国的领土仅剩叙利亚北部地区（主要是内部纷争的结果），最后也落到了罗马手中（公元前64年）。

再次，是马其顿。亚历山大本人出生于此的古老王朝灭亡了，对其土地的争夺战尤为激烈——毫无疑问，这主要是因为马其顿是亚历山大的国家。但直到公元前276年，安提柯二世（Antigonus Gonatas）才得以成功地确立了自己的权力。他的后代，安提柯王朝（Antigonid dynasty）的国王们延续了他的统治，直到公元前168年被罗马征服。

## 希腊化的范围

随着希腊文化传播到数千里之外，直至覆盖了整个中东地区，在亚历山大征服的地区里，发生了剧烈的文化变革。

过去，人们美化这个过程，将其看作是文明送给蒙昧的野蛮人的礼物——毕竟，不列颠人也曾在他们的帝国内做着同样的事情。毫无疑问，希腊人自己也是从这个角度看待这件事的。但我们现在所处的后殖民时代，却进一步地意识到，文化与政治紧密相连：我们能看到希腊文化影响了其他古代文化；但同时，希腊化这一过程也是王权的部分产物。

在希腊化进程中，新希腊城市的建立至关重要。据说，亚历山大自己建立了70多座城市（实际的数量应在一半左右）；塞琉古王朝在从土耳其西部到伊朗的区域内，建立了60个新的居住地。有些"新"城实际上只是老的居民点加上了一个新的朝代的名字和一个希腊政体，另外一些新城建在了从前城市化程度不高的地区。例如，塞琉古王朝的第二个国王就在波斯湾旁建立了一座新城，以自己的名字将其命名为安条克（Antioch），之后又采取措施增加其人口，"邀请"土耳其西部的老城：曼伊安德河（Maeander）附近的马格奈西亚（Magnesia）向外派出殖民者。甚至在已经存在非常合适的居民点的地方，也建立起了新城。在埃及，建立了两个希腊城市，其中一个是亚历山大里亚，代替了古老的法老城市孟斐斯（Memphis），成为托勒密王朝的首都。巴比伦古城也被塞琉古王朝的新首都所取代；新都城是底格里斯河畔的塞琉西亚（Seleucia），距离巴比伦约50公里。这两个城市为希腊人相对于非希腊人的优势地位提供了最为清晰的说明。

各个新建立的居民点，在规模和地位上相去甚远。首先，塞琉古王朝在王国的不同地区——（似乎）从土耳其西部到库尔德斯坦（Kurdestan）——建立了军事殖民地。这些定居地可能规模较小，只有数百人，也很少有自治机构，几乎完全依赖于国王。它们的存在是作为一种应对政治上不满的防卫措施，因此居民有义务在国王的军队里服役。其次，还有一些独立的新城，人口约数千人，最大的可以达到亚历山大里亚的规模。这座城市是伟大的文化中心，在公元前1世纪时，被认为是（地中海）世界的最大城市。

这些城市的文化具有强烈的希腊色彩。最明显的标志是，一种新的希腊语——白话或共通语（koinē）得到了发展；这种语言超越了古希腊的各种方言（多利亚语、爱奥尼语等）之间的差异。总体来说，在语言和文字资料中，没有迹象表明这种语言来自希腊世界里的哪个地区。此外，城市的政治机构严格效仿了传统的希腊实践。例如，波斯王国的四大中心之一苏撒，在公元前4世纪末，被重建为乌拉欧斯（Eulaeus）河畔的塞琉西亚城。300多年之后，这个已经属于帕提亚帝国的城市，仍然保留着与古典时期的希腊城市相似的政体。议事会提议和审查公共职位的候选人，然后由全体公民进行选举。城市里也有财务官和执政官团体，其中两名执政官的名字用来纪年。塞琉西亚证明了希腊体制的"输出"以及希腊体制能在异国他乡保持下来的韧性。

支撑城市希腊文化的一个关键机构是体育馆（gymnasion）。体育馆不仅仅是休闲的场地，还是锻炼身体和提高精神文化的教育机构。体育馆是位于城市中心的建筑物；例如，亚历山大里亚的体育馆被认为是全城最美的建筑。更为重要的是，城内所有的正式成员都有权利进入体育馆。不过，入场资格有着严格的规定。在希腊大陆，我们听说体育馆排斥奴隶、被释奴以及他们的儿子，还有那些从事粗俗买卖的人。很可能，在新城里，这样的规定有效地排斥了那些被认为不是希腊人的人。但是，那些成功证明自己具备入场资格的当地人，不得不在体育馆裸体训练——而这一习惯又是令非希腊人深恶痛绝的。一丝不挂标志着他们与自己土著背景的疏离，同时也标志着与希腊世界的融合。

希腊人辉煌灿烂的文化成就不应该蒙蔽我们的双眼，让我们看不到他们对土著文化的排斥。例如，乌拉欧斯河畔塞琉西亚城内的居民清一色都是希腊人。甚至建城300年之后，也没有这样的例子：一个有希腊名字的人，父亲却没有希腊名字。也就是说，土著人口并没有被希腊化，依然被城市的机构排斥在外。与此相似，在埃及，也存在希腊人和土著居民之间的明确分野。埃及人继续按照传统的模式建造神庙，创造了他们自己生动而多样的文学（希腊化时代，用通俗埃及语书写的纸草与用希腊语书写的一样多）。希腊人制作的雕刻也没有表现出与埃及的艺术有联系；而且，他们坚决阅读古典时期的文学。在法律领域也是如此，希腊人和埃及人的法院是分开的，实施不同的法典；而亚历山大里亚部分地效仿了雅典的法律。

文化的持续共存，并不是自由多元文化的标志。即使国王有时候也会对土著文化表示尊敬，对自己的统治能在土著背景下得到尊崇而开心（例如，托勒密在埃及的神庙里被描绘成法老的形象），希腊文化仍然是处于支配地位的文化。（土著文化）进入权力新体系的唯一途径是接受希腊文化，一个重要的策略是宣称自己的祖先与希腊有联系。因此，在公元前200年左右，一个来自西顿（Sidon）——腓尼基的一座古城——的重要人物，参加并赢得了一场"泛希腊"的比赛，而这种在希腊大陆的比赛仅对希腊人开放。他的参赛资格就是由这样一个"事实"证明的，即：波奥提亚的忒拜城是由西顿第一任统治者的儿子建立的。在合适的时候，希腊人自己也会利用这种策略，把外人融合进希腊世界。土耳其西北部的兰普撒库斯城（Lampsacus）请求罗马人帮助他们抗击塞琉古国王安提柯三世（Antiochus Ⅲ），理由便是他们是亲戚。兰普撒库斯位于特洛伊附近，而特洛伊是罗马人的祖先埃涅阿斯（Aeneas）的故乡。兰普撒库斯还无法预见到，罗马人的卷入，会对希腊世界的历史带来多么严重的后果。

非希腊人的社团对外来方式的接受，有时也会引发冲突；犹太教和希腊文化在公元前2世纪的相互影响，就是有文献记载的例子。犹太教一个分支的领袖在塞琉古国王安提柯四世的支持下，成功当选为耶路撒冷的大祭司，并很快建立了体育馆（公元前174—前171年）。令其他犹太人感到憎恨的是，祭司们对神圣的义务不再有兴趣，而是抓住最早的机会，匆匆赶去参加运动场上的非法训练。有些人甚至放弃了割礼。尽管接下来的事情比较模糊［因为我们几乎完全依赖于犹太教的"正统"资料，特别是《马加比》的前两卷］，但对被希腊化的派别及其幕后支持者的敌意增强了。当安提柯掠夺了圣殿的宝藏，命令犹太人放弃自己独特的生活方式并改信异教时，这种敌意到达了顶峰，危机一触即发。随后爆发的公开起义，重新恢复了对犹太古圣殿的崇拜；但犹太人和塞琉古王朝之间的冲突一直持续到公元前141年，最后以犹太人赢得独立而告终。

这一事件说明了希腊文化与国王权力之间的关系。希腊人相信他们的文化优于"蛮族"——对他们来说，这种观念证明了他们的政治统治是合理的。然而，我们需要更进一步地审视希腊文化的政治作用。至少最初，新城的人口大部分是从旧的希腊世界里召集来的，所以这些城市的文化必然是希腊的。波斯湾海边一个新城里的希腊居民，通过文化和私利，与他们的国王凝成一体；在异乡，他们需要来自国王的支持。而依靠这些城市，国王们无需庞大的官僚机构就能控制他们的领地。安提柯四世会很自然地帮助耶路撒冷被希腊化的派别——特别是当这个派别企图把耶路撒冷变成一个希腊城市、并以国王的名字为之命名的时候。对希腊文化的积极抵制只在三个地区比较激烈：埃及、波斯和犹地亚（Judaea）。这三个地区当地的君主制传统都很牢固，他们的反抗也都是以宗教形式来表达的。在安提柯四世统治时期编纂的《但以理书》，预见了其统治的前景：

> 然而到了他的结局——必无人能帮助他。那时保佑你本国
> 之民的大君米迦勒（Michael），必站起来。并且有大艰难，从

有国以来直到此时，没有这样的。你本国的民众，凡名录在册上的，必得拯救。（12.1）

## 朝臣和士兵

国王是帝国管理的核心人物。个人和群体向他提出诉求，一切主要决定都源自国王本人。但是国王并非孤家寡人。塞琉古国王有专门管理王室财政的官员，还有一个总助理"管理各种事务"。在《马加比》第二卷里，安提柯四世的继承人决定取消其父迫使犹太人希腊化的强硬政策，并在给"他的兄弟吕西阿斯（Lysias）"的信中表达了这个意思。吕西阿斯实际上并不是国王的兄弟，而是他的助理，享有各种称号："兄弟""表兄弟""管理各种事务"。

在朝廷之外，国王通过官僚体系来进行管理。塞琉古王国划分成很多行省（在塞琉古一世时有72个），每个行省设立一名总督。例如，安提柯四世去世时，吕西阿斯是叙利亚南部和腓尼基的总督。通过总督，国王能够实施全面的和具体的计划。安提柯三世在全国范围内开启了对自己及其祖先的崇拜；之后，他还写信给每个行省的总督，通知他们在每个行省任命王后的高级女祭司，并指导他们进行必要的安排。（在土耳其西部和伊朗，恰好有三份安提柯的信件副本保留下来。）总督于是给他们的助手发出指示，令他们完成王室的规定。

在埃及，帝国管理体系更加庞大和复杂。与塞琉古王朝相比，托勒密王朝在埃及只有三个城市能提供基本的管理框架。因此他们也采用了法老时代的国家机构：埃及被划分成大约40个"行政区"，每个行政区又被分为"区"和"村"；每个等级的每个单位都有一名具体官员负责。托勒密王朝在这个法老体系之上又增加了一个新军事机构——使埃及各地到处是士兵——和一个更加复杂的税收体系。

托勒密王朝和塞琉古王朝的管理机构，多数雇用希腊人而非当地人。塞琉古的统治阶层完全排斥臣服者达两代人之久，甚至此后被纳入的非希腊人的比例也从未超过2.5%。有一个特例显示出非希腊人怎样才能在特殊的环境条件下获得认可。《马加比》第一卷里讲述了塞琉古王位的两个竞争对手［德米特里乌斯一世（Demetrius I）和亚历山大·巴拉斯（Alexander Balas）］为如何赢得犹太人领袖约拿但（Jonathan）的支持而竞争的事。亚历山大送给约拿但一整套一般只赠予希腊人的头衔——"国王的朋友""兄弟""最重要的朋友"，最后还有一枚金质胸针——这是"按照习俗应该送给国王表兄弟的礼物"。约拿但于是成为最高级别的朝廷显贵，也因此一度支持了亚历山大·巴拉斯。埃及的情况与此相类似，管理的形式和语言都是希腊的，埃及人只有学会了希腊语后才能被雇用。所以，王室管理的体系增强了希腊文化的优势地位和国王的权力，但朝臣和管理者需要士兵的支持。

从两个方面来看，希腊化世界的基础是战争。首先，希腊化国王的合法性在相当程度上依赖于他的军事声誉（与之相对的是，城邦的权威以传统为基础）。人们期待着国王像亚历山大和荷马的英雄们那样经历战争的洗礼，甚至参加危险的格斗。有时，国王出现在战场上，能够激发其军队的斗志，令敌人胆战心惊。胜利能为国王称号的获取给出最正当的理由——正如我们已经看到的那样。一次成功的对东方的军事远征，甚至使塞琉古·安提柯三世也被称为"伟大的国王"。

其次，战争的范围扩大了。当冲突仅仅是两个邻近城市之间关于领地的纷争时，战争的含义是有限的；但在希腊化世界里，人们要一为切而去争斗。尽管大面积的土地上时有争端发生，但在整个希腊化时期，各王国的中心地区仍很安全。希腊大陆、爱琴海诸岛、土耳其西部和叙利亚南部地区，是各个国王你争我夺的目标。与古典时期相比，战利品的数量越来越多，战争的残酷性也不断升级。毁灭全城或者把全体居民卖作奴隶，成为国王们更加常用的手段。罗马人对待希腊则更加残酷。实际上，战争的规模也扩大了。在卡罗尼亚（Chaeronea），马其顿的腓力与希腊的决定性战役中，各方的军队人数在30,000人；而希腊化国王们能组织60,000至80,000人的军队彼此对抗。这可能是截至18世纪以前，人类历史上最大的战争规模。

战争的重要性促使国王们在军队组织上进行了重大改革。回溯到公元前4世纪，战争的那些特征被赋予了新的重要意义。重装步兵长久以来一直是希腊的基本作战力量，腓力对马其顿军队的重组，创造了改进的重装步兵方阵。这种方阵不同于以往的方阵，它以长矛（在亚历山大时期长约5.5米，一个世纪之后长约6.5米）代替了短的刺杀矛。这种类型的军队与重要的骑兵武装一起构成了希腊化军队的核心力量。

为确保军队能够获得适当的兵力，国王也做了新的部署。普通的城市似乎为帝国军队提供的兵力很少，因此需要特殊的部署。正如我们已经看到的那样，塞琉古王朝建立了众多的军事殖民地。在那里，土地所有者有义务在军中服役，他们的儿子也可选择组成警卫队——这是正规军的另一部分。托勒密王朝的政策稍有不同，他们所赠予的分散的土地，在原则上是可以收回的。与公元前5世纪和前4世纪雅典的情况相反（在雅典，孤儿们的成长可以得到国家财政上的支持，直到他们成年），但是在埃及，一个官员可能会这样写信给另一个官员："下面列出的骑兵已经战死。所以，为了国王，把他们的土地收回来。"这是雇佣兵的世界，而不是公民兵的世界。

国王还征用雇佣兵来补充基本作战力量。雇佣兵在这一时期并不是新生事物，但是他们的重要性大大增加了。亚历山大仅有10,000雇佣兵；但在希腊化的军队里，他们是重要的组成部分，有时被组织在方阵里，更多的时候被用作轻装部队。一般来说，雇佣兵的名声不好（下至莎士比亚笔下那些浮夸的士兵），但这在很大程度上是不公正的。作为职业士兵，他们关注薪水，有时他们会离开战败的国王，投奔到另一个国王旗下。但雇佣兵不会为了金钱背叛他们的国王。阿塔利德国王的雇佣兵在与其共同历经磨难之后，甚至起誓效忠于他及其后代。古典时期的将军所拥有的那种来自于公民的绝对忠诚，国王们已不再拥有；不过，对国王的不忠诚也比较少见。

尽管仍然依赖于重装步兵，这些军队的战斗技巧却变得更加成熟了。最奢华的新鲜事物是大象。公元前302年，作为停战的回报，印度国王赠予塞琉古一世500头大象。他把其中的400头用来打仗，在次年的一次决定性胜利中，它们就发挥了重要作用。

这些大象中有很多继续为塞琉古服务，尽管在叙利亚，人们也试图饲养大象，但更需要新的补给。一块巨大的楔形文字泥板记载说，有20头大象被从巴比伦送到叙利亚，而这些大象最初是由阿富汗总督送到巴比伦的。托勒密王朝也有战象，起初，他们使用的是印度战象，但是后来塞琉古王国切断了他们从印度的供应，托勒密王朝便不得不使用个头较小的非洲象（"森林"象），并竭尽全力去捕猎大象。不幸的是，大象过于笨重——士兵们学会了避开它们的攻击，并刺穿它们的侧腹，或者使它们无法行动——没有改变战争的模式。

一个类似的现象是，主要王国之间在建造更大更复杂的战舰上也存在竞争。下至亚历山大的时代，标准的希腊战舰是三列桨战舰，关于这种船的设计仍然存在很多争议（有人认为它有三列桨，也有人认为是三个人摇一个桨）。自公元前4世纪以来，标准战舰是五列桨大木船，五个人摇一个桨。也有讲究排场的舰船，在公元前3世纪时，其奢华达到了惊人的程度：我们听到了"七列桨""十一列桨""十三列桨""十六列桨""二十列桨""三十列桨"甚至"四十列桨"的说法。有一点我们尚不清楚，就是这些战舰是如何工作的，从罗马人认为没有必要使用如此浮夸的大船这一事实中，我们能够知道它们的用处有限。然而，古代的海上军备竞赛，连同为维持大象的供应所带来的麻烦，都是国王依赖于军功的生动证明。

攻城技术的变化具有更重要的军事意义。在古典时期，好的城墙是坚不可摧的，斯巴达人从来构不成对连接雅典和大海之间的长城的威胁。然而，可能自腓力使用弩炮起，这种平衡被彻底打破，被围者失去了优势，形势对围城者更加有利。亚历山大使用弩炮和攻城云梯，能够夺下每一个他要攻击的城市。作为应对，人们把城墙修建得更加坚固，不过更进一步的改进是在弩炮上。在托勒密二世的赞助下，军队发明了一种校准方法，能使炮弹准确地打在目标范围里。尽管有些城市进行了成功的抵抗，但到目前为止，没有哪个城市在面对某个国王的攻击时，能够安之若素。这一重要的事实，也强化了国王们对城市的控制。

## 国王和城市

国王权力与城市传统之间能否和谐一致，是希腊化时代反复出现的问题。国王对几乎所有的城市具有绝对的控制权，而城市又想保有政治独立的理想。面对这种矛盾，国王如何运用他们的权力，而城市又如何保持自己的尊严呢？

这个问题实际很容易回答，因为国王们没有把自己主观的政策强加在各城市之上。同早期的罗马皇帝一样，他们基本上是被动的力量，主要关注统治权。总的来说，他们并未对臣服的城市进行直接的指导，但是另有一些方法来确保他们意志的实施。例如，亚历山大想让一些被流放的人重新回到他们的城市，但他不需要直接向这些城市发布命令。他会让人在奥林匹克运动会上宣读一封信，告知那些聚集在一起的被流放者，他保证他们能够返乡。各城市随即会出台有效的法律。米提利尼（Mytilene）的一项法令可能就是在这一通告之后制定的，其中一部分幸好保留下来。法令为流放者的归来做了细致的安排，但只提到"国王亚历山大决定的协议"，并且要庆祝国王的生日。

虽然对城市没有粗暴的干预，但是国王们仍然从内部和外部破坏了城市的自由。在外部，他们限制城市对外政策的范围，却不给予清晰的指导。因此，波斯湾旁的安条克同意参加曼伊安德河畔马格奈西亚城的新比赛（一项非政治的行动），却要小心地避开对马格奈西亚诉求的特别外交身份（"神圣不可侵犯的"）的直接回应。尽管安条克感激马格奈西亚曾经提供的殖民地，却知道这是一件须由塞琉古国王决定的事情。

在内部，国王向城市征收大量金钱，损害了市民的自由。原则上，所有臣服于某个国王的城市都有义务向国王缴纳贡金——尽管我们知道的情况不甚清楚，也无法确定帝国财政的总量。但是，强加在每个城市的贡金，可能是一项沉重的负担。例如，米利都曾经为了完成每年25塔兰特的贡金而被迫向其他城市借钱。贡金的规模可以从米利都的困境中看出来，也可以从与公元前5世纪的状况的比较中看出来——那时，米利都向雅典支付的贡金总数最多为10塔兰特。遇到战争时，国王们还会有特殊的税收，同时也会控制某些地方税收。

有些城市能够取得豁免权，脱离王权的控制。政治上，国王能够允许一个城市"自由和自治"——也就是说，城市有能力决定自己的内部和外部政策。"自由和自治"是一项特权，尽管随时可能会被国王收回，却不能因此认为它是无意义的。亚历山大的继任者们宣扬的口号中，保留了一种有力的政治理想，受到了各城市的严肃对待。实际上，有一个城市（克罗丰，Colophon）在公元前4世纪末获得自由后，决定建立自己的城堡。这是在国王规定的框架内最生动的独立标志了。

还有财政义务方面的豁免。同公元前5世纪雅典帝国的情况一样，贡金是王权强加给各城市的最令人憎恨的负担，但有些城市很幸运地得到了豁免。当米利都进入托勒密王朝的控制范围内后，被免去了"某些国王曾强加的严苛而沉重的负税和费用"。有些豁免是被国王作为原则实施的，豁免通常是为了缓解某一困境。所以，当塞琉古的国王安提柯三世从阿塔利德王国的手中夺取爱奥尼的提俄斯（Teos）后（用提俄斯法令的话来说），"他看到我们在公共事务和个人事务上都已经筋疲力尽，因为我们经受了常年的战争和过重的捐税……因此，他令我们的城市和领地神圣不可侵犯，让我们免于贡赋，把我们从要向国王阿塔鲁斯（一世）贡献的其他捐税下解放出来"。

有一些间接控制城市的方法，颇为复杂精细，但能够维持和平和公共秩序。首先，在调整两个城市的关系时，国王们采取传统的做法，指定第三个城市为仲裁人。例如，安提格努斯（Antigonus）想保证两个城市（提俄斯和勒贝达斯）之间的和平关系，他希望把这两个城市合并在一起，于是就指定了第三个城市（米利都）来解决两个城市之间有争议的诉讼。

其次，国王或者他们的官员使用间接方法来保证城市内部的和谐。由于内部政治冲突，各城市的司法机构被破坏了，这不是一个新问题，但在希腊化时代早期，却出现了新的诉讼程序，即请求其他城市提供一组公正的审判员。这样的请求，特别是在早期，经常源自国王或他的代理人，例如，一个托勒密的官员"希望（萨摩斯）城和谐一致，写信请求闵达斯（Myndus）的人民派出一组审判员，前往解决悬而未决的官司"。这种实践的发展，可能源于国王对城市能否驯服的担心。设置仲裁和聘请外来的审判员，都是国王保证城市之间和城市内部和谐的便利措施，这同时也避免了直接干预所招致的不满和愤怒。


## 平民生活的改变

尽管有间接的调节，王权的控制仍然对臣服城市的内部政治有着重要的意义。它支持了一种看似矛盾而实际上却可能正确的说法，即：在希腊化时期，当民主制被所有人作为一种理想的城邦体制接受的时候，实际上，对政治的真正普遍参与已经衰落了，富人的优势地位得到了提升。

民主制得到了自亚历山大以来的国王们的支持。亚历山大亲自在被他从波斯统治下解放出来的小亚细亚希腊城市中建立了民主制，取代了原有的僭主制和寡头制。据推测，这种严重干预内部事务的举措，受到了普遍欢迎。总的来说，他的继任者们继续了这一政策。所以，希腊化国王们建立的新城似乎都是以民主原则为基础的：所有的城市都有执政官、议事会和公民大会。老城也继续维护符合民意的民主制，反对寡头制或僭主制。新近被合并进科斯城（Cos）的公民做出如下的宣誓：

> 我将遵守已建立的民主制度……遵守科斯古老的法律……我也将接受与国王托勒密的友谊和联盟，接受人民与同盟国签订的条约；我永远不会以任何借口建立寡头制或僭主制，或任何其他形式的脱离民主制的政体，如果其他任何人建立了这样的政体，我将不服从，而且尽可能地阻止他……（Austin，第133号）

这样的措施有益于确保真正的寡头制被限制在希腊世界的边缘。僭主制有时候也会出现，但真正的威胁是富人对权力的非正式垄断。国王虽然摆出了民主人士的姿态，却应该为富人权力的增长负间接的责任。

在公元前5世纪和前4世纪的雅典民主政体内，人民的权力和富人的权力之间存在着微妙的平衡。富人通过承担宗教节日和维持舰队的费用为城邦服务。作为回报，他们获得极高的声望。但是人民不允许个人获得过多的荣誉，他们拒绝了伯里克利及其儿子们要求承担一些建筑费用的请求，而是支持使用提洛同盟的贡金。然而，到了公元前4世纪末，富人和穷人之间的权力平衡变得对富人有利；城市为了生存要依赖于富人。

富有的人在协调城市和国王的关系上扮演着重要角色，因此赢得了超越城市之上的权力。雅典富人，喜剧诗人菲力彼得斯（Philippides），在20年的时间里（公元前301—前283/282年）给他的城市带去了巨大恩惠。因为在国王吕西马库斯（Lysimachus）的宫廷里，他能从国王那里获得各种礼物：小麦、金钱和其他供应品；他埋葬了那些战死沙场的雅典人，使那些监中的囚犯获释。在过去，执行外交任务的人是被正式任命的城市大使，而不是非正式的"国王的朋友"；现在，城市则不必依靠自己的公民就可以获得国王的支持。但面对新的形势，各城市也会感到危险，一项对菲力彼得斯公开表达敬意的法令表明了这种危险："他从来没有说过或做过任何反对民主制的事情。"——但是，可能事实正好与此相反。

在城市里，富人也开始用更加露骨的方式，动用财富为自己赢得巨大的荣誉。尽管在很多地方，古典体系的变化是缓慢的，正如城市对依赖关系的逐步适应。但在雅典，一个僭主在马其顿的支持下，完成了一项具体的改革。改革后的新体系让富人在城里具有了更大的优势，菲力彼得斯对这一体系有较详细的说明：

> 当他被任命为（管理城市比赛的）官员时（公元前284/283年），他自愿遵照人民的意愿，从自己的资金里，贡献出祖先留下的祭品，以人民的名义为神献祭；在所有的比赛中，把（礼物）赠给所有雅典人；他第一个为德墨忒尔和科尔（珀尔塞福涅）设立了比赛，以纪念人民的自由；也为了城市的利益，增加了其他的比赛和献祭。所有这些，让他花费了其个人资源中的大量金钱，根据相关的法律，他提交了他的账目。
>
> （Austin，第43号）

城市设计了一整套荣誉体系，旨在补偿富人为城市的贡献。于是，雅典人投票决定，赠予菲力彼得斯金冠，并在剧场里设立他的青铜雕像，他和子孙们可以享用免费的公餐，在城市主办的所有比赛中享有荣誉座位。是荣誉，而不是法律，构成了定义富人和城市关系的框架——自然地，荣誉也把权力留给了富人。

富人和穷人关系的转变，与真正民主制的衰落有关——也就是说，真正的民主制是大众控制政治生活。公民大会依然集会并且出台法令，但执政官和议事会控制公民大会权力的程度，远远大于激进的民主政治时期。执政官自己成为富人的保护者，主要是因为日益期待着从富人那里得到可观的私人资助。亚里士多德在《政治学》里，为寡头们如何控制国家提出了建议，预示了希腊化时期的实际情况："那些就任官职的人，人们理性地期待他们提供宏大的祭祀，竖起几座公共建筑，这样，普通人享受着宴饮，看到自己的城市装饰着贡奉和建筑，可能就愿意忍受（寡头）政体的继续存在了。"（《政治学》6.1321a）

官职的担任者，实际上只限于富人；此外，曾作为雅典民主制支柱的民众法庭，也落到了富人手中。在公元前3世纪早期的托勒密埃及，执政官镇压了发生在议事会和公民大会的骚乱，然后"一致同意，议事会和法庭的成员应该从那些事先挑出的人中选举产生"。预先选择有助于避免骚乱，即民众的参与。由于在那些特别敏感的案件上，使用来自其他城市的审判员——这些人都是富人，地方法庭这一环节也因此被规避了。那时，罗马针对官职的任职资格在法律上制定了严格的财产标准，巩固了富人的实际权力。但是公民大会仍然对所有公民开放，因此，政体仍然是"民主制"。

然而，民众权力的衰落并不是一个和平的过程。革命活动的危险一直存在。公元前3世纪，克里特一个地区的公民被迫宣誓忠于城市，誓言的内容包括后面这句暴露真相的句子："我不会发起对土地、房屋、居所的重新分配，也不会取消债务。"对两种革命要求——重新分配土地和取消债务——的恐惧，并不经常浮出希腊化历史的表面。但是它有助于解释，例如，公元前4世纪和前3世纪之交的纳克索斯的普拉克希特斯（Praxicles of Naxos）个人与阿莫尔戈斯群岛（Amorgos）上的阿塞西尼城（Arcesine）之间的一份借款合同中的特殊条款：如果该城不偿还钱款，普拉克希特斯有权以任何方式从阿塞西尼人和居住在阿塞西尼的人的公共财产和私人财产中索取这些钱款。这一条款是对普拉克希特斯的唯一保护，使他能够避免城市对债务的合法取消。

罗马的到来激化了富人和穷人之间的冲突，导致民众暴乱的发生，这自然是罗马人描绘得最少的那部分。在公元前2世纪末，一个罗马总督判处一批人死刑，这些人焚烧和毁坏了市政大厦、公共档案，起草了与罗马人给予阿凯亚人（Achaeans）的（寡头）政体相悖的法律："我认为，那些做了这些事情的人，显然给全体希腊人带来了最坏的局势和最差的秩序——因为这些事情不仅引发政治上的相互不满，导致了债务的取消，还与归还给所有希腊人的自由、与我们的政策存在着极大的分歧。"罗马人的自由不包括重建真正的民主制的自由。

正如这些"骚乱"显示的那样，在希腊化时代，希腊城市远不是死气沉沉的。没有迹象表明，人们总体上开始感到在新的世界里迷失了，或者要向精神的平静隐退。城市，而不是希腊化的王国，能继续为它们的居民提供基本的归属感，仍然具有极大活力。为了说明这一观点，笔者将通过考察城市对王权的两种反应类型来结束本章。

首先，城市联盟是希腊化时代希腊大陆的一个特征。与古典时代被某个城邦（雅典或斯巴达）控制的同盟相反，这些新的联盟是很多小城市组织在一起以对抗王权威胁的一种尝试。以伯罗奔尼撒北部为中心的阿凯亚同盟（Achaean League）就是最好的例子。到公元前3世纪早期，这个古代的同盟已经混乱不堪了：一些城市被马其顿人强行驻扎了卫戍部队，另一些城市则处于僭主的统治之下。在公元前3世纪80年代和70年代，大约有7个小城市联合起来组成了新的阿凯亚同盟，赶走了僭主和驻军。在伟大的政治家阿拉图斯（Aratus）的领导下，同盟继续追求一个目标："把马其顿人从伯罗奔尼撒赶出去，推翻僭主，保证每个城市的共有的、承自祖先的自由。"同盟的机构——公民大会、议事会和选举产生的执政官——在理论上构成了民主政体，同盟成员之间的平等神圣不可侵犯。同盟的管辖权仅限于外交政策，同国王们一样，它发布命令确认曼伊安德河畔马格奈西亚所申请的特别外交身份。同盟对各城市内部的运作没有任何干预。直到为了摆脱斯巴达的攻击，也可能是为了镇压在伯罗奔尼撒爆发的民众革命（公元前227—前224年），阿拉图斯向马其顿国王求助为止，同盟一直成功地抵制了王权，保持了各城市的独立。

其次，城市的国王崇拜。这是希腊化（和罗马）城市令人瞩目的一个特征，他们建立了对统治者的崇拜。有些人把这些崇拜简单地看成是政治荣誉，是传统城邦崇拜衰落的一个标志。笔者的看法正好相反，在希腊化时代，对神的崇拜并没有衰落（曼伊安德河畔的马格奈西亚之所以申请特别外交身份，就是因为该城的阿尔忒弥斯崇拜）；王权崇拜是一种尝试，通过把国王合并进城市的主要符号系统内，进而将国王和城市联结在一起。

在提俄斯，对安提柯三世的崇拜就很好地证明了这一点。正如我们看到的那样，安提柯三世从阿塔利德国王的手中夺取提俄斯后，给予这座城市许多特权（约公元前204年）。作为回报，该城建立了一种崇拜，将安提柯及其妻子同该城的主神狄奥尼索斯连在了一起。国王和王后的雕像被置放在狄奥尼索斯神庙里的狄奥尼索斯神像旁边。在议事会大厅里，也有国王的雕像；每年，第一批水果被供奉在他的雕像前，各季节的产出都会供奉于此。同狄奥尼索斯一样，国王与谷物的丰产有关；特别是，提俄斯人解释说，他对城市的慷慨已经使农业受益良多。对安提柯的崇拜，使公民以一种能理解和可接受的形式为自己描绘了王权。但是安提柯不久之后就被罗马人击败了。可能在安提柯崇拜建立10年或20年之后，邻近的开俄斯岛（Chios）上建立了对罗玛神的崇拜（a cult of Roma），罗玛神是对罗马权力的拟人化表达。人们举办节日庆典，内容包括游行、献祭、比赛和可能表现母狼哺育罗慕洛斯（Romulus）和列姆斯（Remus）场景的供奉典礼。带着这样的崇拜，希腊城市走进了历史的新时代。

# 进一步阅读

关于这一时期的最好概述是F. W. Walbank, *The Hellenistic World*（London, 1981）, 该书的书目很好。也可参见：W. W. Tarn and G. T. Griffith, *Hellenistic Civilisation*[3]（London, 1952）；P. Grimal et al., *Hellenism and the Rise of Rome*（London, 1968）；C.B. Welles, Alexander and the Hellenistic World（Toronto, 1970）。更详细的内容请看经典著作：M. I. Rostovtzeff, *The Social and Economic History of the Hellenistic World*, 3 vols.（Oxford, 1941）, M.Cary, *A History of the Greek World from 323 to 146 B.C.*[2]（London, 1963）, 以及新版的：*Cambridge Ancient History*, VII. 1（Cambridge, 1984）。一些重要资料，包括我在本章讨论的绝大部分资料，已有译文，参见：M. M. Austin, *The Hellenistic World from Alexander to the Roman Conquest*（Cambridge, 1981）, 在R. S. Bagnall and P. Derow, *Greek Historical Documents: the Hellenistic Period*（California, 1981）一书中亦有补充。关于历史学家的介绍，参见第8章。

亚历山大有很多传记作者。R. Lane Fox, *Alexander the Great*（London, 1973）非常生动；J. R. Hamilton, *Alexander the Great*（London, 1973）更为公正；R. Lane Fox, *The Search for Alexander*（London, 1980）收录了很多精美的图片。每个王国的政治史在Walbank的书中都列有书目。G.J.D. Aalders, *Political Thought in Hellenistic Times*（Amsterdam, 1975）包括王权理论；在 J.F.Gardner, *Leadership and the Cult of the Personality*

（London and Toronto, 1974）一书中，也有一些针对这一选题的文献翻译。

关于希腊人在印度的情况，参见：R. Thapar, *A History of India, I*（Harmondsworth, 1966）；V. Dehejia, *Early Buddhist Rock Temples*（London, 1972）；J.W. Sedlar, *India and the Greek World: A Study in the Transmission of Culture*（Totowa, 1980）。关于阿富汗的问题，参见：F.R. Allchin and N. Hammond（eds.），*The Archaeology of Afghanistan from the Earliest Times to the Timurid Period*（London, New York, and San Francisco, 1978），该书也介绍了Ai Khanoum，另外还有：J.M. Rosen-field, *The Dynastic Arts of the Kushans*（Berkeley, 1967）。关于帕提亚的问题，参见M.A.R. Colledge, *Parthian Art*（London, 1977），and G. Herrmann, *The Iranian Revival*（Oxford, 1977），这两本书都有精美插图。关于希腊化的局限性，参见S.K. Eddy, *The King is Dead: Studies in the Near Eastern Resistance to Hellenism 334—31 B.C.*（Lincoln, Nebraska, 1961），M. Hengel, *Judaism and Hellenism*（London and Philadelphia, 1974）and A. D. Momigliano, *Alien Wisdom*（Cambridge, 1975）。

W.W. Tarn, *Hellenistic Military*及：*Naval Developments*（Cambridge, 1930），G. T. Griffith, *Mercenaries of the Hellenistic World*（Cambridge, 1935），以及B. Bar-Kochva, *The Seleucid Army*（Cambridge, 1976），概述了军事历史的不同侧面。

A.H.M.Jones, *The Greek City from Alexander to Justinian*（Oxford, 1940），是本章和下一章内容的基础。也参见V. Ehrenberg, *The Greek State*[2]（London, 1969），P.M. Fraser,

*Ptolemaic Alexandria*（Oxford，1972）。

A.R. Hands，*Charities and Social Aid in Greece and Rome*（London，1968），和P. Veyne，*Bread and Circuses*（Harmondsworth，1990）讨论了市民的捐助，前者的书中还包括翻译过来的档案资料。G.E.M. de Ste Croix，*The Class Struggle in the Ancient Greek World*（London，1981），记载了民主制的衰落。S.R.F. Price，*Rituals and Power: The Roman Imperial Cult in Asia Minor*（Cambridge，1984），叙述了希腊化的统治者崇拜。宗教历史可参见：A. D. Nock，*Conversion*（Oxford，1933），或者：H. I. Bell，*Cults and Creeds in Graeco-Roman Egypt*（Liverpool，1953）。F. C. Grant，*Hellenistic Religions, the Age of Syncretism*（New York，1953）是资料翻译。

# | 第十四章 |

# 希腊化时期的文化和文学

罗宾·莱恩·福克斯（Robin Lane Fox）

## 导言：亚历山大之后的世界

亚历山大之后，希腊世界的地平线最远延伸到了印度。即使是亚历山大本人也惊讶于其地域之辽阔。他曾怀疑里海是世界的外海；在印度，他最初认为印度河将舒缓地流进埃及的尼罗河。新的地平线并没有在与希腊人毗邻的人那里便彻底消失。大约在公元前260年，印度国王阿育王（Asoka）在他的王国范围内颁布了一道法令，针对的是"我的子民们的世界"。从阿育王的亚洲边界，穿过埃及和马其顿，一直到北非的昔兰尼，法令准确列出了这些希腊化地区的国王们。我们在坎大哈（Kandahar）的希腊人和马其顿人的居住地附近，发现了这个法令的希腊语摹本。

而与此同时，在西方，皮提亚斯（Pytheas）有了惊人的发现。此人生活在亚历山大时代或稍晚的时期，他是一名船长，从马赛向北航行、经过了苏格兰。他看到了午夜的太阳，并继续向北航行，"直到没有合适的

374

海、陆地或空气，只有一种三者的混合物，像是海蜇，人在里面无法走动也无法航行……"任何在北冰洋航行过的人都领教过北方雾墙的黏稠。后来，最好的希腊地理学家也没再弄清楚过多瑙河沿线及以北的欧洲地理状况。在罗马人征服之前，人们认为，凯尔特人无异于蛮族，也没有人过问西班牙内地的情况。

在东方，新来的定居者所发现的东西，同样没有产生影响吗？在一个盛大的宴会上，亚历山大为马其顿人和波斯人在统治上的"伙伴关系"而祈祷。然而，他的伙伴关系要求东方人说希腊语和学习希腊语。一个有趣的故事提到，他为被俘的波斯王室女性安排了希腊语课程。在东方，从乌浒河（Oxus）[1]到波斯湾，希腊人坚持在希腊体育馆里锻炼，并按照他们自己文化中的传说来解释周围的人。他们认为亚美尼亚人的祖先是伊阿宋（Jason），而"佛陀"曾追随了他们的狄奥尼索斯。在这样一个两种语言已成为惯例的世界里，希腊人却只说希腊语，也只读希腊语。他们进口葡萄酒到埃及和巴比伦尼亚，只要可能，他们就要种植橄榄树。对他们中的大多数人而言，文化和政治仍然以城市或"城邦"为中心，也以那些非常重视希腊和爱琴海的国王们的混乱统治为中心。因此，希腊化时期的文化和文学的背景是宫廷和城市，而不是波斯或印度。

在主要的宫廷里，国王和他们的好友用大量金钱来突显自我，公然蔑视理性。大小宫廷在风格上的差异在于，大宫廷藏有大量的贵金属。公元前3世纪70年代的某个冬天，在亚历山大里亚，托勒密二世举行了尊崇狄奥尼索斯的盛大游行。由机械操控的雕像安放在巨大的彩车里行进；葡萄酒从巨大的酒罐里流淌到街道上；香甜的点心被分给观众。演员和大量妇女加入到扮成萨提儿的官员中间进行表演，演出的场景包括狄奥尼索斯醉醺醺地从印度归来、亚历山大的形象，以及一个巨大的黄金阳具——这个黄金阳具长180英尺，上面覆盖着缎带，顶端是一颗巨大的黄金质地的星

[1] 即阿姆河，Oxus是希腊人对阿姆河的称呼。——译注

星；晨星指引着方向，昏星处在最后的位置上。在它们之间，行进着2000头身上覆盖着黄金的公牛，2400条狗，一些长颈鹿、羚羊、印度鹦鹉、大象、一只角马（或者一只大羚羊），拉着彩车的鸵鸟，以及一头"白色的母熊"——很遗憾，它不是来自北冰洋。"科林斯"的画像引导着一队以爱奥尼各城市和诸岛的名字命名的妇女，这一画像清晰地影射了科林斯同盟和托勒密王朝对希腊自由的关注。奴隶们拉着彩车，上千名士兵也走在行进的队伍中。

这个超级展示，混杂了艺术技巧和纵情饮酒、世界奇迹和可移动的动物园、王朝对希腊政治主题的关注和现代分列式的力量。这些因素与王室奇境的风格不同，但只是在程度上而不是在性质上。王室风格附着了太多的该时期的宫廷文化。与此相应的是，精通文学的学者们对关于非科学奇迹的书籍的喜爱。王室对书籍本身的狂热也反映了这一点。

所有宫廷都有图书馆，甚至在黑海沿岸都有，不过亚历山大里亚的图书馆是最著名的。亚里士多德的学生们定居在这座城市里，带来了他们导师所熟知的社会回忆和大量书籍。可能是他们向第一个托勒密国王提出了建立王室缪斯圣殿（Museum）和图书馆的想法。王室图书馆可能与缪斯圣殿的柱廊和公共休息室相连；它更像是一个巨大的书库，而不是一个独立的阅览室。据说，里面藏有近500,000件书卷，另有42,000件书卷藏在与塞拉皮斯（Serapis）神庙相连的另一个图书馆内。文献成为热门的王室财产。一旦有船停靠在亚历山大里亚，就有人上来搜寻书籍。在船上找到的都要上缴给王室，抄写在名册中，并印上这样的文字："来自船上"。从雅典人那里"借阅"伟大戏剧家的杰作，是托勒密在外交上最精明的一项策略。我们今天意义上的盗版，就是希腊化时期的发明。因为需求是无止境的，为了满足这种需求，貌似可信的伪造就出现了。文献被伪造、被"偷窃"给国王们，直到亚里士多德被赋予了各种有趣的、即便是鲜为人知的称号。

国王们为何要这般不厌其烦呢？因为亚里士多德派的学者们无疑会向

心甘情愿的托勒密一世解释说：图书馆和学术研究能让国王跟上人类对世界的了解。托勒密王室有优秀的教师，他们也没有丧失对学习的兴趣。托勒密四世为荷马建立了神庙，还写了一部悲剧，一个朝臣献殷勤地为其写了评论。歹毒的托勒密八世认为克丽普索（Calypso）花园里的花是水芹菜而不是紫罗兰。塞琉古王朝末期的某个国王还写了一首关于被蛇咬伤的诗歌。王室的奢华使这种品位得以膨胀，在又有其他一些人加入竞争后，收集书籍成为一种疯狂的竞赛。据说，为了打击帕加玛的阿塔利德王朝的国王，托勒密王朝切断了埃及莎草纸的出口。于是，阿塔利德的国王首创了羊皮纸或"帕加玛皮"。但这只是一个有趣的故事，因为质地良好的羊皮纸早就有了。

竞赛预示了文学良好的发展前景。在一首宫廷短诗中，托勒密三世被尊崇为一个"文武双全"的人。文武双全是重要的，因为国王也要为吸引原希腊城邦中的人才而相互竞争。很多这样的人才被流放后，在新的宫廷里充当顾问和学者，从而找到了较好的安身之处。对像芝诺这样的托勒密王朝的代言人来说，缪斯圣殿和图书馆是毫无疑问的资产。从他的纸草文献上，我们了解到，这项资产的管理者可能是欧里庇得斯的悲剧《希波吕托斯》早期生动文本的拥有者，是关于其猎狗的短诗的赞助人，是关于使者们的书和演讲稿的征订者，这些使者从亚历山大里亚被派给了他的兄弟，这显然是为了使他得到提升。学园派哲学的伦理学理想鞭策着国王们，并在其官员和代理人的赞美和法令中被不断重复。同书籍一样，它们也使国王们变得更具魅力。

通过这些移民的朝臣，国王们与原希腊城邦的文化和教育保持了联系，作为他们隐蔽的政治宣传的一部分，也有反向的交流。他们把王室建筑师派到各个城市，鼓励对王室节日的参与，建造包括图书馆在内的庞大建筑物，为城市里年青一代的教育提供巨额经费：在公元前3世纪20年代晚期，雅典就建起了一个"托勒密馆"，这是为年轻公民建造的体育馆，馆内有藏书，也可以举办演讲。这些礼物具有施加影响的企图，因为王室文化的繁荣没有扼杀兴盛的市民教育。在希腊城市里，儿童从7岁时开始在私人出资建立的学校里学习，这类学校有时也会得到个人捐赠。他们学习阅读，练习句子写作，正如纸草文献所显示的，其中有极端反对女性和反对蛮族的内容。纪律需要用鞭打来维持。14岁时，他们进入第二个阶段的学习，主要是文学上的练习，以及关于希腊河流名称和关于荷马的特洛伊人的小测验。进入"预备役"即18岁之前的这段时间，被许多希腊青年用来学习经典（包括古老的诗歌）和写作学校作文。然后，未来的公民将进入体育馆。这是在城市控制下，由一位富裕的官员出资建立起来的。训练最重要的部分是体育运动，不过一些体育馆也有图书馆，能够举办演讲。富裕的年轻人更渴望请一位修辞学或哲学的私人教师。修辞学训练非常呆板。到公元前2世纪晚期，有很多迹象表明在早期阶段，学生们学习了越来越正式的语法，总而言之，学业变得更具有文学性。从来没有法律方面的课程，而对大多数人来说，数学是最为基本的。随着音乐日益专业化，普通的学校不再设置音乐课程。

在每个城市里，男性青年的培养文化继续受到高度重视。父亲们为把儿子送进一个好的体育馆而烦恼，然后体育馆又指望这些"老小孩"提供资金赞助。到公元前2世纪末，最明智的城市雅典，在这种青年培训中也接纳了富裕的外邦人。反过来，这些外邦人也支持城市的理想化模式。尽管如此，学习荷马以及努力记住斯巴达河流的名称有什么社会价值呢？据说，这是一种"文化强化"，用以保持海外希腊人的道德水平，并将蛮族人排斥在外。但这一目标并没有说服力。同样的学习，在过去的希腊就十分兴盛，当时并没有人感觉吃力。比较贴切的解释是，它是希腊人自身社会分化的标志。粗俗的人不能进入体育馆。入训青年的父母通常是富人，其表现是在公元前3世纪末的雅典，每年的新增青年只有40名。这种排外性，在城市的国际化形象方面创造了奇迹。在马其顿某城市最近发现的一份公元前2世纪中叶的法令中，明确排斥奴隶、被释奴和他们的孩子，以及那些没有入摔跤学校学习的人，那些在广场做生意的人，那些醉汉或疯子，还排斥鸡奸者。体育馆是青年男子们享受黄金岁月的浪漫场所，但这只是对"业余爱好者"而言。

奢侈的宫廷文化只是久置的干瘪无味的蛋糕上的糖霜。在富有公民的资金支持下，城市构建了男子的文化领域。他们中的演说家和古文物收藏者不是"无关的"。当历史学家和地方专家在地方边界争端以及在众多仲裁委员会里扮演着重要角色时，演说家和古文物收藏者起着穿针引线的作用。历史有着迫切的公共用途。城市在各自的水平上仍然是表演和朗诵、竞技和戏剧的中心。云游诗人、乐师和职业演员的剧团都为此做出了贡献，他们在穿过处于敌对状态的希腊化王国时，被认为是"神圣不可侵犯的人"。

乌浒河旁边的阿伊·哈努姆（Aï Khanoum）出土了一座大型剧场遗址，这表明，很可能希腊戏剧的形式对印度剧场艺术的出现产生了影响。希腊化时期，大量小的社会组织繁荣发展，其成员经常参加宴饮和赞助朗诵。在罗德岛或提洛岛这样的地区，非公民在这些通常以公民生活名义组织起来的群体中，找到了自己的精神支柱。公元前300年，又出现了一些为纪念死者建立的机构。在城市政府的赞助下，这些群体增强了地方文化生活中心的多样性。

在此类地区，能在多大程度上保有单一的文化呢？在各城市里，没有共同的历法，也没有共同的法律主体。但城市生活和许多运动比赛却有着极大的相似性。宫廷里，国王们使用"通用希腊语"散文，或称"柯因奈"（koinē）。这种语言发端于阿提卡，又逐渐地将希腊本土的古老方言排挤出去。于是，在官方希腊语外围，也出现了某种程度上的统一语言。公元前279年，希腊人将高卢人逐出希腊和德尔斐后制作了浮雕，很好地展现了面对蛮族威胁时出现的某种共同的情感。从文化上讲，国王们都尊重雅典的遗产。雅典发明了剧场，此时，每个大城市都对之竞相模仿。公元前4世纪雅典的散文及其过去对亚洲蛮族的记载，混杂了从前哲学家和戏剧家所享有的盛誉。所有这些都提升了雅典的魅力。

如果存在某种程度上的共同文化，除了我们偶然了解的以外，这种共同文化在各城市中又是如何与公元前4世纪的文化相区别的呢？这些差别只是程度上的而非实质上的，它们是某些希腊化时期的进步的后续效果。与东方香料的密切接触，改变了制作女性香水和肥皂的手工业。化妆在借鉴近东技术后得到了改进，尤其是在眼影绘制艺术上。尽管亚历山大里亚的放荡女人是很出名的，但从来没有过像马其顿将军的阿提卡情人那样的妓女。与竞技场和亚洲的野兽相比，希腊古老的猎兔赛无趣得如同带着猎犬狩猎一般。印度人的鲜血喂养了更好的猎狗，以满足在亚洲的盛大狩猎活动。烹饪技术无疑也提高了：亚历山大里亚烹制鱼和南瓜的调料汁被写进了罗马人的烹饪书里；顶级宴会规模盛大，尽管某位托勒密国王饲养了雉鸡，但并不食用，而是将其与一只几内亚鸡杂交，吃杂交鸡蛋。埃及的卷心菜很苦，于是人们从罗德岛进口了种子——结果第一年味道很好，但接下来苦味就又出现了。希腊人把鹰嘴豆从拜占庭引入埃及，更好的小麦几乎取代了古老的、带壳的谷物。在希腊，人们还在棕榈树上做试验，近东的庄园主费尽心力生产出了乳香。对王室的花园，我们知之甚少；但是在托勒密王朝的大臣写给他代理人的信中，倒是有一些能提示我们的内容。大臣在信中告诉他的代理人，在他领地的园林里种植了300棵杉树，不仅是为造船之用，还因为杉树具有"引人注目的外形"。其他希腊人也会在埃及种植松柏吗？他们到处开垦土地，获得了更多的可耕地。据推测，在埃及的法尤姆（Fayum），耕地面积扩大至原来的三倍。在乌浒河畔，城市后方平原的灌溉和耕作都比从前更精细。在奥林匹亚，我们发现了属于公元前2世纪早期的、带有地下供暖的浴池——这无疑是罗马时代之前的设施。希腊化的体育馆发明了详细的健康运动方法，被记录在公元2世纪的指导手册里。与纯粹的体育运动不同，它们被设计成一种"锻炼"。据说，慢跑有益于性病的治疗。

这种文化生活大部分被限制在极少一部分有钱人中。亚历山大里亚优雅生活的反面，则是王室赋税的重压、作为附庸的劳动力和金矿里令人震惊的惨无人道。到了公元前2世纪50年代，金矿矿工由政治犯及其无辜的家属充任。当亚历山大在乌浒河畔建城时，他可能把大批反叛的亚洲人作为奴隶，赏赐给了其中一个城市。公元前3世纪晚期，在黑海沿岸的城市里，一个富人的巨额捐赠就来自于当地奴隶贸易。在古代的经济中，人们要想生活得富裕，只能极大地牺牲他人的利益。

要想参加文化生活，必然要希腊化——当地人也的确这样做了，这也是该时期令人着迷的一面。国王们在殖民地安置了曾为王室服役的、会说希腊语的当地士兵，也因此在亚洲我们意想不到的地区留下了希腊化的痕迹。在马里萨（Marissa），隔着约旦河与耶路撒冷相距仅30英里，出土了大量希腊风格的墓葬和壁画。其中一座墓葬有一块描绘着野兽的楣饰带，堪与托勒密宫廷的非洲动物相媲美。在墓葬的墙上，铭刻着一首非常优美的希腊诗歌，讲述了一个女人与两个情人中的一个短暂离别的故事。托勒密王朝曾在马里萨驻扎过从西顿（Sidon）开来的军队，于是我们在诗歌中可以看到，女人留下情人的外套作为信物。这一主题来自古老的闪米特文化。

希腊文化并不总是受到外界的影响，它同样能发挥自身的魅力。我们知道，在犹太人中，有自愿被希腊化的人。他们希望学习希腊人的生活方式，信仰其宗教。只是在一场激烈的战争后，他们才停止了自己的做法。马加比时代（公元前175—前63）出现的犹太文化，从本质上反对希腊文化的内核。罗马人则更为灵活，而帕提亚人也选择了时尚：在他们的早期都城里，人们发现了制作希腊演员面具的指导手册。希腊文化是如此生动有趣：它有剧场，有体育运动，有引人入胜的书籍，还有优雅的宴饮方式——酒会。作为对希腊文化的回应，公元前2世纪中叶的一个犹太人将《出埃及记》的故事改编成希腊悲剧。相比之下，在希腊人到来之前，作为一个犹太人，他的生活一定是非常乏味的。在贸易和艺术、福利和知识、文学和文化等诸方面，希腊人都超过了他们的亚洲臣民。与此相比，只有犹太人创作了一些文学性的作品，但数量很少，很大一部分又是寻求神圣的启示和"智慧"的。仅有一个公元前2世纪的传说证明了这一点，即托勒密二世赞助了对犹太经典《旧约圣经》进行严谨的希腊语翻译[1]。尽管有些人相信这个故事，但也可能这个故事是在翻译之后为了扩大其影响而附会的。

反过来，希腊人的情况如何呢？同亚历山大一样，大多数人不会两种语言，但学校教育仍然同化了他们。乌许斯河畔，将希腊化城市分成两部分的城墙是为分开希腊人和土著人而建的，这同古老的马西利亚（Massilia，今马赛）的情况是一样的。但此处还应该提及的是，任期内的统治者通常比城市更加开明：犹太朝臣和一些埃及人就一同为数位早期托勒密王朝君主服务过。亚历山大的同伴们并没有立刻忘记他的野心。军队需要人才，特别是伊朗的骑兵，托勒密王朝创造的新神塞拉皮斯（Serapis），实际上就是希腊神和土著神的混合体。帕加玛的阿塔利德国王将自己作为希腊文化免受野蛮高卢人劫掠的保护者来颂扬，这也是事实。而在埃及，早期托勒密王朝把希腊文化置于新王国的风俗习惯之上。像埃拉托提尼（Eratosthenes）这样的博学家，对所有土著人都十分开明、平等；他关于气候"带"和地理的总体理论，支持了他的这种态度。克里亚库斯（Clearchus）曾从德尔斐旅行至乌浒河，还对犹太人、婆罗门（Brahmins）和波斯僧侣（Magi）的智慧进行了比较。塞琉古王朝派往印度的使者麦伽斯提尼（Megasthenes）留下了引人入胜的记载，记述了他在前往印度恒河河畔孔雀昂过宫殿的旅途中的所见所闻——这其中当然包括了某些轻微的误解。希腊的教育和理论并没有完全扭曲阿加塔尔齐德斯（Agatharchides，约前170—前145）生动描写红海沿岸部落的价值。此人是托勒密王朝后期一个官员的秘书，是一个富有魅力的人。

基本来说，观察其他民族的希腊人，比他们同时期的一整代历史学家

---

[1] 即七十士译本。——译注

具有更敏锐的洞察力。睿智的人立刻就能发现罗马强权的致命企图，"西方的云"正威胁着他们的自由。的确，与汉尼拔的战争还没有结束，在内陆的希腊人就已经认识到：威胁他们的是罗马而非迦太基，西西里的战争证明了这一点。他们没有学习拉丁语，但他们比后来那些掌握拉丁语的学者更具远见。公元前146年，科林斯被洗劫，阿加塔尔齐德斯评论说，遥远的塞巴阿拉伯人（Sabaean Arabs）认为，他们之所以"直到我们的时代"还能拥有丰富的文物，是因为他们远离了那些"以强权打击所有地区的人"——实际上，他指的是罗马人。

## 文学和赞助人

在公元前300年至前145年间，最好的希腊文学作品是如何与奢靡的国王和坚韧的城市文化这一背景相适应的呢？我们遗失了太多东西，特别是在散文方面，因此，对它们的评价都是暂时性的。在130个曾写过希腊悲剧的零散名字中，可能会有某个符合我们口味的大师吗？作为一个有才能的人，这是一个令人兴奋的时代，因为在散文和诗歌的古老传统中出现了新的形式。每部高质量作品的作者，都会在王室所属的城市里得到国王的赞助。那么，这些国王对新的文化复兴做出过贡献吗？

只有被放逐的人、囚犯或者饥饿的人，比如说在公元前4世纪晚期喜剧里的某个角色，才会求助于国王。作者们看到了机会。他们一直宣称自己忍饥挨饿，在从自己的家乡被流放之后，通常会从事写作。尽管米南德表示拒绝离开雅典，其后却有很多文化人自由地前往各个都城。宫廷里的文学生活并非令人无法应对。没有要求诗人撰写官方作品却遭到拒绝的故事，也无须圆滑的中间人来指导国王和作者之间的关系。阿塔利德的国王们收到了赞扬的散文，塞琉古王朝收到了史诗，但是这些并非其作者兴趣的全部。在亚历山大里亚，对王朝的诗歌赞美经常采用一种诙谐和间接的风格——最好的诗歌是献给王后的，而不是献给国王的。在派拉（Pella）也有诗歌应和的迹象。

然而，除了偶尔的政治宣传材料外，国王们会长期赞助什么研究呢？我们对亚历山大里亚的赞助情况了解得比较多；但在这里，托勒密王朝的记录也很有限。他们赞助的文学并没有产生出类似历史学和哲学领域的杰出人物。他们有一个按字母顺序列出的津贴表，一个缪斯圣殿和两个图书馆。他们亟须一名王室教师来指导小王子们的学业，一名王室图书馆员来管理藏书不断增加的书库。国王们长期赞助实用的行当和行业，比如家庭教师、科学、图书馆和文本研究。起初家庭教师和图书馆员也包括那些写得一手好诗的人；但到了公元前2世纪，他们就只是文献批评家，而不再是原创者了。

除戏剧外，诗歌偶尔也会得到赞助。诗人可以自由往来于各个王宫，但文本研究者的流动性不大。我们至今仍然保存着的并给予无限赞美的诗歌，并不是当时流行的。希腊化时期的诗歌得以留存，主要是通过约公元前100年以前的两份纸草文献：一份可能是学校教师的手稿，另一份包括了对大量晦涩诗歌的释译。散文也是如此（不包括历史）。国王的手下对此并不大重视。正如12世纪欧洲君主制的发展促进了对有关王室故事的赞助一样，国王和朝臣的新时代也发展成为记载小道传闻的黄金时代。最好的故事都与国王有关，甚至托勒密八世在他的回忆录里，还能回忆起大约一个世纪之前记载着托勒密二世嫔妃的那份令人炫目的名单。上层阶级通过这些小道传闻揭示了自身的情况，也进行自我评判。希腊化时期的宫廷是优雅的、具有讥讽意味的，并未被王权所压倒。小道传闻跨越了文学的界限，在亚历山大里亚，喜剧诗人马孔出版了关于大人物和妓女交往的讽刺诗；之后在帕加玛，好笑的奇闻异事似乎成为卡里斯提乌斯（Carystius）散文体的《历史笔记》（*Historical Notes*）的主要内容。上流社会喜欢读这样的故事：不知疲倦的希培（Hippe）如何在私下里叫托勒密二世为"爸爸"；"围城者"德米特里乌斯（Demetrius the Bessieger）在让拉弥亚（"吸血鬼"）[1]在一大堆香味和药膏中选择的同时，如何说着和做着最粗俗的事。在安条克，塞琉古王朝晚期的国王们所拥有的绰号，也是在一种与此相似的不敬气氛下产生的。

图书馆被证明占有相当大的分量。学术研究是公元前4世纪的作者们的发明，王室的赞助只不过是推动其自由发展。文学因好古趣味而备受青睐。在王室圈子里，其关注范围（历史除外）与后来（公元9—10世纪）伊斯兰统治者同样优雅的圈子中的学者与朝臣们所关注的，有着惊人的相似之处。它拓展至简略的传记辞典、列表和名录、关于自然奇景的生动作品，以及一长串世界奇观和奇迹的名称。同伊斯兰朝臣一样，希腊化时期的作者也是百科全书式的博学，对传说和异国情调情有独钟，这使得他们的作品远比阿基米德以"特别迟钝的多利安风格"写成的杰出科学小册子更具可读性。这些书是旨在探究的书，探寻的东西比亚里士多德知晓的还要古怪。总体来说，它们是非科学的，但却是绝好的谈资，比如关于世界上最大的河流、最令人印象深刻的景观等受人欢迎的名录。我们应该记住它们的可取之处。散文作家如此兴奋炫耀的浩繁卷宗，很少能保留下来，但它们的题目道出了这些卷宗的内容，卡里马库斯（Callimachus）的作品说得最为清楚。他的《德谟克利特的稀有词汇和文章一览表》（*Table of the Rare Words and Compositions of Democritus*）只针对爱好者；不过读者可以在他的《蛮族人的习俗》（*Customs of Barbarians*）、《世界奇迹集》（*Collection of Wonders of the World*）以及《论欧洲的河流》（*On the Rivers of Europe*）、《论鸟》（*On Birds*）、《论风》（*On Winds*）等著作中发现更多东西；但在他的专著《关于鱼类名字的变化》（*On Changes of Names in Fish*）中可能不会有如此多的信息。

---

[1] 拉弥亚（Lamia），"吸血鬼"，希腊神话中人首蛇身的女怪。——译注

希腊化时期，最令人殚精竭虑的学问得到了很好的指导。在亚历山大里亚，第一批图书馆员是学者、诗人；从这样的组合中产生了专业的科学研究，并在公元前3世纪20年代之后，发展至顶峰。诗人最初为何是这种角色是可以解释的。散文使用宫廷中通用的阿提卡方言，直到公元前1世纪古典复兴前，才与日渐发展起来的俗语相对抗。然而，所有希腊诗人都忽视了口语方言，反而去追寻古老文学作品中的语言和韵律。不和谐的韵律重新兴起或被应用到令人不愉快的主题上。卡里马库斯通过复制最难的形式，增加了一种新的韵律，即在一种宗教颂歌中使用的、由两个抑扬格音步组成的短句断裂文体（staccato galliambics）。学者诗人开始通过自己的研究充实语言。如今，W. H. 奥登（W. H. Auden）[1]把为语言立法和保护语言的纯洁视为诗人的职责。希腊化时期的诗人还制定了规则，但针对的是已死的文学语言。他们的诗歌大多极难翻译，因为其中充斥着仿荷马的创新词、古典文学中晦涩的双关语以及对同义词的过度喜爱。在公元前3世纪中期的一份纸草文献上，我们找到了一首诗歌的"词汇表"，上面列出了罕用的复合词。在寻找非常贴切的字眼时，一些不太出名的诗人会去查找手边的目录。到了公元前2世纪早期，亚历山大里亚的图书馆员阿里斯托芬编纂了一部鸿篇巨著《词语》（*Words*），可能与他的《论被疑为早期作家没有使用的词语》（*On Words Suspected of Not Being Used by The Early Writers*）主题相同。到公元前200年，文学研究有了自己的专家，而他们已不再是诗人。

在为腓力和亚历山大服务期间，王室教师亚里士多德和他的亲戚卡里斯提尼（Callisthenes）致力于荷马文本的研究，这是他们的伟大学生亚历山大热爱的人物。大约从公元前201年到前145年，在亚历山大里亚，学术研究成为一门学科，王室图书馆员做了开路先锋。卡里马库斯已经出版了120卷本的著名目录《各分支学科名人及其著作表》（*Tables*

---

[1] W. H. 奥登（1907—1973），是艾略特之后最重要的英语诗人。——译注

*of Persons Conspicuous in Every Branch of Learning and a List of Their Compositions*）。后来的学者也做了大量工作，使图书馆的馆藏日渐丰富而不是规模萎缩。没有证据表明存在针对伪造文书的批评性作品。由于学者们宣称旧的文本无法令人满意，国王们不得不努力获得新的著作和新的文本。阿里斯塔库斯（Aristarchus，约前215—前145年）是艺术大师，作为教师和图书馆员，他培养出下一代最好的考据家；他的特征便是拥有敏锐的历史感觉、谨慎以及理智的语法规则理论。这些考据家提出的假设以及对文献的删改产生的影响，远远小于他们对我们今天所见的文本的整理。

学术研究的黄金时代，从公元前3世纪晚期一直持续到公元前2世纪中叶；此后同哲学一样，陷入了对不同观点所做的颇为费力的综合整理。评注考据也类似哲学。这一综合整理之后，是激烈的派别争论时代，即公元前2世纪的亚历山大里亚的"类比推理者"（analogists）和帕加玛的"人定论者"（anomalists）之间的论战。学习这些学科的最好方法是个人面授，因而在语法学家那里，师生间的关系非常紧密。阿里斯塔库斯到底说了什么？他的教义没有大量手抄本，而在一手讲义笔记的流通中却发展起来了一种常见的手工业。于是，学术研究自然而然地开始关注学者作品本身。阿里斯塔库斯的学生，图书馆员阿摩尼乌斯（Ammonius）写下了关于希腊学者虔敬的杰作——《论阿里斯塔库斯的〈伊利亚特〉校订本只有两个版本的事实》（*On the Facts That There Were Not More Than Two Editions Of Aristarchus's Recension Of the Iliad*）。

王室有学问的人不仅要接受他们的文本，彼此之间也要互相接受。除了编纂更多的信息和攻击其他人的观点外，还有什么办法能证明自己比其他那些可怜的人更博学呢？后来的一个传说把3500本书归于亚历山大学派的学者迪迪玛斯（Didymus），证明了他的绰号"厚脸皮"名副其实。著名的埃拉托色尼涉足众多领域，自此很少有人能与他比肩。他在地理学、年代学和天文学方面都有出色的著述，比如《好的和坏的品质》（*Good and Bad Qualities*）。除此之外，他还创作了一些著名诗歌，包括一首关于立方体对折方法的机智短诗。很多稍逊色一些的人涉足的范围，也几乎同样宽广。

乍一看，那些争论简直令人沮丧。缪斯圣殿一度被描写成"缪斯的鸟笼"，其主题是关于一些壮观的斗鸡场面的。争斗始于卡里马库斯对一些诗人和批评家的攻击——这些人的品位和目的与卡里马库斯不同。在文本研究的题目方面，亚历山大里亚与帕加玛的学者们进行了一场关于希腊化的小型"战争"。文学批评则得益于这些相互抨击而繁荣起来。阿里斯塔库斯抨击泽诺多图斯（Zenodotus），德米特里乌斯和克雷特斯抨击阿里斯塔库斯，帕勒摩攻击埃拉托色尼，等等。胜人一筹的伎俩能使一个人成名：阿里斯托芬尼斯（Aristophanes）甚至写了这样一本书《反对卡里马库斯的图书馆目录》（*Against Callimachus' Library Lists*）。但这是一个不能引起学术争论的死题目。人们的语调是可怕的，然而经审查发现，这些争吵不只是为了获得升迁而展开的斗争，也不是老一代对新一代的粗暴反应。参与的竞争者们认为原则危在旦夕。卡里马库斯认为一派的诗歌品位完全是被误导的，这一点也不能说不公正。在学术研究中，相信寓意是一种使诗人意喻的远超出其表面含义的工具，这一点至关重要，无论一个人是否是敏感的类比推理者，又或是否是不负责任的不拘常规者。而通过语法学家的创新，这种被证明是最糟糕的个人争执已变得臭名昭著。后人认为，两位亚历山大里亚的诗人卡里马库斯和阿波罗尼乌斯（Apollonius）之间的争论最为激烈——可能是因为卡里马库斯的好斗尽人皆知。并且在后代那些对他们已有成见的学者眼中，作为导师和想象中的学生，两人也似乎不可避免地会成为敌人。现代学者同样扭曲了传说，认为卡里马库斯辱骂了自己的学生，因为学生使用了他的资料却没有向他致谢。这是对学者的有趣评价，但不是对诗人的评价，因为诗人很乐意被人模仿。这一"争执"缺乏任何可靠的证据。

在这种勤勉和竞争的氛围下，我们能在哪里找到那些好的、可读的诗歌呢？在已知的极少的散文里，隐隐地显露出新的形式和新的重点，但它们与王室赞助人没有什么直接的联系。传记的早期形式在这与众不同的时代繁荣发展，培养出人们对过去的那些伟人的兴趣。然而，它是虚弱无力的，常常由于缺少社会和心理背景意识，变得呆板且流于八卦风格。传奇的种子此时也被大量孵化出来。亚历山大传奇是其中最好的一部，出现在伟人辞世后的十几年里。与大众小说相应的是一种大众说教的新形式，作为"咒骂"放在散文里，被归到吟游诗人彼翁（Bion）[1]名下。学者埃拉托色尼抨击他是一个穿着妓女花衣的骗子。而我们对此了解得太少，以致无法判定。不过在与他相近时代的梅尼普斯（Menippus）发明的散文与诗歌的讽刺混合体中，存在一些原创性内容。这些作品取笑了哲学家们和他们的双重标准，并在后来赢得了罗马讽刺作家的兴趣。最好的例子可能来自那个富有同情心的人物泰蒙（Timon）。他只有一只眼睛，却因为美德，因为对花园的爱、回避学生的技巧，以及对被狗和仆人打扰的深恶痛绝，而为人所怀念。在讽刺诗里，他调侃式地模仿哲学家，并取笑当时的地理学家。他称缪斯圣殿的学者为"隐居的书虫"，他打击图书馆里的学者，他说最好的荷马史诗是在诗歌被改得面目全非之前的老文本。泰蒙早年是以舞蹈为生的，对此人多一些了解不无裨益。

　　不太引人注意的还有，在亚历山大辞世后的十多年里，以嘲笑言论对具体的两难推理和法律决定进行的学术辩论扩大了。新喜剧与它们的精神有共同之处，我们首次听说这一切发生在新喜剧的早期阶段。我们也知道了韵律的和夸大其词的修辞风格，即亚洲风格（Asianic style）。在奥古斯都时期，批评给了罗马人结束这种奢华的信心，并通过稳定的道德影响使散文回归到冷静的古典风格。但这种观点是有问题的。演说术并没有堕落成浮夸，它仍然是城市源源不断遣派去国王——此后是派往罗马——那

---

[1] 彼翁，生活在公元前100年前后的古希腊田园诗人。——译注

里的使节的看家本领。但我们已经失去了这种实用的演说术。在公元前2世纪40年代，"东方化"的大师正受到阿加塔尔齐德斯（Agatharchides）的批评。而他自己的散文风格却因其言辞高贵、清晰和雅致，在后世备受赞誉。

## 希腊化时期的诗歌

在保留至今的希腊化时期的文学作品中，诗歌是最为精美的一种类型。对于诗歌的古典风格而言，抒情诗无疑可以作为亚里士多德和亚历山大之后的候选类型。贵族在政治上对其公民同伴们提出建议和进行抨击的时代已经一去不复返了，然而男人们仍然会死，会坠入爱河，仍然会饮酒、参加宴会、追求迷人的男孩子。传统的宴饮聚会，即"酒会"，在公民和朝臣中非常流行，也为优雅的诗歌提供了一种自然背景。尽管没有王室的鼓励，希腊化时代的第一批诗人仍然找到了机会，回归于以往抒情诗大师们的主题、韵律和方式。同早期的诗人一样，他们也致力于创作底层大众的歌曲。为了适应新的背景，他们扭曲了这些主题，并添加了学识、智慧和雅致，让歌曲适合受过市民教育的真正的"老男孩"。

我们对公元前4世纪的诗歌所知甚少，以致我们可能丢掉了重新发现抒情诗的根基。对我们来说，它的影响在讽刺短诗中是最为明显的，跨越了从约公元前300年到前240年之间的黄金时代。诗歌大师们用他们的个性和文学品位填充了这个时代，不断超越他人的诗歌，设计的双关语如此文雅，至今我们仍可以带着愉悦对之进行解读。特别是在亚历山大里亚，讽刺短诗表达了对一个亲密而自由的朋友圈子的印象，他们正为自己新技艺的优雅而狂欢。他们留下了更多其中带有观点和对话的诗歌，这些诗歌被他们置于谜一样的背景中。这让我们看到了他们的自我意识，以及他们在酒和女人、酒会和轻浮男孩中间的生活。

最早的大师是萨摩斯的阿斯克勒皮阿德斯（Asclepiades of Samos），一位令人尊敬的诗人，他给我们留下的多数是他的爱情诗。在他关于妓女和以会饮为背景的诗歌里，有观点，更有一种善意的自我意识。爱与酒的关系是他的主题；同时他也意识到，如果一份爱情失败了，人总会在某一天拥有另一份爱情。波西迪普斯（Posidippus）涉足了类似领域，同样在城市的主要建筑物上为我们留下了一些令人愉悦的短诗。学者们发现，很难将阿斯克勒皮阿德斯的诗歌与他的萨摩斯同伴赫狄鲁斯（Hedylus）的诗歌区分开来，可能他们本来就是亲密的朋友。赫狄鲁斯留下来的短诗嘲讽了贪吃者和盛大的酒宴，使我们认识到：好的酒会是一种品位和修养的表现。这三个人之后是辞藻华丽而富有吸引力的狄奥斯科里德斯（Dioscorides），他为一个波斯人和一个在埃及乡间居住的人所写的墓志铭，引导我们走出了这个狭小的都市世界。当过去和当时剧作家的诗歌提出文学史上那些引人入胜的问题时，他正以华丽的诗作展现出亲密同伴多利斯（Doris）矮胖而殷勤的形象。

讽刺短诗的大师是王室教师卡里马库斯。他熟知别人的作品，并在长诗中攻击他们的品位。反过来，他们挑出他的一句最好的诗，把它重新放置在一种猥亵的背景中。如果卡里马库斯的讽刺短诗是我们已知的他的全部作品的话，那我们对他的描绘该有多么大的不同！在这些诗中，他的语言清晰而流畅，他对诗歌形式的把握仍然受到所有希腊挽歌作者的艳羡。在他的短诗中，我们看到了男孩们的不幸情人卡里马库斯，正饱受他自己无法控制而他人又无力承受的热情的折磨。他是"知道如何在传酒过程中获得快乐"的卡里马库斯，也是能斥责神的裁决的卡里马库斯。没有什么能阻止他的艺术。他能说出有关盐窖的绝妙双关语，或者为自己优雅的文学品位进行辩护。而现存的有限的阿斯克勒皮阿德斯诗歌，则是自我意识更浓厚，感情也就比主题更深刻。王室教师和编目员同样可以很幽默。他为自己的朋友医生菲利普斯（Philippus）写下一组绝妙的诗句，说明诗歌能够治愈深陷情伤的男孩子，饥饿也具有同样的作用。诗人和他的朋友能藐视爱情，因为他们拥有这两种治疗方法。提及诗歌可能是在暗指伟大的狄奥克利托斯（Theocritus）所作的一首诗。讽刺短诗的语言则具有一种与医生相称的治疗性的音调。

更深入地说，卡里马库斯给我们留下了一组最出色的希腊文墓志铭。这些都是讽刺短诗的传统主题，并且因几个已逝的朋友再次流行、兴盛起来。这些朋友中，有贫穷却多才的赫拉克利特（Heraclitus），"他的谈话累坏了太阳"，他为我们留下了一首精妙的葬礼诗作为纪念。这都是些伟大的诗歌，简洁、角度精准且感人至深。不过，讽刺短诗是偶然献给卡里马库斯的赞助人的。没有国王会像支持诗人那样给予其他艺术家长久的支持。他们所要感谢的应该是他们所提及的城市和宫廷社会奇观。两位重要诗人在亚历山大里亚来来去去，其他的好诗则都是在远离国王的地方写下的，然而缺少了大城市的语调。

李奥尼达（Leonidas）来自希腊西部的塔林敦（Tarentum）。他的主要才华体现在对乡村生活的场景和物品的描写上，以及他写下的关于自己简单而贫穷的生活的诗句。我们听说两个天才女诗人也具有相似的风格，一个是洛克里的诺西斯（Nossis of Locri），她的诗描绘了女性的家居生活；另一个是提吉亚的安妮特（Anyte of Tegea），她用迷人的诗句展现了浓烈的田园风情。得益于安妮特，我们还拥有了最早的、为宠物所写的著名墓志铭，这很快演变成为托勒密王朝"上等人"的狗，和在埃及或阿富汗的狩猎中被"隆重"宰杀的动物而写作的诗歌。这些"西方化"短诗的音调在翻译过程中已经丢失了，最终被转换成了韵律。大体而言，它们消失了，"不是结束于锤子在铁砧上的撞击声，而是结束于六弦琴衰弱的音符中"。这种安详而静谧的静物氛围，不得不与精美的语言和优雅韵律的缺失相抗争，但有时它却能赢得这场战争。

到公元前3世纪40年代，创造和竞争的第一个时代渐行渐远。风格被甜美地模仿，诗歌的中心也从亚历山大里亚转移到叙利亚的城市。叙利亚的梅勒阿格尔（Meleager）在他的伟大诗选《花环》（Garland，约公元前

100年）中收录了50多位讽刺诗人的作品。在头一次的发展高潮中，讽刺短诗把我们带到了新诗的前沿。诗人引发了同时代人对优雅挽歌的新兴趣：哑剧和田园诗、扩展的抑扬格、对智慧和哀婉诗句的喜爱。面对古典传统，希腊化时代早期的大师们没有反抗形式和规则。这里没有旋涡派画家（Vorticists）和意象派诗人（Imagists）；相反，他们使形式更加精美，使韵律的规则和古语更加多样化。希腊艺术家们尤其能在受到自身局限时发挥才干。

狄奥斯科里德斯的讽刺短诗尊崇新的剧作家，但评判他们的依据却没有留下来。然而，在较低水平上，一种对哑剧的新兴趣突然产生了。这种粗俗的、大众的描述，在多利安散文里活跃起来；西西里的大师叙弗伦（Sophron）曾一度影响了柏拉图。从其特点来看，希腊化时期的诗人赫罗达斯（Herodas）和狄奥克利托斯给文学带来了新意和精美。赫罗达斯的天才一度被低估。他的诗歌仅仅重新出现在1891年的纸草文献中，又被错误地认为是同时代的"现实主义"风格。评论弄错了他的形式和语言。他复兴了衰落的抑扬格韵律和公元前6世纪诗歌所用的古老爱奥尼方言，并把这种知识附加在平庸的哑剧里。他保存下来的描述是生动的，并且展现了社会历史邪恶的一面。最优秀的诗涉及女性，尽管少有令人愉悦的视角。一个女人试图说服另一个丈夫远在埃及的女人，让她必须跟着自己的直觉走、有自己的婚外情。一个生气的母亲把放荡的儿子带到校长那里接受鞭打：首先，一个曾向奴隶求爱的女人，因这个奴隶的背叛决定让人鞭打他；接着，在仆人的请求下，她平息了怒火。没有原因能够解释为什么一个好演员不能在舞台上表演这些情节。赫罗达斯有自己的批评者，有明显的例子表明，他的描述与科斯岛有关。他还进入了托勒密王朝的内部政治圈，具有较高的文化素养。可以确定的是，他留下了希腊化时期最恶作剧的一个笑话：当他的一个女人唱出了对在友人家发现的假阳具的赞美之歌时，有人告诉她这曾经属于"诺西斯（Nossis）和伊利娜（Erinna）"。这两个名字属于两位著名的女诗人。赫罗达斯无疑在取笑两位文学世界中的古板女性。

其他的哑剧诗是狄奥克利托斯写的，在音调和语言上都十分讲究。他将诗歌置于六步格中，这是一种针对平庸主题的庄重韵律，营造一种故意的不和谐。诗作中最好的一首讲述了两个叙拉古女人参观亚历山大里亚王室节庆的故事。方言、反语和参观者穿过人群时单纯的惊奇感觉，都是对这个大都市繁荣的刻画。有一部关于魔术以及青少年初恋的戏剧也不错。我们还应该更好地了解两个穷渔夫之间的对话，不管狄奥克利托斯是否是其作者。狄奥克利托斯一直是这个时代最好的诗人。他生于西西里，可能是在叙拉古。在公元前3世纪70年代，他尽力侍奉托勒密二世，之后又回到饱经战火的家乡西西里，侍奉国王希罗（Hiero）。他曾经在作品中影射亚历山大里亚的大师们，最好的两首诗流行于亚历山大里亚城市群之中，一首在城里，一首在科斯岛上。在他提到的诸多植物里，他对爱琴海东部的而不是西西里的植物群有种轻微的偏见。除此之外，他是那样神秘，尽管在对普鲁克斯（Pollux）的颂歌中有一段很出色的短诗显示出他懂拳击，堪称同时代亚历山大里亚图书馆员中的翘楚。

狄奥克利托斯的好诗多种多样，但他的声誉主要在于他对田园诗的发明。以他为榜样，开始了新的传统，为我们带来了维吉尔（Virgil）的《牧歌》（*Eclogues*）、斯宾塞（Spenser）的牧人们、亨德尔（Handel）的《埃西斯和格拉蒂亚》（*Acis and Galatea*）和莎士比亚的《冬天的童话》（*Winter's Tale*）。狄奥克利托斯的作品被译成多国语言，甚至直接影响了19世纪的俄国诗歌。古代人其实自己也很困惑，田园诗究竟来自哪里。他们猜测，也许来自于阿尔忒弥斯各种节日上的合唱——但这可能是错的。更合理的猜测是，可能源自牧人用来消磨时间的牧歌。在多种文化当中，牧羊人都与歌曲有联系。

长久以来，狄奥克利托斯变化多样的田园诗形式，令读者迷惑。菲利普·西德尼爵士（Sir Philip Sidney）说，"诗歌的樊篱所在的"那一点"是最低点"。一些人为他的现实主义惋惜，另一些人为他的技巧惋惜。

牧羊人怎么会那样讲话？同样，狄奥克利托斯怎么能让他的牧羊人如此粗鲁？18世纪的田园诗人更喜欢维吉尔。"我不把狄奥克利托斯看作是一个传奇作家"，蒙太古夫人（Mary Wortley Montagu）[1]对亚历山大·蒲柏（Alexander Pope）这样说，而蒲柏在年轻时就是一个田园诗人："他仅仅描述了故乡农民生活的平凡画面……我毫不怀疑，如果他是大不列颠人的话，他的田园诗里就会充满对打谷和搅乳的描写……"

　　事实上，狄奥克利托斯的魅力就在于他"脚踏两只船"。他笔下的牧羊人仍然彼此之间开着粗俗的玩笑，对着他们的羊群吹口哨。除了对植物的细致观察，他对希腊的季节变换以及昆虫的习性也有所体悟，以至一个批评家认为他跟科斯岛上的医生学过博物学。与此同时，他又以其优雅和对早期抒情诗主题的运用而诱惑着我们。狄奥克利托斯的牧羊人在彼此相遇时，用歌唱来互相挑战。他们的歌声以叠句和重复令我们愉悦——这样的风格可能源自于真正的山歌。但它们也会把被驱逐的情人和狂欢者的主题编织在一起，把为告别和回归的旅行者而写的诗歌编织在一起。在过去的挽歌和抒情诗中，我们经常能找得到这种写法。人物丑陋而透着机智，他们喜欢海边圆目巨人的"都市"悲叹，喜欢少女的嬉戏，在狂吠的狗和一捧苹果中向少女示爱。在其中的一种形式——挽歌中，田园诗几乎可以迎合每一种品位。狄奥克利托斯笔下的诗歌既有形式，又有哀婉动人的诗句。所有特征都齐聚在为一个垂死的牧羊诗人而作的挽歌中，并附和着对叠句的优雅使用。为牧羊人达夫妮（Daphnis）而作的田园挽歌，发展成为死去的诗人朋友或老师而作的挽歌。为彼翁所作的令人感动的哀歌中，有自公元前100年以来最优美的希腊诗歌。在意大利的佚名作者，则在作品中比较了年复一年的自然更迭以及人的永久死亡。而以下这些挽歌中，我们立刻就能找出三首堪称伟大的诗作，弥尔顿的《利西达斯》［Lycidas，为他大学时期的朋友爱德华·金（Edward King）而作］、阿

---

[1] 蒙太古夫人（1689—1762），英国女诗人、书信作家。——译注

诺德的《塞西斯》［*Thyrsis*，为诗人克拉夫（Clough）而作］，以及《阿多尼斯》（*Adonais*，或济慈悼歌）——这是雪莱的成名佳作。他的朋友利·亨特（Leigh Hunt）在1816年秋天向他介绍了希腊化时期的田园诗。"像夜来香的芳香，"他后来写道，"以过量的甜腻控制了灵魂，使人觉得晕眩。"

在希腊化城市兴起的背景下，田园诗的出现被误读了。有一个令人愉悦的故事，讲的是饱受痛风之苦的托勒密二世，偶然从自己宫殿的窗户向外望，看到了在尼罗河岸边野餐的人们，他非常羡慕普通埃及人的生活。但这种感觉并不是田园诗的源头。田园诗对新城区内的外国居民的生活不感兴趣。狄奥克利托斯的田园诗歌与亚历山大里亚没有明显的联系——但只有在这座巨大的城市中，人们才能轻易走进附近的田野，就像他第七首《牧歌》（*Idyll*）里科斯岛上的人物一样。城镇和乡村彼此错落，人们便不会感受到城市生活的压抑。当然，分界线是文化上的。田园诗把极端城市化的智慧和精致，转移到了那些很少具有城市价值观的人身上。田园诗一直能在精美的都市文化阶段里保持繁荣，犹如斯宾塞笔下的英格兰或华托（Watteau）[1]的法兰西那样。在希腊，它也是产生于同样的价值观：精致、技巧和对古典传统的反思、学习。这些品位一直受到公元前4世纪后期城市文化的哺育，希腊化时代早期的"都市生活"或王室，对它并没有什么影响。

同文学上的哑剧和讽刺短诗一样，田园诗将都市风格融进了博大精深的语言和韵律之中。而早期抒情诗则促使都市风格的风头盖过了其他风格，成为主导。在亚历山大里亚，两类顶级学者——王室的教师和王室的图书馆员，以更为大胆的形式追求着同样的价值观。

年纪较轻的一位图书馆员是阿波罗尼乌斯（Apollonius），他最有名的一首诗表达颇为大胆。在伟大史诗占主导、口头文化已消失甚久的时代

---

[1] 华托（1684—1721），18世纪法国著名的画家。——译注

背景下，他试图为被详细研究的阿尔戈英雄们的历险写一首史诗。古代人断言，阿波罗尼乌斯在年轻时写了这首诗，首次发表后反响并不好；诗人遂隐退至罗德岛，待到返回时，他带来了修订版本。说这个是"第二版"，似乎是正确的。但在这首诗的背后，作者的阅读范围也显示出，王室图书馆的魅力已经进入故事里了——不管是在阿波罗尼乌斯被任命之前还是之后。多亏了他的学识，古代评注者的工作也因他的眼界拓展到了极限。透过他的语言，我们能够对这一时代亚历山大里亚学者有关具体词汇的准确含义的某些论点提出质疑。至于他的作品内容，我们可以看到那些关于地方古迹的散文始终伴随着精彩的荷马式双关语和晚近诗人的典故。在他全部的参考文献里，对卡里马库斯明显的影射和感谢被格外夸大了。但为什么这位图书馆员和教师未曾读过与他的主题相关的书籍，人们不得而知。

阿波罗尼乌斯诗歌的弱点也显而易见，诗作中没有平衡感，结束得十分突然。我们一会儿在西方遇到瑟茜（Circe），她正受困于噩梦之中；而200行之后，我们又在利比亚的沙漠里汗流浃背，担心死亡的到来，此刻，美狄亚的女仆正唱着她们的天鹅之歌。以我们的观点看，在他的诗里，一些显示博学的段落有着相当多的诗化脚注的痕迹，王室图书馆的收藏对诗人来说是一种长久的诱惑。从本质上看，故事本身是插话式的——去往柯尔契斯（Colchis）的漫长旅程（第一至二卷）、在柯尔契斯的活动（第三卷）、漫长的回乡历程（第四卷）。但阿波罗尼乌斯没有摆脱这种令人不甚满意的结构。在很多方面，与普遍存在于希腊化时代最好诗人中的周期性作品展示相比，他的四卷本长诗不大像史诗。他时常在精神上——如果不是形式上的话——是与狄奥克利托斯相似的。

在最好的状态下，阿波罗尼乌斯表现得极为出色。他作品中最著名的场景是在史诗的第三卷，描绘了年轻的美狄亚对伊阿宋的爱慕。阿芙罗狄忒通过她调皮的儿子丘比特激起了这种情感。但是我们看到，这种情感出自美狄亚自身的思想和情感：她怎么能喜欢一个陌生人超过喜欢自己的父母呢？为什么她应该更喜欢自己的父母？她渴望见到他，而一旦见到他，她脸色绯红，几乎说不出话来。他们彼此相对，像两棵橡树或松树，默默无言，只有清风传递着他们之间的情意。这是希腊人对坠入爱河的女孩所作的最好的描述。在整首诗中，阿波罗尼乌斯使用了荷马式的明喻，共有76处，这是从日常生活中发展而来的古怪感觉或场景。就美狄亚而言，他的比较正中目标。她的心像"玫瑰上的露珠在晨光照耀下"悄然融化，她的思绪像一桶新灌的水反射在屋墙上摇摆不定。维吉尔是阿波罗尼乌斯的细心读者，他很快看到了这段插曲的迷人之处，并将它作为埃涅阿斯（Aeneas）和狄多（Dido）间那场更为深刻、更为成熟的会面的起点。

伊阿宋和美狄亚的插曲，在第一卷伊阿宋与女王许珀茜伯勒（Hypsipyle）的相遇中已经有所预示。这个场景写得十分出色，同样值得阅读。在维吉尔那里，这段插曲也没有消失，他把他的特洛伊人带到了迦太基女王那里。但阿波罗尼乌斯与他所叙述的历险保持了一段距离，他是睿智而带着嘲讽的。他有一种塞巴斯蒂亚诺·里奇（Sebastiano Ricci）[1]式的轻触和绘画天赋，当他讲到海上的仙女一整天都来回摇荡着阿尔戈英雄们的大船，像挽起长裙在海边上玩球的姑娘时——我们能看到他在为自己的洛可可式想象发出会心的微笑。在利比亚沙漠那一边，领头的船像头马一样引领着阿尔戈大船。阿波罗尼乌斯喜欢诙谐的逆转。本质上说，他是希腊化时代早期的学者，正如我们开始要看到的那种类型一样。

他的史诗并不是时代错乱的，而是在两种极端的希腊文化之间摇摆，逃避了一个的同时却又接近了另一个。他几乎避开了那些不出名的作家在"说教"风格下的枯燥学习，比如阿拉图斯（Aratus）关于星星的诗歌，此人"赫西俄德式的"特质和"不倦的"努力为卡里马库斯所钦佩。这些诗人用韵文撰写了大量学习心得，话题从烹饪到种植，但留下来的东西很

---

[1] 塞巴斯蒂亚诺·里奇（1659—1734），18世纪威尼斯著名画家。——译注

难让人佩服。尼坎德尔（Nicander）作了一首诗《被野生动物噬咬的解毒剂》（*Antidotes to the Bites of Wild Creatures*），同他声称要消除的危险一样致命。

相反，阿波罗尼乌斯的手法与迷人的史诗描写非常接近，以某个次要人物（通常是女性），和神话中某一新奇的事件为中心。这些短诗是独立的，是"短叙事诗"（epyllia）。卡里马库斯和埃拉托色尼这样的宫廷学者也写过微型史诗，我们从莫斯库斯（Moschus，阿里斯塔库斯的学生）那里得到一首绝好的诗，是关于欧罗巴（Europa）骑在由宙斯变成的牛背上穿越大海的故事。这些短诗是睿智的，常常也是浪漫的，它们强烈的色彩让人想起提也波洛（Tiepolo）[1]的壁画。这使得维吉尔揶揄并改变了那些一本正经说教的诗人，通过他的《农事诗》（*Georgics*）把这一风格传递下来，使之在乔治一世、二世治下的英格兰奥古斯图斯时代[2]（the Augustan poets of Georgian England）达到鼎盛，在诗人中颇为流行。但短叙事诗只是挪动了地方，它本身并没有发生改变。它首先传到了罗马，接着传给伊丽莎白一世时代的诗人，传给学识与诙谐再次相映成趣时期里的最适当的继承人。尽管受到奥维德的直接启迪，马洛（Christopher Marlowe）[3]的唯美诗歌《英雄和利安得》从很多方面来说，都是熟谙希腊文化的珍品。

王室教师能避免王室图书馆员的错误吗？同阿波罗尼乌斯一样，有可能做过他老师的卡里马库斯写下了同样美好整齐的诗句。他的讽刺短诗同样是雅致的。他曾严肃地思考过诗歌的选择，并在讽刺诗、抑扬格诗以及在后来更具实验性的作品集颇为著名的"第二序言"中宣称，他选择对抗他所称的批评者的"嫉妒"。他赞扬"技术"和"技巧"，"苗条"的缪斯，"无人走过的路"以及源自纯净的、人迹罕至的山泉的水。赫西俄

---

[1] 提也波洛（1696—1770），18世纪意大利的著名画家。——译注
[2] 时间在18世纪。乔治一世全名为乔治·奥古斯图斯，故有此说。——译注
[3] 马洛（1564—1593），16世纪英国诗人。——译注

德是一个合适的榜样，荷马则是一个不可复制的天才。他拒绝写作一首关于单一神话主题或古代历史的连续长篇史诗。"大书就是大害虫。"他这样写道。如果说他与阿波罗尼乌斯有区别的话，那一定是在这一点上。他在自己强有力的抑扬格诗篇中，为自己在不同风格、韵律和方言之间的多样性和可读性进行辩护。在古代评论家的帮助下，我们得以了解他所讨厌的东西。他恐惧或烦恼的是一个"肥胖的女人"，即安提马库斯（Antimachus）的长诗《莱德》（*Lyde*）。这是伟大的讽刺诗人钦佩的一首诗，却引致了他的攻击。他还反对一个可能是亚里士多学派的批评家，原因也许在于卡里马库斯所厌恶的"连续"情节。

对罗马诗人们来说，没有哪个名字比卡里马库斯的更有分量了。维吉尔在一首谈论诗歌窘境的诗中，绝妙地利用了卡里马库斯的前言。有关"新"诗的谈论，击中了追随庞德和艾略特读者的要害。卡里马库斯的学识渊博，但这又能带来什么呢？

不幸的是，他的原作仅留下一些残篇，新的部分还在发现过程中，1977年则公布了出自纸草文献的主要部分。他的抑扬格诗扩大了韵律诗主题的范围，但残篇却很难解，是以闪烁其词的、极其博学的风格写成的。后人对他的四卷本《论起源》（*On Origins*）十分敬仰，而这是一部奇怪的选集。在头两卷中，卡里马库斯提出了一些令人困惑的问题，通常是关于缪斯的；有一个是关于某个陌生人的，他在一个粗俗酒会中与此人相遇并成为朋友。卡里马库斯用一种间接而生动的方式对此进行了描述。这是一首"新"诗，一条"无人走过的路"，询问为什么帕罗斯人在献祭时不使用长笛，或为什么伊西安与特萨利相毗邻。他以凯奥斯（Ceos）一个贵族家庭的起源为由头，以诙谐而隐晦的方式讲述了一个虚构的求爱故事［阿孔提俄斯（Acontius）与库狄普（Cydippe）的故事，片断67—75］。在这段讲述中，他探究了地方崇拜的起源，发现与阿尔戈英雄相关；又梳理了他和阿波罗尼乌斯都能读到的散文资料，但在使用时他比后者更加简洁、精妙。然而他诗作的优点在翻译时无法显现。卡里马库斯在博学的散文作品中找到大量材料，并急切地将它们串联起来，测试自己的读者。他用词颇为讲究。在后两卷书中，他似乎已完全沉浸在对柏伦尼斯王后（Queen Berenice）诙谐的夸赞之中。王后在希腊战车比赛中取得胜利，她的一缕头发变成了后发星座（Coma Berenices），被置于群星中间。

同其他希腊化时代的诗人相比，卡里马库斯漫游于各种不同的风格之间，其最具吸引力的作品在形式上与同代人的作品相似。与他们一样，他试图写作"微型史诗"《赫克勒》（Hecale）。其内容是关于青年忒修斯的英雄功绩的。但极具特色的是，诗歌详述了相关的各个场景：细致述说了在受到严酷考验的前夜，忒修斯被贫穷却好客的老妇人赫克勒接待，包括她朴素的款待、她的回忆，甚至还有一对鸟之间的对话。

在完整留存下来的六首颂歌中，最好的三首以科斯、阿哥斯和昔兰尼城邦为背景。它们把观众对节日中显灵的神的生动感觉与一篇关于神人相遇传说的玩笑般的补录混杂在一处。这些是卡里马库斯自己虔诚信仰的证据吗？恰恰相反，诗人通过那些未受过教育者的简单信仰，来娱乐他自己和我们，其风格颇为老于世故。

卡里马库斯出生在昔兰尼，在进入亚历山大里亚宫廷之前，是一名教师。同很多抒情诗人和大多数历史学家一样，他也遭遇了流放。在幸存下来的爱情诗里，他机智地描述了自己对男孩子的爱情，却从未写过对女人的爱。然而，这种品位在其同代人中非常普遍。他的流放经历和同性恋取向，因形成了他的独特的视域而被格外强调；但他对其所处时代的最显著的功绩，还是他以教师身份留下的。他呈现了他所处时代文学教育的优势和缺陷：荷马式的测试、古文物研究的问答教法、性迷恋和对罕见词汇的关注。与许多教师一样，葬礼隽语和古典颂歌中的卡里马库斯，被描绘成最传统的时期里最成功的诗人。

有一点卡里马库斯是正确的。他的《论起源》和《抑扬格诗》声称是给极少数有教养的人写的。新发现的《论起源》第三卷，在诗人逝世之后一代人的时间里被非常精美地抄写在纸草上，字里行间透出的意义已经需要逐字逐句解释了。在罗马时代，卡里马库斯的"新道路"已经成为伟大的奥古斯都时代的诗人们公认的楷模。但他们具体能读到多少还不是很清楚。一直保留到古代末期的卡里马库斯的诗歌，是学者们和"不得志的博学家"（érudits manqués）的愉悦之源。我们知道，在公元2世纪70年代的埃及，有位收税官使用卡里马库斯的罕见词汇"捕鼠夹"来翻译他登记在册的埃及人的名字，以此来娱乐自己。

同阿波罗尼乌斯一样，卡里马库斯得到了国王们的直接赞助，并有权利使用王室巨大的图书馆。同样，他也具有希腊人幽默的天赋，这始终体现在他的讽刺短诗和颂歌中，但在诗歌表面却装饰着博学而罕见的语言。我们感到，图书馆有时是他最糟糕的敌人。在公元前300年和前240年之间，对诗歌最有效的推动力在别处——即对古风时期抒情诗的使用。在赞助人的促进下，诗歌成了伟大都城里娱乐的源泉和安然生活的背景。于是在这种程度上，文学与君主的政治命运之间就存在了某种联系。稳定的王国意味着稳定的城市，确保了诗人的成长和实践；也意味着稳定的宫廷社会，允许诗人不断尝试并自由出入。在亚历山大之前，最早的希腊化诗人就已经在城市当中成长起来并进入国王的视野，而此时他们的朝廷还相当年轻。到了公元前3世纪70年代，新的君主政体似乎已经稳定，反映在诗作中的便是：那些年亚历山大里亚朝廷的"平静气氛"。那种平静却从此再没有出现过。在海外的失败、内部的争斗，新的蛮族人——罗马人和帕提亚人的崛起，以及在亚历山大里亚被粗暴排斥和剥削的埃及臣民的野蛮状态——此种无政府状态，使得希腊化时期的诗人失掉了创造艺术的天分。然而在公元前3世纪40年代，他们创造出了最好的艺术。此后，亚历山大里亚新的创作势头逐渐消退，诗人们只剩下了对前人创造的模仿。学术研究成为一种特殊的艺术，而诗歌到公元前2世纪却衰落成为乡下的甜美诗。公元前145年，托勒密三世将学者和知识分子逐出亚历山大里亚，致使他们如同点点火花一般分散在爱琴海周围。虽然能写出优美希腊诗歌的创作者们在公元前1世纪获得了罗马人的赞助，但卡图鲁斯

（Catullus）、贺拉斯以及维吉尔回顾过去并以此种品位拣选他们的创作范本的做法是正确的。

伟大的诗歌与政治完全分离了。它是睿智而讽刺性的、温文尔雅而敏感善解的，展现了生活中的不幸。它时常展示情感场景，而这些情感都是可以在神话的离奇故事里，在孩子和老人身上，在女英雄身上，也在家庭主妇身上找到的。就像17世纪欧洲大多数诗歌一样，它只是从新学科以及旅行的偶然经历中抽取了一两个画面。洛可可式的智慧和颜色，以及古老的希腊城邦世界，也是诗歌喜欢表现的内容。我们也许渴望把卡里马库斯拉到东方，去寻找琐罗亚斯德教教徒（Zoroastrians）或者聆听东方伊朗贵族的吟游诗人的吟诵。但卡里马库斯和他的同时代人有着优秀"老男孩"的精致，这是在东方人无法比拟的学校和城市文化中培养出来的。一大群无名教师为诗歌最后时代所贡献的，远远超过任何一个热衷此道的国王。

在我们和他们欢快的都市风情之间，存在着一种浪漫品位的屏障。这种反差在最早的希腊思想中产生了最好的效果。在完美的《达顿河十四行诗》（Sonnets on the River Dudden）中，华兹华斯使用了一种也许会让卡里马库斯拍手叫好的艺术。这是一首十分简短、关于一条河及其源头的诗歌。全诗在音调和主题上变化极大，其中包含着各种知识和地方传说。当河流汇入大海时，这首诗转变成了希腊化时期的田园诗：

> 我们，勇敢、强大和智慧，
> 我们人类，在我们青春的黎明时刻，藐视
> 那些必定消逝的成分：就该如此！

这些诗行以对彼翁的哀悼诗为基础，但是他总结道：

> 够了……如果，正如我们都要走向缄默不语的坟墓一样，
> 经历爱情，经历希望，以及信仰的超卓天赋，

我们感到我们比我们所知的更为强大。

在亚里士多德的影响之下，希腊化时代最优秀的心灵似乎无法有这种感觉。从埃及到印度，希腊文化为人类生活赋予了意义；世间的伟业造就了杰出作品，但作品的要素受自然发展的主宰；而公元前3世纪有品位的人，通过他们当时的学校教育和哲学学习，其智力和理性程度，即使与前人相比，也不相上下。

## 进一步阅读

关于希腊化时期的文化，在C. Préaux, *Le Monde Hellénistique*（Paris, 1978），和C. Schneider, *Kulturgeschichte des Hellenismus*（Munich 1967）这两本书中的参考书目十分全面，包括了各国的内容。同时，P.M. Fraser, *Ptolemaic Alexandria*（Oxford, 1972）是一本基础性资料的搜集和讨论。H. I. Marrou, *History of Education in Antiquity*（London, 1956）是一部经典研究的著作，尽管英文翻译中出现了一些错误。A. Momigliano, *Alien Wisdom*（Cambridge, 1975），R. Pfeiffer, *A History of Classical Scholarship*, vol. I（Oxford, 1968），W.S. Ferguson, *Hellenistic Athens*（London, 1911），以及M. Hengel, *Hellenism and Judaism*（London, 1978）也是非常重要的。M.I. Rostovtzeff, *Social and Economic History of the Hellenistic World*（Oxford, 1941）的研究范围目前还没有被超越。在地理学家方面，M. Cary and E. H. Warmington, *The Ancient Explorers*（London, 1963）为我们带来了生动的介绍。P.M. Fraser, 'Eratosthenes of Cyrene', *Proceedings of the British*

*Academy*，Ivi（1970），175—209，也有栩栩如生的描述。Robin Lane Fox，*Alexander the Great*（London，1973）以及*The Search for Alexander*（Boston，Mass.，1980）描述和说明了最早的征服活动及其影响。希腊化时期的文学在A. Lesky，*A History of Greek Literature*（London，1966），pp. 642—806中有概括性的说明。P. M. Fraser，*Ptolemaic Alexandria*（Oxford，1972）讨论了亚历山大里亚的文学成就——具体说来，是对卡里马库斯的看法。*The Greek Anthology*，ed. Peter Jay（London，1973）选编和翻译了一些警句；赫罗达斯的作品是由他的编辑W. Headlam（Cambridge，1922）翻译的。阿波罗尼乌斯的作品收录在企鹅经典系列中，由E.V. Rieu（Harmondsworth，1958）翻译。

| 第十五章 |

# 希腊化时期的哲学和科学

乔纳森·巴恩斯（Jonathan Barnes）

希腊哲学具有历史连续性。亚历山大大帝的去世，并没有吹响智识变革的号角，希腊化时期的思想家仍然沉浸在泰勒斯和苏格拉底的传统中。但在亚里士多德之后，哲学强调的重点发生了变化：与前几个世纪的哲学原则相比，希腊化时期的哲学——其范围、目的和自我理解——多少有了一些差别。

哲学成为一种生活的艺术。对科学知识的追求，不再是定义哲学家的标志了。相反，一个人的哲学是他赖以为生的东西；哲学家的任务是发现"最好的生活"，并传授它、实践它。伦理学或实践哲学，作为这一学科的主导成分出现了。

实用性决定了哲学的全部课程安排。随着伦理学的兴起，形而上学衰落了。更为重要的是，科学本身从哲学中分离出来，并成为专业人士的追求。这种分离通过地理位置的变化得到了进一步确认：雅典仍然是哲学的主要中心，但是科学中心转移到埃及的亚历山大里亚，得到了托勒密王朝的资助。哲学保留了实际上被称为"物理学"的部分，对自然科学的全面掌握也从未丧失其重要性；但是希腊化时期的哲学家不再喜欢描绘章鱼的器官或记载恒星的运动了。

另一方面，希腊化时代的标志是对知识理论的热切关注。生活的艺术必须以对万物本质的扎实认知为基础，认知的基础在哲学上必须是有保障的。希腊化时期的思想家接受了怀疑主义的挑战：这个时代最为缜密的一些著作，就产生于对怀疑和教条的争辩之中。

由于希腊化时期的哲学家们通过写作互相攻击，哲学因此成了宗派性的学科，各派之间互相攻讦。诚然，在学派内部也有争论，思想却并未僵化成教条。不过变化只发生在一定范围内。一个人会被描述成斯多葛派学者、伊壁鸠鲁派学者或学园派学者（an Academic）：他首先会被认为是某个学派的成员，致力于这个学派的理论的研究及其所支持的生活方式的推广；其次，才被看作是一个真诚追求真理的人。

学派并没有成为排外和封闭的团体。人们可能在几个导师的指导下学习，从一个学派转到另一个学派。哲学是受尊敬和受欢迎的。希腊化君主们在他们的宫廷里招揽了很多哲学家。雅典人投票赠予斯多葛学派的芝诺（Zeno）以公共荣誉。哲学的受众也不只是限于富裕阶层和知识分子团体。提奥弗拉斯图斯（Theophrastus）的演讲吸引了2000多人；当斯提尔波（Stilpo）造访雅典时，很多人放下自己的工作前去欢迎他。甚至在远离雅典的阿富汗的某个偏僻要塞里，考古学家们也发现了人们喜爱柏拉图哲学的证据。

除了上述概括之外，这里还想赘述一下。学者们有时会把希腊化时期的哲学家视为后继者（epigoni），处于白银时代的人们无法焕发出黄金时代的柏拉图和亚里士多德那样的光芒。这是不对的。他们的光芒并没有减弱，在某些方面，比之前时代的光芒更加耀眼。这个时代产生了最为辉煌的巨著。

公元前347年柏拉图逝世后，在斯派西普斯（Speusippus，卒于公元前339年）、色诺克拉底和帕勒摩（Polemo，约卒于公元前276年）的相继领导下，阿卡德米学园的学者们仍然继续进行着哲学探讨。同样，亚里士多德的学园也生存下来，提奥弗拉斯图斯（Theophrastus，约卒于公元前287年）继续了亚里士多德的事业，在他之后是兰普萨库斯的斯特拉波（Strato of Lampsacus）。但斯特拉波死后（约公元前269年），学园便群龙无首了。在希腊化时代的大部分时间里，亚里士多德的哲学已是明日黄花——有影响但是了无生气。

柏拉图主义也死去了。阿卡德米学园一直持续到公元前1世纪，但希腊化时期学园的学者们，尽管一直宣称自己是苏格拉底和柏拉图的真正继承者，却已不再坚持任何被我们认为是柏拉图主义的基本教义。约公元前270年，在皮塔涅的阿塞西劳斯（Arcesilaus of Pitane，约卒于公元前242年）成为学园的领袖后，使学园派皈依了怀疑主义。新学园（New Academy）是一个新的学派。在两个伟大领袖阿塞西劳斯和昔兰尼的卡涅阿德斯（Carneades of Cyrene，约前219—前129）的领导下，新学园派发展出一种全面否定和批评模式的哲学。

在希腊化时代，具有创新性的哲学，既不在吕克昂学园，也不在阿卡德米学园，而是在两个新的地方——伊壁鸠鲁派的花园（the Garden of the Epicureans）和斯多葛学派的柱廊（the Porch of the Stoics）。

伊壁鸠鲁（Epicurus）于公元前341年出生在萨摩斯岛，他的父母都是雅典人。公元前307年，他终于在雅典定居下来，并一直在那里教学，直到公元前271年去世为止。以他名字命名的哲学学派可以概括如下：在伦理学方面是享乐主义——快乐是唯一的善；在物理学方面是原子论——宇宙是由在虚空中运动的微小颗粒组成的；在逻辑学方面是经验主义——我们所有的知识都完全建立在经验和知觉之上。

伊壁鸠鲁派的谨慎众所周知：他们不鹦鹉学舌般地重复导师的话，也不克制对教义的创新。在公元前1世纪，罗马诗人卢克莱修（Lucretius）写作了长诗《物性论》（*De rerum natura*），阐述了伊壁鸠鲁派的思想。在他眼里，伊壁鸠鲁是一个"父亲，事物的发现者"，他的诗歌忠实地追随了伊壁鸠鲁的思想。卢克莱修并不是在唤醒一种已被废弃的哲学：他所欣赏和描绘的体系仍然生机勃勃。

同"花园"一样，"柱廊"也在雅典，但斯多葛"柱廊"的主要人物没有一个是雅典人。斯多葛学派的创始人芝诺（约前333—前262）来自塞浦路斯。约公元前310年，芝诺抵达雅典，在斯多葛柱廊建立了学校。他的衣钵被阿苏斯的克林忒斯（Cleanthes of Assus，约卒于公元前232年）承继和发展。克林忒斯的继承人是克里西普斯（Chrysippus，约卒于公元前206年），他也是从小亚细亚来到雅典的。正是他把斯多葛哲学发展成一种全面系统的哲学，据说"没有克里西普斯，就没有斯多葛哲学"。

斯多葛学派并不因循守旧。学派悠远的历史发展可以分为三个阶段，即早期、中期和后期。中期斯多葛学派从本质上改变了学派研究的重点内容，其主要代表人物是罗德岛的帕奈提乌斯（Panaetius of Rhodes，约前185—前109）和阿帕梅亚的波塞冬尼乌斯（Posidonius of Apamea，前135—前51）。后期斯多葛学派也是如此，这一点在公元1世纪和2世纪塞涅卡（Seneca）、伊庇克特图斯（Epictetus）和马可·奥勒留（Marcus Aurelius）的著作中也有所反映。早期斯多葛学派在教义上也是一致的。也有一些脱离学派的人，其中最重要的是开俄斯的阿里斯顿（Ariston of Chios）。他的研究仅限于伦理学，他拒绝物理学，坚持认为"辩证的推理像蜘蛛结的网——似乎展现了一些技巧，实际上却毫无用处"。克里西普斯自己的"很多观点不同于芝诺，也不同于克林忒斯，他经常说他只需要学习理论，愿意为自己去发现证据"。

早期斯多葛学派的中心原则仍然是十分坚定的。在伦理学方面，他们拒绝享乐主义，倡导一种"美德"的生活；在物理学方面，他们接受唯物主义形式，但是不承认原子论；在逻辑学方面，他们是经验主义者，但是认为在知识发展中，推理是一项主要任务。

在主要的学派之外，也有很多人从事哲学研究，厄里斯的皮洛（Pyrrho of Elis，约前365—约前270）采纳了极端的怀疑主义的思想，坚持认为：我们的感觉是不可靠的，我们不应该做任何判断——只有这样才能带来心灵的安宁。皮洛可能受到印度苦行者的影响，作为亚历山大东征军的一员，他可能接触过苦行者。反过来，他又影响了学园派阿塞西劳斯的怀疑主义。昔兰尼学派（Cyrenaic sect）是由阿里斯提普斯（Aristippus，约前430—约前350）创建的，也具有怀疑主义的倾向："他们弃绝了物理学，因为物理学的主要内容明显不可知；不过他们研究逻辑学，因为逻辑学具有实用性。"然而，他们的主要原则是伦理学的：他们坚持彻底的享乐主义，其依据是身体的愉悦乃是至善。阿里斯提普斯与伊壁鸠鲁之间的亲密关系也经常被人谈及。

阿里斯提普斯是苏格拉底的学生。麦加拉的欧布利德斯（Euclides of Megara，约前435—约前364）也是苏格拉底的学生。欧布利德斯和弟子——其中最杰出的是斯提尔波（Stilpo，约卒于公元前300年），在他们的时代都非常著名。他们对伦理学和逻辑学中的各种问题都有自己的观点，但我们现在对他们却知之甚少。与麦加拉人有联系的是一个叫辩证家（Dialecticians）的团体，他们的兴趣是逻辑的悖论。狄奥多洛斯（Diodorus Cronus，约卒于公元前384年）是辩证家的领袖，我们只能模糊地知道他是一位重要人物。

安提斯提尼（Antisthenes，约前450—约前350）是苏格拉底的另一个学生。他和弟子锡诺普的第欧根尼（Diogenes of Sinope，卒于公元前323年）是犬儒学派的创始人。犬儒学派是一种生活方式，而不是一种理论的哲学。犬儒学派宣称个人自由和自我满足是最重要的，他们鼓吹"自然"的生活，带着蔑视拒绝社会的风俗和传统，毫不在意财富、地位或荣誉。他们还倾向于蔑视快乐（"我宁愿疯狂也不愿自我陶醉"，安提斯提尼如此说）他们对禁欲主义的卖弄是一种普遍的现象——这有时受到赞赏，有时受到嘲笑，主要依旁观者的喜好而定。

阿塞西劳斯和卡涅阿德斯（Carneades）没有著作，但他们的思想却被弟子记录下来。伊壁鸠鲁著述甚丰，早期斯多葛学者们也是如此。然而这些巨幅长卷几乎遗失殆尽。伊壁鸠鲁残留下来的内容最多：三篇介绍性的论文以书信形式流传下来，在赫库兰尼姆（Herculaneum）的废墟里发现了相当多的残片。另外我们还有卢克莱修的作品。至于早期斯多葛学派和新学园派，我们不得不完全依赖于二手资料——即后代作家的引文、改述和提及的内容。也有很多资料来自于充满敌意的或有偏见的证据。想要在分散和零碎的证据之上拼凑出一个前后一致的系统，本来就是一个难题；而评价此类报告，则更是难上加难。

## 伦理学

习惯上，哲学被分为三个部分：逻辑学、物理学和伦理学。希腊化时期的伦理学，同亚里士多德的伦理学一样，关键在于幸福主义（eudaimonia）的概念——康乐、福利和繁荣。伦理学的作用是分析人们的幸福，从而确定获得幸福的条件。从最普遍意义上说，各学派之间总有某种程度的共识。按照伊壁鸠鲁的说法，我们应该"把所有的选择和逃避归因于身体的健康和心灵的宁静，因为这是幸福生活的目标"。宁静或心平气和（ataraxia）在色诺克拉底的早期学园派里受到了类似的赞美，也成为皮洛怀疑论者的口号。斯多葛学派也认同这一理想，因为"它们从人体内驱除了所有能扰乱人心智的情绪——欲望和快乐、恐惧和悲伤"。

为了得到宁静，平息伊壁鸠鲁所说的"心灵的狂风暴雨"，我们只需要思考。在伊壁鸠鲁学派中，这是一种含蓄的假想，即一旦信念被哲学证明是错误的话，建立在这些信念基础之上的恐惧将会消散。克里西普斯明确主张，情绪本身就是一种信念，所以服从于理性的控制。对亚里士多德的哲学来说，这种乐观的理性化与它所推动的伦理学上的清静无为一样陌生。

清静无为，有时被说成是对社会和政治生活的脱离，有时被解释成是对喧嚣动荡的希腊化世界的一种反应。这些解释都难以使人信服。与之前的时代相比，希腊人在希腊化时期的生活并不更加颠沛流离，也没有受到变幻莫测的命运或恶敌的摆布。心平气和并不意味着退回到自我或退回到一种执着的个人主义。伊壁鸠鲁发誓放弃政治生活（"你必须把自己从政治和日常琐事的束缚中解放出来"），但却把幸福置于友谊和社会之中——一个伊壁鸠鲁派的学者"在适当的时候能够培养一个国王"。斯多葛学派认为社会生活有价值，他们鼓励参与政治。按照克里西普斯的观点，一个明智的人"愿意获得王位并从中获得财富——如果他自己不能成为国王的话，他应该接受国王并陪同国王一道参与战争"。逃避世界并不能得到内心的平静。

在广泛一致的领域内，伊壁鸠鲁学派和斯多葛学派的伦理学一般是以对立方式呈现出来的——如果说这两个派别都找到了满意结果的话，也是在相反的方向上找到的。对伊壁鸠鲁学派来说，方向是由自然决定的：

> 你只需要拥有感觉和肉体之身，就能看到快乐即善。
> 我召唤你（他在写给阿那克萨库的信中）享受连绵不断的快乐——而不是美德，美德是空洞的、无用的，令人不安地期待着回报。
> 我们说快乐是幸福生活的起点和终点；因为我们把它看作是主要的和与生俱来的善，从这里我们开始所有的选择和逃避，然后回到这里，用这种感觉的标准来判断每一件善事。

在伊壁鸠鲁的一生中，他被误认为是一个粗鲁、没有学问、耽于奢侈享乐的人。尽管他坚持认为"每件善事的开始和根本都是肚腹的快乐"，他的享乐主义仍然不是沉迷于感官享受的借口。首先，伊壁鸠鲁派的快乐是理性的选择，他们意识到今天的快乐是以明日的不幸为代价的。这就是"为什么有时我们经历了很多快乐之后，就会有更大的不幸接踵而至"的原因。事实上，这种深思熟虑揭示了"快乐的生活不是一连串的饮酒作乐和狂欢，不是男女之间的享乐，也不是昂贵菜单上的鱼和其他食物，而是一种清醒的推理"。其次，伊壁鸠鲁对于快乐的本质也有一段不同寻常的论述。"当我们说快乐是目标时，我们是指……肉体上不痛苦，心灵上不烦恼。"从反面来分析，快乐是没有痛苦，"至大的快乐就是去除我们身上所有的痛苦"。这样，感觉论者的快乐就低于清醒理智的人所具有的快乐了：随感觉论者的快乐而来的是痛苦，他们无论如何也难以实现对痛苦的完全摆脱；但同样的痛苦却在理智的人的掌控之中。"真正的快乐是一件严肃的事情"，正如斯多葛学派的塞涅卡指出的那样。

一个伊壁鸠鲁派的享乐主义者是善良的，同时也是清醒的。因为"如果不能明智地、高贵地和正义地生活，快乐就是不可能的"。例如，"一个正义的人，其心灵困扰最少；而一个非正义的人烦恼重重"，因为"直到他死，如果他不被发现，就不会有人知道"。伊壁鸠鲁对阿那克萨库的邀请是无诚意的。一个伊壁鸠鲁学派的人追求美德，也"陶醉于肉体的愉悦——当他在享用面包和水的时候"。

自然引导伊壁鸠鲁走向快乐，却引导斯多葛学派走向美德。根据早期斯多葛学派的理论，"目标是与自然和谐地生活——也就是要与美德一致，因为自然引导我们的方向就是美德"。但是自然引导我们要走的路却是漫长而艰难的。

首先，我们被引向我们自身。克里西普斯坚持认为："最适宜于任何动物的东西，就是它自己的本性及其自觉意识。"但最初的自私自利会自然地发展成利他主义。正如后世的一位作家所指出的那样，人是"社会动物，需要其他人。这是我们居住在城市里的原因，每个人都是城市的一部分。而且，我们很容易建立友谊……"所以，我们会谈及对我们来说什么是适当的（*kathēkon*）。"适当的行为是与个人生活方式相一致的，能够得到理性的辩护。"对理性的提及也不是随意的：实际上，也可以说，"适当的行为是那些理性选择的行为——例如，尊重父母、兄弟、国家，与朋友结交"。

举止适当是进步的迹象，却不是成功的标志。按照克里西普斯的说法，"一个向着顶点发展的人肯定会举止适当，不敢有疏漏；但他的生活还没有繁荣兴旺"。因为他还没有获得美德，而"繁荣兴旺的生活只能在与美德一致的生活中找到"。美德是精神状态或是性情——实际上，它们是认知的状态。"完美的"德行（即四个"主要的"美德——良好感觉、正义感、勇气和节制，加上一些次要的美德）是知识的形式，"由原理组成"。一种适当的行为，如果合乎道德，就是最好的；最好的行为就是"成功"（ *katorthōmata* ）。根据斯多葛学派的学说，美好的生活就是一系列的成功，是合乎道德的适当行为，是在全面了解一致性基础之上的与自然和谐一致的行为。

斯多葛学派的伦理学是一个丰富而复杂的体系，有时也因为似是而非和冷酷残忍受到谴责。似是而非这一点，斯多葛学派自己也承认，他们陶醉于谈论"所有的错误都同样坏"或者"只有明智的人才富有"。然而一经检查，这些似是而非的论点就变成了字面上的而非真正的悖论。至于冷酷残忍，斯多葛学派肯定否认快乐就是善；但是，他们欢迎被他们称作欢乐的东西："他们说，欢乐是快乐的反面，是理性的兴奋之情。"事实上，我们知道，一个斯多葛学者喜欢马和打猎，愿意参加晚会，希望与一个漂亮的青年男子陷入情网，这个斯多葛学者问："什么样的家庭装饰才能配得上一个男子和他妻子的感情呢？"斯多葛学者并没有被排斥在生活的快乐之外：他可以享受快乐的全部——只要他所做的能合乎道德。

斯多葛学派的格言"只有美德是善的"，并不是对道德严肃性的承认。在提及斯多葛派所论述的"中立"或事情既不好也不坏时，它的力道便最好地显示了出来。"他们在谈到中立的事物时说：某些被提升了，某些被贬低了，某些既没被提升也没被贬低。"据说，被提升的事物"不是因为对福祉有所贡献和努力，是因为我们应该选择它们而不是选择那些被贬低的事物"。因此，健康被抬高，是由于——一般来说，我们喜欢它而不喜欢疾病。但健康不是善——因为"能被良好使用或难以使用的东西，并无好坏之分，所有蠢人都恶劣地使用财富、健康和体力"。健康本身并不是善，但健康被正确使用就是善。健康——及其他所有事物——只有在它"加入美德"时或被理智地加以使用时，才显现其优势。这就是"美德是唯一的善"的含义。

伊壁鸠鲁学派与斯多葛学派的伦理学之间有很多不同，无论是在理论上还是在实践上。但是伊壁鸠鲁学派流行的奢侈享乐的形象，与斯多葛学派的清教徒式的生活，成为一种漫画式的对照。对一个局外的观察者来说，事实上，两个学派的成员并没有什么不同。

## 物理学

物理学是伦理学的附属。按照克里西普斯的说法，"从事对自然的研究除了要区别善恶之外，没有其他目的"。伊壁鸠鲁声称："你必须首先认识到，天体物体的知识同其他学术分支一样，除了令心灵安宁和信念牢固外，别无其他目标"；"如果我们根本不受我们所理解的天体现象及其消失的干扰……也不受我们所无法理解的痛苦和欲望极限的干扰，我们就不再需要自然科学了。"

伊壁鸠鲁学派物理学的第一原理认为，"事物的本质是由物体和虚空组成的"。伊壁鸠鲁称赞这一原理，他认为"知觉本身普遍地证明了有物体的存在……如果不存在场所，即我们所称的'虚空'、空间或无形的物质，那么物体将无处可在，也不会有任何穿过场所移动的物体"。物体或者是复合的或者是简单的。简单的物体是原子：不可分的、不变的和极小的；在数量上是无限的，在无限的空间里移动；具有大小、形状、重量、移动性，但没有颜色、味道、气味等。移动的原子有时会相互碰撞。当一个原子的"钩子"抓住了另一个原子的"眼睛"时，就会形成极微小的物体。世界上的物体——羊、马、车和人的灵魂——都是原子的堆积，它们所显现的形式和特性是由其微粒子结构决定的。原子论是彻底的机械论。一切事物都通过原子的运动法则加以解释。卢克莱修教导我们要"避开思考的错误，意即：明亮的眼球被创造出来，是为了使我们能看见东西"，或者任何自然的现象都应服从于目的论的解释。

原子论有两个深层次的内涵。首先，天体不是神的智慧：按照伊壁鸠鲁的观点，"因为它们是由火组成的，我们不能假设它们拥有幸福并自愿地追求其过程"。在伊壁鸠鲁的世界里，的确有神存在，他们令人钦佩，过着心灵宁静的生活，住在遥远的星际空间。但是那些神不是令人敬畏的。"幸福和坚不可摧，既不是让自己烦恼也不是让别人烦恼——因此，愤怒和感恩都不能打动它。"所以，强烈的地震引起的天体隆隆作响，纯粹是物体的运动，真正的神根本不关注地球上的生活。

其次，"那些说灵魂是非物质的人是愚蠢的，因为如果灵魂真是非物质的话，它就既不能行动也不能产生影响——但是事实上，通过一般观察就能知道，灵魂具有这两种特性"。灵魂是在身体里的物体，"由散布在所有结构中的小颗粒组成，很像是混合着热量的风"。因此，"当整体结构消融时，灵魂也就散开了，无法保持它的力量了"。接下来，"死对我们来说是虚无。因为消融的东西没有知觉，而没有知觉的东西对我们来说就是虚无"。害怕死后的时间同害怕出生之前的时间一样是荒诞的。卢克莱修对这一点有着生动的说明：

> 正如在过去的时间里，当迦太基人崛起并带来全面战争时，所有人都被令人恐惧的战争骚乱所震撼，而我们感觉不到担忧……所以，当我们不再存在时，当构成我们的身体和灵魂分解时，根本没有什么事情能发生在我们身上，因为我们已经不存在了；没有什么能搅动我们的神经，尽管地球与大海共

存、大海与天空共存。

真正的物理学驱除了普遍存在的、对地狱的恐惧和更复杂的焦虑感。这种焦虑产生的原因是对根本不存在的未来有所期待。

如果我们无惧于神和死亡，痛苦和失意的忧伤就不会折磨我们了吗？伊壁鸠鲁的物理学包括对人的欲望的心理学分析。"至于欲望，有些是自然的，有些是虚空的；而在自然的欲望里，有些是必需的，有些仅仅是自然的。"非自然的欲望——比如被尊崇或被纪念的欲望——"依赖于虚空的观念"，背离了曾经被看作是错误的观念。同样，"那些如果得不到满足也不会带来痛苦的自然欲望（如对烤牛排或葡萄酒的欲望），……也依赖于虚空的观念"。此外，还存在自然和必需的欲望，比如对食物和饮品的欲望。这些欲望不能去除，因为它们所依赖的观念是真实的，而且它们也很容易得到满足。提到痛苦，伊壁鸠鲁是粗暴的："所有痛苦都应该受到鄙视，因为尖利的伤痛是暂时的，而肉体忍耐的痛苦则是煎熬的。"但是痛苦可以被快乐所抵消。伊壁鸠鲁本人在死于痛性尿淋沥症和痢疾之前，在写给他的朋友伊多墨纽斯（Idomeneus）的信中说，他所有的痛苦"都被内心的快乐抵消了，因为在这幸福的一天里，我回忆了我们曾经在一起的所有谈话"。

物理学证明了我们的恐惧是没有根基的，从而给我们带来了心灵的宁静。为了实现这一目标，伊壁鸠鲁认为，他必须建立原子论的基本真理。但他认为没有必要细致地解释自然现象——"对日升日落、冬至夏至以及日食月食的研究，都无益于幸福"。实际上，这样的知识也是难以得到的：就物理学的第一原则而言，"只有一种解释与现象和谐一致，但在天体中不是这样：他们对事件的解释也不止一种；对与知觉一致的性质，他们的描述也不止一种"。伊壁鸠鲁的怀疑论比较外行，真实情况是：他并不在意了解怀疑论。"如果我们认识到由于多种原因会发生某一事件，我们就应该内心平静，就像我们已经知道它恰恰按照这种方式发生。"实际上，只有一件事情是重要的："只让迷信不存在。"

同伊壁鸠鲁派一样，斯多葛学派也对具体的科学理论不以为意，但对物理学的基础却非常关注。"他们坚持认为事物的第一原则有两个：行动和行动的依据。行动的依据是无特性的物质，是原因；行动是原因的推理，是神。"因为"芝诺认为任何非物质的东西都不会以任何方式产生任何事物"，有效的原则本身是物质的，斯多葛学派的宇宙同伊壁鸠鲁的一样也是彻底物质的。但是，斯多葛学派不承认世界有虚空，也不假设物质是由原子组成的。相反，世界是材料的连续堆积，是无间隙与无限可分的，它是两种原则的混合。按照克里西普斯的说法，"这种混合是彻头彻尾……不会以迂回或并列的方式发生"。

有时以火或"呼吸"当中的有效成分塑造了世界，首先创造了四种元素：火、空气、水和土，因此形成了宇宙的结构。宇宙"由理性和天意所统治"。因为有效原则"是一种不死的神灵，具有理性的、完美的幸福，它远离邪恶，供养着世界和世界上的万物"——它被称为宙斯、赫拉、雅典娜或者类似的神。这个世界不是一台不会思考也没有目的的机器，它充满智慧；任何对其功能的解释，从根本上，一定是目的论的。

我们是宇宙动物中最微不足道的部分，在其自然经济中有着适当的位置。同伊壁鸠鲁派的灵魂一样，斯多葛学派的灵魂也是物质的。它们是有效原则的碎片。后世的一个作家解释说，灵魂"并不是被包裹在身体这样的容器里——如同液体在桶里——而是与身体的全部完美彻底地融合，所以混合体中的最小部分也会分享到每一种成分"。克里西普斯同意伊壁鸠鲁的观点，认为灵魂在人的身体分解后不会存在。但他为我们提供了一种间歇性的永生："在我们死后，在某一特定时刻，我们能再次回到我们现在的这种状态。"因为宇宙的历史是循环的。在固定的间隔期之后，世界被火吞没：火灾之后，新的世界正如从前的那个世界一样形成了，而新的世界本身也注定在火中毁灭。每个世界都容纳我们：我们将重新生活，通常是无限地——而我们已经无限地享受了很多生活，在这个世界的发展史里，每种生活都是相同的。

但是对克里西普斯和伊壁鸠鲁来说，人在世界中的位置，就某一方面来看，都是成问题的。因为人能自由地活动，而自由活动却不容易被限制在有规律控制的宇宙中。

尽管伊壁鸠鲁的世界是机械的，却不被限定于刻板的必然性。极微量的原子有时会偏离它们的正常轨道，而这种偏离或转向是没有原因的。"如果原子不转向并由此开始了一种冲破命运束缚的运动，使原因不会永远地跟随着原因，那么，一切生物所拥有的自由意志的源泉是什么呢？"自由意味着没有来自外界的强迫，假定的转向确保了必要性不是无处不在的。自由的行动是由行为人的意志决定的。意志并不完全依赖于外部运动，这主要是因为在灵魂的原子里存在着无缘由的偏离。

斯多葛学派几乎不考虑那种拯救自由意志的方式："他们不允许伊壁鸠鲁让他的原子有一点点偏离，因此他提出了一种独立自存的运动。"克里西普斯坚持认为，"因为宇宙的本质延伸到万物，所以必然地，无论发生什么都要与自然、与理性的原则和谐一致，按照既定顺序进行且是不可避免的"。斯多葛学派把将宇宙连接在一起的因果关系链称为命运："万事的发生都与命运相一致。"

怀疑的学园派发起了对这一斯多葛学派立场的重点攻击。他们的论证之———"懒惰论证"（Lazy Argument），可能是阿塞西劳斯构想的——表述如下："如果你命中注定会从病中康复，那么不管你看不看医生，你都会康复；然而如果你命中注定不会从病中康复，那么不管你看不看医生，你都不会康复。命中注定的是非此即彼，所以看医生是没有意义的。"卡涅阿德斯提出了一种不同的思路："如果万物的发生都有先前的原因，万物都发生在一张自然相互联结的网上——如果是这样的话，那就是必然产生了万物。如果这是真的，那么万物都不在我们的掌握之中。"

学园派和斯多葛学派之间的争论，历史悠久并且情况复杂。克里西普斯对"懒惰论证"有一个精妙的回答，但他最有趣的策略依赖于对原因类型的一种划分。"一些原因是完美、重要的，而另一些是附属和近似的。因此，当我们说由于先前的原因，万事注定发生时，我们希望被理解成是附属的和近似的原因，而不是完美的和重要的原因。"有个例子能使这个观点更为清晰。一个人将一个圆柱置于平面之上并推动它：它滚动了。"就像这个推圆柱的人使它开始运动，却没有让它如此滚动一样，一个出现在我们面前的物体也会给我们留下印象，好像印章，它的形式在我们心里，但赞同却是在我们的能力之内；正如我们在圆柱、赞同的例子中所说的，尽管是外部推的，也会认同：剩下的移动是凭借自己的力量和自然进行的。"先前的原因——人的推动——使圆柱移动；但并没有决定圆柱是滚动而不是滑动。那个圆柱的滚动取决于自己的性质，而不是外部的环境。同样，克里西普斯更进一步说，先前的原因——外部物体的影响——引起了心灵的活动，但是并没有决定运动的方向。心灵对外部影响是赞同或不赞同，取决于它自己的本性——这是我们能力中的东西。

这种有独创性的比较，并没有结束争论。克里西普斯的后继者们详细阐述了他对原因的分类；斯多葛学派致力于调和自由与宿命论的尝试贯穿了这一学派发展的历史。不管这种尝试成功与否，它依然激发了哲学史上对因果关系概念的最细致的分析。

## 逻辑学

物理学只有建立在坚实的知识基础之上，才能救助伦理学。在这里，哲学的逻辑学部分出现了。因为根据斯多葛学派的理论，"通过逻辑学的研究，万事都可以明辨——无论是在物理学领域还是在伦理学领域"。现在事情或者是"明显的"或者是"不易了解的"。如果是明显的，人们就能"立刻地"或"直接地"理解它们；如果是不清楚的，人们就会间接地或通过其他事物的调节来理解它们。所以，逻辑学有两个主要方面：它能提供一个"真理的标准"，正如希腊化时期的哲学家称呼它的那样，凭借这个标准，我们能够判断什么是明显的；它能提供一个推断的理论，凭借这个理论我们能获得不易了解的知识。

斯多葛学派的推断理论——狭义上的斯多葛派逻辑学——以细致的语言学理论为基础。它开始于一个不言自明的概念（*axiōma*）或命题，"其本身就能拒绝或说明某些事——例如，'这是白天'，'狄翁正在走'"。命题可以简单也可以不简单，复杂命题"由一个重复的命题或几个命题"加上连接词组成。（斯多葛学派的理论精选了三个连接词："如果""和""或者"）一个论证是"一组前提和一个结论"，其中前提和结论都是或简单或复杂的命题。

同亚里士多德一样，斯多葛学派认识到：逻辑学家的工作是论证的形式，而不是具体的推论。他们也如亚里士多德一样，使用格式来获得其工作所要求的概括性。同样，斯多葛学派也是系统性的，"有一些论点无须证明（因为它们不需要被证明）"——克里西普斯列出了五个这样的论点，其他人也列出了另外一些，每个论证都是通过它们来构建的。五个"无须证明的"论点，在斯多葛学派体系中的作用，相当于"完美的"三段论在亚里士多德的三段论演绎法中的作用：它们都是基础，而其他论证形式都是从它们中衍生出来的。

在内容上，斯多葛学派的逻辑学与逍遥学派的截然不同。它大体上相当于现代的逻辑学家所称的命题逻辑。克里西普斯体系的基础是由以下的论点概要即五个无须证明的命题组成的：（i）如果1，那么2。因为是1，所以是2。（ii）如果1，那么2。因为不是2，所以不是1。（iii）既非1又非2。因为是1，所以不是2。（iv）或是1或是2。因为是1，所以不是2。（v）或是1或是2。因为不是1，所以是2。克里西普斯建立在适度基础上的逻辑很强大也很复杂。

逻辑学是为知识服务的，它的服务功能在于提供和认可证据。不是所有的论据都是证明。相反，"证明是：一个论据在被认可的前提下，通过推理揭示出一个不易了解的结论"。"启示"——揭示和解释——的概念对与之有密切关系的概念"符号"（sign）来说，是至关重要的。这个世界充满了符号——云是下雨的符号，伤疤是过去伤口的符号——符号通过有条件的命题，被适当地表达。实际上，符号被松散地描述为"一个处于合理条件下的前命题，显示了结果"。那么，来思考一个标准的证明例子："如果汗能渗透皮肤，那么皮肤上就有极细微的毛孔。因为汗渗透了皮肤，所以皮肤上有极细微的毛孔。"论证具有第一个无须证明的命题的形式，两个前提都是真实的或者"被认可的"，它的前提条件表达了这样的事实，即"出汗"是"穿孔"的符号，它的结论是"不易了解的"（通过直接观察看不到毛孔）。因此，借助于推理，我们能从明显的事实中推理出不易了解的知识。

"很多人相信神若研究逻辑学的话，研究的也会是克里西普斯的逻辑学。"伊壁鸠鲁派反对这一观点——实际上，"他们认为辩证是多余的而加以拒绝"，而且，他们更愿意把哲学的第三部分称为"标准的"或判断的理论。但他们仍然需要论述我们如何能了解"不易了解的"事实。后来的伊壁鸠鲁派学者——他们的论证保留在斐洛德摩斯（Philodemus）的论著《论符号》（On Signs）中——讨论了斯多葛学派的符号理论并代之以自己的论述。伊壁鸠鲁学派自己不提证明和符号，而只是提"证实"和"被驳斥"："如果判断不被证实或者被驳斥，那么，错误就会出现；如果它们被证实了或者没有被驳斥，那么，就是真理。"后来一个作者阐明了这一概念："当柏拉图从远处走来时，因为距离，我推测和判断他是柏拉图；等他走近后，距离缩短了，直接的证据证实和确认了他就是柏拉图。""证实"和"被驳斥"的概念相对简单，然而"不被证实"和"没有被驳斥"会带来疑惑。这些疑惑可能激励伊壁鸠鲁学派的后继者们提出他们自己的关于符号的理论。

接下来，我们据以判断"明显"的"真理标准"是什么呢？一般来说，"前辈哲学家们说有两类明显的事情，一类是靠一种感觉就能辨明的，……—类是以一种重要的和无须证明的印象给心灵带来震撼的"。按照伊壁鸠鲁的理论，所有物体都能持续散发出各种物质。当散发出来的东西震撼了有知觉身体的合适部位——比如说耳朵或鼻子——时，它们的母体就会感知到。影响眼睛并使母体被看到的发出物就是影像（*simulacra*）或摹本（*replica*）——即保留了在空间移动的物体的轮廓的薄皮。思想是相似的，卢克莱修陈述说："心灵被狮子和其他任何物体的摹本打动了，它以同眼睛一样的方式领会了——只是它感觉到的是更为脆弱的摹本。"

这样的发出物为我们提供了可用来构建我们知识基础的概念。而且，它们给我们留下的印象在某种程度上是绝对可靠的，"无论我们通过心灵还是通过感觉器官直接得到了什么印象，无论是形状还是其他特性——那就是具体物体的形状……错误和不真实总是产生于添加的观点"。

斯多葛学派承认，我们概念上的资源和我们的知识建立在对外部物体的直接印象上。他们在物理学和认知的心理学上存在着诸多分歧，但两派最重要的区别在于他们对印象本身的评价。因为斯多葛学派认为，我们的知识依赖于一种特殊类型的印象。这些"可以感知的印象"被定义为"来自于一个存在的物体，在心里刻下了一个与存在的物体本身相一致的印迹，这种印迹只能来自于这个存在的物体，而不能来自于其他物体"。一个疯子的印象可能只是虚假幻觉，来自于不存在的物体；一种来自于真实物体的印象可能是对其歪曲的表达；一种印象可能正确地表现了一个物体，却没能记录它的特殊个性。这样的印象是不可感知的。"因为他们需要可感知的印象真正地领悟它们的物体，并准确刻画下所有个体的特征。"

伊壁鸠鲁学派的印象都是真实的：只有当我们误读了我们的资料时，才会出现错误。斯多葛学派承认资料本身经常被曲解，为了避免错误，我们必须彻底检查和挑选。这两个学派都认为我们是从我们的印象中获得知识的，两个学派都面临着来自学园派怀疑论的挑战。

伊壁鸠鲁学派的理论很容易被攻击：因为存在着熟悉的感知错觉，

感觉有时会提供相互矛盾的证据——那么，所有的印象怎么能是真实的呢？伊壁鸠鲁学派清楚地认识到错觉的现象，为此他们也提出了物理学上的解释。卢克莱修知道，如果在一段距离之外看一个方塔的话，会认为它是圆的。摹本为塔留下了尖锐的边缘，但"随着摹本穿过充满空气的巨大空间，空气不断地碰撞，使它们变钝了"，变成了圆形。即使这样，塔看起来也不是圆的："石头建筑物看起来仿佛在车床上改变了——但它们看起来不像是近似的和真正圆形的石头，而似乎是，似乎就是它们的粗略画像。""伊壁鸠鲁派的提玛哥拉斯（Timagoras）也否认这一点，当他按住自己的眼睛时，他似乎'看到'灯上有两团小火焰——这种错误是出于观念，而不是因为眼睛。"对影像确切内容的细致观察显示出，幻觉取决于心灵的误读而不是眼睛的误导。

至于相互矛盾的知觉，每一个都是真实的——但被感知的物体只有一部分是真实的。"因为万物是混合的和复杂的，不同的事物自然地适合于不同的人……人们遇到的只是与他们的感觉相应的那些部分。"我觉得水是冷的，而你觉得水是热的。我们都是对的，或者部分是对的，而水既包括了冷的因素也包括了热的因素；前者影响了我，后者影响了你。而感觉并没有错。

伊壁鸠鲁学派对印象的辩护不仅仅是空想。伊壁鸠鲁坚称："如果你完全拒绝任何知觉……你就会把你现有的知觉与空虚的信念混为一谈，进而拒绝每一种标准。"如果知觉没有了，那么所有的都没有了——知识也就失传了。学园派学者对这种解释并不满意，不过他们对斯多葛学派的兴趣大于对伊壁鸠鲁学派的兴趣。

争论的焦点是斯多葛学派关于可感知印象的定义中的最后一条：印象一定"不能来自于其他存在的物体"。

> 有四点能够说明我们不能认识、领会和理解任何事……
> 第一，有些印象是错误的；第二，他们不能被理解；第三，如

果在两种印象之间没有差别，那么不可能一种能被理解而另一
种不能被理解；第四，对那些知觉所带来的任何正确的印象来
说，也有另一种与之接近的印象与它根本没什么差别，所以不
能被理解。

如果克里西普斯宣称拥有真实的印象的话，学园派将为他呈现出另一
种印象，这种印象是错误的，即使是克里西普斯也无法将其从他所宣称的
真实印象中分辨出来。所以，他的印象是不可知的，因为它能得自于其他
的东西，也就是说，得自于导出了无法辨别出错误印象的物体。学园派指
出了成对的蛋、一模一样的孪生子、真正的和蜡制的苹果，试图证明他们
的断言，对于每个真实的印象，都存在着一个难以区分的、与真实印象相
近的错误印象。斯多葛学派想出来了辩护的策略。他们宣称学园派没有看
到有差别的地方，他们针对可感知印象的定义又添加上了额外的说明。

而且，他们把争论带进了学园派的阵营。没有信仰，生活是不可能
的，因为那样我们就会失去行动的所有理由。伊壁鸠鲁也持同样的观点。
按照卢克莱修的说法，"如果你不准备相信你的感觉——并且避开险境的
话，生活本身就会立刻毁灭"。

## 科　学

虽然怀疑论没有颠覆生活，但它真的会颠覆科学吗？希腊化时期是希
腊科学的黄金时代，人们自然想知道，科学家们是否注意到了同时代哲学
家们的思考和困惑。

欧几里得的《几何原本》（*Elements*）可能是这一时期最著名的著
作。欧几里得（约公元前300年在世）"写作了《几何原本》，使欧多克
索斯（Eudoxus）的著作更加系统化，并完成了泰阿泰德（Theaetetus）

的著作，研究了无法被驳倒的可证明的形式命题，这些命题在此前只是或多或少地被他的前辈们随意地证明过"。欧几里得的成就在于形式，不在于内容。他坚持对数学定理进行严密而系统的表达。叙拉古的阿基米德（Archimedes of Syracuse，前287—前212）和佩尔吉的阿波罗尼乌斯（Apollonius of Perge，约公元前200年在世）开启了数学知识的新领域。"同时代的人称阿波罗尼乌斯为伟大的几何学家，因为他证明出了归纳圆锥曲线显著特点的定理。"现代学者也认为，他关于圆锥曲线的著作是希腊几何学中的杰作。阿基米德更是一位举世奇才：他写作了天文学、工程学以及数学方面的原创性著作。在数学领域内，他更精通于几何（他计算出了圆周率的近似值）、机械（他发展了静力学，开创了液体静力学）和算术（他发现了计算大规模数字的方法）。

天文学是一种数学科学，阿基米德和阿波罗尼乌斯都是天文学家。在公元前3世纪早期，萨摩斯的阿里斯塔库斯（Aristarchus of Samos，约公元前275年在世）"假定恒星和太阳是静止的，地球围绕太阳运动，而太阳位于运动轨迹的中心"。但他的后继者并没有发展他的创新假想，又回到了地心说——部分原因在于科学推理。阿波罗尼乌斯最早设计了由本轮和偏心轨道组成的体系；这一体系得到第二位天文学家、尼西亚的西帕库斯（Hipparchus of Nicaea，约公元前135年在世）的细致阐述，并在大约三个世纪之后的托勒密的作品里完全成熟。西帕库斯也是一个经验主义天文学家：他发明或改进了多种视觉工具，制作了星座图，发现了岁差。除西帕库斯之外，博学家昔兰尼的埃拉托提尼（Eratosthenes of Cyrene，约公元前225年在世）也有一定的影响力——实际上，"因为他在所研究的每个分支中都做到了第二好……他得到了贝塔（Beta）的绰号[1]"。他对地球周长的计算，使他的确值得一提。他的方法是合理的，因此结果令人吃惊地准确。

---

[1] B，$\beta$，读作"beta"，是希腊字母表中的第二个字母，言其总是处于第二位。——译注

埃拉托提尼曾向芝诺和阿塞西劳斯学习，毫无疑问，科学家了解或知道哲学家。同样，一些哲学家也注意到了科学的推测；因此，"克林忒斯认为希腊人应该以不敬神指控萨摩斯的阿里斯塔库斯，因为他认定世界的中心处于运动之中"。但学科间的相互影响或理解几乎没有出现。感知的问题也吸引了哲学家，观察上的困难困扰着天文学家，这两个领域没有交叉。科学家们讨论方法的问题，而哲学家们思索知识的基础——两种追问是分别进行的。占星术被认为联结了科学和哲学，因为天文学家可能认为他们的科学是占星术的仆人，而斯多葛学派的宿命论也使得他们愿意服从神秘的科学。但这种联结是脆弱的。据说，西帕库斯"证明我们与恒星是有联系的，我们的灵魂是天空的一部分"，然而，这份报告模糊不清；希腊化时期的天文学家也不可能预见到托勒密对占星术的沉湎。而且，也没有任何证据显示早期斯多葛学派对占星术有兴趣。

事实上，哲学家们并不关心数学的奥秘，数学家们也忽视哲学——他们对哲学研究的技术应用要比理论上的推理更感兴趣。所以，诸如亚历山大里亚的科特西比乌斯（Ctesibius of Alexandria，约公元前270年在世）、亚历山大里亚的席洛（Hero of Alexandria，约公元前200年在世）、拜占庭的斐洛（Philo of Byzantium，约公元前60年在世）和阿基米德这样的工程师都在自我消遣，偏离了自己的专业，去发明新的机械装置——水钟和机械玩偶、消防泵和蒸汽器具，以及大量的战争武器。

在希腊化时期，能与天文学相匹敌的只有医学，代表人物是卡尔西顿的希罗菲鲁斯（Herophilus of Chalcedon，约公元前270年在世）和喀俄斯的埃拉西斯特拉图（Erasistratus of Ceos，约公元前260年在世）。二人都是经验丰富的内科医生。希罗菲鲁斯对新药的研制很有兴趣，他以区别不同种类的脉搏为基础，提出了一种诊断方法。二人都对医学的理论层面感兴趣。希罗菲鲁斯是第一个描述十二指肠结构和功能的科学家，"十二指肠"这一器官也是由希罗菲鲁斯命名的。他还检查了大脑。埃拉西斯特拉图提出了一种以力学原理为基础的心理学理论，这一理论具有实验基础：

[埃及]国王把监狱里的罪犯送给希罗菲鲁斯和埃拉西斯特拉图……他们将这些罪犯活体解剖了。当罪犯仍然在呼吸的时候，他们观察在自然状态下被隐藏起来的器官，检查这些器官的位置、颜色、形状、大小、排列、硬度、柔软度、光滑度和相互之间的联系……

正如绝大多数人宣称的那样，通过给罪犯带来痛苦——而且，仅仅是罪犯中几个人——就能为每个年龄段中的善良的人找到药物，不是一件残忍的事。

如此血腥的研究，似乎远离了哲学家们沉思的座椅。但是希腊医学与哲学之间有着悠久的联系，公元前5世纪和前4世纪的希波克拉底派的学者们对哲学的兴趣也被继承下来。据说，埃拉西斯特拉图和他的学生们"与逍遥派哲学家素有交往"，他的哲学理论也显示出伊壁鸠鲁和斯多葛学派对他的影响。他写了一本著作《原因论》（*On Causes*），似乎主要是哲学的论调。希罗菲鲁斯也受到了因果关系概念的训练，他"对很多有影响力的论证的所有原因都提出了怀疑"，并得出了一个怀疑论的结论，"是否存在着原因，就其本性来说很难知道；但是按照我的观点，我认为我感到热和冷，能吃饱喝好"。希罗菲鲁斯是第一个医学怀疑论者。这种医学怀疑论在公元2世纪发展到顶点，其代表人物是塞克斯图斯·恩皮里库斯（Sextus Empiricus）。他是医生，也是绝对怀疑论者。

## 结　语

在某种程度上，医生保存了已经被希腊化时期的哲学家普遍丢弃的亚里士多德学派的理想——即对他们来说，科学和哲学是寻求认知的统一研究中互补的两个方面。在希腊化时代末期，这一理想在一位杰出的哲学家那里得到了短暂的复兴。

波塞冬尼乌斯（Posidonius）在当时是一个令人敬仰的人物，他是西塞罗和庞培的朋友。在哲学上，他属于斯多葛学派，却没有盲目跟随克里西普斯，他的斯多葛学说是非正统的和边缘化的。波塞冬尼乌斯的非正统表现在他贪婪地学习各种知识。他是一个著述颇丰的历史学家，续写了波利比乌斯的历史著作；他是最早的人种志学者，描绘了凯尔特人（Celts）的风俗习惯；他是一位旅行地理学家，提出了大西洋潮汐的理论；他是一个学者，涉猎了逻辑学和数学、植物学和动物学、地震学、地质学和矿物学。总而言之，正如古代一个崇拜他的人所指出的那样，"他是亚里士多德式的学者"。但是波塞冬尼乌斯是一个孤独的巨人，他没有学生。博学过时了，而亚里士多德式的人物也绝迹了。

哲学的河流沿着清晰的河道流淌了两个多世纪，它的两条主河道——斯多葛学派和伊壁鸠鲁学派各自有着明显的特征。在公元前1世纪，河水变得浑浊了。中期斯多葛学派不再坚持克里西普斯的准则，提出了更为折中的哲学。当最后一位怀疑论的支持者安提奥库斯（Antiochus of Ascalon，约公元前85年在世）成了有名无实的斯多葛主义者时，新学园派已不复存在。甚至伊壁鸠鲁学派也发生了改变，正如加大拉的斐洛德摩斯（Philodemus of Gadara，约公元前55年在世）的著作中所反映的那样。埃奈西德摩斯（Aenesidemus，约公元前90年在世）重新点燃了皮洛的怀疑说。柏拉图主义也受到了新的关注，吸引了新的学生。罗德岛的安德罗尼库斯（Andronicus of Rhodes，约公元前50年在世）对亚里士多德著作的编辑，复兴了人们对逍遥派体系中哲学部分的兴趣。

虽然哲学的面貌改变了，但希腊化时代留下了哲学的足迹。斯多葛派和花园派体系从来不缺少信徒，它们同吕克昂和阿卡德米学园一样，对现代哲学产生了深刻影响。而且，我们从希腊继承过来的哲学概念——哲学的范围、主题和方法——不是亚里士多德的博大的、雄心勃勃的理想，而是比较狭隘和更加内省的希腊化时期的各学派的观念。

## 进一步阅读

对斯多葛学派和伊壁鸠鲁学派的系统论述，在第欧根尼·拉尔修的《名哲言行录》（*Lives of the Philosophers*）（共10卷，包括三封伊壁鸠鲁的信）的第7卷和第10卷里。关于新学园派，最有用的著作是西塞罗的《学园派哲学》（*Academica*）。塞克斯图斯·恩皮里库斯（Sextus Empiricus）的著作——《皮洛怀疑说概要》（*Outlines of Pyrrhonism*）和《反对数学家》（*Against the Mathematicians*）——包含着更多的资料。所有这些文献都能在劳易布丛书中找到英文翻译。然而，我们的资料大多来自于残篇。对伊壁鸠鲁的研究，这些书的帮助是不可或缺的：G. Arrighetti（ed.），*Epicuro—Opere*（Turin，1973²）；H. Usener（ed.），*Epicurea*（Leipzig，1887）。研究斯多葛学派的基本著作是：H. von Arnim（ed.），*Stoicorum Veterum Fragmenta*（Leipzig，1903—24）。而关于新学园派则没有什么类似的参考书。

　　关于这一主题最好的英文介绍是：A.A. Long, *Hellenistic Philosophy*（London，1974）。现代研究可以看两本论文集：M. Schofield, M.F. Burnyeat, J. Barnes（eds.），*Doubt and Dogmatism*（Oxford，1980）；J. Barnes, J. Brunschwig, M.F. Burnyeat, M. Schofield（eds.），*Science and Speculation*（Cambridge，1982）。

# 第十六章

# 希腊化时期和希腊罗马帝国时期的艺术

罗格·凌（Roger Ling）

## 导 言

　　希腊化时期的艺术是一个并不时髦的领域。对迷恋古风和古典时期的人来说，它似乎是一个融合了各种风格的令人迷惑的混合体。在这一端，它是傲慢的、炫耀的；在另一端上，它是软弱的、衍生的，就好像经历了一种较为全面和连续的发展模式后，此时的希腊艺术迷失了方向，毫无目的地辗转徘徊。对罗马艺术的研究者来说，相对有比较清晰的时间框架和（至少主流如此）坚定的政治介入的罗马艺术而言，希腊化时代的背景十分模糊，我们对它知之甚少。但正是从这样的背景中产生出了专门技能和诸多风格特征，最终形成了罗马国家传统。当然，这些看法无法公正地评价希腊化艺术的成就。从公元前323年到前31年，希腊一些最伟大的杰作正是在这个阶段创造的——这些杰作对最近几个世纪，尤其是17世纪和18世纪的艺术家以及艺术批评产生了重大影响。

　　希腊化艺术被忽略——如果不是被诋毁的话——的主要原因是研

究它有难度。在新的政治形势下，希腊文化接触到各种外来的传统，同时也传播到了无法以有效交流手段来维持的广阔地区，不可避免地带来地区变化：再也无法找到单一文化的踪迹。更为严峻的是时间和归属问题，主要是因为缺少文献证明。在文献资料和铭文记述相当丰富的古典时代之后，我们关于希腊化时期艺术的文献非常匮乏。老普林尼[1]，之前我们资料的主要支撑，仅仅为公元前3世纪早期到公元前2世纪中期的150年提供了一些分散的且几乎无法确定年代的资料；阿特纳奥斯（Atheneus）在他的《哲人宴谈录》（Deipnosophistae，约公元200年）中所引用的希腊化时期作家的著作片断，连同维特鲁威（Vitruvius）的建筑论文和狄奥多洛斯（Diodorus）、瓦勒里乌斯·马克西穆斯（Valerius Maximus）历史记载中彼此孤立的片断，都无法填补这个缺口。考古学协会对定年的帮助也远远少于对之前。能够与具体的历史事件联系起来的艺术作品几乎没有，并且相当分散。罗马人在公元前146年摧毁科林斯后几乎什么都没留下，学者们一直没弄清楚德洛斯岛（Delos）上废弃的建筑物是公元前88年米特拉达提斯（Mithridates）劫掠的结果，还是公元前69年海盗抢劫的结果，抑或是之后某些事件带来的结果。而且，能用铭文准确确定年代的希腊化时期的建筑也少之又少。希腊化时期的陶器系列所提供的确定年代的证据，也无法与雅典的黑像陶和红像陶为前几个世纪提供的证据相提并论；只有近期对陶器更为细致的研究，才使得这件特殊纪年工具变得更为有用。

　　所有这些，都在希腊化时期艺术的周围形成了难以解开的谜团，但我们仍然可以对它做些概括。首先，希腊世界的艺术重心东移了。雅典仍然是艺术赞助和生产的重地，但希腊化时期的主要中心分布在小亚细亚和地中海东部地区：帕加玛、罗德岛、安条克和亚历山大里亚。其次，赞助的形式发生了变化。在古典时期，希腊艺术家主要是为城邦和公民个人工

---

[1] 老普林尼（23/24—79），古罗马百科全书式作家，以其著作《自然史》著称。注意与其养子小普林尼区分。——译注

作；现在，他们从万能的国王及其大臣那里领取佣金。公民的荣誉和对宗教的敬畏，这些曾经激励古典时期伟大作品的旧日理想，已经让位给个人兴致和对新统治阶级的吹捧。这些背景连同科学和人文主义的发展，一起说明了下文所要谈到的希腊化时期艺术的几个特征：主题范围的扩大，艺术世俗化的潮流，学院作品和夸张作品的出现。总体而言，艺术的趋向是为了愉悦而不是为了提升欣赏者的品位。最后，随着罗马权力对希腊世界的不断蚕食，关注的焦点西移，出现了新的赞助人：罗马商人、行政长官和军事统治者。这一点引领了古典主义和折中主义的新阶段，开启了希腊艺术家学习解释新的世界强国的帝国主义意识形态的进程。

# 建 筑

希腊化时期，在建筑上，曾经支配古典时期的设计准则日渐松弛。表层装饰的使用越来越丰富和艳丽，通常与内部结构并不协调；新的结构形式和技术逐渐发展，创造出首个真正具有相同类型的规划建筑群，其中每个建筑的设计都与整体效果相匹配。

古典时期的设计规则，集中表现在两种建筑风格上：多利安式和爱奥尼式。在希腊化时期，不仅每种建筑风格的准则松弛了；而且我们还发现，两种建筑风格更加自由地结合在一座建筑物上，例如在柱廊的叠加层上，甚至一种风格的因素被嫁接在另一种风格之上，从而形成了一种复合风格。多利安式建筑存在着一种趋向，即立柱变得越来越细，空间越来越大，柱间距由三四个排档间饰和三槽线饰带取代了"标准的"两个。明亮而宽敞的效果，与希腊化时期的审美观更加和谐一致。在这一时期，传统的多利安式被认为过于严肃和厚重了。同时，多利安式的三槽线饰带，可以被插在爱奥尼式的建筑内，比如帕加玛的雅典娜圣所。与之相对的是，爱奥尼式的齿饰也能与多利安立柱以及柱上楣构相结合，比如普莱尼广场北边的柱廊。早在古风时期，特别是在西部殖民地，就已经出现了一定数量的混合建筑，但希腊化时期彻底的混合表达了一种新的态度，即传统的风格丧失了独立性，成为一个几乎可以供人们随意取货的公用装饰仓库。

这种新的灵活性在科林斯式建筑的发展中得到了表现。爱奥尼式衍生的装饰，在公元前4世纪时，就在诸如提吉亚（Tegea）的雅典娜神庙和德尔斐、伊庇达鲁斯（Epidaurus）的圆形建筑（tholoi）的立柱上使用了；但是迄今为止，除了像雅典的吕西克拉特纪念碑这样的巴洛克式的、大而无用的建筑外，此类装饰对于外部来说似乎过于前卫了。不过，希腊化时期多样的品位以及科林斯柱头越来越强的适应性，使得科林斯柱头，在公元前3世纪和前2世纪广受欢迎。与爱奥尼式不同，科林斯式柱头从所有角度看都能收到良好效果。最终，最著名的建筑项目，即安提奥库斯四世（Antiochus IV）在重建雅典奥林匹亚的宙斯的神庙时，就采用了科林斯柱头为其主导风格。

科林斯风格可能在塞琉古地区备受喜爱；但是其绚丽的装饰以比较自然的植物形状为主，在希腊世界广受欢迎。迪迪玛（Didyima）巨大的阿波罗新神庙就是很好的例子。这座神庙始建于约公元前300年，但700年之后仍然没有完工。美丽的横饰带雕刻于公元前2世纪上半叶，上面满是叶状的涡卷和狮鹫双兽的纹章图案，一直蔓延至内庭。叶状的装饰在帕加玛十分流行，并在公元前2世纪末和公元前1世纪传到了罗马。

这种类型的表面装饰，在立柱结构的范围内是相称的，但另一种希腊化时期的趋势是，立柱本身越来越多地被作为一种装饰，用于墙壁或建筑物的正面，不再起结构上的作用。米利都议政大厅（bouleutērion）的外墙建于公元前175年至前164年间，分为两层，底层被作为墩座，上层装饰着接合的柱子。在这里，至少水平的装饰线条按照建筑分区将内部——即半圆形的观众席顶层——分成两层。但其他地方，外墙的表达却没有反映出内部的逻辑。例如，勒弗卡狄亚（Levkadia）大墓（约公元前300年）的正面墙上装饰着接合的多利安立柱，立柱顶上覆盖着连贯的灰泥浮雕横饰带，横饰带的上面又覆盖着带有山形墙的爱奥尼式小立柱。而在这个假的建筑屏风后面，是一个宽敞的带穹隆的前厅。除了隆起的穹隆，不再有内部的隔断来对应外部的展示了。以弗所附近的贝利弗（Belevi）巨型墓可谓这种建筑的缩影。可能是要让它成为利西马科斯大墓那样的墓地，它的外部装饰着精美的巨大立方形线条，内部则是仅有大规模原生岩石做装饰的墓室。结构和装饰的分离，是希腊化时期留给罗马时代的重要遗产之一。

新的建筑形式和技术却没有在亚得里亚海东面取得巨大进展。抬梁式钩架（Post-and-lintel construction）依然是基本的建筑形式，被装饰过的石头、木材和泥砖依然是主要的建筑材料。然而，在亚历山大时期，可能是他的工程师在东方获得了一些经验，穹隆和拱门在希腊世界中越来越普遍。穹隆被用于马其顿贵族的墓室；而在后来的建筑中也发现了很多独立的例子，一般来说，它们都是不显眼的和从属性的。在迪迪玛的神庙里，倾斜的穹隆覆盖着通往其内庭的狭窄通道，桶形穹隆在帕加玛各种建筑物中交汇成直角。在其他地方，拱门被用在地下结构中，作用是支撑铺在上面的石头或者承受桶形穹隆的重量［如公元前3世纪埃费拉（Ephyra）的巫术神庙（Nekromanteion）[1]在地下室内设置了拱门］。尽管石头材料可能带来结构上的脆弱，特别是在穹隆交会的地方，但在所有情况下，建筑物都还是用石头造的。雅典的八角形风塔是由赛若斯（Cyrrhus）的安德罗尼库斯（Andronicus）在公元前1世纪中期建造的精美水钟和星象仪，其顶部是一系列长长的楔形石头压在一块中心拱顶石上。只是随着意大利水泥建筑的发展，穹隆才成为建筑的基本要素，也注定为内部空间的扩展和处理提供了意想不到的可能。

希腊化建筑的最后一个总体特点是：其总体组合在视觉上是统一的，

---

[1] 巫术神庙（Nekromanteion），用于招亡魂问卜。——译注。

不管是通过重复主题的使用，还是把一个建筑的背景作为另一个的烘托。亚历山大及其继任者在新征服的地区所设置的城市基础，对规划者来说是很好的试验场地，绝大多数按照传统的希波丹姆斯模式（Hippodamian）[1]（即方格网）展开，尽管发展可能是逐渐的和不连贯的——正如以前经常发生的情况一样，但增强了对建筑物彼此关联的关注，以及对通过无处不在的柱廊来构架和定义空间的关注。最著名的例子是米利都和普莱尼的纪念广场。这两个城市都是希腊化时期之前的棋盘城市，曾在公元前3世纪和前2世纪大兴土木。甚至在雅典，杂乱蔓延的广场在这一时期的建设上也有了某些规则，南边的中央柱廊（Middle Stoa）和东面的阿塔鲁斯（Attalus）柱廊呈直角相交。在另一个前希腊化城市罗德岛，不知名的规划师以娴熟的技艺在卫城上建造了大量建筑物，让倾斜的地形具有了结构层次。从一开始，在林达斯（Lindus）和科斯岛上，诸如此类沿斜坡依次建造的巨大建筑群，连同宽阔的轴心布局和巨大的台阶，一并发展起来。然而这个时期最好的建筑组合省略了直角图案。帕加玛的上城（公元前2世纪上半期）依地形而建，层层平台像扇子一样沿着新月形的山坡攀缘。其中，陡峭剧场里的观众席处构成了一种安全阀。在剧场脚下，有一块平坦的空地，为大的整体提供了一个固定的视觉基础。这块空地由一面牢靠的高墙支撑，而高墙巨大的支墩扎根于下面的斜坡中。整个组合中，多利安式的柱廊是主旋律，定义和统一了不同的空间。它们也掩盖了水平高度的变化，如果一侧是两层的话，那么，在另一侧就会是单层。

希腊化时期特有的建筑类型，绝大多数以前就有了，但此时，很多类型采用更为巨大的形式。马格奈西亚（Magniesia）、帕加玛和普莱尼都建造了带有立柱围墙的巨大祭坛，沿着宽大的台阶可以到达祭坛。在每个祭坛上，雕刻都是整体效果中不可或缺的一部分。如在马格奈西亚和普莱

---

[1] 希波丹姆斯模式（Hippodamian）强调棋盘式的方格路网为城市骨架，同时构筑明确、完整的城市公共中心。这种规划模式由公元前5世纪的希波丹姆斯提出，他被誉为"西方古典城市规划之父"。——译注

尼，在立柱之间置放雕像；在帕加玛，替代墩座的是高凸浮雕。萨摩色雷斯（Samothrace）的阿尔西诺埃（Arsinoe）的巨大圆形建筑，省略了内部和外部的柱廊，但在墙的顶端加上了一个开阔的平台。石头剧场成为希腊化城市的典型特征，此时也理所当然地具有了建筑上的舞台，包括一个占据原属于合唱队的圆形空间的高舞台。在实用建筑物中，重要的一步是对蒸汽浴室的引进。在皮拉奥斯（Piraeus）、在西西里的盖拉（Gela）、在阿卡迪亚（Arcadia）的格尔蒂斯（Gortys）以及在奥林匹亚约公元前100年的希腊小浴池里，都存在着简单的供暖系统。住宅建筑也开始有了某些建筑要求。随着新王国内官员的增多，以及在商业城市里富裕商人阶层的出现，产生了对高质量房屋的需求。在像普莱尼和德洛斯这样的城市里，典型的中产阶级的房子集中于一个小的庭院；以至少有一个大会客室为自豪；通常在周柱廊或带双柱前厅的北面开口，以便在冬天里获得阳光。室内的墙壁上镶嵌着马赛克或者涂抹着灰泥墙饰作为保护和装饰。在立柱间置放雕像或大理石家具也是很常见的。德洛斯的赫耳墨斯之家就是一个很好的例子，这是在山坡上的四层平台上建起的房子，周柱中庭穿过其中的三个平台，拔地而起。

## 雕　刻

希腊化时期，存留下来的独立雕像比率，比在之前的时期更高一些，部分是因为主要的艺术家在普拉克希特斯（Praxiteles）的引导下，对大理石作为雕刻材料的蔑视远远少于吕西普斯和在他之前的公元前5世纪的很多伟大雕刻家。而后者制作的大量青铜作品都在中世纪的熔炉里做了了结。还有部分原因在于，主要的几个赞助中心此时位于爱琴海的东部和黎凡特，在罗马展开征服时，没有遭受像科林斯和在欧洲的希腊城市所遭受的那种大规模的劫掠。更次要的原因在于，有大量的系列陶土小雕像产自诸如塔兰托（Taranto）、波奥提亚的塔纳格拉（Tanagra in Boeotia，身着盛装的优雅女子）、小亚细亚的弥里纳（Myrina，新喜剧中的地方）和亚历山大里亚（民族风情类型）等地的工场。

尽管有这些相对丰富的证据，前面提到的年代确定问题，也仍然使得为这一阶段建立任何风格的框架都是几乎不可能的。获得最广泛接受的时间图表是德国艺术史学家格哈德·克莱默（Gerhard Krahmer）提出的。他假定了三个主要阶段：以"封闭形式"为特征的庄严风格，也就是说，雕像或雕像群的结构引导眼睛进入对内在的关注（约公元前300—约前240年）；希腊化鼎盛阶段，以宏大和悲怆为特征（约公元前240—约前150年）；希腊化晚期，盛行的是开放形式和对早期风格的回忆式的片面组合（约公元前150—约前100年）。然而，这一体系以及类似的体系依赖于仅有的几件可确定年代的作品，主要来自于一两个中心城市；并且对那些时间证据过少或根本没有时间证据的作品做了太多的推测。因此，它们充其量只是一个泛泛的指导。概括性地、按类别地回顾和评论希腊化时期的雕刻成就，仍然是比较稳妥和令人满意的方法。

作为与众不同的趋势发展起来的一种类型，是衣服带有褶饰的雕像。高腰窄肩的塔纳格拉女子（Tanagra ladies）和很多全尺寸雕像的神态，展现的是当时上流社会的一种状况，同样也是雕刻风格的状态。除此之外，也有一些表达了雕刻家自觉的艺术鉴赏力的作品。令人喜爱的设计是延展至全身的褶皱，带来了几乎独立于形式之外的或松或紧的褶皱图案：安条克的提基（Tyche）雕像（公元前300年之后不久）——现在只有罗马时期的复制品了——和纽约大都会艺术博物馆里保存的戴面纱的舞者青铜像就是很好的例子。另一种设计是对不同纹理的运用，尤其是对披风的渲染产生出柔软披巾的效果，衣服的褶皱也由此清晰地表现出来。在公元前最后两个世纪里，这种设计被培养起来，特别是在小亚细亚西部的城市里。但是希腊化时期最好的衣饰带褶皱的雕像，是萨摩色雷斯的尼刻（胜利）女神像，使用了更传统的风格，紧贴在胸部、腹部和左腿的褶皱，与深深地刻在其他部位的带子互相映衬。然而，这种映衬远比公元前5世纪的雅典雕刻夸张，迈出的右腿上的褶皱给人留下了极为深刻的印象：无需任何节奏或原因，左右摇摆中就让人把风力想象成带翅膀的女神登上了陆地。作为胜利的船形纪念碑上的最高装饰物，胜利女神也起到了一些装饰作用，而这座纪念碑只是岩石和海水组合风景中最引人注目的部分，这都是希腊化时期的特征：更多变化的功能、更多图画式的背景，也是新的赞助形式带来的结果。

另一种重要类型的雕像是女性裸体雕像。普拉克希特斯备受称赞的奈达斯（Cnidus）的阿芙罗狄忒雕像，是希腊化时期一系列阿芙罗狄忒形象的先驱，包括昔兰尼的美女雕像和卡皮托里的维纳斯（Capitoline Venus）所纪念的、具有自我意识的、装腔作势的女人。一个有趣的变体是蹲着的女神，有些人认为是公元前3世纪一个比提尼亚（Bithynian）雕刻家的作品：前屈的有力的膝盖、抬起的右臂和压低的左臂、突然扭转的头和腰部的扭摆，在真实的肉体褶皱下得到了突出和强调，产生了紧张和急迫运动的效果，这在吕西普斯之前的任何雕像中都是不可想象的。同样不安却更为细致的，是庄严的米洛斯（Melos）的阿芙罗狄忒（即"米洛的维纳斯"），这是公元前2世纪晚期的作品。在这里，稍稍扭曲的躯体、松松垮垮地贴在臀部上并一直拖曳到向前迈出的左腿上的宽大褶皱布料，都只是这件复杂作品的一部分。人们还得想象那丢失的手臂，肯定是伸向一侧，或许手中还拿着青铜盾牌——女神喜欢自己在盾牌上的形象。

所有在之前几个世纪里被认为是不庄重或降低身份的主题，现在都进入了雕刻家的题材库：熟睡的人物、醉酒人、丘比特、老妇、暴徒和阴阳人。还有一些更幽默的主题，比如保存在纽约的"熟睡中的可爱天使"，比奥修斯（Boethus）的著名的"男孩与鹅"，以及宁芙女神与萨提儿之间的各种嬉戏打斗，都更容易令评论者想到18世纪的洛可可风格。实际上，它们也象征着同一类型的轻松愉快，几乎就是轻佻的品位，很多肯定是为了讨富裕的私人收藏者的欢心而设计的。某些更丑的和令人恐惧的主题可能也是出于同样的目的。它们易于被看成是希腊化"现实主义"的代表。但只要看一眼保存在罗马特尔默（Terme）博物馆的"拳击手"青铜雕像，他那令人瞩目的伤口、夸张的肌肉和精美整齐的发型都反映出：甚至在此时，希腊雕刻家对类型的关注也多于对真正外貌的关注。

类型在肖像领域并不是太重要。一部分是因为受到了吕西普斯及其学校活动，包括他兄弟利西斯塔特斯（Lysistratus）的激励。据说是他发明了依据人脸提取模具的方法。雕刻家们在对个人的性格塑造方面开辟了新的天地，一个很好的例子是演说家和政治家德摩斯提尼（Demosthenes）的雕像；制作于约公元前280年的雅典，我们现在只拥有复制品。严肃的表情、皱起的眉头和佝偻的肩膀都很好地印证了普鲁塔克在传记里的描述。他紧握双拳的雄辩姿势，表达了对马其顿帝国主义进行无望抗争的悲剧特征。其他肖像佳作的复制品还包括在卢浮宫修复的哲学家克里西普斯（Chrysippus）的坐像。但最值得注意的是一系列宫廷肖像，从吕西普斯制作的浪漫的亚历山大头像到巴克特里亚（Bactria）和印度国王头像（主要来自于他们的钱币）。前者头部稍倾，眼睛向上看，发丝涌动；后者则是现实主义和理想主义的完美结合。正如在较早时间里希腊肖像制作人所感到的，全身像对表达人物性格是必要的，因此雕刻的肖像一直是全身像。但随着时间的推移，雕像越来越强调面部表达的质量，也越来越倾向于表现皱纹、痛苦和公元前5世纪的艺术家们所要掩盖的其他特征。

另一种深受吕西普斯影响的雕刻类型是群像。吕西普斯对第三维的利用以及他与合作者为纪念亚历山大远征而雕刻的、公认著名的青铜群像，为所有艺术大师的群像铺平了道路，其中两个、三个或更多的人物被安置在复杂的关系中——这种关系需要观者持有一种新的态度。佛罗伦萨的《摔跤手》、特尔默博物馆的《路德维希的高卢人》（Ludovisi Gaul）和精美的罗德岛作品显示了对狄尔科（Dirce）的惩罚，反映在那不勒斯的罗马复制品里，不能反从一个视角进行全面的欣赏，而必须从所有角度进行研究。《路德维希的高卢人》的原型与卡皮托里博物馆的《垂死的高卢人》的原型，构成了为纪念国王阿塔鲁斯（Attalus）和欧美尼斯（Eumenes）的胜利而在帕加玛竖立的巨大雕像群的一部分；也展现了希腊化时期群像作品的更多侧面，特别是对戏剧场景和精心对照的喜爱。高卢酋长杀死妻子，然后把剑刺入了自己的胸腔，誓死不降——如果武士的脸上和形象上没有令人印象深刻的高贵感的话，这一举动可能就是戏剧化的。与此同时，艺术家也更加强调高卢人有力的举止与他死去妻子的无力之间的对照，以及他裸露躯体上的肌肉与她毫无生机的下垂衣料之间的对照。这两个人物被艺术地按照一种令人喜欢的金字塔结构统一起来——武士的左臂支撑着妻子下坠的躯体。这一希腊化的胜利纪念碑所传达的信息，比古典时期的伟大前辈们更为人性化，这是具有重要意义的：古典雕刻家们需要选择用遥远的神话寓言来表达的东西，不仅被帕加玛真实的高卢敌人表现出来，而且还带来了对他们的同情，因为他们独特的相貌（宽阔的脸颊、粗短的头发、男人的胡须）、勇气以及尊严。其他群像表现出对恐惧越来越多的强调。例如，在此之前，古老的马西亚斯（Marsyas）神话在更早、更温和的舞台上，表达的是长笛的发明和萨提儿与阿波罗之间的音乐比赛，但此时却发展到了令人恐怖的高潮。很多复制品证实，可能还是在帕加玛，曾经存在过一个这样组合的群像：惊恐的马西亚斯被吊在树上，一个残忍的、秃头的西徐亚（Scythian）奴隶正在磨刀——就是那把要用来活剥他皮的刀，（毫无疑问）阿波罗冷酷地坐在一旁。

在浮雕方面，"亚历山大石棺"，明显是为亚历山大在西顿的附属国国王而雕刻的，揭示了希腊化早期阶段的很多重要发展。展现活着的和死去不久的名人的真实事件（狩猎场景和亚历山大战争场面），准确刻画民族服装和武器细节，都预示了帕加玛的高卢人以及最终的罗马帝国时期的历史题材浮雕的出现，而主要战役浮雕的复杂性和相互联结，也标志着曾经在公元前5世纪和前4世纪的雕刻中广泛流行的合适空间内的决斗已被完全放弃。一种结果是，背景的重要性大大降低，而这在古典时期的浮雕中是必需的衬托。这种发展在帕加玛大祭坛（公元前2世纪的第二个25年）

的雕刻上达到了极致。设置在墩座外面的巨大横饰带，叙述着神和巨人的战争的古老主题，却是用古代艺术中无与伦比的夸张和威武的气势来表达的。几乎可利用的每一寸都覆盖着翻滚的躯体、翅膀、衣饰、盘卷的蛇和动物的形体，一切都带着情感被渲染到纹理中——例如，通过纹理我们能够区分出同一块布料上的绒毛和平纹。这种效果毁掉了墩座的视觉功能，使祭坛的上部结构好像是飘浮在雕塑的无限喧嚣之上。表现建筑和装饰之间模糊关系的最好例子就是巨人群像，巨人的手、膝盖和盘卷的蛇形，都直接地刻在了巨大入口的台阶上，仿佛要爬出横饰带。随着技术日益精湛，典型的希腊化学院派也形成了：除了12位奥林匹斯主神外，艺术家们还引进了大约75个次要的神和精灵——所有这些神，同巨人一样，出于对观者的考虑，艺术家们都用铭文对之做了标记。如同希腊绝大多数的石头雕刻，人们很难想起这些东西最初其实是着了色的。

　　巨大的横饰带拒绝了背景的存在，内庭的小横饰带将背景变成了真正的空间。这条横饰带描绘了传奇的帕加玛奠基人忒勒福斯（Telephus）的故事。此类型的浪漫故事在希腊化宫廷诗人中间备受欢迎。横饰带运用了连续的叙事技巧，使相同人物一次又一次出现在不同时刻。每个片段都是前一个片断的发展和延续，其间没有中断，而变化的背景由环境因素显示出来：德尔斐的圣月桂树，阿勒奥斯（Aleos）宫殿的挂饰，赫拉克勒斯引诱奥格（Auge）的橡树林。更为震撼的是，人物仅占横饰带三分之二的高度；而其上的三分之一可以用来雕刻岩石、叶子、建筑构件等，或者也可以留空表示天空。有时，在前景人物之上设置几个人物，也会成为对远景的暗示：他们的尺寸比较小，显示出他们并不仅仅被想象成在较高的水平线上。这种对背景的"激活"，肯定受到了绘画的深刻影响，在很多次要的希腊浮雕中以更为试验性的方式被不断重复，但是只有到了罗马时期才得到了更为充分的利用。

## 绘画和其他艺术

形象化的浮雕自然把我们带到了绘画当中。然而，绘画中可谈论的东西就更少了，因为除了一两幅马其顿墓室壁画、几块亚历山大里亚和特萨利的德米特里阿斯（Demetrias）的墓碑外，几乎没有可作为直接材料的历史遗迹了。

主要的绘画可能仍然是在木质的护墙板上完成的。很明显，亚历山大统治时期是绘画艺术的鼎盛时期，这一点可以从与宫廷画家阿佩利斯（Apelles）作品——至少有三件杰作后来在罗马展出——相关的文字资料中判断出来。绘画的黄金时代在亚历山大后继者的宫廷中得到延续，他们创作了大量作品来纪念马其顿人的丰功伟绩。据说，至少有两幅关于亚历山大战斗的多人物绘画（分别是由伊利特里亚的斐洛克斯努斯和希腊-埃及的女画家海伦创作的）从其他绘画中得到了某些线索。如果其中之一在三个世纪后庞贝农牧神之家的著名马赛克路面上重现的话，这一时期的艺术家已经全面掌握了前缩透视法，也能够通过深影和高亮区的对比来打造立体效果，并将之用于高度复杂的作品中——特别是从前景中看，显示在后视图中的马。人物的面部也有了表情：亚历山大坚定的决心与大流士和其他波斯人的惊恐表情形成对照。在色彩上——尽管很明显，马赛克画家在某种程度上受到材料的限制——复制品似乎反映出了原作画家的颜料仅限于红色、黄色、黑色、白色和这些颜色搭配能调出的色调。普林尼对阿佩利斯及其同时代画家的作品里流行的一种美学技巧给予了记载。没有蓝色，绿色也仅用于不显眼的细节上。

亚历山大的马赛克创作于棕色前景和白色天空之间的浅台上，通过长矛在天空中的轮廓形成了一种空间效果。唯一真实的风景因素是一棵死了的树，与战车里的主要人物大流士构成一种平衡。人们经常认为，在希腊化时期的绘画中，画家对风景的运用非常谨慎，在表达人物时始终只起到辅助作用，正如忒勒福斯横饰带里的情况。但最近在维吉纳（Vergina）出土了最早属于公元前4世纪的坟墓，入口处上方的横饰带描绘了狩猎场景；其中，风景起了较为重要的作用，骑在马上的猎人在树林里进进出出，宛若置身于真实的环境中。到了希腊化时代的晚期，景观背景发展的深远程度，在公元前1世纪罗马埃斯奎里山（Esquiline Hill）上别墅里的"奥德赛"绘画中有所反映，几乎可以肯定的是，这幅画是从上一个世纪的希腊横饰带改进而来的。画面讲述了奥德修斯的冒险故事，几个小人物被设置在由树木、悬崖和水组成的浩瀚背景中。即使如此，也没有证据表明，风景作为主题本身、而人物因素降至画中背景物的方法，在罗马时期之前得到了发展。

在其他墓葬绘画中，也有一些有趣的东西，附着在勒弗卡狄亚大墓正面的人物上——绘画表现的是一个士兵、引导灵魂的赫耳墨斯以及两个死者的判官；也附着在莱森（Lyson）、卡里克勒斯（Callicles）以及利西马科斯的墓室的内部规划上。早在公元前2世纪就已经在壁画里预示了错视画（rompe l'oeil）建筑的到来，尽管是以一种非常简单的方式（悬挂的结花装饰连接了色彩较暗的壁柱）。有绘画的墓碑引起的兴趣有限，因为它们表现的是最简单的一两个人物的纪念主题，同他们古典时期的前辈一样，只有德米特里阿斯（Demetrias）的赫迪斯特石碑（stele of Hediste，公元前3世纪）展现了那种精美的建筑内部装饰的类型。而这种内部装饰；、在更多的纪念碑艺术中可能是作为背景使用的。在其他方面，我们对希腊化时期绘画的了解就仅限于文献资料（主要是艺术家的名单）和诱人的回应了。我们从普林尼的著作中了解到，这一时期出现了新的类型，如漫画、日常生活和静物写生，但是罗马时代之前的作品没有被保留下来。庞贝壁画上的神话场景，可能在很多实例中可以追溯到希腊化时期的"前辈大师"，但几乎无法确定原作的时间和产地；也无法确知罗马画家在多大限度上做了改进，以适应当时的品位和装饰背景。

其他材料上的板面作画存在着价值上的差异。公元前3世纪和前2世纪早期，在西西里的森图里帕（Centuripae）制作的一小组多彩瓶画上，人物是自然的色彩，构图简单，背景是统一的粉红色。正如我们看到的，更突出的是画中的马赛克地板。从大约公元前4世纪和前3世纪之交的派拉（Pella）鹅卵石小路，到公元前2世纪的德洛斯和其他城市的镶嵌地砖，我们对马赛克图画的顺序有了深刻的印象；当时的人们对诸如光与影的立体感之类的图画技巧，已经能自如运用了。早期作品还遵循着某些可能在绘画中比较少见的传统，尤其是无差别的蓝—黑背景（但在新发掘的维吉纳墓地横饰带上是平行的），把这些图画置于地板的中央，外面框上了抽象的图案带、涡卷形图案或者仅仅是碎石头和灰泥混在一起的拼缀图，产生了与壁画完全不同的美学效果。然而很多后来的作品，比如在庞贝所谓的西塞罗别墅里，由萨摩斯的狄奥斯库里德斯（Dioscurides of Samos）制作的新喜剧舞台布景，达到了对画家画作的绝对忠实。在古代，尤其著名的是在帕加玛由某个"索索斯"（Sosos）铺就的人行道，其中一幅描绘了在碗边停栖的鸽子的浮雕装饰被镶嵌在一个缘饰中，让人想起了来自餐桌的垃圾。这个"还没打扫的沙龙"证明了马赛克图画通常是供就餐者欣赏的，就餐者斜靠的卧榻位于装饰比较简单的地板外侧边缘。图画强调的重点从垂直变成了水平的表面，部分是由于当时在墙壁装饰上流行的石头风格造成的——这样一来艺术表现力就大大减弱了。但用废弃物装饰人行道的想法，反映出希腊化时期更为普遍的一个侧面，即艺术的"平凡化"趋势。正是在这种精神下，艺术家们雕刻了熟睡的阴阳人、醉酒的农牧神、嬉戏的半人马怪物；并以牺牲内涵和深度为代价，强调了技术上的精湛。

还有一些其他艺术形式，我们可以在此作简要讨论：陶瓷（经常用作浮雕装饰）、玻璃器皿（包括镀金的玻璃工艺品和器皿，在亚历山大里亚的工场里均有生产）、金银碟子、宝石雕刻和首饰。后三种艺术形式的重要性，被著名艺术家也参与其中这一事实所证明：例如，亚历山大曾为宝石雕刻师毕格泰勒斯（Pyrgoteles）颁发王室肖像的专利证，正如他为吕西普斯发放青铜雕像的、为阿佩利斯发放绘画的专利证一样；普林尼似乎把这三位艺术家放在同等地位上。亚历山大的征服开发了黄金的新来源，也给希腊人带来了各种新的奇珍异石，比如石榴石，为材料昂贵的作品增添了某些新的生活情趣。在黄金首饰方面，传统的技术之外又出现了新的宝石镶嵌技术，比如金银丝细工和粗糙化技术。除了保留下来的精美文物外，我们还从古代作家笔下了解到更为炫目的艺术奢侈品的存在。最奢华、最灿烂的是亚历山大的陪葬马车，上面精心地装饰着黄金，点缀着珠宝。这是花费近两年的时间才完成的。

## 向罗马艺术的过渡

从希腊化艺术向罗马艺术的过渡，当然是一个渐进的过程，而且我们也必须分清东方和西方。在地中海的东半部地区，旧的风格和传统仍然根深蒂固，而新的目标和理想，尤其是新的赞助人，开始在意大利涌现。

意大利南部和西西里，一直是希腊世界的一部分；随着渗透，中部意大利也具有了本地的希腊文化。在逐步吞并希腊世界的过程中，罗马自身很难不受希腊文化的影响。事实上，对希腊艺术的热情，随同希腊文学一道席卷了罗马贵族群体。公元前3世纪夺下塔林敦（Tarentum）和叙拉古之后，就有大量的艺术作品和艺术家涌进了这座新的都市。公元前2世纪，随着罗马在亚得里亚海东部用兵，这股潮流更是势不可挡。对罗马的将军和地方官员来说，带回雕像、绘画和浮雕来装饰自己在意大利的别墅，是十分平常的事。于是，希腊艺术家发现，要满负荷地工作，才能满足人们的需求。

希腊建筑与罗马建筑的汇合产生了富有活力的新传统，结果出现了新的建筑形式：把意大利的门廊同希腊的周柱廊结合在一起的罗马富人的市内宅邸；有通道的长方形廊柱大厅，明显起源于希腊柱廊的行政建筑，以及罗马神庙。罗马神庙承袭了意大利的特征，尤其是高高的墩座和强烈的正面强调（比东方更加显著）。除了通过巨大的阶梯通向建筑的正面外，一般没有其他途径。但是，装饰的细节，特别是对科林斯立柱的采用，是从希腊世界借用过来的。而且，在公元前50—前26年间，位于鲁尼（Luni）的意大利采石场一经开采，大理石就成为标准的建筑材料，正如它（在可能的地方）被用于希腊神庙建筑一样。神庙发展具有意义的最后一点是，出现了完全成熟的科林斯式建筑的柱上楣构，连同檐板下面的飞檐托饰。这一变化发生在后三巨头政治（Second Triumvirates）期间，可能应该归功于恺撒广场维纳斯神庙的无名建筑师。

但是与纯粹的形式变化相比，更重要的是在意大利出现了新的技术——水泥建筑。公元前3世纪晚期这项技术开始出现，可能是对之前非洲布匿人所使用的砌墙泥进行试验的结果。不管怎样，当建筑师们发现灰泥与意大利中部被称为"pulvis puteolanus"的火山灰混在一起具有显著黏着力和液压特点之后，这种技术就快速传播开来。水泥代替方石成为穹隆建筑的理想材料。它不仅压缩了建筑成本——材料比较便宜，很多工作也能够使用大批没有技能的劳动力（奴隶和战俘很容易找到）来完成；而且使建起来的房屋更加坚固和实用：一个建好的水泥穹隆就是一个整体，它比任何石头建筑形式所覆盖的空间都要大。新的技术最终使罗马人建造起巨大的、供大众使用的帝国大厦：圆形剧场和公共浴池。

在早期阶段，水泥用于那些没有立柱或横梁的建筑类型，尤其是市场和仓库建筑。艾米利亚廊柱（Porticus Aemilia）是罗马码头的巨大仓库，始建于公于前193年，重修或重建于公元前174年，为我们提供了一个超前发展的例子。它长487米、宽60米，被294根柱子分割成350个有拱顶的间隔，墙壁被细心地贴上了合适的碎片或碎石，这是一种在整个公元前2世纪都相当时尚的风格。在这个世纪晚期，出现了第一个使用新技术的伟大作品，即普拉埃内斯特 ［Praeneste，今帕莱斯特里纳（Palestrina）］的福尔图奈圣所（Sanctuary of Fortune）。在这里，我们发现了基本的希腊元素：比如轴心布局、开放的平台、有列拱的挡土墙。由于使用了水泥，这些元素都以前所未有的规模被利用起来。与此同时，传统的希腊柱廊被合并在建筑物的正面以支撑纵向穹顶的前半部分；或者作为弓形窗口的纯装饰框架，融入到墙面设计中。几十年之后，装饰框架被苏拉的建筑师所采用，并注定成为最受欢迎的罗马建筑外貌，也成为意大利技术与希腊形式相融合的缩影。

在某些类型的建筑中，水泥具有强大的生产或再生产的作用。在家居建筑中，水泥推进了高层经济公寓的建设，使罗马的投机商有机会利用公元前2世纪末和公元前1世纪的城市人口爆炸：碎石墙面最终变成了标准的金字塔形建筑，以规则的对角线（opus reticulatum）为基础。这也是同一趋势的一部分，其目的就是要使建筑过程合理化。浴池建筑中也迅速采用了水泥穹隆，既可以防潮也可以防火。最重要的是，水泥决定了剧场从建在山坡上的希腊形式转变成结构上完全独立的罗马版本。这个过程是渐进的，我们知道有很多中间阶段的例子，观众席全部或部分地建在人工垒起的土堆上，或者由填满土的底层结构来支撑。但是到了公元前55年前，成熟的类型体现在罗马的第一个石头剧场——庞培剧场——里，其中底层结构形成了通道网络，有利于观众的疏散。

如果说意大利和希腊传统之间的接触产生了建筑上的黄金时代，那么，雕刻上的形势就不太明显了。从公元前2世纪中叶以来，雕刻家的努力主要是为罗马艺术市场制作古典风格的作品。在雅典，所谓的"新阿提卡"学派（Neo-Attic school）在大理石庭院装饰（巨大的喷水池、大烛台等诸如此类的东西）上发展出一种十分流行的线条；以优雅的宁芙女神、萨提儿和狂女的浮雕为装饰，雕刻精美，却全无情感。在意大利南部，帕西特勒斯学派（school of Pasiteles）关注古典风格的折中希腊雕像，经常把波里克力托斯或普拉克希特斯风格的姿态造型与古典早期的头颅结合在一起。保留下来的作品包括几组风格奇异的、正在进行阴谋谈话的人物雕像。除了这些拼凑的作品外，还有一些多少有些呆板的著名雕像的复制品。最早的样本包括在德洛斯发现的波里克力托斯的“束发带者”（Diadumenus）的精美复制品；时间大约在公元前100年，被认为是勾缝技术提高的结果。它们代表了一个重要行业的开端，一个最生动的见证便是20世纪50年代，在那不勒斯附近的贝伊（Baiae）出土的希腊著名雕像的部分石膏模型。不是所有此类复制品都是用来收藏的。这一行业一个重要内容是对雕像躯体的重新制作，用以支撑同时代的某个人的头像。但这样的做法从来不会带来和谐的效果。

这种没有成果的古典主义继续发展到帝国时期，却经常发挥新的作用，尤其是在为神龛装饰制作成对的雕像时。此种神龛装饰也是罗马建筑中的一种流行特征。另外还有一种潮流——就我们所知而言，主要与罗德岛的雕刻家相关——为帕加玛的大祭坛建造了结构复杂的杰作。使这种时尚得以保留下来的主要作品包括《拉奥孔》和在斯佩隆加（Sperlonga）提比略石窟里的荷马式作品，主要是为皇帝的个人享受而设计的。

更多的原作是在希腊艺术家被要求处理不熟悉的主题时创造的。一个很好的例子是所谓的多米提乌斯·阿西诺巴布斯（Domitius Ahenobarbus）祭坛上关于人口财产调查的浮雕。雕像的底座可能是为罗马尼普顿（Neptune）神庙建造的，时间大约在公元前2世纪末和公元前1世纪中叶之间。底座的三面装饰着传统的、艳丽的新阿提卡浮雕（现保存于慕尼黑），展现了波塞冬和安菲特律特（Amphitrite，海神波塞冬的妻子）在海中的行进。但第四面（保存在巴黎）表达的是具体的罗马主题，人口财产调查的实施以及相关的猪、羊和牛的献祭（suovetaurilia），所有这一切产生了一种更牢固、更实际的风格。尽管在规模上还存在一些不确定性因素，整体作品也缺乏流畅，这一场景仍然从希腊的素材库里找到了独特的人物形式，并且毫无疑问是一位希腊艺术家的作品，可能与其他三面浮雕的作者是同一位雕刻家。在其他三面，他完成的是经过多次实验证明的主题。在这里，他处理的主题肯定会开创一种新的肖像刻画法。针对所有障碍，他的努力就是朝向未来的重要指示器：罗马庆典和活动纪念，通过在场的神（在这里是马尔斯）及其化身的提升，通过古典风格的广泛渲染，成为帝国浮雕艺术中的主要动力，进而带来了奥古斯都时代最精美的国家建筑——和平祭坛（Ara Pacis）——的成熟。

另一种陌生的创作是罗马风格的肖像。罗马人受到自身民族传统的影响，喜欢强调面部的雕像，尤其是成熟且带有阅历感的雕像；并不惜以牺牲雕像的躯体为代价，而雕像的美观则退居其次。由于此前的希腊雕刻家总能很好地应对外国人外貌特征带来的挑战，因此这些颇具表现力的绝妙人物头像和胸像，可能代表了罗马共和晚期雕刻艺术所取得的最高成就。这些敏锐而坚定的面容、短发、坚毅的嘴角和饱经风霜的脸颊，更多地让人想起今天美国的金融家而不是希腊化世界中的哲学家或政治家，也让人们更好地看到了把罗马统治带到地中海世界各个角落的残酷无情又务实精明的品格。有时，就像C. 安提乌斯·雷斯提奥（C. Antius Restio）在钱币上的肖像一样，这种无限制暴露赘肉和皱纹的方法几乎到了夸张的地步；却十分有力地证明了，在某种程度上，这种彻底的现实主义出自希腊艺术家对他们的罗马赞助人的厌恶。

最后说说绘画。护墙板绘画的希腊传统，在东西方都有所发展［恺撒曾为拜占庭的提摩马库斯（Timomachus）两幅神话的绘制投入了巨额资金］。一项有意义的新发展是，在意大利出现了能造成错觉的壁画。部分受希腊舞台布景的影响，部分受现实建筑的影响，无论是在过去还是在此时，壁画的作者在公元前100年以后，放弃了所谓的第一风格（First Style）的灰泥作品（这是希腊风格的砖石墙壁装饰的意大利版本），却发展出一种纯粹的图画风格，把墙壁叠化成一种三维空间的视觉效果。始终不变的是，这个空间由一个模拟的建筑环境所定义。在最好的装饰里，意大利别墅的拥有者为自己的房间增添了异国情调；如同宫殿般辉煌，大理石的立柱上有镀金装饰，带柱廊的庭院渐渐消融在直线透视和空中透视里；而巨大的历史人物像或宗教人物像陈列在墩座之上或者立于柱廊之间。之后，在该世纪40年代和30年代，建筑更倾向于成为中央画面的框架，被想象成在另一个世界之上打开的窗口，填满了由神圣风景画或传说中的人物组成的场景。在希腊世界里，对绘画的强调主要被限制在地板上，此时则转到了墙上，只有人行道上还简单地装饰着由各种马赛克或与马赛克相关的技术构成的抽象图案。这些发展的重要性往往被低估，因为我们的证据多数来自诸如庞贝这样的小镇上的中产阶级房屋。但是奥古斯都时期，罗马及其他地方的皇室居所内的壁画遗迹，以及文献资料特别是普林尼的记载，都证实了在共和国晚期和帝国早期，护墙板曾经拥有的声誉显然转移到了壁画上。于是，第二风格（Second Style）的模仿建筑的出现，标志着古代绘画的新篇章开启了。在新的篇章里，涌现出一大批杰作，比如在普里马坡塔（Primaporta）利维亚别墅里的庭院风景画和阿格瑞帕·珀斯图莫斯（Agrippa Postumus）在波斯科翠凯斯（Boscotrecase）别墅里的奇异风景画。

## 进一步阅读

我们缺少关于这一时期艺术的英文版好书，特别是对从希腊化时代向罗马时期过渡的艺术进行有效研究的好书。到目前为止，最好的也是最新的书是：J.J. Pollitt, *Art in the Hellenistic Age*（Cambridge, 1986）。另一本概括性的书，在方法上具有强烈的个人色彩，是：T. B. L. Webster, *Hellenistic Art*（London, 1967）；对建筑和雕刻分别给出不错评价的是：D. S. Robertson, *A Handbook of Greek and Roman Architecture*（2nd edn., Cambridge, 1943）及A. W. Lawrence, *Greek and Roman Sculpture*（London, 1972）。

关于希腊末期的艺术和建筑，请参看第十一章参考书目中所引用的一般性著作。具体针对希腊化时期的有：J.

Charbonneaux，R. Martin，and F. Villard，*Hellenistic Art*（London and New York，1973）提供了一个广阔的视角，其中关于建筑的部分要优于关于雕刻和绘画的部分。C. M. Havelock，*Hellenistic Art*（London，1971）更为详细地介绍了个人的作品，但在时间上采用了Rhys Carpenter的异教观点。关于希腊化时期的雕刻，公认优秀的著作是M. Bieber，*The Sculpture of the Hellenistic Age*（2nd edn.，New York，1961），但作者在时间和来源上过于教条；此外，只有关于具体作品的专题论文了，如E. Schmidt，*The Great Altar of Pergamon*（London，1965）。关于奢侈的艺术品，最好的研究是H. Hoffman and P. F. Davidson，*Greek Gold：Jewelry from the Age of Alexander*（New York，1966）。

关于罗马共和国时期，请参见《牛津古罗马史》第十六章参考书目中所引用的一般性著作的开头几章；唯一集中研究了奥古斯都之前时期的英文书籍是A. Boethius，*Etruscan and Early Roman Architecture*（Harmondsworth，1978）。G. M. A. Richter，*Ancient Italy*（Ann Arbor，1955）从总体上讨论了意大利的艺术，研究了希腊化艺术对它的影响以及它如何把"希腊—罗马"的传统带到了帝国时期。O.J. Brendel，*Etruscan Art*（Harmondsworth，1978）很好地研究了伊特鲁里亚的艺术背景。

# 大事年表

公元前 600 年以前的大部分时间是大致时间

## 地中海世界

### 宫殿文化时代

3000[1] 米诺斯文化在克里特的开端

2200—1450 克里特的中期米诺斯宫殿文化

2100 迈锡尼希腊人可能到达希腊

1600—1200 迈锡尼宫殿文化在希腊得到发展，最初依赖于克里特模式

1450 迈锡尼接管克里特王宫定居地并统治爱琴海地区；王宫定居地在迈锡尼、提林斯、忒拜、派罗斯、克诺索斯及其他地区发展起来；这一文化是希腊英雄神话背后的真实历史

## 近东

2700—2200 埃及古王国时期

2700—2000 美索不达米亚的苏美尔人时期

2130—1800 埃及中王国时期

2000—1700 美索不达米亚的古巴比伦时期

1575—1100 埃及新王国时期

1460—1200 赫梯帝国统治中部安纳托利亚

1400 亚述开始统治中部美索不达米亚

---

[1] 此处的纪年为公元前纪年。——译注

454

**黑暗时代和移民时期**

从公元前1250年到公元前1150年，地中海东部和小亚细亚的居住条件恶化了。

|  |  |
|---|---|
| 1220 | 特洛伊VIIa层的毁灭可能是特洛伊战争传说中背后的真实历史事件，也可能是迈锡尼希腊人最后一项伟大功绩 |
| 1200 | 迈锡尼城堡在希腊大量毁灭 |
| 1184 | 后期希腊作家计算出的特洛伊毁灭的传统时间 |
| 1150 | 迈锡尼城堡的最后毁灭 |
| 1100–1000 | 多利安希腊人入侵希腊大陆（神话中"赫拉克勒斯之子的回归"）通常被定于这一时期 |
| 1050–950 | 伊奥尼亚和其他希腊人从大陆移民到爱琴海岛屿和小亚细亚沿岸 |
| 1050 | 希腊开始广泛使用铁器，并与塞浦路斯重新建立联系 |
| 1050–900 | 原始几何陶 |
| 975 | 勒夫坎狄的英雄墓冢 |
| 1230 | 以色列人最早在迦南定居 |
| 1200 | 赫梯帝国被来自南俄罗斯的民族灭亡，这些民族中包括弗里吉亚人；"海上民族"（可能是掠夺者和难民）被埃及击退 |
| 1100 | 埃及新王国时期结束，中央集权的法老王国结束 |
| 1000–960 | 以色列大卫王国 |
| 960–931 | 以色列所罗门王国 |
| 910 | 亚述开始扩张，遭到乌拉尔图的对抗，后来又遭到叙利亚和巴勒斯坦的城市和部落文化的对抗 |

## 地中海世界（续）

### 优卑亚扩张时代

从公元前 825 年到公元前 730 年这段时期，优卑亚的城市卡尔吉斯和伊利特里亚是希腊世界的主要居住点，促进了海外贸易基础和早期殖民运动的发展；它们是希腊艺术的中心，直到约公元前 730 年被雅典取代。

875—750　几何陶

800　伊利特里亚奠基，勒夫坎狄逐渐衰落；在东方向希腊出口的一条重要商路上，优卑亚人和塞浦路斯人在奥龙特斯河河口处（南叙利亚）的阿尔·米纳建立了一个贸易城堡

776　第一届奥林匹克运动会，这个以四年为周期的运动会后来成为希腊世界确定历史事件年代的基础

775　优卑亚人在那不勒斯鲁里亚湾建立了一个贸易城堡（皮特库赛，或称伊西卡亚），开始与埃特鲁里亚和西方联系

753　传统的罗马建城时间

750—700　希腊字母基于腓尼基字母而创建，并迅速以各种不同形式传到整个希腊世界

735　第一个西西里殖民地纳克索斯建立

734—680　卡尔吉斯与伊利特里亚之间的勒兰丁战争，众多希腊世界被卷入其中，优卑亚的影响结束

## 近东（续）

1000—750　腓尼基繁荣和海外扩张时代

814　传统的迦太基建立的时间

744—612　亚述帝国达到极盛

# 希腊世界

## 政治事件

### 东方化时代

从公元前730年起，科林斯在文化和政治上成为希腊最先进的城市；但是其他城市也变得重要起来，最引人注目的是，其在伊西姆斯周边的邻居（西息昂、麦加拉）、埃吉纳、萨摩斯、米利都、雅典和斯巴达。东方因素开始影响希腊的艺术和生活。

733　科林斯建立科西拉和叙拉古

730—710　斯巴达征服美塞尼亚

720　赛巴里斯（南意大利）建立；卡尔西斯和伊利特里亚建立殖民地卡尔西迪斯；希腊人开始进入赫勒斯滂地区

700—650　重装步兵战术传播

## 文化发展

750—700　荷马和赫西俄德

725　第一个石头神庙，斯巴达的阿尔忒弥斯·俄耳提亚的神庙

720—690　早期原始科林斯陶器

720　麦伽拉人奥西普斯赢得奥林匹克赛会裸跑冠军；裸体赛会裸体成为赛会的规则

# 近东（续）

720　亚述的萨尔贡征服西里西亚和叙利亚；以色列陷落（722）

700　西米里人从南俄入侵小亚细亚；迈达斯的佛里吉亚王国毁灭；米底王国建立

**希腊世界（续）**

**政治事件**

| | |
|---|---|
| 683 | 雅典执政官年表开始 |
| 675 | ？斯巴达来库古改革 |
| 670 | 洛库里的扎雷库斯，西部殖民地最早的立法者 |
| 668 | 海锡亚战役，阿尔戈斯人打败斯巴达 |
| 664 | 希腊人作为雇佣兵和商人开始向埃及渗透 |
| 657—625 | 塞普塞鲁斯在科林斯的僭主统治时期 |
| 650—620 | 斯巴达进行第二次美塞尼亚战争 |
| 650 | 西息昂的俄尔塔哥拉斯僭主统治；萨索斯的建立；希腊人开始在黑海海殖民 |

**文化发展**

| | |
|---|---|
| 690—650 | 原始科林斯陶器中期 |
| 675—640 | 派罗斯的阿基洛库斯作为诗人的活跃期 |
| 655 | 基吉陶瓶 |
| 650 | 莱斯博斯的特潘德尔、以弗所的卡林努斯、阿摩格斯的西蒙尼德斯、斯巴达的提尔泰奥斯作为诗人的活跃期 |
| 650—630 | 原始科林斯陶器后期 |

**近东（续）**

| | |
|---|---|
| 696 | 亚述人洗劫萨索斯 |
| 687 | 居吉斯建立吕底亚王国（687—652） |
| 670 | 亚述的势力开始衰落 |
| 664 | 萨姆提克一世（664—610）在埃及建立赛特王朝 |
| 650 | 弗拉特斯统治下，米底兴起 |

640　麦加拉的提吉尼斯僭主统治

632　基伦企图在雅典僭主统治

630　昔兰尼在北非建立

## 古风时代早期

这一时期见证了斯巴达和雅典先后在希腊大陆的主导地位。

625—585　科林斯的伯里安德僭主统治

625—600　米利都的特拉西布鲁斯僭主统治

621　德拉古颁布了雅典第一部成文法

620—570　米提林的僭主统治时期

600—570　西息昂的克里斯提尼僭主统治

600　吕底亚人毁灭了士麦那。

600　弗奇斯人建立了马赛利亚;雅典从麦加拉手中赢得了萨拉米斯

595—586　为控制德尔斐而进行的第一次神圣战争

630　科洛丰的米纳马斯和斯巴达的阿尔克曼作为诗人的活跃期

625—595　早期科林斯陶器;第一个大理石的"库罗斯"

610　阿提卡黑像陶开始出现

610—575　阿尔凯奥斯和萨福作为诗人活跃于莱斯博斯

600　奥林匹亚的赫拉神庙

626　纳波婆拉萨尔领导巴比伦从亚述统治下独立

625　瑙克拉提斯作为主要的希腊贸易港口在埃及建立;吕底亚发明钱币

612—609　尼尼微陷落,巴比伦和米底瓜分亚述帝国

**希腊世界(续)**

| 政治事件 | 文化发展 | 近东(续) |
|---|---|---|
| | | |

**政治事件**

594 雅典执政官梭伦颁布了新的法典，开始社会和政治改革

583 科林斯僭主统治结束

560 斯巴达和提吉亚之间的战争，联盟解体；庇西特拉图在雅典的第一次僭主统治(560—556)

556 基伦任斯巴达监察官；西息昂的僭主统治结束

**文化发展**

600—560 梭伦作为诗人的活跃期

585 米利都的泰勒斯预言了日食

582—573 赛会的确立（皮提亚, 582; 伊斯米亚, 581; 尼米亚, 573）

580 科西拉的阿尔戈斯弥神庙；雅典的第一座雅典娜主神庙

570—550 米利都的阿纳克西曼德作为哲学家的活动

566 雅典泛雅典娜节的重建

560 德尔斐的西息昂宝金库；西美拉的斯特斯库鲁斯作为诗人活动

548 德尔斐神庙被焚毁

**近东(续)**

591 埃及的萨姆提克二世征服努比亚，希腊雇佣军在阿布辛贝尔写下他们的名字

587 巴比伦的尼布甲尼撒攻陷耶路撒冷；犹太人被流放

570—526 埃及的阿美西斯法老

560—546 吕底亚的克洛伊索斯王

559—530 居鲁士建立波斯帝国

550 居鲁士征服米底

550—480 佛陀和孔夫子生活的年代

**古风时代后期：与波斯的冲突**

公元前546年是"米底人到来之时"（色诺芬）：波斯人到达地中海沿岸是一个转折点，与波斯的冲突成为随后50年的主题。

| | | |
|---|---|---|
| 546 | 斯巴达在坎斯帕尼亚战役中打败阿尔戈斯；庇西特拉图于帕勒尼战役之后在雅典建立僭主统治 | 570–475 克勒丰的色诺芬（哲学家、诗人）生活的年代 |
| | | 550 米利都的阿纳克西曼尼以哲学家的身份活动 |
| 545 | 伊奥尼亚希腊人被波斯征服 | 545 波斯攻陷萨迪斯；吕底亚帝国灭亡 |
| 540 | 阿拉里亚战役；迦太基人和埃特鲁里亚人阻止希腊人向地中海西部扩张 | 540 麦加拉的狄奥根尼斯，以弗所的希波纳克斯，莱基乌姆的伊庇库库斯作为诗人活动 |
| | | 539 波斯攻陷巴比伦；被放逐的犹太人回归 |
| 535 | 萨摩斯的波利克拉特斯僭主统治 | 535–490 提俄斯的阿纳克里昂作为诗人活动 |
| | | 535 阿提卡红像陶开始出现 |
| | | 534 第一部悲剧在雅典的大狄奥尼索斯节中上演 |
| 528 | 庇西特拉图去世；雅典被西庇阿斯统治 | 530 毕达哥拉斯作为哲学家在南意大利活动 |
| | | 530 居鲁士逝世；冈比西斯（530—522）即位 |

| | 近东（续） |
|---|---|
| 525 | 埃及的阿玛西斯去世；波斯征服埃及和北非 |
| 521 | 大流士取得波斯政权 |
| 520—519 | 大流士再次攻陷巴比伦 |
| 518 | 大流士的贝希斯敦铭文产生 |
| 514 | 大流士的塞西亚远征 |
| 512 | 大流士征服色雷斯 |
| 509 | （传统的罗马共和国建立的时间） |

**希腊世界（续）**

| 政治事件 | | 文化发展 | |
|---|---|---|---|
| 525—523 | 斯巴达扩张至萨摩斯；波里克拉特斯垮台 | 525 | 德尔斐的斯菲尼亚金库 |
| 524 | 埃特鲁里亚人在库麦战败 | | |
| 520—490 | 斯巴达的克里昂美尼斯国王 | 520—468 | 喀俄斯的西蒙尼德斯作为诗人活动 |
| 519 | 雅典与普拉提亚结盟 | | |
| 514 | 哈摩狄乌斯与阿里斯托吉顿在雅典谋杀希帕库斯 | | |
| 510 | 西庇阿匹斯被雅典驱逐 | 510—490 | 阿格里根塔姆神庙（西西里）建立 |
| 508 | 克里斯提尼在雅典改革 | | |
| 506 | 斯巴达人入侵卡提卡失败；雅典打败卡尔基斯和波奥提亚 | 500 | 克里同的阿尔克美昂（医生），米利都的赫卡泰奥斯（历史学家），以弗所的赫拉克利图斯（哲学家）活动时期 |
| 505 | 盖拉开始僭主统治 | | |
| 499 | 伊奥尼亚起义 | | |
| 498 | 雅典人和伊利特里亚人烧毁萨迪斯 | 498 | 现存最早的品达诗歌（皮提亚颂歌第十首）的创作年 |

|  |  |
| --- | --- |
| 494 | 拉德战役；米利都之难与伊奥尼亚起义的终结；斯巴达在西皮亚战役中打败阿尔戈斯 |
| 493 | 狄米斯托克利成为雅典执政官；皮拉奥斯港的建立 |
| 491 | 盖伦成为盖拉的僭主 |
| 490 | 波斯第一次入侵希腊大陆；斯巴达的克里昂美尼斯去世；伊利特里亚被焚毁；马拉松战役 |
| 490 | 埃吉纳的艾菲亚神庙中的塑像 |
| 487—483 | 雅典实行陶片放逐法；雅典与埃吉纳之间的战争 |
| 487 | 喜剧第一次在雅典的大狄奥尼索斯节上演 |
| 487—485 | 埃及起义 |
| 486 | 大流士逝世；薛西斯即位 |
| 485 | 盖伦成为叙拉古的僭主 |
| 485—450 | 喀俄斯的巴库里德斯作为诗人活动 |
| 484 | 埃斯库罗斯第一次获胜 |
| 482 | 发现阿提卡的劳里昂银矿，用于建造雅典舰队 |
| 480 | 波斯通过陆路入侵希腊；阿尔提密西安海战，温泉关战役，萨拉米斯海战；雅典被波斯洗劫；迦太基人入侵西西里并在西美拉战役中被打败 |
| 479 | 普拉提亚战役和米卡里战役 |

# 希腊世界（续）

| 政治事件 | 文化发展 |
| --- | --- |

## 古典时代：公元前 5 世纪

这一时期雅典从对抗波斯的提洛同盟中发展出帝国，并将其扩展到整个爱琴海地区；雅典与斯巴达的冲突始于公元前 461 年，在第二次伯罗奔尼撒战争（公元前 413—前 404 年）达到顶点，最终雅典战败，帝国丧失。经济活动的中心在皮拉奥斯；从文化上来说这是雅典的伯里克利黄金时代，因为这个帝国城市成为"希腊的学校"（伯里克利），并逐步发展出世界闻名的最极端的民主政府。

| 政治事件 | | 文化发展 | |
| --- | --- | --- | --- |
| 478 | 以雅典为首对抗波斯的提洛同盟建立；雅典城防的再加固；叙拉古僭主盖伦逝世；希罗继位 | 478 | 德尔斐的战车御者浇铸成形 |
| 477—467 | 客蒙指挥一系列海军战役，在尤里米顿战役（467）达到顶峰，这次战役成功解除了波斯的威胁 | 476 | 品达的第一首奥林匹亚颂歌与巴库里德斯为希罗在奥林匹亚的胜利所作第五首颂歌 |
| 474 | 叙拉古人在库麦战役中打败埃特鲁里亚人 | 472 | 埃斯库罗斯的《波斯人》 |
| 471 | 狄米斯托克利被实行陶片放逐，随后逃往波斯 | 470 | 品达的第一首皮提亚颂歌 |
| | | 470—430 | 雕塑者米衣的职业生涯 |
| 466 | 希罗逝世，叙拉古的僭主政治结束 | 468 | 索福克勒斯对埃斯库罗斯的第一次胜利 |
| 465 | 提洛同盟里的萨索斯反叛 | 467 | 埃斯库罗斯的《七将攻忒拜》 |
| 464 | 薛西斯被谋杀；阿塔薛西斯一世继位成为波斯国王；斯巴达地震和希洛人起义 | | |
| 462—454 | 埃及反波斯起义，得到雅典支持 | 464 | 科拉佐梅尼的阿纳克萨哥拉（哲学家）来到雅典 |

461 客蒙被陶片放逐；厄菲阿尔特在雅典的激进改革；伯里克利的统治开始（公元前461—前429年）

461—451 雅典与斯巴达同盟间的战争；第一次伯罗奔尼撒战争

458 建设从雅典到皮拉奥斯的长城；塔纳格拉战役；雅典征服波奥提亚

454 提洛同盟的金库移到雅典

451 雅典与斯巴达的五年休战协定；斯巴达与阿尔戈斯的三十年和平协定；伯里克利的法律定义公民权

450 客蒙从放逐中回归，并在反波斯的战斗中在塞浦路斯战死；叙利亚的反波斯起义

449 "卡里阿斯和约"结束了雅典与波斯的敌对状态

447 科罗尼亚战役，雅典失去其在波奥提亚的陆上帝国；优卑亚起义

445 雅典与斯巴达的三十年和平（以斯拉利尼希米重建耶路撒冷城墙）

443 雅典在南意大利建立图里伊殖民地；伯里克利最后的反对者，米利西阿那斯之子修昔底德被陶片放逐

460—420 雕塑家波里克力托斯和菲迪亚斯的职业生涯

458 埃斯库罗斯的《俄瑞斯忒亚》

456 埃斯库罗斯逝世；奥林匹亚的宙斯神庙完成。

455 欧里庇得斯的第一部作品

450 埃利亚的芝诺和阿克拉加斯的恩培多克勒作为哲学家活动

447 帕特农神庙开始修建

446 品达最后的颂歌（皮提亚颂歌第8首）

445—426 哈利卡纳苏斯的希罗多德活动时期

442—438 帕特农神庙中帽建成

**希腊世界(续)**

**政治事件**

| 年代 | 政治事件 |
|---|---|
| 440 | 萨摩斯在雅典帝国中反叛 |
| 437 | 雅典建立安菲波利斯殖民地 |
| 435 | 科林斯与科西拉争夺伊庇达努斯的战争 |
| 433 | 雅典与科西拉结盟 |
| 432 | 波提狄亚反叛雅典 |
| 431 | 第二次伯罗奔尼撒战争开始 |
| 430 | 雅典的瘟疫 |
| 429 | 伯里克利逝世；普拉提亚被围攻 |
| 428 | 米提林反叛 |
| 427 | 斯巴达占领普拉提亚，雅典占领米提林；雅典的第一次西西里远征 |

**文化发展**

| 年代 | 文化发展 |
|---|---|
| 440 | 琉基浦斯提出原子理论；苏尼乌姆的波塞冬神庙 |
| 438 | 欧里庇得斯的《阿尔刻提斯》；献给帕忒农神庙的雅典娜塑像 |
| 437—432 | 雅典卫城山门和帕忒农神庙三角墙的建设 |
| 436 | 伊索克拉底（教育家）诞生 |
| 435 | 厄瑞克忒翁神庙开始修建 |
| 431 | 修昔底德开始写作他的《伯罗奔尼撒战争史》；欧里庇得斯的《美狄亚》 |
| 430 | 阿布德拉的德谟克里图斯（原子理论家），雅典的米顿（天文学家），科斯的希波克拉底（医生），苏格拉底，阿布德拉的普罗塔哥拉斯（哲学家）活动时期 |
| 428 | 菲迪亚斯在奥林匹亚创作的宙斯神像；欧里庇得斯的《希波吕托斯》；柏拉图诞生 |
| 427 | 莱昂蒂尼的高尔吉亚斯出使雅典，修辞学艺术正式开始 |

|  | |  | |
|---|---|---|---|
| 425 | 派罗斯筑城，雅典占领斯法克特里亚；克里昂统领雅典 | 425 | 阿里斯托芬的《阿卡奈人》；莱斯博斯的赫拉尼库斯（历史学家）活动时期 |
| 424 | 波奥提亚人在德利乌姆战役打败雅典人；在盖拉召开的西西里和平会议；阿塔薛西斯逝世；大流士二世继位为波斯国王 | 424 | 阿里斯托芬的《武士》 |
| 423 | 斯巴达与雅典停战一年 | 423 | 阿里斯托芬的《云》 |
| 422 | 布拉西达斯和克里昂在北希腊被杀死 | 422 | 阿里斯托芬的《马蜂》 |
| 421 | 雅典和波斯之间的《尼西阿斯和约》 | 421 | 阿里斯托芬的《和平》 |
| 418 | 斯巴达在曼提尼亚战役中打败雅典和阿尔戈斯联军；斯巴达与阿尔戈斯的三十年和平 | 420—400 | 巴塞的阿波罗神庙建成；厄里斯的西庇阿斯（古文物研究者和博学家）活动时期 |
| 416 | 雅典人袭击米洛斯并奴役其居民 | | |
| 415 | 雅典远征西西里；赫尔墨斯神像破坏案与渎神事件；亚西比德被放逐 | 415 | 欧里庇得斯的《特洛伊妇女》 |
| 413 | 斯巴达重新开战并在阿提卡的德克里亚建立一个永久性港口；雅典远征西西里失败 | 414 | 阿里斯托芬的《鸟》 |
| 412 | 雅典同盟的反叛；波斯介入战争 | 412 | 欧里庇得斯的《海伦》 |
| 411 | 雅典的寡头政变 | 411 | 阿里斯托芬的《吕西斯特拉忒》和《地母节妇女》 |
| 410 | 塞西库斯战役；雅典恢复民主政治 | | |

**希腊世界**（续）

## 政治事件

| | |
|---|---|
| 409 | 迦太基人远征西西里；西里努斯和西美拉陷落 |
| 407—406 | 亚西比德从放逐中回归 |
| 406 | 雅典在诺提乌姆战败，在阿吉纽西取胜 |
| 405 | 羊河口战役；雅典被围，狄奥尼修斯成为叙拉古的僭主；叙拉古与迦太基之间的和平 |
| 404 | 雅典投降，三十人政治建立，逃亡的民主派占领斐莱；大流士二世去世，阿塔薛西斯二世在波斯继位 |
| 403 | 三十人统治结束；雅典恢复民主政治 |

## 文化发展

| | |
|---|---|
| 409 | 索福克勒斯的《菲罗克忒忒斯》 |
| 408 | 欧里庇得斯的《俄瑞斯忒斯》 |
| 406 | 欧里庇得斯和索福克勒斯逝世 |
| 405 | 阿里斯托芬的《蛙》；欧里庇得斯的《酒神的伴侣》上演 |

**古典时代：公元前 4 世纪**

政治上，公元前 4 世纪见证了斯巴达、雅典、忒拜的一系列建立霸权的企图，波斯在其中充当了势力平衡者，它一开始帮助雅典，但最终成为一项斯巴达强加的和平的保证人。在公元前 4 世纪 70 年代，忒萨利变得重要起来，自公元前 4 世纪 50 年代以来，雕力统治下的马其顿开始扩张；公元前 338 年，马其顿的君主制霸权最终建立起来，戴诺米德主控制了叙述古，并领导了反抗迦大基和亚里士多德学园的建立，直到公元前 4 世纪 40 年代后期，秦摩利昂带来了希腊人的复兴。雅典仍然占据文化的中心地位；随着柏拉图、伊索克拉底和亚里士多德，修辞学和散文也成为文学的主要形式。

401　居鲁士的远征与万名希腊雇佣军反波斯国王；库纳克萨战役（色诺芬《远征记》的主题）

410-387　安多西德和吕西阿斯作为演说词撰写者的生涯

401　索福克勒斯的《俄尔甫斯在克罗诺斯》在他逝世后上演

400-360　苏格拉底的学生安提斯提尼（犬儒派学者），昔兰尼的阿里斯提普斯（享乐主义者）和麦加拉的欧几里德斯活动时期

399　苏格拉底以"蛊惑青年"的罪名受审并被处死

398　阿格西劳斯成为斯巴达国王

397-338　伊索克拉底（教育家、作家）活动时期

396-394　阿格西劳斯战役，为了解放波斯统治下的小亚细亚的希腊人

396-347　柏拉图（哲学家）活动时期

395-386　科林斯战争；斯巴达反对波斯支持下的科林斯、忒拜、阿尔戈斯和雅典

395　修昔底德的《伯罗奔尼撒战争史》出版；史诗诗人安提马库斯活动时期

395-393　雅典重建长城

希腊世界（续）

| 政治事件 | 文化发展 |
|---|---|
| 394 一个雅典人指挥的波斯舰队在奈达斯战役中打败斯巴达 | |
| 390 高卢人洗劫罗马 | 392—388 阿里斯多芬最后的喜剧写作时期 |
| 387 狄奥尼修斯一世征服莱基乌姆 | 390—354 色诺芬（历史学家，散文作家）活动时期 |
| 386 《安塔西达和约》或称《大王和约》，把波斯支持的斯巴达统治强加给希腊 | 387 柏拉图建立阿卡德米学园 |
| 382 斯巴达军队占领忒拜大本营 | |
| 379 忒拜解放 | 384 亚里士多德和德摩斯提尼诞辰 |
| 378 雅典与忒拜结盟；第二次雅典联盟建立 | |
| 377—353 卡利亚的摩索拉斯王朝 | |
| 375—370 杰森治下的斐赖利霸权 | |
| 371—262 伯里皮达斯和埃帕米农达斯治下的忒拜霸权 | 373 地震毁坏德尔斐神庙 |
| 371 忒拜在留克特拉战役摧毁斯巴达的力量 | 370—330 普拉克希特利斯和斯科帕斯（雕塑家）活动时期 |
| 369 麦加罗波利斯的建立与美塞尼亚的解放 | |
| 367 狄奥尼修斯一世去世；狄奥尼修斯二世成为叙拉古的僭主 | 367 柏拉图造访叙拉古，教导狄奥尼修斯二世 |

366—360　波斯总督的反国王起义

365　雅典驱逐萨摩斯人并在萨摩斯建立殖民地

364　忒拜摧毁奥克梅努斯；伯里皮达斯逝世

362　忒拜在曼提尼亚战役中打败斯巴达；埃帕米农达斯逝世

360　阿格西劳斯逝世

359　腓力二世成为马其顿的国王

357　雅典与腓力之间的战争；腓力占据安菲波利斯

357—355　雅典与其盟邦之间的同盟者战争

356—354　狄奥尼修斯的叔叔、柏拉图的学生狄翁控制叙拉古

356—352　弗奇斯人占据德尔斐，并挑起神圣战争，导致腓力以反对他们的借口进入中希腊

356　亚历山大大帝诞生

361　柏拉图第二次造访西西里

360—315　吕西普斯（雕塑家）活动时期

360—323　狄奥根尼（犬儒派哲学家）活动时期

358—330　伊庇达鲁斯的剧场建立

355　演说家德摩斯提尼（逝于公元前322年）和伊斯金尼斯（公元前330年离开雅典）的文学与政治生涯开始

353　摩索拉斯逝世；摩索拉斯王陵开建

希腊世界（续）

| 政治事件 | 文化发展 |
|---|---|
| 348 腓力占领奥林托斯 | 350—320 阿佩利斯（画家）和狄奥普斯（历史学家）活动时期 |
| | 350—300 斯提尔波（哲学家）在麦加拉活动 |
| | 348 柏拉图逝世；斯派西普斯成为阿卡德米学园的主持人 |
| 346 腓力与雅典达成和议（《斐洛克拉特斯和约》）；狄奥尼修斯的第二次僭政 | 343—342 亚里士多德在马其顿尼亚担任亚历山大的老师 |
| 344—338 泰摩利昂到达西西里，结束僭主政治，在克里米苏斯战役中打败迦太基人（公元前341年）；希腊西西里的复兴 | 342 米南德出生 |
| | 341 埃弗鲁斯的《历史》完成 |
| | 339 色诺克拉底成为阿卡德米学园的主持人 |
| 338 腓力在卡罗尼亚战役中打败雅典和忒拜；希腊独立的终结；阿塔薛西斯三世被谋杀 | 338 伊索克拉底逝世 |
| 337 腓力建立希腊城邦的科林斯同盟，同盟向波斯宣战 | 338—324 雅典的来库古控制雅典的财务，开始兴建主要的公共建设项目 |

# 希腊化世界

| 政治事件 | 文化发展 |
|---|---|

## 亚历山大大帝

长久以来，与波斯的战争似乎是重建希腊统一的手段，而公元前400年以来的事件暴露了波斯国王的财富及其军事上的弱点。亚历山大继承了腓力入侵波斯帝国的计划；在12年的时间里，他的征服远至俄罗斯草原、阿富汗和旁遮普地区。这些扩张活动创造了希腊化世界。

| 政治事件 | 文化发展 |
|---|---|
| 336　亚历山大继位 | |
| 335　亚历山大大洗劫忒拜；波斯的大流士三世继位 | 335　亚里士多德开始在雅典执教并建立吕克昂学园（逍遥学派学园） |
| 334　亚历山大进入亚洲；格拉尼库斯役，征服小亚细亚 | |
| 333　在伊苏斯战役中击败大流士 | |
| 332　围攻提尔和加沙；亚历山大进入埃及 | |
| 331　亚历山大里亚建成；亚历山大在高加米拉战役中打败大流士，占领美索不达米亚，进入巴比伦、波斯波利斯和帕萨加达 | |

# 罗马

## 早期罗马

在早期罗马历史中，事件的时间和真实性都难以确定。罗马一开始只是埃特鲁里亚文化边缘上的一个共同体；在后期诸王统治时期，罗马实际上是统治拉丁姆地区的埃特鲁里亚城市。共和国的建立（公元前509年）使得罗马的权势有所减弱，罗马为了自身生存而抗击埃特鲁里亚人，同时力图重建在拉丁姆地区的支配权。公元前5世纪是社会矛盾异常尖锐的时期。维伊的毁灭（公元前405—前396年）消除了埃特鲁里亚人的威胁，而高卢人洗劫罗马（公元前390年）实际上只是罗马遭受的暂时挫折。到了公元前338年，罗马已吞并了拉丁姆地区并进入坎帕尼亚地区。

# 希腊化世界(续)

## 政治事件

| 年代 | 政治事件 |
|---|---|
| 330 | 波斯波利斯的宫殿被焚；大流士被他曾经的支持者谋杀 |
| 330—328 | 亚历山大在巴克特里亚和粟特的战役 |
| 327 | 亚历山大与罗克姗娜结婚；亚历山大进入印度 |
| 326 | 亚历山大穿过印度河，赢得希达斯皮斯河战役；征服旁遮普；亚历山大顺印度河航行到印度洋 |
| 325 | 亚历山大穿过巴鲁齐斯坦返回，经历了沙漠的巨大考验 |
| 324 | 亚历山大在苏萨 |
| 323 | 亚历山大逝世，时年32岁 |

## 文化发展

| 年代 | 文化发展 |
|---|---|
| 330 | 伊斯金尼斯和德摩斯提尼在两篇对立的演说《反塞特西丰》和《论王冠》中，捍卫各自的政治生涯 |
| 327 | 卡里斯提尼(亚历山大的历史学家、亚里士多德的任子)被亚历山大处死；哲学家皮洛(怀疑论者)和阿纳克萨库斯陪伴亚历山大会见婆罗门教徒 |
| 326—324 | 亚历山大的舰队司令尼尔库斯的远征航行，顺杰赫姆河而下，穿过波斯湾回到美索不达米亚 |

# 罗马(续)

亚历山大的部将们瓜分了亚历山大帝国，他们争斗的焦点是，先后有珀狄卡斯和"独眼"安提柯试图维持帝国的统一。至公元前306年，亚历山大家族绝嗣，竞争者们可以在自己领地上毫无顾忌以"国王"自称。到了公元前276年，希腊化世界的三个强大国家已经稳固地建立起来，它们是马其顿、埃及和塞琉古帝国。

323—320 珀狄卡斯企图利用自己的摄政地位保持帝国的统一，但在埃及被杀

325—300 马西利亚的皮提亚斯环航不列颠

323—322 在拉米亚战争中，雅典及其盟友力图摆脱马其顿的控制争取自由

322 亚里士多德与德摩斯提尼去世，提奥弗拉斯图斯成为吕克昂学园的领袖

321—289 新喜剧诗人米南德的职业生涯

320—301 "独眼"安提柯旨在建立世界帝国

320—305 阿布德拉的赫卡泰奥斯创作第一部希腊化的埃及文化史

317—289 叙拉古僭主阿伽托克勒斯在位

317—307 逍遥派哲学家法来卢里乌斯的德米特里乌斯在雅典担任马其顿总督

317 亚历山大的异母哥哥"低能者"腓力三世被杀

317 米南德的喜剧《愤世者》上演；阿提卡风格的墓碑终结

315 亚历山大之母奥林匹亚斯被杀

315—311 诸总督联合起来对抗安提柯

## 对意大利的殖民与征服

公元前334—前264年为罗马逐步扩张时期，罗马通过殖民，征服与联盟方式控制了整个意大利以及波河流域南部。

327—304 第二次萨莫奈战争，对抗亚平宁山脉中部的萨莫奈人

## 希腊化世界(续)

### 政治事件

|  |  |
|---|---|
| 312 | 塞琉古占领巴比伦;塞琉古时代由此开启 |
| 311 | 亚历山大的继承人达成和平,承认了实际上的划分。安提阿得到小亚细亚;吕辛马库斯得到色雷斯;卡山德得到马其顿及希腊;托勒密得到埃及;而拥有东方诸省者(塞琉古)则被忽略 |
| 311—306 | 阿伽托克勒斯与迦太基之间爆发战争;入侵非洲 |
| 310 | 亚历山大大帝之子、王朝的最后成员亚历山大四世被害 |

### 文化发展

|  |  |
|---|---|
| 314 | 色诺克拉底死后,波来蒙成为阿卡德米学园的领袖 |
| 310 | 索里的克里尔库斯(逍遥派哲学家)造访今阿富汗的艾哈努姆地区(?) |
| 310 | 西提昂的芝诺在雅典的彩绘长廊创建斯多葛学派 |
| 309 | 科斯的菲利塔斯(亚历山大里亚派诗歌的创始人、学者)被指定为未来托勒密二世的教师 |

## 罗马(续)

|  |  |
|---|---|
| 310 | 罗马进军埃特鲁里亚 |

**希腊化世界**（续）

| 政治事件 | | 文化发展 | | **罗马**（续） |
|---|---|---|---|---|
| 285 | 陷城者德米特里乌斯被塞琉古俘获，公元前283年死于纵酒过度 | 287 | 提奥弗拉斯图斯去世；斯特拉托成为吕克昂学园的领袖 | |
| 283 | "解放者"托勒密一世逝世；"爱姊者"托勒密二世继位 | | | |
| 281 | 吕辛马库斯被杀；塞琉古遇刺，其子安条克一世继位；阿凯亚同盟建立 | 280 | 萨摩斯的杜里斯（"悲剧历史"最重要人物）活动时期；波雷斯廷尼斯（讽刺作家）的比翁活动时期 | 280—275 伊庇鲁斯王皮洛士跨海进入南意大利以帮助希腊城市对抗罗马，但被罗马击败；最早的罗马货币 |
| 279 | 马其顿与希腊遭到高卢人入侵 | | | |
| 276 | 德米特里乌斯之子安提柯·贡那特击败高卢人并成为马其顿国王，由此开创了马其顿安提柯王朝 | 276 | 阿卡德米学园领袖珀波莱蒙去世 | |

**势力平衡**

公元前 3 世纪期间，诸强大王国间达成了一种不稳定的势力平衡。它们之间的争斗仅限于有争议的地区：托勒密王国与塞琉古王国为争夺叙利亚和巴勒斯坦而战，同时爱琴海中的希腊诸城市力图从大国关系中渔利以获取独立地位。这一时期是希腊化文化的伟大时代：哲学的中心在雅典，同时托勒密二世的赞助活动造就了亚历山大里亚的文学与科学。从公元前 230 年代开始，非希腊力量在政治舞台上重新兴起并初现端倪。

274—271 托勒密二世与安条克一世间的第一次叙利亚战争

271 伊壁鸠鲁去世

270—242 阿塞西劳斯使得阿卡德米学园的学说转向怀疑论

270 诗人卡利马库斯、提奥克里图斯、吕科弗隆（也可能生活在一个世纪之后），阿拉图斯与波西迪普斯活动时期；史学家兼埃及司马涅托为埃及历史奠定了基础；工程学家、亚历山大里亚的克特西比乌斯与鲁医学家卡尔西顿的希罗菲卢斯活动时期；萨摩斯的阿里斯塔克提出宇宙日心说

272 塔伦图姆投降；罗马与南意大利的希腊城市结盟

272—215 皮洛士的副将希罗在叙古当选为将军，后成为国王；这一时期叙拉古繁荣昌盛，大兴土木

# 希腊化世界（续）

## 政治事件

267—262 克雷莫尼德斯战争：托勒密成功地帮助希腊挫败马其顿，赢得独立；安提柯·贡那特进入雅典

263—241 帕加玛统治者欧美尼斯建立独立强国，并开始大兴土木

261 安条克二世继承了塞琉古王国

## 文化发展

269 吕克昂学园最后一任领袖斯特拉托去世

265—235 芝诺（托勒密二世的财务官）成就了埃及经济的繁荣

262 克莱安西斯继承芝诺成为斯多葛学派领袖

# 罗马（续）

## 第一次布匿战争

随着罗马的势力扩张至西西里，科西嘉岛和撒丁岛，以及罗马对迦太基在西班牙扩张的反应，罗马开始成为地中海西部世界的新兴势力。

264 罗马最早的角斗士表演；罗马军队进入西西里帮助"战神之子"雇佣兵集团对抗迦太基，第一次布匿战争爆发

263 叙拉古的希伦成为罗马盟友

**希腊化世界(续)**

| 政治事件 | |
|---|---|
| 246 | 托勒密三世继承埃及王国;塞琉古二世继承塞琉古王国 |
| 246—241 | 托勒密三世与塞琉古二世间的第三次叙利亚战争 |
| 244—241 | 阿基斯四世尝试在斯巴达实行改革,但事败被处死 |
| 239 | 德米特里乌斯二世继承安提柯·贡那特成为马其顿王;马其顿与阿凯亚同盟和埃托利亚同盟之间的战争爆发 |
| 239—130 | 巴克特里亚建立起独立的希腊王国 |
| 238 | 新兴势力帕提亚出现 |
| 238—227 | 帕加玛的阿塔鲁斯与加拉提亚人之间的战争;阿塔鲁斯成为小亚细亚的霸主并加冕称王 |

**文化发展**

| | |
|---|---|
| 246 | 埃拉托色尼成为亚历山大里亚图书馆的馆长,他是文学学者兼地理科学家,计算出地球的准确周长 |

**罗马(续)**

| | |
|---|---|
| 247 | 哈密尔卡·巴卡开始组织迦太基在西西里的防御 |
| 241 | 罗马在埃加迪群岛海战获胜,第一次布匿战争结束 |
| 240—207 | 首位罗马诗人即剧作家李维乌斯·安德罗尼库斯活动时期 |
| 237 | 罗马占领科西嘉岛与撒丁岛;哈密尔卡开始在西班牙扩张迦太基的势力,他的事业为哈士杜路巴所继承 |

236 奈维乌斯首部戏剧创作完成

235 数学家、佩尔格的阿波罗尼乌斯活动时期

235—222 克里昂米尼三世为斯巴王；他于公元前227年改革斯巴达城邦

232 克吕希普斯继承克莱安西斯成为斯多葛学派领袖

228 罗马确立对伊利里亚海岸的保护权

227 西西里与撒丁岛成为罗马行省

225 博学家、普兰尼的埃拉托色尼与逍遥派哲学家克沃斯的阿里斯通活动时期

223 安条克三世继承了塞琉古王国

221 时年24岁的汉尼拔成为西班牙的迦太基军队统帅；罗马与西班牙的萨贡托结盟

221 腓力五世继承马其顿王国；托勒密四世继承埃及王国

219 汉尼拔围攻并占领了萨贡托

219—217 托勒密四世与安条克三世间的第四次叙利亚战争；在拉菲亚战役中，埃及本地人组成的部队拯救了埃及，使埃及免于被征服

483

# 罗马

| 东部 | 西部 | 文化发展 |
|---|---|---|

## 罗马征服地中海

"只有怠惰无用之人才会无视罗马人在何种政府领导之下，如何在不到 53 年的时间（公元前 220—前 167 年）里，成功地把几乎全部人类居住的世界置于自己统治之下，这一伟业在人类历史上是无与伦比的。"（波利比乌斯）大约从公元前 200 年开始，罗马很大程度上以希腊为模范，发展出自身的文化。

| 东部 | 西部 | 文化发展 |
|---|---|---|
| | 218–201 第二次布匿战争；汉尼拔入侵意大利 | |
| | 217 汉尼拔在特拉西梅诺湖击败古罗马人 | |
| | 216 汉尼拔在坎奈战役击败罗马人 | |
| 215 马其顿的腓力五世与迦太基结盟 | 215 汉尼拔在南意大利获胜；在西班牙获胜；迦太基与叙拉古结盟 | |
| 214–205 罗马与腓力之间爆发第一次马其顿战争 | 213 罗马围攻叙拉古 | |
| 212–205 安条克三世在东方的征战，意欲征服帕提亚与巴克特里亚，但未能成功 | 212 罗马围攻卡普亚 | |

|  |  |
| --- | --- |
| 204—169 | 诗人兼教师恩尼乌斯在罗马活动时期 |
| 204 | 普劳图斯《吹牛的军人》上演。普劳图斯的创作生涯为公元前204—前184年 |
| 202 | 法比乌斯·皮克托以希腊语创作第一部散文体历史 |
| 200以降 | 希腊艺术开始为罗马人所知 |
| 200 | 拜占庭的阿里斯托芬（学者）成为亚历山大里亚图书馆的馆长 |

|  |  |
| --- | --- |
| 211 | 汉尼拔进军罗马；卡普亚与叙拉古陷落；罗马在西班牙战败 |
| 211—206 | 西庇阿·阿非利加努斯在西班牙击败哈士路巴；西班牙被划分为两个行省 |
| 204 | 西庇阿入侵阿非利加 |
| 203 | 汉尼拔被从意大利召回 |
| 202 | 西庇阿于扎马战役中击败汉尼拔；迦太基沦为罗马的附庸 |
| 202—191 | 罗马征服山南高卢 |
| 197—133 | 西班牙的战争 |

|  |  |
| --- | --- |
| 211 | 罗马与埃托利亚同盟结盟 |
| 209 | 帕加玛的阿塔鲁斯一世与罗马结盟，共同反对腓力 |
| 206—185 | 上埃及爆发起义并获得独立 |
| 204 | 托勒密五世继承埃及 |
| 203—200 | 腓力与安条克秘密结盟对抗埃及；在第五次叙利亚战争中，安条克夺取叙利亚 |
| 202 | 西庇阿于扎马战役中击败汉尼拔；迦太基沦为罗马的附庸 |
| 200—197 | 罗马与腓力之间的第二次马其顿战争 |
| 196 | 罗马在科林斯地峡宣布希腊获得自由 |
| 196—179 | 腓力重建马其顿的势力 |
| 194 | 罗马人撤出希腊 |
| 192—188 | 罗马与安条克三世同爆发叙利亚战争 |
| 187 | 安条克三世逝世 |

**罗马**（续）

| 东部 | | 西部 | | 文化发展 | |
|---|---|---|---|---|---|
| | | | | 186 | 元老院颁布法令禁止巴库斯仪式 |
| | | | | 184 | 老加图任执政官 |
| | | | | 179 | 埃米利亚殿堂及埃米利亚桥在罗马兴建 |
| 179 | 腓力五世逝世，其子珀耳修斯继位 | | | | |
| 175 | 安条克四世"显赫者"继承塞琉古帝国 | | | | |
| 171—167 | 第三次马其顿战争 | | | | |
| 170—168 | 第六次叙利亚战争 | | | | |
| 167 | 皮德纳战役终结了马其顿王国 罗马将马其顿领土分割为四个共和国；罗马命令安条克四世退出埃及；罗马宣布提洛岛为自由港；对耶路撒冷圣殿的亵渎之举引发一位犹太首领抗拒安条克对犹太人推行的希腊化政策；马加比起义爆发 | 167 | 罗马公民的直接税被取消 | 167 | 史学家波利比乌斯来到罗马 |

166—159 泰伦斯创作戏剧；帕加玛修建宙斯与雅典娜的大祭坛

155 成为阿卡德米学园领袖的卡尼阿德斯随使团来到罗马，他将哲学带入罗马

150 为托勒密王朝效力的地理学家、奈达斯的阿伽萨奇德斯事业达到鼎盛

149 加图的著作《罗马历史源流》（或称《罗马史》）出版

164 安条克四世逝世；《但以理书》完成

149—146 第三次布匿战争，迦太基被罗马摧毁；阿非利加成为罗马马行省

148 第四次马其顿战争以及对阿凯亚同盟的战争；科林斯遭洗劫，马其顿成为罗马马行省

罗马（续）

政治事件　　　　　　　　　　　　　　文化发展

**共和国后期**

这一时期的历史为罗马国内外的"内部与军事"史。罗马冷酷无情地控制了地中海世界；罗马的将军们率领公民们发动获得益空前的征服活动。然而在国内，罗马的负担开始摧毁共和国政府。在文化方面，罗马成为文化赞助的中心，拉丁语文学繁荣发展。

| 政治事件 | | 文化发展 |
|---|---|---|
| 142 | 犹太人赢得独立 | |
| 141 | 帕提亚进攻巴比伦 | |
| 133 | 帕加玛的阿塔鲁斯三世将自己的王国遗赠给罗马；该地区成为亚细亚行省（公元前129年） | |
| 130 | 安条克七世在对帕提亚作战中阵亡 | |
| 145 | | 托勒密八世即位后，学者兼图书馆长阿里塔斯克及其他学者逃离亚历山大里亚 |
| 144 | | 帕奈提乌斯（斯多葛派哲学家，约前185—前109）来到罗马 |
| 135 | | 尼冈德（医学诗人）活动时期 |
| 118 | | 波利比乌斯卒于此年后不久 |
| 100 | | 拉里萨的斐洛成为阿卡德米学园的领袖 |
| 95 | | 加达拉的梅尼普斯（诗人，《希腊诗选》中最早的讽刺短诗收集者）活动时期 |

88—85 本都的米特拉达梯六世在亚细亚省屠杀罗马公民，力图让希腊脱离罗马获得自由

86 苏拉在东部征战，攻取雅典和希腊

83—82 第二次米特拉达梯战争

74—63 第三次米特拉达梯战争

66—63 庞培击败米特拉达梯并重组了东部；塞琉古王朝的统治终结（公元前64年），犹太王国亦丧失独立；比提尼亚、西里西亚、叙利亚与克里特被组建为行省，其他地方则由指定的附属藩王统治

60 庞培、克拉苏与恺撒三人形成"前三头同盟"

51 帕提亚入侵叙利亚

49 内战爆发，恺撒越过卢比孔河，庞培退往东部

47—44 恺撒任独裁官

44 恺撒于遇刺（3月15日）

88—68 阿什克伦的安条克成为雅典阿卡德米学园的领袖；拉里萨的斐洛离开罗马前往雅典

87—51 波塞冬尼乌斯（哲学家、史学家及博学家）在罗德岛与罗马的活动时期

75—35 菲洛德穆斯（诗人兼伊壁鸠鲁派哲学家）在罗马活动时期；埃奈西德穆斯（怀疑论哲学家）活动时期

60—30 西西里的狄奥多洛斯编纂其《历史集成》

50 罗德岛的安德罗尼库斯发现了亚里士多德的遗失著作，并开始加以编辑；由此奠定了我们现代人有关亚里士多德知识的基础

# 罗马帝国

| 政治事件 | 文化发展 |
|---|---|

## 后三头及奥古斯都时代

恺撒的继承者们为控制罗马世界而争斗；最终的胜利属于恺撒的外甥[1]屋大维，即后来的奥古斯都。屋大维在"恢复共和国"的崛起下建立起君主体制。在其漫长统治期间，屋大维对政治和文化的各个领域进行了巩固和改革。拉丁诗歌的黄金时代始于三头时期，延续至奥古斯都时代。

| 政治事件 | | 文化发展 | |
|---|---|---|---|
| | | 44—公元21 | 斯特拉波（地理学家、历史学家）活动时期 |
| | | 40 | 狄迪穆斯（最后一位伟大的亚历山大里亚文学学者）活动时期 |
| 42 | 共和派在腓力比战役中战败；布鲁图斯与卡西乌斯自杀 | | |
| 41—32 | 安东尼在东部 | | |
| 31 | 屋大维在阿克兴战役中击败安东尼 | | |
| 30 | 安东尼和克利奥帕特拉自杀；罗马吞并埃及 | | |
| 27 | "恢复共和国"之举：第一阶段的政制安排。屋大维被授予"奥古斯都"称号 | | |

[1] 实为甥外孙，原书有误。——译注

## 朱利亚-克芳狄王朝（公元前14—公元68年）

　　在据称是奥古斯都后代的世袭王朝统治之下，尽管个体的皇帝在罗马奢靡荒唐，帝国的政府系统依然得到了巩固。

### 提比略（14—37年）[1]

| | |
|---|---|
| 19 | 日耳曼尼库斯去世 |
| 23 | 皇帝之子德鲁苏斯去世 |
| 26 | 提比略隐退到卡布里岛 |
| 31 | 实质上统治着罗马的禁卫军长官谢雅努斯被处决 |

### 盖乌斯（卡里古拉）（37—41）

### 克芳狄乌斯（41—54）

| | |
|---|---|
| 40 | 犹太作家斐洛活动时期 |
| 43 | 罗马军队由奥路斯·普劳提乌斯率领入侵不列颠 |

### 尼禄（54—68）

| | |
|---|---|
| 54–62 | 布路斯与塞堡卡控制着年轻的皇帝 |
| 58–62 | 对亚美尼亚的征服及丧失 |
| 59 | 尼禄下令谋杀了（太后）阿格里皮娜 |

---

[1] 此后的纪年为公元纪年。——译注

# 罗马帝国(续)

| 政治事件 | 文化发展 |
|---|---|
| 61　不列颠的爱西尼人在波狄卡领导下起义 | |
| 62　布路斯逝世，塞涅卡亦失去对皇帝的影响力 | |
| 64　罗马延续了9天的大火；迫害基督徒 | |
| 65　反尼禄的皮索阴谋 | |
| 66—73　犹太人起义 | |

## 弗拉维王朝(69—96)

随着弗拉维王朝的建立，权力转入意大利中产阶级之手。由于皇帝表现出"保守标准"，罗马的奢侈之风趋于过时。作为罗马艺术的文学开始屈从于政府。

70　耶路撒冷的圣殿被毁

## 安东尼诸帝时代(96—192)

"如果让一个人在世界历史中选择一个人类最为幸福繁荣的时代，他会毫不迟疑地说，那是从图密善之死至康茂德即位的这段时间。"(爱德华·吉本语)

随着城市生活的繁荣，希腊世界在文化上开始复苏。

图拉真(98—117)

115—117　犹太人起义

?—?　"金嘴"狄奥(希腊演说家)，爱比克泰德(道德哲学家)及普鲁塔克(散文家、传记作家)活动于希腊文学领域

哈德良（117—138）

131　哈德良建立"泛希腊同盟"，即以雅典为基地的希腊城市同盟

132—135　巴尔·科赫巴起义，导致犹太人的最终离散

?—?　阿庇安（历史学家）、琉善（讽刺作家）与托勒密（天文学家）活动于希腊语文学领域

安东尼努斯·庇乌斯（138—161）

?—?　波桑尼阿斯写作《希腊游记》

143　赫罗德斯·阿提库斯（希腊语演说家）与弗隆托（拉丁语演说家）任执政官

144　阿里斯泰德（希腊演说家）发表颂扬罗马的演说

148　罗马建城900周年

马尔库斯·奥勒留（161—180）

162—166　维鲁斯的帕提亚战争

165—167　瘟疫传播肆虐罗马帝国

?—?　阿普列乌斯（拉丁作家）与盖伦（医学家）活动时期

165　查士丁（基督教护教士）殉教

174—180　马尔库斯·奥勒留创作《沉思录》

康茂德（161—192）

# 罗马帝国(续)

| 政治事件 | 文化发展 |
|---|---|

## 塞维鲁王朝

"我们的历史以及罗马的事务正由黄金时代滑向黑铁与锈蚀的时代。"（同时代历史学家卡西乌斯·狄奥语）衰落以及随后罗马世界转变的原因很复杂。帝国的穷兵黩武以及随着蛮族压力的增长，权力由中央转移到遥远边境，都带来了在塞维鲁王朝时期就已开始显现的负担。

**塞维鲁 (193—211)**

?—? 斐罗斯特拉图斯（文学传记作家）、赫罗狄安（历史学家）、马略·马克西穆斯（传记作家）、塞克斯图斯·恩皮里柯（怀疑论哲学家）、阿弗罗狄西亚的亚历山大（亚里士多德的注释者）以及亚历山大里亚的克莱门特（基督教作家）活动时期

**卡拉卡拉 (212—217)**

212 "安东尼敕令"将公民权授予帝国的所有居民

200—254 奥利金（基督教哲学家）活动时期

**塞维鲁·亚历山大 (222—235)**

226 萨珊家族的阿尔达希尔在伊朗朗加冕为"众王之王"，由此开始了与罗马帝国间长达 400 年时断时续的战争

229 卡西乌斯·狄奥（历史学家）第二次与皇帝共同出任执政官

494

**后期帝国**

戴克里先的改革以及四帝共治的建立，结束了50年的军事混乱（公元235—284年间有近20人称帝）。然而边境防御，沉重的税赋，通货膨胀以及雕肿的官僚机构等棘手问题仍旧存在，也没有受到君士坦丁皈依基督教的影响。后期帝国是这样一个新世界，不时有尤里安之类的皇帝，或者此类文学形象，力图恢复往昔社会的价值观。这里的简短列表仅提及了少数重大事件。

| | |
|---|---|
| 249—251 | 德基乌斯皇帝迫害基督徒 |
| 258 | 西普里安殉教 |
| 267 | 赫鲁利人入侵希腊 |
| 270 | 普罗提诺（新柏拉图学派哲学家）去世 |
| 271 | 罗马的奥勒良城墙建成 |
| 284—306 | 戴克里先重建中央权力并创立四帝共治制度 |
| 303—305 | 大迫害 |
| 306—337 | 君士坦丁大帝的生涯 |
| 307—312 | 马克森提乌斯在罗马修建长方形大教堂，最终由君士坦丁完成 |
| 312 | 君士坦丁借十字架标志之助赢得密尔文桥战役，于是基督教被宣布为国家的官方宗教 |
| 313—322 | 罗马修建首座基督教会堂 |
| 324 | 君士坦丁堡开始营建 |
| 360—363 | 叛教者尤里安在位 |
| 378—395 | 狄奥多西大帝在位 |
| 395 | 狄奥多西二子分裂帝国 |
| 410 | 西哥特人阿拉里克洗劫罗马；罗马正式放弃不列颠 |

## 罗马帝国（续）

| 政治事件 | | 文化发展 | |
|---|---|---|---|
| 439 | 汪达尔人攻占迦太基和阿非利加 | 430 | 圣奥古斯丁逝世 |
| 476 | 西部罗马帝国灭亡 | | |
| 527—565 | 东罗马皇帝查士丁尼力图收复意大利和北非 | ?—? | 编纂罗马法律汇编 |
| 633—655 | 阿拉伯人征服叙利亚、埃及以及萨珊波斯帝国 | 529 | 查士丁尼下令关闭雅典的阿卡德米学园 |
| 1453 | 君士坦丁堡被土耳其人攻占，东罗马帝国灭亡 | | |

496

# 译名索引

## A

as center of literature 作为文学中心

Al Mina 阿尔米纳

Alphabet 字母表

Amasis 阿马西斯

Ambracia 安布拉西亚

Ammon, oracle of 阿蒙神谕

see Siwah 参见锡瓦

Ammonius, librarian 图书馆学者阿摩尼乌斯

Amorges 阿摩格斯

Amphipolis 安菲波利斯

Anacreon 阿那克里翁

anatomy 解剖学

Anaxagoras 阿纳克萨哥拉

Anaximander 阿那克西曼德

Anaximenes 阿那克西美尼

Andocides 安多西德

Andronicus of Rhodes 罗德岛的安德罗尼库斯

Androtion 安德罗提翁

Anthela, amphictyony 安特拉近邻同盟

Antigonids 安提格尼斯

Antigonus the One-Eyed 独眼安提格努斯

Antigonus Gonatas 安提柯二世

Antimachus, *Lyde* 安提马库斯，《莱德》

Antioch on the Orontes 奥伦提斯的安条克

statue of Tyche 命运女神塑像

Antioch on the Persian Gulf 波斯湾的安条克

Antiochus I 安提奥库斯一世

Hellenistic and Graeco-Roman　希腊化和希腊—罗马时期的建筑

Arctic　北极

Areopagus　（雅典的）最高法院

Argos　阿尔戈斯

Aristagotas　阿里斯塔哥塔斯

Aristarchus of Samos　萨摩斯的阿里斯塔库斯

Aristarchus of Samothrace　萨摩色雷斯的阿里斯塔库斯

Aristides of Athens　雅典的亚里斯提德

Aristides, Aelius　埃里乌斯·亚里斯提德

Aristippus　阿里斯提普斯

Aristobulus　阿里斯托布鲁斯

Aristogeiton　阿里斯托吉顿

Ariston of Chios　开俄斯的阿里斯顿

Aristophanes, comic playwright　喜剧作家阿里斯托芬

Aristophone, librarian　图书馆学者阿里斯托芬

Aristotelianism　亚里士多德学说

Aristotle　亚里士多德

Arrian　阿里安

Artaxerxes I　阿塔薛西斯一世

　　II　阿塔薛西斯二世

　　III　阿塔薛西斯三世

Artemisium, naval battles of　阿尔提密西安海战

asceticism　禁欲主义

Asclepiades of Samos　萨摩斯的阿斯克勒皮阿德斯

Asclepius　阿斯克勒庇俄斯

Asia, Roman Province of　罗马的亚洲行省

Asoka　阿育王

Augustine of Hippo 希波的奥古斯丁

Augustus 奥古斯都

Aurelius, Marcus 马克·奥勒里乌斯

Autonomy 自治

# B

Babylon, Babylonia 巴比伦，巴比伦尼亚

Bacchiadae 巴克齐亚迪

Bacchylides of Ceos 喀俄斯的巴克齐利迪斯

Bactria 巴克特里亚

"barbarians" 蛮族

Belevi, mausoleum 贝利弗的摩索拉斯

Berossus 伯罗苏斯

Biography 传记

Bion of Borysthenes 波里斯提尼的彼翁

Bithynia-Pontus, Roman province of 罗马行省本都，比提尼亚

Black Sea 黑海

Boeotia 波奥提亚

Boeotia League 波奥提亚同盟

Books 书籍

Boudicca（Boadicea） 波狄卡

Boulē 议事会

Brahmins 婆罗门

Brasidas 布拉西达斯

Britain 不列颠

Brutus, M. M. 布鲁图斯

Celts 凯尔特人

central heating 中心加热

Centuripae, vases 森图里帕，瓶画

Cephallenia 凯法利尼亚

Cephalus of Syracus 叙拉古的凯法鲁斯

Chaeronea 卡罗尼亚

battle of（338BC） 卡罗尼亚战役（公元前338年）

Chalcis 卡尔吉斯

Chandragupta 旃陀罗笈多

Chersonese 柯塞尼斯半岛

Chilon 奇伦

Chios 开俄斯

Chorus 歌队

Christians, Christianity 基督徒，基督教

Chronicles 编年史

Chronography 纪年

Chrysippus 克里西普斯

   statue 克里西普斯塑像

Cilicia 西里西亚

Cimon 客蒙

Citium 希提昂

citizenship 公民权

Greek 希腊的公民权

   Roman 罗马的公民权

Claudius, emperor 皇帝克劳狄

Cleanthes of Assus 阿苏斯的克林忒斯

Clearchus 克里亚库斯

Crantor 克兰托尔

Crassus, M. M. 克拉苏

Crates of Athens 雅典的克雷特斯

Cratinus 克拉提努斯

creation of the world 创世

Crete 克里特

Croesus of Cnidos 奈多斯的克罗苏斯

Ctesias of Cnidos 奈多斯的科特西阿斯

Ctesibius of Alexandria 亚历山大里亚的科特西比乌斯

Cumae 库迈

Cunaxa, battle of 库纳克萨战役

Cylon 基伦

Cynicism 犬儒主义

*Cypria* 《塞普里亚》

Cyprian, bishop of Carthage 迦太基的主教普里安

Cyprus 塞浦路斯

Cypselus 塞普瑟鲁斯

Cyrenaic sect 昔兰尼学派

Cyrene, Cyrenaica 昔兰尼，昔兰尼加

    statue of Aphrodite 阿弗洛狄忒塑像

Cyrus, son of Darius II 大流士二世之子居鲁士

Cyrus the Mede 米底人居鲁士

Cyzicus 塞西库斯

    battle of 塞西库斯战役

# D

determinism 决定论

Dialecticians 雄辩家

dialects 方言

   see language 参见语言

dialogue 对话

Didyma 迪迪玛

   temple of Apollo 阿波罗神庙

Didymus 迪迪玛斯

Dio, Cassius 卡西乌斯·狄奥

Dio Chrysostom 狄奥·克里索斯托

Diocletian 戴克里先

Diodorus Cronus 狄奥多洛斯

Diodorus Siculus 西西里的狄奥多洛斯

Diogenes of Apollonia 阿波罗尼亚的第欧根尼

Diogenes Laertius 第欧根尼·拉尔修

Diogenes, the Cynic 犬儒学者第欧根尼

Dion of Syracuse 叙拉古的狄翁

Dionysius of Halicarnassus 哈利卡纳苏斯的狄奥尼修斯

Dionysius I of Syracuse 叙拉古僭主狄奥尼修斯一世

   II 叙拉古僭主狄奥尼修斯二世

Dioscorides 狄奥斯科里德斯

Dioscurides of Samos 萨摩斯的狄奥斯库里德斯

*Dissoi Logoi* 《双重论证》

dithyramb 酒神颂歌

Dodona 多铎纳

Domitius Ahenobarbus, altar of（so called）（所谓的）多米提乌斯·阿西诺巴布斯祭坛

---

[1] 原书如此，应为Acragas，正文中亦为Acragas。——译注

Epaminondas 埃帕米农达斯

ephēbeia 成年，成年状态

Ephesus 以弗所

Ephialtes 厄斐阿尔特

Ephorus of Cyme 库麦的埃弗鲁斯

Epicharmus 伊庇查尔姆斯

Epictetus 伊庇克特图斯

Epicurus, Epicureanism 伊壁鸠鲁，伊壁鸠鲁主义

Epidaurus 伊庇达鲁斯

    cult of Asclepius 阿斯克勒庇俄斯祭仪

epigrams 讽刺短诗

Epirus 伊庇鲁斯

Erasistratus of Ceos 喀俄斯的埃拉西斯特拉图

Eratosthenes of Cyrene 塞勒尼的埃拉托提尼

Eretria 伊利特里亚

Erinna 伊利娜

ethics 伦理

Etruria, Etruscans 埃特鲁里亚，埃特鲁里亚人

Euboea 优卑亚

Euclid 欧几里得

Euclides of Megara 麦加拉的欧布利德斯

Eumenes of Pergamum 帕加玛的欧美尼斯

Euphranor 欧弗拉诺

Eupolis 欧波里斯

Euripides 欧里庇得斯

Eurymedon, battle of the 欧里米顿战役

Eusebius of Caesarea 恺撒里亚的尤西比乌斯

Germanicus 日耳曼尼库斯

Gordium 格尔迪乌姆

Gorgias of Leontini 利昂提尼的高尔吉亚

Gortyn 格尔蒂

　　law-code 格尔蒂法典

Granicus, battle of 格拉尼库斯战役

gymnasion, gymnasium 体育馆

Gytheum 基赛昂

# H

Hadrian 哈德良

Halicarnassus 哈利卡纳苏斯

Hamilcar Barca 哈米尔卡·巴卡

Hannibal 汉尼拔

Harmodius 哈摩狄乌斯

Hasdrubal 哈斯德拉巴尔

Hecataeus of Abdera 阿布德拉的赫卡泰欧斯

Hecataeus of Miletus 米利都的赫卡泰欧斯

Hedylus of Samos 萨摩斯的赫狄鲁斯

Helen, paintress 女画家海伦

Hellanicus of Lesbos 莱斯博斯的赫拉尼库斯

*Hellenica* 《希腊史》

Hellenization 希腊化

Hellespont 赫勒斯滂

Helots 希洛人

Heraclea-in-Trachis 赫拉克里亚·特拉奇斯

homosexuality 同性恋

hoplites 重装步兵

    see warfare, Greek 参见 希腊的战争

Horace 贺拉斯

houses, palaces 房屋，宫殿

    Greek 希腊的房屋，宫殿

    Hellenistic 希腊化时代的房屋，宫殿

Hyperbolus 希帕波鲁斯

Hysiae, battle of 海西亚战役

# I

iambic poetry 抑扬格诗

Ibycus of Rhegium 莱基乌姆的伊庇库斯

Icaria 伊卡里亚

Ictinus 伊克提努斯

Illyrians 伊里利亚人

imperialism, Athenian 雅典帝国主义

India 印度

Ionias 爱奥尼

Ipsus, battle of 伊普苏斯战役

Ischia 伊斯齐亚

Isocrates 伊索克拉底

Issus, battle of 伊苏斯战役

Isthmian, temple of Poseidon 伊丝米安的波塞冬神庙

# J

# K

# L

Lampsacus 兰普撒库斯

language 语言

Latins, Latium 拉丁人，拉丁姆

Laurium 劳里昂

silver mines 劳里昂银矿

law courts, Athenian 雅典的法庭

law 法律

Greek 希腊的法律

Roman 罗马的法律

leagues of Greek states 希腊城邦联盟

see also Peloponnesian League；Athens, empire；Panhellenion 参见伯罗奔尼撒同盟，雅典帝国，泛希腊联盟

Lebedus 勒贝达斯

Lefkandi 勒夫坎狄

Lelantine War 勒兰丁战争

Lemons 勒蒙斯

Leonidas of Tarentum 塔林敦的李奥尼达

Leucippus of Miletus 米利都的琉基浦斯

Leuctra 留克特拉

battle of 留克特拉战役

Levant 勒万特

Levkadia 勒弗卡狄亚

Great Tomb 利西马科斯大墓

libraries 图书馆

Lindus 林达斯

Linear B 线形文字B

literacy 文化素养

Marathon 马拉松

   battle of 马拉松战役

Mardonius 尔多尼乌斯

Marissa 马里萨

marriage 婚姻

Massilia 马西利亚

mathematics 数学

Mausolus 摩索拉斯

tomb of 摩索拉斯王陵

medicine 医学

   Greek 希腊的医学

   Hellenistic 希腊化时代的医学

Megalopolis 麦加罗波利斯

Megara 麦加拉

Megasthenes 麦伽斯提尼

Meleager 梅勒阿格尔

Melissus of Samos 萨摩斯的麦里梭

Melos 米洛斯

   Aphrodite（Venus de Milo） 阿弗洛狄忒（米洛的维纳斯）

Memphis 孟斐斯

Menander 米南德

Menippus of Gadara 加达拉的梅尼普斯

mercenaries 雇佣兵

Messenia 美塞尼亚

metal-work, Greek 希腊的金属工艺

metics 外邦人

metre 音步

in art 艺术中的希腊神话

see also individual poets 参见独立诗人

Mytilene 米提利尼

# N

Naevius 奈维乌斯

nationalism, Greek 希腊民族主义

Naucratis 瑙克拉提斯

navies 海军

Naxos（Aegean）（爱琴海的）纳克索斯

battle of 纳克索斯战役

Nearchus 尼尔库斯

Nero 尼禄

Nicander 尼坎德尔

Nicias 尼西阿斯

Peace of 《尼西阿斯和约》

Nonnus 诺努斯

Nossis of Locri 洛克里的诺西斯

nudity 裸体

# O

Octavian 屋大维

see Augustus 参见奥古斯都

oligarchies 寡头制

Olympia 奥林匹亚

panhellenism 泛希腊主义

Parmenides of Elea 埃利亚的巴门尼德

Paros 帕罗斯

Parthenon 帕特农

Parthia 帕提亚

pastoral 牧歌

patronage 赞助人

    of art 艺术赞助人

    of literature 文学赞助人

Patroclus 帕特罗克洛斯

Pausanias, traveler 旅行家波桑尼阿斯

Pella 派拉

mosaic 派拉的马赛克

Pelopidas 伯里皮达斯

Peloponnesian League 伯罗奔尼撒同盟

Peloponnesian Wars 伯罗奔尼撒战争

Peridiccas 伯里迪卡斯

Pergamum 帕加玛

    art and architecture 帕加玛的艺术和建筑

Perge 佩尔吉

Periander 伯里安德

Pericles 伯里克利

perioikoi 皮里阿西人

Persepolis 波斯波利斯

Perses, brother of Hesiod 赫西俄德的兄弟珀耳塞斯

Perseus, king of Macedonia 马其顿国王珀尔修斯

Persia 波斯

phrateres, phratria 胞族

Phrynichus, Athenian tragic poet 雅典悲剧诗人弗里尼库斯

phthonos 嫉妒

Phyle 斐利

physics 物理学

Pinder 品达

Pioneers 倡导者

Piraeus 皮拉奥斯

   Long Walls 皮拉奥斯长城

Pisistratus 庇西特拉图

  sons of 庇西特拉图诸子

Pissouthnes 比索特尼斯

Pittacus, tyrant of Mytilene 米提利尼僭主皮塔库斯

Plataea 普拉提亚

  battle of 普拉提亚战役

Plato, comic poet 喜剧诗人柏拉图

Plato, philosopher 哲学家柏拉图

Platonism 柏拉图主义

Plautus 普劳图斯

Pleistoanax 普莱斯托莱克斯

Plotinus 普罗提努斯

Plutarch 普鲁塔克

Polemarchus 波利马库斯

Polemon of Athens 雅典的波莱蒙

Polemo 帕勒摩

polis 城邦

   society 社会

Protagoras 普罗塔哥拉

Proverbs, Book of 《箴言》

Pseudo-Xenophon 伪色诺芬

Ptolemies 托勒密王朝

Ptolemy I 托勒密一世

Ptolemy II 托勒密二世

Ptolemy III 托勒密三世

Ptolemy IV 托勒密四世

Ptolemy VIII 托勒密八世

Ptolemy, astronomer and geographer 天文学家和地理学家托勒密

Punic Wars 布匿战争

   see Carthage 参见迦太基

Punjab 旁遮普

Pydna 皮德纳

   battle of 皮德纳战役

Pylos 派罗斯

Pyrrho of Elis 厄里斯的皮洛

Pyrrhus 皮洛士

Pythagoras of Samos 萨摩斯的毕达哥拉斯

   Pythagoreanism 毕达哥拉斯学派

Pytheas 皮提亚斯

# R

records, public, Greek 希腊的公共记录

religion, Greek 希腊的宗教

revolutions, Greek 希腊的革命

Sappho of Lesbos 莱斯博斯的萨福

Sardinia 撒丁尼亚

Sardis 萨迪斯

satyr plays 萨提洛斯剧

satyr 萨提儿

scepticism 怀疑论

science, Hellenistic 希腊化时代的科学

Scipio Africanus, P. Cornelius 西庇阿·阿非利加努斯（P. 科尔涅利乌斯）

Scopas 斯科帕斯

sculpture 雕刻

    Greek 希腊的雕刻

    Hellenistic and Graeco-Roman 希腊化时代和罗马时期的希腊的雕刻

Scyros 斯奇洛斯

seers 预言家

Sejanus, T. Aelius T. 埃利乌斯·谢雅努斯

Seleuceia on the Eulaeus 乌拉鲁斯的塞琉西亚

Seleuceia on the Tigris 底格里斯河畔的塞琉西亚

Seleucids 塞琉古王朝

Seleucus I 塞琉古一世

Semonides of Amorgos 阿摩格斯的西摩尼德斯

Seneca, L. Annaeus, the younger 小塞涅卡（L. 安尼乌斯）

Sepeia, battle of 西皮亚战役

Septimius Severus 塞普提米乌斯·塞维鲁斯

Severus Alexander 塞维鲁·亚历山大

*Shield of Heracles* 《赫拉克勒斯之盾》

Sicily 西西里

Syria 叙利亚

　see also Seleucids 参见塞琉古王朝

syssitia 公餐

# T

Tanagra 塔纳格拉

　battle of 塔纳格拉战役

　terracotta figurines 赤陶小雕像

Tarentum（Taranto） 塔林敦（塔兰托）

taxation 税收

Tegea 提吉亚

Teos 提俄斯

Terence 泰伦斯

Terpander of Lesbos 莱斯博斯的特潘达尔

terracottas 赤陶

Thales 泰勒斯

Thasos 萨索斯

Theagenes of Megara 麦加拉的提吉尼斯

Theagenes of Rhegium 莱基乌姆的提吉尼斯

theatre 戏剧

Thebes 忒拜

Themistocles 狄米斯托克利

Theocritus 狄奥克利托斯

Theodosius the Great 狄奥多西乌斯大帝

Theognis of Megara 麦加拉的狄奥根尼斯

Theophrastus 提奥弗拉斯图斯

# X

Xenocrates 色诺克拉底

Xenophanes 色诺芬尼

Xenophon of Athens 雅典的色诺芬

Xerxes 薛西斯

# Z

Zacynthus 扎金索斯

Zaleucus 扎鲁库斯

Zeno of Citium 希提昂的芝诺

Zeno of Elea 埃利亚的芝诺

Zeno, Ptolemaic agent 为托勒密王朝效力的芝诺

Zenodotus 泽诺多图斯

zoology 动物学

# 读客·牛津世界史系列书目

牛津大学一年级新生教材。

既是入门级，又是专业级！

**已出版：**

牛津世界史01：《牛津古罗马史》

    The Oxford Illustrated History of the Roman World

牛津世界史02：《牛津古希腊史》

    The Oxford Illustrated History of Greece and the Hellenistic World

牛津世界史03：《牛津英国史》

    The Oxford Illustrated History of Britain

**即将推出：**

《牛津文艺复兴史》

    The Oxford Illustrated History of the Renaissance

《牛津世界史》

    The Oxford Illustrated History of the World

《牛津法国大革命史》

    The Oxford Illustrated History of the French Revolution

《牛津第一次世界大战史》

    The Oxford Illustrated History of the First World War

《牛津第三帝国史》

    The Oxford Illustrated History of the Third Reich

《牛津拜占庭史》

　　The Oxford Illustrated History of Byzantium

《牛津意大利史》

　　The Oxford Illustrated History of Italy

《牛津新西兰史》

　　The Oxford Illustrated History of New Zealand

《牛津维京史》

　　The Oxford Illustrated History of the Vikings

《牛津十字军史》

　　The Oxford Illustrated History of the Crusades

《牛津史前欧洲史》

　　The Oxford Illustrated History of Prehistoric Europe

《牛津中世纪欧洲史》

　　The Oxford Illustrated History of Medieval Europe

《牛津现代欧洲史》

　　The Oxford Illustrated History of Modern Europe

《牛津中世纪英格兰史》

　　The Oxford Illustrated History of Medieval England

《牛津科学史》

　　The Oxford Illustrated History of Science

《牛津巫术史》

　　The Oxford Illustrated History of Witchcraft and Magic

《牛津戏剧史》

　　The Oxford Illustrated History of Theatre

《牛津歌剧史》

　　The Oxford Illustrated History of Opera

马上扫二维码，关注 **"熊猫君"**

和千万读者一起成长吧！

## 图书在版编目（CIP）数据

牛津古希腊史 / （英）约翰·博德曼等编；郭小凌，
李永斌，魏凤莲译 . -- 北京：人民日报出版社，2020.4
（牛津世界史）
ISBN 978-7-5115-6021-6

Ⅰ . ①牛… Ⅱ . ①约… ②郭… ③李… ④魏… Ⅲ .
①世界史②古希腊 – 历史 Ⅳ . ① K1 ② K125

中国版本图书馆 CIP 数据核字（2019）第 085611 号

The Oxford Illustrated History of Greece and the Hellenistic World was originally published in
English in 1986. This translation is published by arrangement with Oxford University Press. Dook
Media Group Limited is solely responsible for this translation from the original work and Oxford
University Press shall have no liability for any errors, omissions or inaccuracies or ambiguities in
such translation or for any losses caused by reliance thereon.

中文版权 © 2020 读客文化股份有限公司
经授权，读客文化股份有限公司拥有本书的中文（简体）版权
著作权合同登记 图字号：01-2019-3000

| | | |
|---|---|---|
| 书　　　名 | 牛津古希腊史 | |
| | NIUJIN GUXILASHI | |
| 作　　　者 | （英）约翰·博德曼等 | |
| 译　　　者 | 郭小凌　　李永斌　　魏凤莲 | |
| 出 版 人 | 刘华新 | |
| 责 任 编 辑 | 林　薇　　梁雪云 | |
| 特 约 编 辑 | 石祎睿　　王莹兮　　赵芳葳　　沈　骏 | |
| 封 面 设 计 | 王　晓　　陈　晨 | |
| 出 版 发 行 | 人民日报出版社 | |
| 出版社地址 | 北京金台西路 2 号 | |
| 邮 政 编 码 | 100733 | |
| 发 行 热 线 | （010）65369527 65369512 65369509 65369510 | |
| 邮 购 热 线 | （010）65369530 | |
| 编 辑 热 线 | （010）65369526 | |
| 网　　　址 | www.peopledailypress.com | |
| 经　　　销 | 新华书店 | |
| 印　　　刷 | 北京中科印刷有限公司 | |
| 开　　　本 | 710mm × 1000mm 1/16 | |
| 字　　　数 | 462 千 | |
| 印　　　张 | 34 | |
| 印　　　次 | 2020 年 4 月第 1 版　2020 年 4 月第 1 次印刷 | |
| 书　　　号 | ISBN 978-7-5115-6021-6 | |
| 定　　　价 | 119.90 元 | |

如有印刷、装订质量问题，请致电 010-87681002（免费更换，邮寄到付）